Marc Aurel

dargestellt von Klaus Rosen

Rowohlt

rowohlts monographien begründet von Kurt Kusenberg
herausgegeben von Wolfgang Müller und Uwe Naumann

Redaktionsassistenz: Katrin Finkemeier
Umschlaggestaltung: Walter Hellmann
Vorderseite: Marc Aurel. Bronzene Reiterstatue
auf dem Kapitol in Rom
(Bildarchiv Foto Marburg)
Rückseite: Das Regenwunder im Quadenland.
Szene von der Marc-Aurel-Säule auf der Piazza Colonna in Rom
(Archivi Alinari, Florenz)
Frontispiz: Marc Aurels Auszug zum Krieg.
Relief am Konstantinsbogen, Rom

Für Judith

Originalausgabe
Veröffentlicht im Rowohlt Taschenbuch Verlag GmbH,
Reinbek bei Hamburg, Februar 1997

Satz Times PostScript Linotype Library, Quark XPress 3.32
Gesamtherstellung Clausen & Bosse, Leck
Printed in Germany
1290-ISBN 3 499 50539 8

Inhalt

Vorspiel

Sobald mein Vater aus den Weinbergen nach Hause gegangen war, bestieg ich wie üblich mein Pferd, ritt die Straße entlang und trabte ein wenig voraus. Nach einer Weile standen dicht zusammengedrängt viele Schafe auf der Straße, da die Gegend einsam ist, dazu vier Hunde und zwei Hirten, sonst nichts. Da sagte der eine Hirte zum anderen, als er noch mehr Reiter erblickte: «Achte auf diese Reiter, denn sie begehen gewöhnlich die größten Räubereien.» Wie ich das höre, bohre ich die Sporen in mein Pferd und jage es mitten unter die Schafe. Die Schafe stieben erschrocken auseinander; blöde blökend irren sie nach allen Richtungen. Der Hirte schleudert seinen Stab; der Stab trifft den Reiter, der mir folgte. Wir preschen davon. So verlor der, der schon seine Schafe verloren glaubte, seinen Stab. Du hältst die Geschichte für erfunden? Sie stimmt wirklich. Ich könnte dir noch mehr dazu schreiben, wenn mich der Diener nicht ins Bad riefe.

Es war um das Jahr 140 n. Chr., als der neunzehnjährige Marc Aurel, Adoptivsohn des Kaisers Antoninus Pius, diesen Brief auf einem Landgut bei Rom schrieb. Endlich einmal konnte er seinem Lehrer Fronto aus den Ferien eine richtige Geschichte berichten. Immer wieder hatte Fronto ihn ermahnt, kleine Erzählungen über seine Alltagserlebnisse abzufassen und ihm zu schicken, damit er Sprache und Stil korrigiere. Oft aber hatte Marcus nur dürre Mitteilungen zu bieten wie die: *Mein Trainer hat mich in den Schwitzkasten genommen.* Bei einem solchen Satz hörte er schon im voraus die Kritik des Lehrers: Wo bleibt die Geschichte? Dieses Mal war es sogar ein echtes Abenteuer, das er zum besten gab. Fronto würde staunen. Hoffentlich glaubte er ihm.[1]

Fronto sah keinen Grund, das Erlebnis zu bezweifeln. Wie immer geizte er nicht mit Anerkennung, wenn sein Schüler sie verdiente. Der gute Pädagoge wußte: Lobe eine Tugend, und sie wächst.[2] Hübsch herausgearbeitet hatte Marcus die Pointe der Erzählung: Der Hirte fürchtete schon, seine Herde sei weg, doch weg war am Ende nur sein Stab. Der Wechsel zwischen Vergangenheit und Gegenwart machte den Be-

Der junge Marcus. Rom, Museo Capitolino

richt lebendig. Dem guten Stil entsprach, daß der Briefschreiber die Worte des Hirten in gehobene Sprache umgesetzt hatte. Über den Ausdruck *die Sporen einbohren* freute sich Fronto besonders. Ging er doch auf Wendungen bei dem altlateinischen Komödiendichter Plautus zurück, dessen Sprache er schätzte und seinem Schüler als Vorbild empfahl. Ausgesprochen geglückt war schließlich der Gleichklang *blöde blökend.*[3] Aber der Lehrer hatte auch einiges zu bemängeln. Die Wörter «Hirte» und «Schafe» erschienen jeweils in zwei aufeinanderfolgenden Sätzen. «Stab» kam sogar dreimal kurz nacheinander vor. Marcus würde weiterhin Wortschatzübungen machen müssen; denn wieder einmal hatte er die alte Stilregel mißachtet: Abwechslung erfreut.

Waren das alle Korrekturen? Fühlte sich der Lehrer nicht verpflichtet, dem Absender wenigstens anzudeuten, daß das Abenteuer, das er voll sichtlichem Stolz beschrieb, doch ein rechter Dummejungenstreich war? Hoch zu Roß, mit einem berittenen Gefolge in der Hinterhand in eine Schafherde zu sprengen und zwei Schäfer zu ärgern, war wahrlich keine Heldentat. Benahm sich so ein Kronprinz, der künftige Herrscher des Römischen Reiches? Aber seinem Schüler diese Leviten zu lesen, das kam Fronto, dem Senator und führenden Redner Roms, nicht in den Sinn. Was lag an zwei unbekannten Hirten? Wahrscheinlich waren es Sklaven. Zudem konnte man sicher sein, daß der gute Ruf des Kaisersohnes nicht in Gefahr war. Denn in der Campagna vor den Toren Roms gab es so viele Landgüter des römischen Adels, daß die Hirten nie herausbekommen würden, wer der Junker war, der ihnen den Possen gespielt hatte. Sie wußten gewiß selbst, daß es für sie nicht ratsam war, Nachforschungen anzustellen. Fronto sinnierte lieber über den neuen Zug seines Schülers, den er bisher an ihm noch nicht beobachtet hatte. Wer hätte gedacht, daß in diesem Marcus, der sich seit Beginn ihrer Bekanntschaft geradezu inbrünstig an ihn hängte, solch ein Lausbub steckte? War das derselbe Schüler, der seit seinem zwölften Lebensjahr philosophische Bücher verschlang und so verbissen studierte, daß man sich um seine Gesundheit sorgen mußte? Aber draußen auf dem Land, fern von Hof und Etikette, war das Leben eben freier.

Jahrzehnte später schrieb der Kaiser Marc Aurel in seinen *Selbstbetrachtungen* den Satz nieder: *Vollkommenheit des Charakters heißt, jeden Tag so zu verbringen, als ob es der letzte wäre, und weder umherzurennen, noch schlapp zu machen, noch scheinheilig zu sein.* Wenige Zeilen darauf bemerkte er: *Es ist lachhaft, vor der eigenen Schlechtigkeit nicht zu fliehen, was doch möglich ist.* Ein andermal ermahnte er sich: *Was man auch immer tut und sagt, ich muß gut sein.*[4] Tägliche Gewissenserforschung begleitete seit langem seine Selbsterziehung. So fragte er sich eines Tages: *Wie hast du dich bis jetzt gegenüber Göttern und Eltern benommen, gegenüber Schwester und Frau, Lehrern und Erziehern, Freun-*

den, Angehörigen und Dienern? Ob bis jetzt allen gegenüber so, daß du keinem etwas Ungebührliches getan oder gesagt hast? Es ist nicht anzunehmen, daß sich der Verfasser bei diesen Worten noch daran erinnerte, wie er vor langer Zeit einmal zwei unbekannte Hirten geärgert hatte. Doch wenn ihm das Abenteuer wieder eingefallen wäre, er hätte getan, was dem jugendlichen Briefschreiber nie in den Sinn gekommen wäre: Er hätte sich geschämt und seinen Übermut bereut.

Stammtafel

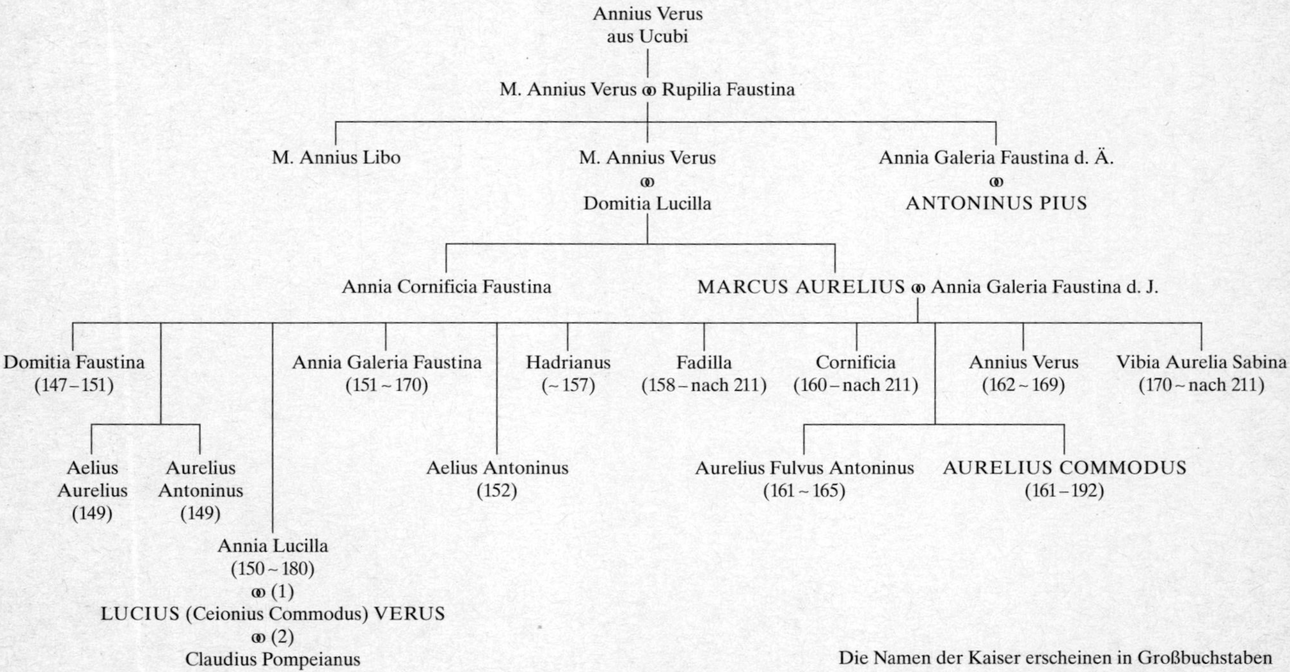

Die Namen der Kaiser erscheinen in Großbuchstaben

Die Familie

Was ist der Mensch? Zuerst das, was er von seinen Vorfahren mitbekommen hat. Oft dachte Marc Aurel darüber nach, und eines Tages notierte er sich, was später der Anfang seiner *Selbstbetrachtungen* wurde: *Vom Großvater Verus Güte und Gelassenheit. Vom Ruf und von der Erinnerung an meinen Vater Sittlichkeit und Männlichkeit. Von der Mutter Frömmigkeit und eine offene Hand, dazu nicht nur die Abneigung, Böses zu tun, sondern sich auch nicht bei derlei Gedanken aufzuhalten; ferner Einfachheit im Lebenswandel und Abstand zur Lebensweise der Reichen.*

In Gedanken ließ Marc Aurel alle an sich vorüberziehen, die ihn in Kindertagen begleitet hatten oder die ihm während der Jugendzeit begegnet waren und von denen er fühlte, daß sie ihm eine Lehre fürs Leben mitgegeben hatten: Angehörige und Diener, Lehrer und Freunde. Das erste Buch *An sich selbst* oder der *Selbstbetrachtungen*, wie der gängige moderne Titel lautet, ist ein einmaliges Dokument antiker Autobiographie, das in manchem an die über zwei Jahrhunderte später entstandenen «Bekenntnisse» des heiligen Augustinus erinnert.

Der Großvater Annius Verus eröffnete den Rückblick. Noch vor dem frühverstorbenen Vater, den Marcus mehr aus den Erzählungen anderer als aus eigenem Erleben kannte, gebührte dem Großvater der erste Platz. Er war nicht nur ein erstes Vorbild für den Knaben. Was die Familie in wenigen Jahrzehnten, was Marcus selbst geworden war, ihm war es zu verdanken.

«Große Namen stehen bei ihren Mitmenschen in Ehre, und ihr Ruhm geht von Mund zu Mund», so beschrieb der römische Senator Plinius der Jüngere im Jahre 100 n. Chr. seine höchsten Standesgenossen.[5] Auch Annius Verus war damals auf dem besten Wege, sich und sein Haus unter die großen Namen Roms einzureihen. Im Laufe einer langen politischen Karriere erhielt er dreimal das Konsulat, das höchste Jahresamt in Rom. Die dreimalige Würde ist «der absolute Gipfel für einen Mann, der nicht der Kaiserfamilie angehört», bemerkte Plinius einmal.[6] Mehrere Jahre lang war Annius außerdem Stadtpräfekt von Rom, ein Amt, mit dem die Kaiser in der Regel ehemalige Konsuln ehrten, die ihnen besonders nahestanden. Politisches und gesellschaftliches Gespür zeichneten ihn aus, sonst hätte er, ein Neuling in der römischen Aristokratie, auf der Leiter nach oben kaum so viele Sprossen geschafft. Die Familie seines Vaters, der ebenfalls Annius Verus hieß, war nämlich erst um die Mitte des ersten Jahrhunderts aus dem spanischen Ucubi (Espejo) bei Córdoba nach Rom gezogen.

Marc Aurels Urgroßvater war einer der Römer aus den spanischen Provinzen des Reiches, denen die Verhältnisse in der Heimat zu eng geworden waren. Die Hauptstadt lockte mit ihren Möglichkeiten. Wer den Ehrgeiz hatte, im Dienste von Kaiser und Reich aufzusteigen, sich einen Namen als Anwalt zu machen oder Dichterruhm zu ernten, mußte nach Rom gehen. Der ältere Annaeus Seneca aus Córdoba hatte es vorgemacht. Er nahm seine drei Söhne mit nach Rom und ließ sie dort von den besten Lehrern erziehen. Die beiden ältesten brachten es bis zum Konsulat. Der zweite Sohn, der jüngere Seneca, hatte zudem das literarische Talent des Vaters geerbt, und das philosophische und dichterische Werk, das er neben der politischen Karriere schuf, machte seinen Namen unsterblich. Auch der dritte Sohn, Annaeus Mela, wäre sicher Konsul geworden, wenn er es nicht vorgezogen hätte, einer der reichsten Männer seiner Zeit zu werden. Er verewigte sich in seinem Sohn Lukan, der nach Vergil Roms größter epischer Dichter wurde. Nicht ahnen konnte der ältere Seneca, daß das Kaisertum, das seiner Familie solche Entfaltungsmöglichkeiten bot, unter Nero (54–68) in eine Tyrannei entarten würde, der seine drei Söhne und sein Enkel Lukan zum Opfer fielen.

Dem Urahn Annius Verus kamen die ruhigeren Jahre zugute, die Neros Sturz und dem Bürgerkrieg der Jahre 68 und 69 folgten. Rechtzeitig trat er auf die Seite des Siegers Vespasian (69–79). Der neue Kaiser vergaß es ihm nicht. Er förderte ihn bis zur Prätur, dem Amt vor dem Konsulat. Dazu nahm er den Sohn Annius Verus unter die Patrizier auf, die höchste Gruppe des Senatorenstandes, die den römischen Uradel fortführte. Später kam ein Verehrer Marc Aurels auf den Gedanken, das Geschlecht der Annii Veri auf Numa Pompilius zurückzuführen, den sagenhaften Nachfolger des Stadtgründers Romulus und zweiten König von Rom. Der neue Adel der Familie sollte Patina erhalten.

Etwa um dieselbe Zeit wie der Urgroßvater Annius Verus kam ein Ulpius Traianus mit der Familie nach Rom. Seine Heimatstadt war Italica, wie Ucubi eine römische Kolonie in der Provinz Baetica. Beide Männer waren in gleicher Weise entschlossen, in der Hauptstadt ihr Glück zu machen. Viele Kolonien in Spanien waren Siedlungen römischer Veteranen, und vielleicht lag hier eine Wurzel für Trajans militärische Fähigkeiten. Ihnen verdankte er, daß er Annius Verus überholte und das Konsulat erreichte. Anschließend verwaltete er mehrere große Provinzen. Sein gleichnamiger Sohn war aus demselben Holz geschnitzt, und er hätte sich keinen besseren Lehrer in politischer und militärischer Strategie wünschen können als seinen Vater. So vorbereitet gelang ihm der größte

Sprung nach oben: Er wurde der erste römische Kaiser, der nicht in Italien geboren war (98–117).

Im römischen Kaisertum, dem Principat, lag von Anfang an ein revolutionärer Zug. Augustus und Vespasian gründeten die erste und die zweite Kaiserdynastie, nachdem sie in Bürgerkriegen gesiegt hatten. Wann immer ein Kaiser, ein Princeps, versagte oder die Nachfolge nicht überzeugend regelte, bestand die Gefahr, daß Kämpfe um den Thron ausbrachen und den revolutionären Untergrund des Principats bloßlegten. Nachdem daher Kaiser Domitian, der zweite Sohn Vespasians, im Jahre 96 n.Chr. ermordet wurde, wählte der alte und kinderlose Zwischenkaiser Nerva (96–98) den jüngeren Trajan, seinen tüchtigsten Feldherrn, im Jahre 97 n.Chr. zum Nachfolger, um einen Bürgerkrieg zu verhindern. Zur Zeit dieser Entscheidung war Marc Aurels Großvater, der Annius Verus der nächsten Generation, zum ersten Mal Konsul. Gewiß war er bei den Vorgesprächen beteiligt und empfahl Nerva nachdrücklich seinen Landsmann aus der Baetica. Es war klug, in der Situation dem General den Vortritt zu lassen.

Um in Rom Macht und Einfluß zu gewinnen, gab es noch andere Mittel. Weder die Annii Veri noch die Annaei Senecae oder die Ulpii

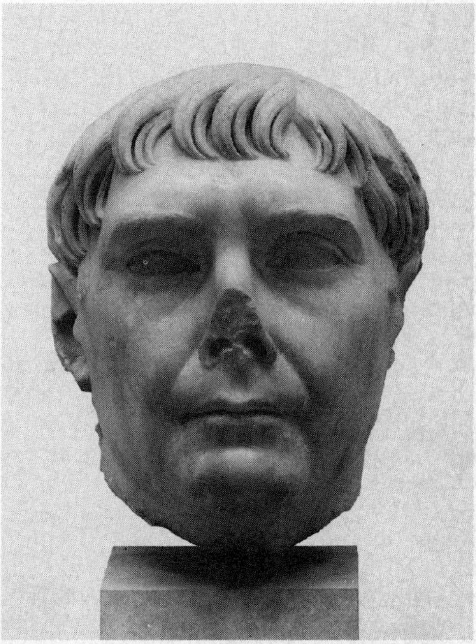

Trajan, um 120.
Ostia, Museum

Traiani waren arme Einwanderer, als sie in Rom ankamen. Sie gehörten in der spanischen Heimatprovinz zu den römischen Rittern, dem zweiten Stand nach dem Senatsadel, und verfügten über beträchtliche Vermögen. Ihr Reichtum erlaubte ihnen, in der Hauptstadt sofort standesgemäß aufzutreten, ein respektables Haus zu führen und nach Grundbesitz auf dem Lande Ausschau zu halten. Der Konsul Annius Verus hatte ein Gespür, wie man Geld machen konnte. Namensstempel auf Ziegeln belegen, daß er, vielleicht schon vom Vater her, Lehmgruben und Ziegeleien besaß. Sie warfen beträchtlichen Gewinn ab, vor allem wenn ein Kaiser, wie es Trajan tat, großzügig bauen ließ.

Geld bot auch die Möglichkeit, Ehen einzufädeln, die den politischen Einfluß und das gesellschaftliche Ansehen förderten: Annius Verus heiratete Rupilia Faustina. Marc Aurels Großmutter war die Tochter des Konsuls von 88, Libo Rupilius Frugi. Er war mit mehreren hohen Adelshäusern aus der Republik verwandt, und einige Strahlen vom Glanz der alten Namen fielen auf die zwei Söhne und die Tochter, die aus der Ehe hervorgingen. Der eine Sohn, Annius Libo, heiratete in die Familie des Konsuls von 116, Fundanius Lamia. Die Tochter Annia Galeria Faustina gab der Vater einem vielversprechenden jungen Adligen, Titus Aurelius Antoninus. Er kam aus einer Familie, die einen ähnlichen Werdegang wie die Annii Veri aus Spanien hatte. Der Großvater war aus der Kolonie Nemausus in der Gallia Narbonensis, dem heutigen Nîmes, nach Rom gekommen. Er heiratete die Tochter eines zweimaligen Konsuls und wurde selbst zweimal Konsul. Sein Sohn wurde ebenfalls Konsul, und der Enkel Aurelius Antoninus erhielt im Jahre 120, ein Jahr vor Marc Aurels Geburt, sein erstes Konsulat. Wer weiß, mochte Annius Verus bei der Hochzeit Faustinas gedacht haben, vielleicht stellten die Aurelii aus Nîmes auch einmal einen Kaiser, nachdem das den Ulpii Traiani aus Spanien bereits in der zweiten Generation gelungen war. Der Gedanke war nicht ganz abwegig. Schließlich war Kaiser Trajan schon 45 Jahre alt, als er auf den Thron kam, und er hatte immer noch keinen leiblichen Erben. Sein Gespür trog Annius Verus nicht. Sein Schwiegersohn Antoninus wurde tatsächlich Trajans übernächster Nachfolger (138–161).

Annius Verus konnte auch mit der Braut seines gleichnamigen zweiten Sohnes zufrieden sein: Domitia Lucilla war allein schon wegen ihres mütterlichen Erbes eine der begehrtesten Partien in Rom. Ziegel, die mit ihrem Namen oder dem Namen ihrer Mutter gestempelt sind, bezeichnen eine der Quellen ihres Reichtums. Aber sie brachte auch aussichtsreiches politisches Kapital in die Ehe: Als die Hochzeit gefeiert wurde, war Trajan bereits tot, und Hadrian (117–138) hatte die Nachfolge übernommen. Er war wie Trajan in Italica geboren, und beide hatten gemeinsame Verwandte in Spanien. Verwandtschaftliche Bindungen gab es auch zwischen Hadrian und der Familie Domitia Lucillas. Nach einer Vermutung war

Hadrian, um 122.
Paris, Louvre

ihre Mutter in erster Ehe mit Hadrians Vater verheiratet, der im Jahre 85 starb. Domitia Lucilla, Tochter aus der zweiten Ehe mit Calvisius Tullus Ruso, dem Konsul von 109, wäre folglich Hadrians Halbschwester gewesen. Aber selbst wenn die in antiken Quellen nicht genau bezeichnete Verwandtschaft weniger eng war, Lucillas Beziehung zum Kaiserhaus eröffnete ihrem Ehemann oder ihrem künftigen Sohn eine Chance, sobald Hadrians Nachfolge anstand. Denn auch der neue Herrscher war schon 41 Jahre alt, und wie sein Vorgänger hatte er keinen Sohn. Großvater Annius Verus dürfte alles getan haben, um Konkurrenten, die sich um die Gunst des Mädchens Domitia Lucilla bemühten, aus dem Felde zu schlagen. Der Sohn machte das Rennen, obwohl der Vater bisher erst ein Konsulat vorzuweisen hatte. Bei der Hochzeit war Domitia etwa 14 Jahre alt, das übliche Heiratsalter für Mädchen. Am 26. April 121, als der ältere Annius Verus gerade zum zweitenmal Konsul war, wurde dem Paar ein Sohn geboren. Er erhielt zunächst den Namen des mütterlichen Großvaters Catilius Severus. Erst zu einer späteren Zeit führte er den Namen, unter dem er in die Geschichte einging: Marcus Aurelius Antoninus.

Der junge, etwa zwanzigjährige Vater stand noch am Anfang seiner Laufbahn. Sie wich nicht von der anderer Senatorensöhne ab, die den Bonus des patrizischen Adels hatten. Im Zwanzigmännerkollegium, in das die jungen Aristokraten mit achtzehn Jahren eintraten, kamen die Angehörigen des Patriziats gewöhnlich in die vornehme Dreiergruppe, die für das Münzwesen zuständig war. Nach einem Jahr folgte das meist mehrjährige Militärtribunat bei einer der 28 Legionen, die in solchen Provinzen stationiert waren, die nicht der Verwaltung des Senats, sondern dem Kaiser unterstanden. Je ein Militärtribun senatorischer und fünf Militärtribunen ritterlicher Herkunft dienten in jeder Legion. Die Quästur, ein Jahresamt, das man mit dem 25. Lebensjahr erhielt, brachte den Eintritt in den Senat. Die nächste Stufe in der Ämterlaufbahn, das Volkstribunat oder das Amt eines Ädilen, blieb den Patriziern erspart. Sie konnten sich mit 30 Jahren für die zweithöchste Magistratur, die Prätur, bewerben. Um 128/29 erhielt Annius Verus dieses Amt. Es brachte ihm kein Glück: er starb noch während der Amtszeit. Zuvor hatte sich seine Familie vergrößert. Domitia Lucilla gebar eine Tochter Annia Cornificia Faustina. Der erste Name des Mädchens war der Familienname des Vaters, der Beiname Faustina, den auch ihre Tante trug, ging auf die Großmutter Rupilia zurück.

Der Großvater Annius Verus überlebte seinen Sohn noch um etwa ein Jahrzehnt, rüstig bis ins hohe Alter. Bei all seinen Geschäften in Politik, Wirtschaft und Gesellschaft versäumte er nie, sich regelmäßig in den Thermen Roms zu erholen. Vor oder nach dem Bade pflegte er auf die Palästra, den angeschlossenen Sportplatz, zu gehen, um im Kreise von Freunden mit Glasbällen zu spielen. Noch als alter Mann verblüffte er die Zuschauer mit seiner Geschicklichkeit. Die Nachwelt erfuhr von dem Steckenpferd, als 1592 bei Bauarbeiten im Petersdom eine Marmorplatte zum Vorschein kam. Sie trug ein Gedicht in sechsfüßigen Jamben, das von einer seltsamen Konkurrenz berichtet[7]: Ein Greis namens Ursus in der Toga, also ein römischer Bürger, lobt erst fünfzehn Zeilen lang sein Können im Glasballspiel und fordert seine Freunde auf, ihn zu feiern. Dann gesteht er in einer überraschenden Schlußwendung, daß ihn der dreimalige Konsul Verus dabei oft geschlagen habe:

«Ich, Togaträger Ursus, war der Spitzenmann
Der Mannschaft bei dem Spiele mit dem Ball aus Glas,
Und voll des höchsten Lobes stand das Volk dabei
In Trajans und Agrippas und in Titus' Bad.
Im Nerobad desgleichen, glauben dürft ihr mir's,
Bin oft ich. Ballartisten, kommt herbei und klatscht!
Mit Veilchen und mit Rosen, mit Blumen und viel Grün
Schmückt Eures Freundes Bild, dazu mit schwerem Öl,

Genossen; spart auch nicht den unvermischten Wein,
Falerner rot, Cäcuber, Wein aus Setia
Von Kaisers Faß für den, der noch lebt und sich's wünscht!
Ursus den Greis besingt, in Eintracht hochgestimmt,
Der fröhlich scherzt beim Spiel, ein Meister seiner Kunst,
Und ausgestochen hat, wer immer vor ihm war,
An Spielwitz, Eleganz und an subtilster Kunst.
Jetzt aber sprech' ich Greis ein wahres Wort im Vers:
Besiegt erklär' ich mich, nicht einmal, sondern oft,
Von Verus, dem Patron, der dreimal Konsul war,
Und gerne laß ich mich anseh'n als seinen Clown.»

Daß der dreimalige Konsul Verus der Großvater Marc Aurels war, sah man in der Forschung schon lange und datierte das Gedicht auf die Zeit um oder nach 126, das Jahr des dritten Konsulats. Gerätselt wurde über den Ursus, den man schließlich mit Iulius Ursus Servianus identifiziert hat. Damit erhalten die Verse politische Brisanz. Denn dieser Ursus war niemand anders als der Schwager des Kaisers Hadrian. Er hatte einen Enkel, Pedanius Fuscus, den er gerne als Thronerben des kinderlosen Herrschers gesehen hätte. Da mußte es ihn alarmieren, daß Hadrians Wohlwollen schon früh auf den kleinen Marc Aurel fiel, gewiß nicht ohne Zutun des Großvaters. Offenkundig zog der Kaiser den Sohn Domitia Lucillas dem Enkel seiner Schwester vor. Wer wollte, mochte darin ein Zeichen sehen, in welche Richtung Hadrian blickte, wenn er an seine Nachfolge dachte. Ursus sah das Zeichen und wählte das Glasballspiel, dem er und Verus frönten, als durchsichtige Metapher für den Machtkampf, den er gegen den dreimaligen Konsul geführt und vorläufig verloren hatte. Er selbst erhielt erst 134 sein drittes Konsulat, acht Jahre nach Annius Verus. Das war um so auffälliger, als er dem jüngeren Konkurrenten beim ersten Konsulat um sieben, beim zweiten sogar um 19 Jahre vorangegangen war. Auch dieser Vergleich zeigt, wie weit ihn Annius Verus bei seinem politischen Aufstieg hinter sich gelassen hatte. Scheinbar neidlos gestand ihm der Verfasser des Gedichtes zu, daß er im Spiel wie in der Politik zu den Gewinnern gehörte. Als sich Ursus beim Hinweis auf die Weinvorräte des Kaisers als den bezeichnete, der noch lebte, dachte er daran, daß der Wettbewerb um die Gunst des Kaisers und um den Thron für den Verlierer blutige Folgen haben konnte. Es war eine Vorahnung. Vier ehemaligen Konsuln kostete es 118 das Leben, als sie nach Trajans Tod versuchten, die Nachfolge gegen Hadrian zu regeln. Aus dem gleichen Grund zwang Kaiser Hadrian im Jahre 136 den neunzigjährigen Ursus Servianus und den achtzehnjährigen Pedanius Fuscus, Selbstmord zu begehen.

Der Knabe

In den Apriltagen 121, als Marc Aurel in Rom zur Welt kam, herrschte am Kaiserhof Aufbruchstimmung. Hadrian wollte kein Sitzkaiser werden, der nur von der Hauptstadt aus regierte. Seiner Meinung nach durfte sich ein guter Herrscher nicht ausschließlich auf die Berichte seiner Beamten und die Klagen verlassen, die gelegentlich aus den Provinzen zu hören waren, sondern mußte vor Ort nach dem Rechten sehen. Vier Jahre sollte die Reise dauern, die ihn erst in den Norden und Westen, dann in den Osten des Reiches führte. Die lange Abwesenheit des Kaisers stellte an den Stadtpräfekten von Rom hohe Anforderungen. Der Senat durfte nicht zu selbständig werden, und die städtische Plebs, die im Kaiser den Garanten für Brot und Spiele sah, war bei Laune zu halten. Die Stadtpräfektur wurde gerne zusammen mit dem Konsulat vergeben, und da Marc Aurels Großvater am 1. Januar 121 zum zweitenmal Konsul wurde, dürfte er zugleich Stadtpräfekt geworden sein. Hadrian hätte keinen Besseren finden können als ihn, der Loyalität mit Tatkraft verband und erwarten ließ, daß er alle Herausforderungen meistern werde. Denn Roma, Herrin und Gosse des Reiches, «in der von überall her alles, was scheußlich und schändlich ist, zusammenströmte und sich einnistete»[8], wollte ästimiert und mußte gezügelt werden.

Als zweimaliger Konsul nahm Annius Verus im kollegialen Konsulat die erste Stelle ein, vor dem Mitkonsul Arrius Augur, der wahrscheinlich ein Verwandter seines Schwiegersohnes Antoninus war. Um möglichst viele Senatoren mit der begehrten Würde auszeichnen zu können, war es seit Caesar und Augustus üblich geworden, ein Konsulpaar nicht mehr das ganze Jahr amtieren zu lassen. Nach zwei, vier oder sechs Monaten wurden die ordentlichen Konsuln, nach deren Namen man das Jahr datierte, durch sogenannte Suffektkonsuln abgelöst. Die Regelung war auch deshalb angebracht, weil die Kaiser häufig selbst und selbstverständlich an erster Stelle das Konsulat übernahmen. Der ordentliche Konsul und Stadtpräfekt Annius Verus hatte einen Ehrenplatz inne, als Hadrian der Stadt Rom an ihrem Geburtstag, dem 21. April, noch ein Abschiedsgeschenk machte: Er weihte den Göttinnen Venus und Roma am Forum einen großen Platz, auf dem er für sie einen Doppeltempel plante. Als Göttin wurde Roma schon lange in den Provinzen verehrt. Jetzt sollte sie auch einen Kult in ihrer Stadt erhalten, zusammen mit derjenigen Göttin, die die Stammutter der Iulier, der ersten Kaiserfamilie, war. Hadrian reihte sich damit in die dynastische Linie ein, die Iulius Caesar und sein Adoptivsohn Augustus eröffnet hatten.

Fünf Tage später wurde Marc Aurel geboren. Falls sein Großvater und sein Vater in diesen Wochen Gedanken über die künftigen dynastischen Verhältnisse nachhingen, so behielten sie sie für sich. Daher machte sich später auch niemand anheischig, schon dem Kind in der Wiege den Kaiserthron prophezeit zu haben. Kein Biograph berichtete von Vorzeichen und Wundern während der Geburt, was im nachhinein ein beliebtes und bisweilen einträgliches Geschäft war. Der Caeliushügel, wo Marcus' Wiege stand, gehörte in der Kaiserzeit zu den vornehmeren Vierteln der Siebenhügelstadt. Wie andere Adlige besaßen die Eltern dort ein Haus in einer weitläufigen Gartenanlage. In liebevollem Rückblick auf die Kinderzeit spricht Marc Aurel einmal in einem Brief an den Lehrer Fronto von *meinem Caelius*[9].

Glaubt man dem Historiker Tacitus, dann sahen damals Pflege und Erziehung der kleinen Kinder in den wohlhabenden Familien so aus: «Der Säugling wird nach der Geburt einem griechischen Sklavenmädchen übergeben, dem man den einen oder anderen aus der Gesamtschar der Sklaven beigesellt, meistens den nutzlosesten, der zu keiner ernsthaften Arbeit taugt. Von deren Fabeleien und falschen Vorstellungen werden die frischen, unberührten Sinne getränkt, und keiner im ganzen Haus achtet darauf, was er in Gegenwart seines Herrn, der noch nicht sprechen kann, sagt oder tut. Ja sogar die Eltern selbst gewöhnen schon die lieben Kleinen, statt an Ehrlichkeit und Bescheidenheit, an Keckheit und Geschwätzigkeit, wodurch sich allmählich Schamlosigkeit einschleicht sowie Mißachtung der eigenen und der fremden Person.»[10] Für Tacitus lag in solcher Fehlerziehung der Grund, warum sich die Heranwachsenden nur für Schauspieler, Gladiatoren und Pferde interessierten. Auch den Lehrern warf er vor, daß sie die strenge Disziplin, die früher geherrscht hatte, aufgaben und die geistigen Fähigkeiten ihrer Zöglinge nicht mehr ausbildeten. Der Gesellschaftskritiker Tacitus malte allzu schwarz. Die Wirklichkeit zeigte auch hellere Töne. Allerdings bestätigt die zeitgenössische medizinische Literatur, daß es üblich war, Säuglinge in die Obhut von Ammen aus dem Sklavenstand zu geben. Mancher Arzt hatte dazu seine eigene Meinung. Der Grieche Soranus aus Ephesus, der zur Zeit von Marcus' Geburt in Rom praktizierte und Bücher über Geburtshilfe und Frauenleiden schrieb, gab den Römerinnen Ratschläge für die Auswahl der Ammen. Er nannte nicht nur die körperlichen Vorzüge, die auf gute Milch schließen lassen, sondern empfahl auch, darauf zu achten, daß die Ammen klug, fürsorglich, sanft und reinlich seien; vor allem aber sollten es Griechinnen sein, damit

Der junge Marcus. Rom, Museo Capitolino

ihre Milchkinder von ihnen Griechisch lernten, die schönste Sprache der Welt.[11]

Man könnte meinen, Marc Aurel habe Tacitus' Kritik gekannt und für seine Eltern ausdrücklich zurückgewiesen, als er im ersten Buch der *Selbstbetrachtungen* auf seine frühe Kindheit und auf die Anfänge seiner Erziehung blickte. Nachdem er Großvater und Vater, Mutter und Urgroßvater genannt hat, von denen ihn jeder auf seine Weise beeinflußte, führt er als nächsten seinen Kinderwärter an. Ihm verdanke er, daß er kein Anhänger einer der römischen Zirkusparteien geworden sei, daß er sich Ausdauer und Genügsamkeit erworben und gelernt habe zuzupacken, sich nicht zu verzetteln und über Verleumdungen hinwegzusehen. Den Namen des Wärters nennt Marcus nicht, da es sich um einen Sklaven handelte. Der Mann war das genaue Gegenteil der Sorte von Sklaven, der man nach Tacitus gewöhnlich die Kleinkinder anvertraute. Auch der nachfolgende Erzieher Diognetus, ein Freigelassener, erfüllte seine Aufgabe vorzüglich. Marcus rühmt an ihm, daß er das nicht tat, was Tacitus bemängelte. Sein Zögling erfuhr von ihm keine Fabeleien, sondern er lehrte ihn, *Nichtigkeiten abzulehnen und dem zu mißtrauen, was Wundermänner und Zauberer über Beschwörungsformeln, Abwehr böser Geister und dergleichen Dinge berichten*[12]. Diognetus hielt ihn auch davon ab, seine Zeit mit Kinderspielen zu vertun. Im Umgang mit ihm lernte Marcus, Freimütigkeit zu ertragen, und vor allem: Diognetus war es, der ihn in die Philosophie einführte.

Der Kinderwärter und Diognetus waren die beiden Diener, die den kleinen Marcus Tag für Tag behüteten und an die er sich eng anschloß. Daneben gab es, wie in jedem reichen römischen Haushalt, eine Menge anderer Sklaven und Sklavinnen, die der kaum fünfzehnjährigen Herrin Domitia Lucilla zur Hand gingen. Trotzdem ließ sie sich, anders als Tacitus es beschreibt, die mütterliche Aufsicht und Erziehung ihres Erstgeborenen von Anfang an nie aus der Hand nehmen. Später erhielt sie den Lohn dafür. Zeitlebens hatte Marcus ein sehr liebevolles Verhältnis zu seiner Mutter, und sie blieb bis zu ihrem Tod in seiner Umgebung. Der Sohn schrieb ihr eifrig, sooft sie verreist war. Seinem Lehrer Fronto berichtet er einmal, daß er sich während ihrer Abwesenheit *vor Sehnsucht nach ihr verzehrt habe*[13]. Als er zu Beginn des ersten Buches der *Selbstbetrachtungen* nach Großvater und Vater das Erbe ihrer Erziehung würdigte, setzte er zugleich ihrem Charakter ein Denkmal: Sie war fromm und freigebig, dachte und tat nichts Böses; trotz ihres riesigen Vermögens führte sie ein einfaches Leben und stach dadurch von ihren Standesgenossinnen ab. Was der Sohn nicht sagt, verrät die Sammlung der Fronto-Briefe. Der Rhetor korrespondierte mit Domitia Lucilla auf griechisch. Zwei seiner Briefe sind noch erhalten.[14] Ihr kunstvoller, ja gekünstelter Stil läßt vermuten, daß der Meister der lateinischen Sprache im fremden Idiom vor den literarischen Ansprüchen der Empfängerin bestehen wollte. Wenn Marc Aurel später im Griechischen nicht weniger sicher war als im Lateinischen, so nicht notwendig deshalb, weil die Eltern Soranus' Rat befolgt und ihm eine griechische Amme gegeben hatten. Den Grundstock dürfte auch hier die Mutter gelegt haben.

Domitia Lucilla. Rom, Musei Vaticani

Auf die Kindheit im Haus am Caelius fiel ein erster Schatten, als der Vater während der Prätur starb. Marcus, der damals etwas über acht Jahre alt war, hatte ihn nur selten zu sehen bekommen. Denn der Dienst als Militärtribun und vielleicht auch die anschließende Quästur führten ihn die meiste Zeit von Rom weg. Trotzdem blieb dem Sohn das Bild des Vaters, seine beherrschte männliche Art, unvergeßlich. Nach dessen Tod adoptierte der Großvater Annius Verus den Knaben. Damit führte Marcus erstmals den Namen und Beinamen der väterlichen Familie, nachdem er bei der Geburt den Familiennamen und Beinamen des mütterlichen Großvaters Catilius Severus erhalten hatte.

Catilius Severus, der 120 zum zweiten Mal Konsul war, verfolgte aufmerksam, wie sein Urenkel heranwuchs. Mit sechs oder sieben Jahren empfing der Knabe von gebildeten Haussklaven den ersten Unterricht in Lesen, Schreiben und Rechnen. So hielten es die meisten Eltern, die sich solche Sklaven leisten konnten. Denn das Elend der öffentlichen Elementarschulen war bekannt: Die Lehrer waren schlecht, weil sie wenig verdienten, und sie verdienten wenig, weil sie schlecht waren. Die Entscheidung, ob der Privatunterricht fortgesetzt werden sollte, kam beim Übergang von der Elementarschule zum Grammatikunterricht. Marc Aurel erinnerte sich in seiner Autobiographie: *Meinem Urgroßvater verdanke ich, daß ich nicht in öffentliche Schulen gehen mußte, sondern gute Hauslehrer hatte, ferner die Einsicht, daß man dafür Geld opfern solle.*[15]

Vielleicht gab es mit der Mutter eine Diskussion über den weiteren Unterricht. Gut dreißig Jahre früher hatte der Redelehrer Quintilian die Gründe für Privatunterricht und öffentliche Schulen ausführlich gegen-

Schulszene auf einem Grabmal. Relief aus Neumagen, um 180/90.
Trier, Rheinisches Landesmuseum

einander abgewogen. Sie waren immer noch aktuell. Quintilian selbst trat für die öffentlichen Schulen ein: Der Schüler verliere dort Menschenscheu, er schließe Freundschaften fürs Leben, und der Wettbewerb mit Gleichaltrigen stachle ihn an. Dem Einwand, er könne in der Schule verdorben werden, hielt Quintilian entgegen, das sei daheim genauso möglich, wenn sich der Hausherr oder die Sklaven gehenließen. Domitia Lucilla dürfte noch einen Grund für den Besuch einer öffentlichen Schule genannt haben. Man kann ihn dem Charakterbild entnehmen, das der Sohn von ihr zeichnete: Marcus würde um so mehr Bescheidenheit lernen, je eher er auf Bequemlichkeiten verzichtete, die die Kinder reicher Eltern genossen. Catilius Severus, der die Anlagen und die frühe Reife seines Urenkels erkannte, könnte ein Argument dagegen gehalten haben, das Quintilian nicht in den Sinn gekommen war: Der hochbegabte, strebsame Junge benötigte für seine weitere Entwicklung keinen Wettbewerb mit Gleichaltrigen. Er hätte sie in jedem Jahrgang rasch überflügelt und sich dann gelangweilt. Allerdings machte Hausunterricht bei einem solchen Schüler nur Sinn, wenn man die besten Lehrer gewann, die seine Begabung forderten und förderten. Gute Grammatiker aber waren teuer geworden, seit die Kaiser Vespasian und Hadrian ihnen Steuerfreiheit und andere Privilegien gewährt und so ihr Ansehen gehoben hatten. Catilius Severus überzeugte Domitia Lucilla, und sie stellte gute Lehrer ein. Fronto versicherte Marcus gelegentlich: «Noch bevor du das rechte Alter für die höhere Bildung erreicht hattest, warst du schon fertig und beherrschtest alle Fächer, noch vor der Pubertät warst du ein tüchtiger Mann, noch bevor du die Männertoga anlegtest, warst du ein erfahrener Redner.»[16] Die Worte waren nicht lediglich eine Schmeichelei des Professors, der sich eines solchen Schülers rühmen durfte.

Ein unbekannter Biograph Marc Aurels gab sich die Mühe, die Liste aller seiner Lehrer aufzustellen. Die «Historia Augusta», eine spätantike Sammlung von Kaiserbiographien, übernahm die Liste. Sie ist nicht vollständig, aber trotzdem ein einzigartiges Dokument. Denn es gibt niemanden mehr in der griechisch-römischen Antike, dessen Elementarlehrer wir kennen. Die Liste nennt Euforio, Geminus und Andro, die drei Haussklaven, die Marcus in Lesen, Schreiben, Rechnen und Musik unterrichteten. Marc Aurel erwähnt in seinem autobiographischen Rückblick keinen der drei. Aber die «Historia Augusta» weiß, daß er sich ihnen in großzügiger Weise erkenntlich zeigte. Eine übliche Form, Sklaven zu danken, war die Freilassung, die meistens bis zum dreißigsten Lebensjahr erfolgte. Oft mußte sich der Freigelassene verpflichten, seinem Herrn weiterhin, etwa an einem Tag in der Woche, Dienste zu leisten, die vertraglich festgelegt wurden. Marcus' Großzügigkeit könnte darin bestanden haben, daß er nicht nur auf solche Verträge verzichtete, sondern im Gegenteil die Freigelassenen so reich ausstattete, daß jeder sofort eine eigene Schule eröffnen konnte. Selbstverständlich warben sie mit ihrem früheren Schüler, und dadurch würde sich erklären, warum die ehemaligen Sklaven in die historische Überlieferung eingingen.

Die «Historia Augusta» betont auch bei den nachfolgenden Lehrern, wie dankbar Marcus ihnen gegenüber war. Die Biographie stellt einen Grundzug seines Charakters heraus, den das erste Buch der *Selbstbetrachtungen* bestätigt. Denn nicht bloße Erinnerung führte dem Verfasser die Feder. Dankbarkeit durchzieht den Rechenschaftsbericht, in dem er die Wohltaten aufzählt, die ihm die Menschen seiner Umwelt erwiesen haben. Am Anfang stand auch hier die Mutter, wie er bekannte. Sie lehrte ihn, daß Reichtum verpflichte, und sie hielt ihn an, stets eine offene Hand zu haben.

Der Elementarunterricht dauerte in der Regel bis zum zwölften Lebensjahr. Bei Marcus zog er sich schwerlich so lange hin. Vielleicht machte sich sein Urgroßvater auch deshalb für den Privatunterricht so stark, weil der Achtjährige gerade seinen Vater verloren hatte. Alexander von Kotiaion unterrichtete ihn von jetzt an in griechischer Grammatik. Der Grieche aus Kleinasien hatte sich bereits einen guten Namen als Lehrer gemacht. Aelius Aristides, einer der größten griechischen Redner des 2. Jahrhunderts, gehörte zu seinen Schülern. Daneben war er ein fruchtbarer Schriftsteller, der Erläuterungen zu Homer und zum Fabeldichter Äsop schrieb. Wenn Marc Aurel in den *Selbstbetrachtungen* Homer, die griechischen Tragiker oder Äsop zitierte, so waren das zum Teil Früchte aus Alexanders Unterricht. Stärker beeindruckte ihn allerdings die Persönlichkeit des Lehrers. Ihm verdanke er, schrieb er im ersten Buch, daß er kein Kritikaster geworden sei und Sprachsünder nicht offen, sondern durch geschickt eingeflochtenen Tadel verbessere. Von den beiden lateinischen Grammatikern, die die «Historia Augusta» erwähnt, hatte er nichts Vergleichbares zu berichten und überging sie.

Der schon genannte Diognetus, der Marcus als erster in Philosophie unterrichtete, scheint weiterhin bei ihm geblieben zu sein. Unter seiner Anleitung betrat er eine geistige Welt, die er bis an sein Lebensende nicht mehr verließ. Zwölf Jahre war er alt, wie die «Historia Augusta» weiß, als die Philosophie ihn in ihren Bann schlug. Er besorgte sich einen weiten Umhang, wie ihn Philosophen gerne trugen, und als er hörte, manche von ihnen seien so abgehärtet, daß sie auf dem Boden schliefen, wollte er das ebenfalls machen. Mit Mühe konnte ihn die Mutter überreden, wenigstens ein fellbedecktes Feldbett zu benutzen. Auch seine Gesundheit bereitete ihr Sorge. Nur Bücher zu verschlingen war nicht die bekömmlichste Nahrung. Selbst für den geliebten Sport wurde Philosophias neuem Jünger die Zeit zu schade. Bisher war er immer gerne gerannt und hatte Ball gespielt, ein Erbe seines Großvaters. Mit Eifer war er zum Box- und Ringtraining erschienen. So manchen Vogel hatte er gefangen und sich gefreut, wenn er mit auf die Jagd gehen durfte. Auf Drängen seiner Angehörigen hatte er sich sogar bereit gefunden, Theaterstücke und Tierhetzen zu besuchen, gegen die er schon damals eine Abneigung hatte, die er nie mehr verlor. Jetzt aber schien dem jungen Philosophen alles lästig zu sein, was ihm die Stunden für sein Studium raubte. Diognetus hatte eine Explosion ausgelöst.

Politik war in Roms adliger Gesellschaft nicht auf die offiziellen Organe, den Kaiser und seinen Hof, den Senat und die Beamten beschränkt. Sie durchdrang die Adelsfamilien und bezog die Kinder mit ein. Kinder waren ein politisches Kapital, ein unmittelbares die Söhne, die die Stellung der Familie weiterführen, ein mittelbares die Töchter, die Aristokratensöhne heiraten würden. Aufmerksam beobachteten die Adelsfamilien gegenseitig den Nachwuchs, und Kaiser mit Weitblick ließen sich ebenfalls zutragen, wie die nächste Generation der römischen Aristokratie aussehen könne.

Kaiser Hadrian hatte zusätzlichen Anlaß, sich umzusehen. Als er im Sommer 125 nach vier Jahren wieder in Rom eintraf, war er 49 Jahre alt. Die Hoffnung, daß ihm seine Frau Vibia Sabina einen Stammhalter und Thronfolger schenken werde, hatte er endgültig aufgegeben. Der plötzliche Tod seines Vorgängers Trajan war eine Warnung. Alles Gute, was ein Princeps dem Reich tat, konnte nicht den Schaden aufwiegen, der entstand, wenn seine letzte unfreiwillige Tat ein Bürgerkrieg war, weil er nicht rechtzeitig für seine Nachfolge gesorgt hatte. 127 nahm Hadrian den sechsjährigen Marcus in den Ritterstand auf und verlieh ihm das sogenannte Staatspferd, ein ritterliches Standessymbol. Zwei Jahre später veranlaßte er das uralte Priesterkollegium der Salier, Marcus als Mitglied zu kooptieren. Solche Auszeichnungen für einen Knaben waren ungewöhnlich, wenn auch nicht einmalig. Sie waren in Marcus' Fall auch – und das vielleicht an erster Stelle – eine Geste gegenüber dem Großvater und dem Vater, der damals noch lebte. Denn eine alte Kultvorschrift besagte, daß man in das Kollegium der Salier nur eintreten konnte, wenn man noch Vater und Mutter hatte. Ob Hadrian schon eine dynastische Vorentscheidung andeuten wollte, die bei Marcus' Alter nur für die übernächste Generation hätte gelten können, wissen wir nicht. Biographen sahen es so, aber das war die Klugheit der Nachgeborenen, die auch prompt ein entsprechendes Omen erfand: Als die Salier einmal die Kränze, die sie getragen hatten, auf einen Altartisch mit Götterbüsten warfen, fiel Marcus' Kranz so genau auf den Kopf des Kriegsgottes Mars, als hätte ihn eine Hand der Büste aufgesetzt.

Im Sommer 128 begab sich Hadrian erneut auf Reisen. Er kehrte erst 132 zu längerem Aufenthalt nach Rom zurück, um die Zeit also, als Marcus die Philosophie für sich entdeckte. Hadrian kam die neue Leidenschaft zu Ohren, und bei Gelegenheit sprach er mit dem aufgeweckten, frühreifen Knaben. Marcus bekannte ihm stolz, daß er jetzt auf der Suche nach der Wahrheit sei. Der Kaiser, von dessen Witz und Schlagfer-

Der jugendliche Marcus. Rom, Musei Vaticani

tigkeit man sich manche Anekdote erzählte, spottete gutmütig. Auf den Familienbeinamen Verus (=der Wahre) anspielend, bemerkte er, Marcus sei jetzt der Verissimus (=der Wahrste). Die Begegnung könnte im Haus des Großvaters Annius Verus stattgefunden haben, wo Marcus inzwischen wohnte. Der Enkel verehrte den Großvater, der sich ebenfalls angelegentlich um seine Erziehung kümmerte. Dennoch: war sein Haus der angemessene Ort für einen jungen Philosophen, der Askese auf sein Panier geschrieben hatte? Denn man konnte vieles vom Großvater lernen, nicht nur das Spiel mit dem Glasball. Doch Großvater lebte mit einer Konkubine zusammen. Viele Jahre später dankte Marc Aurel im autobiographischen Rückblick den Göttern: *daß ich nicht allzu lange bei Großvaters Konkubine erzogen wurde, daß ich ferner meine jugendliche Unschuld bewahrte und nicht vorzeitig zum Mann wurde, sondern mir noch Zeit dazu ließ*[17]. In des Alten freizügigem Haus im freizügigen Rom war das wahrlich eine Leistung, für die man sich auf göttliche Hilfe berufen durfte.

Im üblichen Alter, nach dem vollendeten vierzehnten Lebensjahr 136, erhielt Marcus die Männertoga. Das geschah in einer feierlichen Zeremonie, die meistens an den Liberalia stattfand, einem Frühlings- und Fruchtbarkeitsfest am 17. März. Vor den Hausgöttern vertauschte der Knabe die Knabentoga mit der Männertoga als Zeichen, daß er nun volljährig war. Anschließend geleitete ihn, anstelle des Vaters, der Vormund und Großvater im Kreise von Verwandten und Freunden zum Forum. Dort wurde er mit Vornamen, Familiennamen und Beinamen in die Bürgerliste eingetragen: Marcus Annius Verus. Von jetzt an war er ehemündig, und als hätte die Familie nur auf den Tag gewartet, arrangierte sie sofort seine Verlobung. Ceionia Fabia war die Braut, ein Mädchen von etwa zwölf Jahren, das aus bester Familie stammte. Urgroßvater und Großvater waren Konsuln gewesen, und am 1. Januar dieses Jahres hatte ihr Vater, Lucius Ceionius Commodus, das Konsulat angetreten. Der eigentliche Urheber der Verlobung aber war Hadrian, der damit erstmals zu erkennen gab, daß er Marcus in seine dynastischen Pläne einbezog. Denn Mitte 136 adoptierte er Ceionius Commodus, der fortan Hadrians Familiennamen Aelius sowie den Beinamen Caesar trug. Der Name Caesar war bereits zu einer Art Titel geworden, der den Thronfolger bezeichnete.

Ein Jahr zuvor hatte der kränkelnde Hadrian begonnen, sich zwischen dem rechten Tiberufer und den Vatikanhügeln ein Mausoleum zu errichten. Der riesige Rundbau, heute besser bekannt als Engelsburg, sollte gegenüber dem am linken Tiberufer gelegenen Mausoleum des Augustus das Wahrzeichen der neuen Dynastie werden. Im Mai 136 durfte Marcus auch erstmals in der Öffentlichkeit auftreten. Alljährlich feierte man in diesem Monat auf dem südlich von Rom gelegenen Albanerberg das Latinerfest, eine Erinnerung an die Frühzeit Roms. Die hohen Beamten zogen dorthin, und während der drei Festtage wurde für die Hauptstadt ein eigener Präfekt ernannt. Man suchte ihn mit Vorliebe unter den jungen Senatorensöhnen oder den Angehörigen der kaiserlichen Familie aus. Dieses Mal traf die Wahl Marcus, und es fiel auf, mit welchem Eifer er drei Tage lang die Stadt verwaltete. Wenig später gab es im Hause der Annii Veri eine zweite Verlobung. Marcus' jüngere Schwester Annia Cornificia, um 123/124 geboren, wurde mit zwölf Jahren ehemündig und Ummidius Quadratus versprochen. Es gibt Hinweise, daß er ihr Vetter ersten Grades war, in Rom kein Ehehindernis. Domitia Lucilla nahm die Verbindung zum Anlaß, die Erbfolge in ihrem Haus zu regeln. Hadrians Nachfolgepläne gaben den Anstoß. Wenn ihr Sohn jetzt in der Nähe des Thrones stand, empfahl es sich, das väterliche Vermögen herauszuhalten, damit es später nicht im Krongut aufging. Marcus war einverstanden. Er verzichtete zugunsten der Schwester auf seinen Anteil am Besitz des verstorbenen Vaters und gab sich mit dem zufrieden, was ihm einmal aus dem Erbe des Großvaters Annius Verus zufallen würde. Vom Vermögen der noch jugendlichen Mutter und Witwe war nicht die Rede.

Hadrians Mausoleum, die «Engelsburg», in Rom, eingeweiht 139

Bei seinen Nachfolgeplänen berücksichtigte Hadrian, daß der Adoptivsohn und Thronerbe Aelius Caesar nicht nur einen vielversprechenden Schwiegersohn bekommen werde, sondern bereits einen eigenen Sohn besaß, der etwa sechs Jahre alt war. Die Geschichte des Principats hatte zur Genüge bewiesen, wie gefährdet der Thron war, dessen Zukunft auf zwei Augen ruhte. Zu wenig bedachte Hadrian allerdings die körperliche Verfassung des Kronprinzen Aelius, obwohl der dafür bekannt war, daß er mehr von gutem Essen als von guter Gesundheit hielt. Vielleicht hoffte der Kaiser, die künftige Verantwortung für das Reich werde den Feinschmecker einsichtig machen. Aber die Hoffnung trog. Am Neujahrstag 138, gerade als er zu einer Dankesrede auf seinen Adoptivvater ansetzte, starb Aelius Caesar an einem Blutsturz. Ironisch wie eh und je kommentierte Hadrian den Tod des Aelius Caesar: Als Kaiser habe er sich leider an eine schwankende Wand gelehnt, die kaum ihn selbst, geschweige denn den Staat zu stützen vermochte.[18]

Nun war Eile geboten, denn auch der zweiundsechzigjährige Hadrian merkte, wie seine Kräfte nachließen. Die strapaziösen vieljährigen Regierungsreisen forderten ihren Tribut. Marcus' Schwiegervater war tot, aber der Knabe hatte ja einen Onkel, Aurelius Antoninus, den Konsul von 120. Zwar war der nur zehn Jahre jünger als Hadrian, aber gesund

Hadrian (rechts) adoptiert Antoninus Pius (Mitte), zwischen ihnen Lucius Verus, links Marc Aurel. Relief aus Ephesus, um 165/70. Wien, Kunsthistorisches Museum, Neue Hofburg

und solide. Vor zwei Jahren erst hatte er als Prokonsul die wichtige Provinz Asia, die Westhälfte der anatolischen Halbinsel, zu allgemeiner Zufriedenheit verwaltet. Am 25. Februar 138 adoptierte Hadrian den Exkonsul unter dem Namen Aelius Caesar Antoninus. Die Doppelbedingung, die der Kaiser an die Adoption knüpfte, fiel dem neuen Kronprinzen nicht schwer: Er mußte nicht nur den Neffen Marcus adoptieren, sondern auch den Sohn seines verstorbenen Vorgängers im Wartestand. Vier Augen waren besser als zwei. Aus dem Marcus Annius Verus wurde durch die Adoption Marcus Aurelius Verus, und aus dem Sohn des Aelius Caesar wurde Lucius Aurelius Commodus. Eine Verlobung besiegelte die neue Verwandtschaft. Dem siebenjährigen Commodus wurde Antoninus' Tochter Annia Galeria Faustina versprochen.

Am 10. Juli 138 starb Hadrian beim kampanischen Seebad Baiae, und am selben Tag wurde Antoninus offiziell vom Senat zum Nachfolger ernannt. Zu den ersten Maßnahmen des neuen Kaisers, der bald darauf in der Öffentlichkeit mit dem Beinamen «Pius», «der Fromme», erschien, gehörte, daß er zwei Verlobungen annullierte und eine neue schloß: Er nahm dem jüngeren Adoptivsohn Aurelius Commodus seine Tochter Annia Galeria Faustina und gab sie dem älteren Adoptivsohn Marcus, der die Verlobung mit Commodus' Schwester lösen mußte. Der Braut-

Lucius Aurelius Commodus.
Ostia, Museo Ostiense

Bildnis einer jungen
Prinzessin (Faustina?), um
140. Rom, Museo Nazionale
Romano

tausch war schwerlich im Sinne Hadrians. Dessen Vieraugensystem, das die Entscheidung zwischen Lucius und Marcus der Zukunft überließ, wurde nun eindeutig zugunsten des Älteren verschoben. Marcus erhielt den Vorrang vor seinem Adoptivbruder. Antoninus hätte anders gehandelt, wenn seine eigenen Söhne noch am Leben gewesen wären. So aber blieb ihm, wie den meisten Kaisern, versagt, den Thron einem Leibeserben zu hinterlassen. Vespasian war bisher der einzige gewesen, dem seine Söhne nachfolgten und der durchbrach, was fast wie ein historisches Gesetz des römischen Kaisertums aussah.

Am 1. Januar 139 erhielt Marcus, noch nicht 18 Jahre alt, die Quästur. Senatorensöhne übernahmen das Amt, das seinen Träger zum Mitglied des Senats machte, in der Regel mit 25 Jahren. Bei Mitgliedern des Kaiserhauses beschleunigte sich die Laufbahn, und so blieb Marcus der Militärdienst erspart. Bald darauf wurde Hadrians Mausoleum fertig. Die Überführung seiner Leiche feierte die Kaiserfamilie mit Gladiatorenspielen. Als Quästor und Adoptivenkel des toten Kaisers durfte Marcus den Spielen präsidieren. Eine weitere Auszeichnung erhielt er bei der jährlichen Parade, die die römischen Ritter vor dem Kaiser abhielten. Von den sechs Abteilungen, in denen sie vorritten, führte er die erste und vornehmste. Wenig später verlieh ihm der Senat auf Antoninus' Antrag den Titel «Caesar». Nun stand er offiziell als dessen Nachfolger fest. Goldmünzen wurden geprägt, die dem Reich die neue Ordnung verkündeten. Auf der Vorderseite trugen sie den Kopf des Kaisers mit der Umschrift «Antoninus Augustus Pius, Vater des Vaterlandes». Die Rückseite zeigte den Kopf des jungen Caesar, eingerahmt von der Legende «Aurelius Caesar, Sohn des Augustus Pius, designierter Konsul». Zugleich sagte die Münze allen, wer am kommenden 1. Januar der eine der beiden Konsuln sein und dem Jahr seinen Namen geben werde.

Antoninus Pius und Marc Aurel. Vorder- und Rückseite einer Goldprägung von 139

Der Kronprinz

Antike Autoren berichten, Marc Aurel habe in der Nacht, bevor er zum Caesar ernannt wurde, einen Traum gehabt: Er sah sich mit Schultern und Händen aus Elfenbein und fragte sich besorgt, ob er mit solchen Gliedmaßen überhaupt etwas tragen könne. Plötzlich fühlte er, wie sich die elfenbeinernen Körperteile genauso wie die anderen Gliedmaßen gebrauchen ließen.[19] Handbücher über Traumdeutung erklärten, Träume, in denen Gegenstände aus Elfenbein vorkommen, seien Glücksboten, da Künstler, die Götterstatuen oder Schmuck aus Elfenbein herstellten, das Material wegen seiner Festigkeit schätzten. Der Verdacht liegt folglich nahe, daß Marcus' Traum mit seiner durchsichtigen Symbolik eine Erfindung nach der Traumliteratur war. Doch in seinen *Selbstbetrachtungen* vertrat der Kaiser die Auffassung, daß göttliche Mächte den Menschen Träume schicken, die ihnen bei Entscheidungen helfen sollen. Er hatte es selbst oft genug erfahren, wie die Götter ihm durch Träume beistanden, ihm etwa Heilmittel gegen Blutspucken und Schwindel zeigten. Daher machte er es sich zur Gewohnheit, nach dem Erwachen beunruhigende Träume unvoreingenommen zu analysieren.[20]

Das Traumbild von 139 spiegelte Marcus' Seelenlage an einer Lebenswende. Der Achtzehnjährige war sich im klaren: Mit dem folgenden Tag würde die Richtung seines Lebens bis zum Ende vorbestimmt sein. Ein Kaiser dankte nicht ab, er starb als Kaiser. Nur Usurpatoren hielten das Leben eines Kaisers für erstrebenswert. Der makedonische König Antigonus Gonatas hatte es vierhundert Jahre zuvor besser gewußt, als er die Königsherrschaft eine ehrenvolle Sklaverei nannte. Daran hatte sich nichts geändert. Für den Kaiser, der seine Pflichten ernst nahm, bedeutete das Amt schon unter gewöhnlichen Umständen tägliche Fron, geschweige denn, wenn Barbaren das Reich von außen bedrohten oder wenn es von Unruhen und Naturkatastrophen im Inneren erschüttert wurde. Marcus kannte sich mittlerweile gut genug, um vorhersagen zu können, daß er sich vom ersten Tag an in seine Aufgaben hineinknien und das Herrscheramt ganz ausfüllen werde. Doch war er dem Amt überhaupt gewachsen? Und würde er auf dem Thron glücklich werden? Sooft er sich bisher seine Zukunft ausgemalt hatte, sah er sich am liebsten als

Der junge Caesar Marcus. Rom, Museo del Foro

Philosoph. Philosoph und Herrscher – das war Platons Ideal. Aber weder in Griechenland noch in Rom hatte es bisher ein König oder Kaiser fertiggebracht, das Ideal zu verwirklichen. Würde ihm da die Verbindung gelingen? Platons eigenes Schicksal reizte eher zum Grübeln, ob sich Philosophen überhaupt am Staatsleben beteiligen sollten. Cicero und

Seneca hatten sich in Rom mit der Frage befaßt, und im Rhetorikunterricht war sie ein beliebtes Thema.

Marcus' Dienerschaft fiel auf, daß ihr Herr in diesen Tagen mehr als sonst sinnierte. Darauf angesprochen, hielt er aus dem Stegreif einen Vortrag, der das Für und Wider seiner künftigen Stellung abwog.[21] Das Porträt, das damals von ihm angefertigt wurde und als Vorlage für Ehrenstatuen diente, zeigt ein noch jugendliches Antlitz, über dem bereits melancholischer Ernst liegt. Die runden Wangen und die weichen, vollen Lippen vermitteln den Eindruck früher Reife.

Ein Opfer hatte Marcus seiner neuen Würde bereits gebracht: Antoninus Pius hatte ihn gebeten, aus dem Haus seiner Mutter in die Residenz zu ziehen, in den Palast des Kaisers Tiberius auf dem Palatin, den der neue Princeps als Wohnsitz gewählt hatte. Später, nach Antoninus' Tod, bemerkte Marcus einmal stolz, in den dreiundzwanzig Jahren, die sein Adoptivvater regiert habe, seien es nur zwei Nächte gewesen, in denen sie beide nicht unter einem Dach schliefen.[22] Der Satz war ein beredtes Zeugnis, wie herzlich ihr Verhältnis von Anfang an war. Fast ein Jahrzehnt war Marcus' leiblicher Vater bereits tot. Nun erhielt er wieder einen Vater, der ihm im täglichen Umgang der beste Lehrer wurde.

Im ersten Buch der *Selbstbetrachtungen* setzte Marcus seinem Vorgänger ein Denkmal, das ihn über alle anderen hinaushob, denen er dort seinen Dank abstattete. Mehr als ein Drittel des Buches widmete er ihm, während sich die leiblichen Verwandten mit wenigen Worten und die engsten Freunde und Lehrer mit wenigen Sätzen begnügen mußten. Selbst der Dank an die Götter, der letzte Abschnitt des Buches, fiel kürzer aus als der Antoninus gewidmete vorletzte Abschnitt. Das Bild, das Marcus von seinem Adoptivvater entwirft, sticht von dem üblichen Herrscherlob ab, das die offiziellen Preisreden verkündeten und die Handbücher der Rhetorik lehrten. Er setzt den Souverän nicht zu erhabener Regierungstätigkeit auf den Thron, sondern sieht ihm über die Schulter, wie er den täglichen Verwaltungskram meistert, ohne sich in seinem Lebensrhythmus stören zu lassen. So stellt man sich auch den vorbildlichen Besitzer eines großen Hauses oder eines Landgutes vor. Die Gewichtung entsprang einer Herrscherauffassung, die im Kaiser als Bürger die erstrebenswerte Form des Principats sah. Seit Augustus behaupteten Kaiser von sich, sie hätten dieses Ziel erreicht, und Schmeichler bestätigten es ihnen. Marcus äußert sich dazu nicht. Statt dessen trägt er in nüchterner Buchführung die Facetten zusammen, die von selbst belegen, daß erst sein Adoptivvater dem Ideal gerecht wurde. Nur mittelbar stellt er ihn seinen Vorgängern, vor allem Hadrian, gegenüber, etwa dort, wo er ihn lobt, er habe die Knabenliebe gesetzlich verboten. Hadrian, aber auch Trajan waren für ihre homophilen Neigungen bekannt. Ebenso deutlich ist die Anspielung auf Hadrian in der Feststellung, Antoninus sei nicht dauernd hin- und hergejagt, sondern habe Stetigkeit im Wohnen und Arbeiten vorgezogen. Die Großzügigkeit, mit der Antoninus die intellektuellen Fähigkeiten anderer anerkannte, erhält ihre besondere Note, wenn man weiß, daß Hadrian Gelehrten gerne vertrackte Quizfragen stellte, um sich an ihrem Nichtwissen zu weiden und ihnen seine geistige Überlegenheit zu demonstrieren. Antoninus Pius war ferner ein Mensch, *der keinen Gedanken an Gastmähler und an die Stoffe und Farben seiner Kleider verschwendete.* Da mochte Marcus an den Elegant und Gourmet Aelius Caesar denken, dessen Tochter er einmal heiraten sollte, der aber zum Glück für den auserkorenen Schwiegersohn und für das Reich rechtzeitig starb und einem Besseren Platz machte. Schwerlich hätte Aelius Caesar das Reich ruiniert. Das brachten selbst so liederliche junge Majestäten wie Caligula und Nero nicht fertig. Die Schwerkraft des Imperium Romanum war einfach zu groß. Aber um das Riesengebilde in einem für alle zuträglichen Gleichgewicht zu halten, bedurfte es an der Spitze nicht nur eines Machtpolitikers, sondern eines charakterfesten Mannes. Er sollte seinen Untertanen auch ein sittliches Vorbild sein und den Principat nicht als Füllhorn betrachten, aus dem er nach Herzenslust schöpfen konnte, um sämtlichen denkbaren Gelüsten zu frönen. Philosophen, Redner und Historiker hatten dazu schon viel gesagt, meistens allerdings erst, wenn sie mit ihrem Freimut keine Gefahr mehr liefen. Mit dem Porträt seines Schwiegervaters schien ihnen Marcus bedeuten zu wollen, Antoninus Pius habe endlich den Katalog der Tugenden erfüllt, den sie vom guten Herrscher verlangten.

Bezeichnend ist der erste Pinselstrich des Porträts: Mild sei Antoninus gewesen. Die Milde war die Zentraltugend des Principats. Es folgen Uneitelkeit, Arbeitsfreude und Ausdauer, alles bürgerliche Tugenden. Zu den Freuden des Lebens hatte Antoninus ein gelassenes Verhältnis. Er genoß sie, konnte aber auch jederzeit auf sie verzichten. Marcus fällt Sokrates ein, dem man dieselbe Souveränität nachsagte. Den Bürgerkaiser, dem jeder Überschwang fremd war, stellte auch der Künstler dar, der Antoninus Pius zu Beginn seiner Regierungszeit modellierte. Das großflächige, offene Gesicht deutet Ausgeglichenheit des Charakters an, die Marcus lobte. Hier war ein Herrscher, der nicht lediglich ein Lippenbekenntnis ablegte, wenn er die Senatoren, seine bisherigen Standesgenossen, als Kollegen anredete, sein Amt als Princeps also im Wortsinn erfaßte: Er war nur Primus inter pares, der Erste unter Gleichen.

Von der großen Politik schweigt Marcus beim Lobe seines Vorgängers. Trotzdem ist eine Botschaft unüberhörbar. Ihr liegt die uralte Auffassung zugrunde: Gutes tut, wer gut ist. Antoninus Pius war gut, folglich regierte er gut und folglich ging es unter ihm dem Reich gut. An einer späteren Stelle der *Selbstbetrachtungen* gibt Marcus ein zweites, kürzeres Charakterbild seines Adoptivvaters, das im wesentlichen mit dem ersten übereinstimmt.[23] Dort bekennt er einleitend, er habe sich stets als Schüler des Antoninus Pius betrachtet, wie es auch der Kontext des er-

Kaiser Antoninus Pius. Neapel, Museo Nazionale

sten Buches gelehrt hatte. Aber ihr Verhältnis ging über das von Lehrer und Schüler hinaus. In allem, was Marc Aurel als Caesar und als Kaiser tat, maß er sich an seinem Vorgänger. Die beiden ungewöhnlichen Kaiserporträts in den *Selbstbetrachtungen* lassen sogar noch eine Vermutung zu: Der Adoptivsohn empfand, er sei nie aus dem Schatten des Adoptivvaters herausgetreten. Antoninus Pius blieb für ihn unter allen Kaisern der größte.

Politik, Recht und Verwaltung lernte man in Rom auf eine alte, erprobte Weise, die zu den Ursachen römischer Größe gehörte: Junge Männer aus dem Senatoren- und Ritterstand schlossen sich für längere Zeit einem erfahrenen Politiker oder Advokaten an und begleiteten ihn bei seinen täglichen Geschäften. Väter gaben ihre Söhne oft schon in eine solche Lehre, sobald sie die Männertoga angelegt hatten. Cicero beschreibt die Erfahrung aus eigener Anschauung: «Junge Leute lieben es, Ältere zu verehren und sich unter ihnen die besten und erprobtesten auszuwählen, auf deren Rat und Autorität man sich beruft. Denn es gilt, die Unerfahrenheit der Jugend durch die Klugheit der Alten zu lehren und zu lenken.»[24] Auch der jüngere Plinius war durch diese Schule gegangen. Nach seiner Meinung war sie eine Institution, die bis in Roms Frühzeit zurückging und die für die militärische Ausbildung nicht weniger wichtig war: «Seit Urzeiten gab es die Einrichtung, daß wir von den Älteren nicht nur mit den Ohren, sondern auch mit den Augen das lernten, was wir bald zu tun und dann unsererseits den Jüngeren weiterzugeben hatten. Daher wurden junge Männer sogleich mit dem Militärdienst vertraut gemacht, damit sie sich durchs Gehorchen ans Befehlen und durchs Folgen ans Führen gewöhnten; daher standen sie, die Staatsämter anstrebten, an der Tür zum Senat, und bei der Staatsversammlung waren sie Zuschauer, bevor sie Mitglieder wurden.» Plinius dachte an die politischen Traditionen in den Adelsfamilien und ergänzte: «Für jeden war der eigene Vater Lehrer, und wer keinen Vater mehr hatte, für den wurde der Hervorragendste und Älteste der Lehrer.»[25]

Selbstverständlich ging daher auch der Sohn des Kaisers bei seinem Vater in die Lehre. Augustus, der keine leiblichen Söhne hatte, begann seine zwei Enkel zu Nachfolgern zu erziehen, als sie noch Knaben waren, und einer der schwersten Schicksalsschläge traf ihn, als beide vor ihm starben. Antoninus Pius hatte mehr Glück. Fast ein Vierteljahrhundert war ihm beschieden, seinen Nachfolger heranzubilden. In fünfhundert Jahren römischer Kaiserzeit kam ein solcher Glücksfall nicht mehr vor. Ebenso einmalig war, daß Marcus diese Zeit nicht zu lang oder zu lästig wurde. Nie probte er den Aufstand. Auch das verraten die beiden Porträts, die er seinem Adoptivvater in den *Selbstbetrachtungen* widmete.

Vom Feldherrn Antoninus Pius spricht Marc Aurel überhaupt nicht. Die Anstrengungen, die Hadrian unternommen hatte, um die Schlagkraft der Truppen zu stärken und die Reichsgrenzen zu sichern, zahlten sich auch noch unter dem Nachfolger aus. Im Osten gelang es Antoninus' diplomatischem Geschick, die Parther von Armenien fernzuhalten. In kleineren Kriegen fochten seine tüchtigen Generäle, so daß er Italien nicht zu verlassen brauchte. Lollius Urbicus schlug 142/3 die Briganten in Britannien und legte mit dem Antoninuswall an der engsten Stelle der Insel, zwischen Firth of Forth und Firth of Clyde, ein neues Verteidigungssystem an, das den südlicheren Hadrianswall entlastete. Auch der

Kaiser Antoninus Pius als Feldherr.
Dresden, Staatliche Skulpturensammlung

obergermanische Limes wurde um dreißig Kilometer auf die Linie Miltenberg-Osterburken-Lorch vorgeschoben. Kämpfe an der Donau, im Schwarzmeergebiet, im Süden Ägyptens und in Mauretanien gehörten zum Alltag in den Grenzgebieten. Nie machte Antoninus Anstalten, den Kronprinzen an die Front zu schicken, damit er sich dem Heer vorstellen und militärische Erfahrung sammeln konnte. Offensichtlich ging er davon aus, auch sein Nachfolger werde das Reich von Rom aus regieren können und keine allzu schweren Auseinandersetzungen erleben. Manches Mal dürfte Marcus in den langjährigen Markomannenkämpfen an die falsche Prognose gedacht haben, die ihm zwar unbeschwerte Jahre bescherte, aber den Nachteil hatte, daß er erst im vorgerückten Alter Krieg und Lagerleben kennenlernte.

Als Marcus 139 zum Caesar ernannt wurde, skizzierte Fronto, der kurz zuvor seine rhetorische Ausbildung übernommen hatte, das Verhältnis von Kaiser und Kronprinz so: «Dein Vater nimmt selbst alle Lasten und Schwierigkeiten des Imperium Romanum auf sich, während er dich sicher in seinem ruhigen Schutz hält, als den Gefährten und Teilhaber seiner Würde, seines Ruhms und aller seiner Ehren.»[26] Antoninus' Großzügigkeit, mit der er Bürde und Würde verteilte, erlaubte dem Jüngeren zunächst auch nach 139, sich mit ganzer Kraft dem Studium zu widmen. Zu voreilig war seine Angst gewesen, er werde dazu kaum mehr die Muße finden.

Schon einige Zeit zuvor hatte Marcus den Unterricht bei den Grammatikern abgeschlossen und war zum Studium der Rhetorik übergegangen, das man in der Regel mit achtzehn Jahren aufnahm. In der römischen Republik hatte Rhetorik politischen Charakter gehabt. Wer aufsteigen und sich im Machtkampf der Aristokratie behaupten wollte, hatte mehr Aussichten, wenn er reden konnte. Im Principat trat diese Möglichkeit zurück. Aber auch jetzt war der bessere Redner im Vorteil, ob unter Kollegen im Senat, als Anwalt vor Gericht oder als Mitglied im kaiserlichen Rat. Vom Kaiser wollte man ebenfalls geschliffene Reden hören. Rasch spottete eine kundige Zuhörerschaft hinter seinem Rücken, wenn sie merkte, daß er das rhetorische Handwerk nicht beherrschte oder sich gar seine Reden schreiben ließ. Der Kaiser sollte gebildet sein, und Bildung erwarb man in einem Rhetorikunterricht, der nicht nur Regeln drillte, sondern dank seiner Übungsstoffe Geschichte und Literatur, Recht und Ethik vermittelte. Der alte Streit, ob nicht die Philosophie gegenüber der Rhetorik die bessere Lehrerin sei, flammte immer wieder einmal auf. Ein alter römischer Grundsatz lautete, ein wenig Philosophie könne nicht schaden, aber Rhetorik sei nützlicher. Vielleicht dachte Hadrian daran, als er den philosophiebegeisterten Marcus in seine dynastischen Überlegungen einbezog. Denn einer der ersten Rhetoren, die den Enkel des Annius Verus unterrichteten, war Caninius Celer, der möglicherweise der Sekretär und Vertraute Hadrians war.

Auch der bodenständige Antoninus Pius, dem Klug- und Schönrednerei zuwider waren, wußte den Rhetorikunterricht zu schätzen. Zu Marcus' weiterer Ausbildung gewann er die zwei besten Männer, die er in Rom für lateinische und griechische Rhetorik haben konnte, Cornelius Fronto und Herodes Atticus.

Cornelius Fronto wurde kurz vor der Jahrhundertwende im nordafrikanischen Cirta geboren. Die Familie war reich genug, um ihn und seinen Bruder in jungen Jahren nach Rom zu schicken. Es könnte noch Trajan gewesen sein, der ihm die senatorische Laufbahn eröffnete. Rhetorische Begabung machte ihn zur Zeit Hadrians rasch zu einem gesuchten Anwalt und zu einem Mittelpunkt im literarischen Leben Roms. Mit dem schwierigen Hadrian gab es Spannungen, dennoch erreichte Fronto um 130 die Prätur. Inzwischen hatte er in einer vornehmen Gegend der Stadt, auf dem Esquilin, ein Haus erworben, das der Augustusfreund Maecenas gebaut hatte; dazu kamen Teile der berühmten maecenatischen Gärten. Zu Antoninus Pius gewann Fronto ein herzliches Verhältnis. Überschwenglich gestand er Marcus in einem Brief: «Antoninus liebe ich und habe ich gern wie die Sonne, wie den Tag, wie das Leben, wie den Odem, und ich fühle, wie ich von ihm geliebt werde.»[27]

Der Kaiser hatte eine glückliche Hand, als er Fronto die rhetorische Ausbildung des Kronprinzen übertrug. Vielleicht war ihm schon vorher aufgefallen, daß Marcus fasziniert lauschte, wenn Fronto sprach oder die Rede auf ihn und seine Kunst kam. «Nichts ist für einen Liebenden zu schwer», zitierte Cicero in seinem Traktat «Der Redner» eine alte Weisheit, und Marcus war keine Ausnahme von der Regel. Binnen kurzem begeisterte er sich so sehr für seinen neuen Lehrer, daß er sich mit dem gleichen Eifer, mit dem er bisher Philosophie studiert hatte, auf die Rhetorik warf. Er war entschlossen, alles zu tun, um die Zuneigung seines Lehrers zu gewinnen. Fronto wußte, er würde einen begabten Schüler bekommen. Aber Begabung war nur eine Voraussetzung, keine Garantie, ein guter Rhetor zu werden. Als erfahrener Pädagoge ließ er seinen Schüler von Anfang an nicht im Zweifel: Wer im ‹Massenfach› Rhetorik herausragen wollte, mußte üben, üben, üben, und das viele Jahre lang. Mit der Wortwahl und dem Satzbau fing es an.

Zum ältesten Teil, der von Frontos Briefwechsel mit Marc Aurel erhalten ist, gehört ein Brief, in dem der Lehrer auf eine der ersten Unterrichtsstunden zu sprechen kam. Bevor er mit seinen Einwänden begann, bemerkte er, vorsichtig verallgemeinernd: «Ich weiß nicht, ob es nützlich ist, die große Schwierigkeit, die skrupulöse und ängstliche Sorgfalt darzulegen, die man bei der Prüfung der Worte anwenden muß, um nicht die Gemüter der jungen Leute zu hemmen oder die Hoffnung auf Erfolg zu schwächen.» Dann ging der Schreiber zur Sache über: «Häufig verwandelt ein einziger Wortteil, der versetzt, herausgenommen oder verändert wird, die Bedeutung eines Wortes oder seine Schönheit und bezeugt so die Eleganz oder das Wissen des Sprechers.» Jetzt erst folgte die Kritik: «Ich habe dich beobachtet, als du mir das, was du geschrieben hattest, vorlasest, und ich bei einem Wort eine Silbe änderte: Du achtetest nicht darauf und glaubtest, es komme nicht darauf an. Doch mir liegt daran, daß du weißt, wie viel eine einzige Silbe ausmacht.»[28] Redekunst war eben etwas anderes als Philosophie, die großzügig Gedankengebäude errichtete, ohne immer die Backsteine, die einzelnen sprachlichen Elemente, zu prüfen. Rhetorik gewann ihre Schönheit und ihren Erfolg aus vielen kleinen, mit Sorgfalt ausgewählten Mosaiksteinchen.

Fronto eröffnete den Brief mit grundsätzlichen Überlegungen, die die Strenge seiner Schule rechtfertigen sollten: «Für alle Künste gilt meines Erachtens, daß Nichtwissen und Unbildung grundsätzlich besser sind als Halbwissen und Halbbildung. Denn wer sich seiner mangelnden Fertigkeit bewußt ist, nimmt sich weniger vor und scheitert daher auch weniger: Mangelndes Selbstvertrauen schützt sehr wohl vor Überheblichkeit. Man behauptet sogar von den philosophischen Disziplinen, es sei besser, mit ihnen niemals in Berührung gekommen zu sein, als sie nur obenhin und gleichsam mit gespitzten Lippen gekostet zu haben, und diejenigen erwiesen sich als die größten Versager, die sich nur in der Vorhalle einer Kunst aufgehalten und sich von ihr abgewandt haben, bevor sie in sie eingedrungen sind. Trotzdem kann man in anderen Künsten, wo man sich ab und zu einmal tummelt, eine kurze Zeit lang als Kenner gelten. Dagegen kommt es bei der Wahl und Verwendung der Worte sofort ans Licht, und niemand vermag länger zu sprechen, ohne sich als Sprachbanause zu verraten, der Worte ungenügend prüft, ihre Bedeutung mißachtet, sie ahnungslos verwendet und sich im rechten Gebrauch und in der Gewichtung eines Begriffes nicht auskennt.»

Mit dieser Einleitung gab Fronto dem Schüler zugleich ein Beispiel seiner eigenen preziösen Wortkunst. Typisch war der letzte Satz, der die Fehler des Halbgebildeten in variierenden Wendungen einkreiste. Als Vorbilder für treffende Wortwahl galten dem Redner «die alten Schriftsteller», wie er Marcus anschließend erklärte. Den ersten Platz nahmen Cato und sein Nachahmer Sallust ein sowie die Dichter Ennius und Plautus. Auch die nachfolgenden Autoren bis in die Zeit Caesars ließ Fronto gelten. In Cicero sah er nur mit Vorbehalt den Gipfel römischer Beredsamkeit: Er habe eine Sprache, die trotz ihrer Fülle zu glatt sei und keine Überraschungen biete. Denn es fehle ihm an der peniblen Suche nach dem einzig passenden Wort, das für den Hörer oder Leser völlig unvermutet kommt, bei dem er aber sofort merkt, daß es an dieser Stelle durch keinen besseren Ausdruck zu ersetzen ist.

Wie ein Schwamm saugte Marcus die Worte des Meisters auf. Die Aussicht, durch eine harte Lehre zu gehen, schreckte ihn nicht. Leidenschaftlich schrieb er Fronto wenig später: *Wohlan, bedrohe mich, soviel du willst, und halte mir die Masse deiner Argumente vor. Trotzdem wirst du niemals deinen Liebhaber, ich meine mich, vertreiben. Und ich werde auch um nichts weniger behaupten, daß ich Fronto liebe, noch werde ich dich weniger lieben, weil du in so abwechslungsreichen und so heftigen Sätzen nachgewiesen hast, daß man denen, die weniger lieben, mehr aufhelfen und entgegenkommen muß.*[29] Fronto hatte die Sätze in einem griechischen Brief geäußert, den er Marcus in der Zwischenzeit geschickt hatte.[30] Unverblümt gab er ihm zu verstehen, daß er die Gefühle, die ihm sein Schüler entgegenbringe, nicht in gleicher Weise erwidere. Er war nicht bereit, sich zum willfährigen Höfling machen zu lassen. Die Verantwortung gegenüber allen seinen Schülern war ihm wichtiger. Zudem besaß er, der doppelt so alt wie Marcus war, genügend Erfahrung, um zu wissen, wie leicht Achtzehnjährige entflammten und wie rasch ihre Zuneigung wechselte. Doch im Enkel des Annius Verus hatte er sich verrechnet. Marcus ließ nicht locker. Es waren nicht lediglich überschwengliche Briefformeln, wenn er Fronto als *süßesten und geliebtesten Lehrer, meine süßeste Seele* oder *meine Sehnsucht, meine Wonne* anredete. Besorgt nahm er Anteil an den Krankheiten des Lehrers, der beständig über Arthritis und Rheuma oder über Schmerzen in den Augen und im Magen zu klagen hatte. Fronto verband in den Antworten Herzlichkeit und Höflichkeit, und bald entstanden auch freundschaftliche Beziehungen zu Marcus' Mutter. Viele Briefe schlossen mit Grüßen an Domitia Lucilla, «an die Herrin», die ihrerseits über ihren Sohn Grüße ausrichten ließ. Aber nur schrittweise kam Fronto dem stürmischen Drängen des Jüngeren entgegen. In den fünf Büchern «Briefe an den Caesar Marcus und an sich selbst» lassen sich die Werbung des Kronprinzen und das allmähliche Nachgeben des Lehrers verfolgen.[31] Die Stufen des Verhältnisses würden noch deutlicher werden, wenn die einzelnen Briefe genauer zu datieren wären und die Überlieferung des Briefcorpus nicht große Lücken hätte.

Fronto war sich im klaren, wie scharf man in der römischen Aristokratie seine Beziehungen zum Hof beobachtete. Das war einer der Gründe, warum er in einer ausführlichen Epistel über das Wesen der Liebe und Freundschaft Marcus mitteilte: «Daher bitte ich dich, Caesar, selbst wenn hinter deiner Liebe zu mir eine bestimmte Überlegung steht, wir wollen uns fleißig bemühen, daß sie unbekannt und im Dunkeln bleibt. Wie über die Nilquellen, so laß die Leute über unsere Liebe rätseln, reden, diskutieren, Vermutungen und Nachforschungen anstellen.»[32] Für sich selbst schloß er jede Berechnung aus. Seine Liebe zum Sohn des Kaisers sollte keine Leiter für den politischen Aufstieg sein, wie er umgekehrt sich jede Berechnung bei seinem Schüler verbat. Willig ging Marcus darauf ein und jubelte als siegreicher Verlierer: *Ich gebe das Handzeichen: du hast gewonnen; du hast offenkundig alle im Lieben besiegt, die jemals Liebesleute gewesen sind. Nimm die Krone, und auch der Herold soll öffentlich vor deinem Tribunal verkünden: «Der Consul Mar-*

cus Cornelius Fronto ist Sieger und wird beim Wettkampf des Großen Liebesfestes bekränzt.» Ich bin zwar besiegt, werde aber in meinem Kampfgeist nicht nachlassen oder aufgeben. Du also wirst mich mehr lieben, als je ein Mensch einen Menschen liebt; ich aber, der ich geringere Liebeskraft besitze, werde dich mehr lieben als irgendein Mensch dich liebt, ja mehr, als du dich selbst liebst.[33]

Marcus' Triumph fiel in das Jahr 143, als Fronto von Antoninus Pius das Suffektkonsulat erhielt. Das Amt war der Höhepunkt seiner politischen Laufbahn, aber zugleich auch eine Belohnung für den Lehrer des Kronprinzen. Am 1. Januar desselben Jahres hatte der Athener Herodes Atticus das ordentliche Konsulat angetreten. Ein oder zwei Jahre zuvor war er Marcus' Lehrer für griechische Rhetorik geworden. Wie Fronto gehörte er zu der Schicht reicher Provinzialen, denen das Wirken in der Heimat nicht mehr genügte. Bereits Herodes' Vater, Herodes Atticus d. Ä., war bis zum Konsulat gelangt. Seinem hochbegabten Sohn hatte er eine vorzügliche Erziehung zuteil werden lassen. Dazu gehörte ein längerer Aufenthalt in Rom, wo Herodes im Hause von Marcus' Großvater mütterlicherseits, Calvisius Tullus Ruso, lebte. Dank seines gewaltigen Vermögens spielte Herodes' Vater im politischen, wirtschaftlichen und gesellschaftlichen Leben Athens eine führende Rolle. Herodes übernahm sie und verbrachte, anders als Fronto, immer wieder längere Zeit in seiner Heimatstadt. Vater und Sohn sorgten durch aufwendige Bauten und Stiftungen für ihren Ruhm. Herodes konnte jedoch nicht verhindern, daß er in innerstädtische Rivalitäten verwickelt wurde. Über eine Erbschaft, die der Vater den Athenern vermacht hatte, kam es um 141 sogar zum Prozeß, der in Rom geführt wurde. In einem geschickten Schachzug nahm sich der athenische Ankläger Fronto zum Anwalt, und es entstand die delikate Situation, daß die beiden Koryphäen, die den Kronprinzen Rhetorik lehrten, ihre Kunst als Kontrahenten vor Gericht beweisen mußten. Im Vorfeld des Prozesses bat Marc Aurel seine beiden Lehrer, sich im Wortgefecht nicht so zu verletzen, daß dauernde Wunden zurückblieben. An Fronto schrieb er: *Jeden von euch beiden liebe ich nach seinem Verdienst.*[34] In seiner Antwort versicherte Fronto, von ihm wäre nie ein böses Wort gegen Herodes gekommen, wenn er gewußt hätte, daß jener Marcus' Freund sei. Hinter dem Erstaunen, Herodes habe die Freundschaft seines Schülers gewonnen, verbarg Fronto eine gewisse Enttäuschung. Er sah sich plötzlich auf einer Stufe mit dem Griechen. Die Einsicht mochte ihn bewogen haben, Marcus' Freundschaftsverlangen entgegenzukommen. Dessen triumphierender Brief schien ihm den obersten Platz im Herzen des Schülers wieder zu sichern.

Fronto kannte inzwischen seinen Schüler gut genug und wußte, wie stark dessen Bedürfnis war, Freunde zu haben, und wieviel ihm Freundschaft, «amicitia», bedeutete. Das Wort hatte eine breite Bedeutung. Sie reichte von der bloßen Bekanntschaft über die politische oder gesellschaftliche Beziehung bis zum innigsten Herzensbund, der von Liebe, «amor», getragen wurde, dem in «amicitia» steckenden Grundbegriff. Solche engen Freunde, «amici», wünschte sich Marcus, und er war bereit, viel dafür zu tun. Fronto gestand ihm zu, daß er ein angeborenes Talent

Marc Aurel und eine Statue der «Eintracht» («Concordia») zwischen den Figuren eines Mannes (links) und einer Frau. Vorder- und Rückseite einer Goldprägung von 149

habe, Freunde einträchtig um sich zu sammeln.[35] Schon als Knabe hatte er es in seiner großen Verwandtschaft entwickelt. Alle Verwandten nahm er für sich ein, und Hadrian soll ihn nicht zuletzt deswegen für den Thron vorgesehen haben. Der Kaiser wünschte sich einen Nachfolger mit dem ausgleichenden und ausgeglichenen Temperament, das ihm selbst fehlte.

Da Marcus nicht mehr nur zu Hause unterrichtet wurde, sondern öffentliche Lehrvorträge seiner Lehrer besuchte, lernte er nun auch Mitschüler kennen, und mit manchem von ihnen schloß er Freundschaft fürs Leben. Die beiden Senatorensöhne Seius Fuscianus und Aufidius Victorinus gehörten dazu. Aufidius war einer der brillantesten Schüler Frontos und heiratete seine Tochter Gratia. Öfter diente er als Briefbote zwischen dem Haus des künftigen Schwiegervaters und dem Kaiserpalast. Marcus mußte allerdings auch vorsichtig sein. Nicht jeder war so selbstlos wie Fronto. Ihm klagte er gelegentlich, daß man früher nur über Schmeichler von Fürsten gelesen habe, jetzt werde schon der Prinz umschmeichelt. In Frontos Antwort mischte sich das Bedauern mit der Genugtuung, daß sein Schüler die lästige Erscheinung durch passende Verse aus der altlateinischen Dichtung kommentierte.[36]

Aufidius und Seius erwartete eine große Karriere. Beide wurden zweimal Konsul und verwalteten die Präfektur von Rom. Dazu kamen Statthalterposten in wichtigen Provinzen. Die Freundschaft mit Marcus leistete ihnen gute Dienste, auch wenn sie ohne seine Unterstützung sicher ebenfalls ihren Weg gemacht hätten. In einer echten Freundschaft ist Nutzen die Folge, nicht die Ursache, hatte Cicero eingeschärft.[37] Bei griechischen Philosophen war Ähnliches zu lesen. Platon und Aristoteles, die Stoiker und die Epikureer hatten sich ausgiebig mit der Freundschaft beschäftigt. Die jungen Studenten, die sich bei Fronto trafen, benötigten noch keine Theorie. Erst später ging Marcus dem Thema auf den Grund, jenseits aller persönlichen Neigungen und Erfahrungen. In den *Selbstbetrachtungen* widmete er der Freundschaft manche Zeile und verwertete Anregungen griechischer und römischer Vorgänger. Der Achtzehnjährige dagegen schrieb lieber Briefe. Der Briefwechsel wurde sein bevorzugtes Mittel, um Freundschaften zu pflegen. Wenn ihm das Herz überquoll, erhielten Herodes Atticus und Fronto bis zu drei Schreiben am Tag, und das, obwohl oft keine vierundzwanzig Stunden vergangen waren, seit sie sich das letzte Mal gesehen hatten. Ein Briefträger trat in die Fußstapfen des anderen, wie Herodes anschaulich bemerkte.[38] War Marcus in Ferien, kam es schon einmal vor, daß er in drei Tagen an die dreißig Briefe diktierte und am Ende nicht mehr klar denken konnte.[39] Wollte er Empfänger auszeichnen, so schrieb er mit der Hand.[40]

Die heißen Sommermonate verbrachte der Hof in der Regel auf einem der kaiserlichen Landgüter in Latium oder in Kampanien. Auch während des übrigen Jahres gab es Abwechslung, wenn der Kaiser für einen kürzeren Aufenthalt zu einer der Villen reiste, die ihm in der Nähe Roms gehörten. Antoninus Pius bevorzugte den Familienbesitz Lorium, zwölf Kilometer westlich von Rom, der über die Via Aurelia schnell zu erreichen war. Einige Briefe, in denen Marcus Frontos Wunsch erfüllte und seinen Tagesablauf beschrieb, geben Einblick in das gemächlichere Leben auf dem Lande: Jagden wurden abgehalten, die Herrschaften begaben sich mit den Knechten und Mägden in die Weinberge zur Traubenlese und setzten sich abends in ihrem Kreise zu Tisch. Antoninus nahm sich Urlaub von Regierungsgeschäften oder beschränkte sie auf ein Mindestmaß. Jetzt unterschied er sich nicht von anderen adligen Gutsherren, die wie er die Zeit auf dem Lande genossen.

Marcus dagegen stach von seinen gleichaltrigen Standesgenossen ab. Nie kam er ohne Bücher, und an manchen Tagen begann er morgens um drei zu lesen und zu schreiben. Wenn er gegen neun Uhr seinen Adoptivvater begrüßte, um mit ihm zu beten und zu opfern, hatte er schon mehrere Stunden gearbeitet. Kehrten sie beide am frühen Nachmittag etwa von einer Wildschweinjagd zurück, machte er sich sofort wieder ans Studieren. Kein Wunder, daß er sich bei einem solchen Programm bisweilen eine tüchtige Erkältung holte und gurgeln mußte. Nicht selten schlug ihm die Halsentzündung zusätzlich auf den Magen, der ihm Zeit seines Lebens zu schaffen machte, und während die anderen ein kräftiges bäuerliches Mahl genossen, kaute er an einem Bissen Brot.[41] Wer ihn ein anderes Mal bei der Traubenernte beobachtete, konnte leicht feststellen, daß es für ihn schönere Beschäftigungen gab. Mit dem Wort «lesen» spielend, schrieb er Fronto, er würde zehnmal lieber Briefe von ihm lesen als Spitzenlagen wie den Massiker und den Gauraner.[42] Spaßig tröstete er sich über seine mangelnde Begeisterung für das Landleben hinweg und schob dem mißverständlichen Satz: *gebadet also haben wir in der Kelter zu Abend gegessen,* die Erklärung nach: *nicht gebadet in der Kelter, sondern gebadet zu Abend gegessen haben wir.* Nach dem Essen verfolgte die kaiserliche Tischgesellschaft amüsiert die Scherzreden des Landvolkes. Der bäuerliche Humor färbte auf Marcus ab, und in den folgenden Satz streute der brave Schüler eine derbe Wendung ein: *Zurückgekehrt erledige ich, bevor ich mich auf die Seite drehe, um zu schnarchen, mein Pensum und gebe meinem süßesten Lehrer Rechenschaft über den Tag.*[43] Als er Fronto ankündigte, er werde im etruskischen Centumcellae, wo Kaiser Trajan eine große Villa besessen hatte, ein Wildgehege mit einer Hatz eröffnen, bat ihn der besorgte Lehrer, er möge dazu ja sein Pferd nehmen.[44]

Gelegentlich huldigte Marcus dem antiquarischen Geschmack, den die Gebildeten seiner Zeit pflegten. Auf einer Fahrt zu einem Landgut in Mittellatium bog er von der Straße ab und besuchte Anagnia, den uralten Hauptort der Herniker, der in Roms Frühgeschichte eine Rolle gespielt hatte. Wißbegierig besichtigte er mit seinen Begleitern die ehrwürdigen Gebäude und Tempel, von denen das Städtchen voll war, und ließ sich Kultbücher zeigen, die noch auf Leinen geschrieben waren. Bei einer Torinschrift, die ein ihm unbekanntes Wort enthielt, stutzte er und bat einen Einheimischen, er möge es ihm erklären.[45] Mit solchen Nachrichten tat er Fronto einen größeren Gefallen, als wenn er mangels Neuigkeiten in seinem Gedächtnis kramte und sich erinnerte, daß er vor drei Jahren auf dem Landgut eines befreundeten Politikers einen Baum gesehen hatte, auf den alle möglichen Obstsorten aufgepropft waren.

Wenn die Kaiserfamilie einen der mondänen Badeorte in Kampanien besuchte, wo die römische Aristokratie kurte, gab es mehr Abwechslung. Sie war allerdings auch nicht immer nach Marcus' Geschmack. Der Bühne hatte er schon als Knabe nichts abgewinnen können. Doch der Kronprinz mußte die Pflicht des Kaisers teilen, von dem man erwartete, daß er sich bei öffentlichen Aufführungen im Theater oder im Circus dem Volk zeigte. Seit Augustus galt es in Rom wie in den Städten, die ein Princeps besuchte, als Zeichen seiner Volksverbundenheit, «an den Vergnügungen der Masse teilzunehmen»[46]. Die Beliebtheit des Herrschers stieg noch, wenn er während mehrerer Feiertage die Vorführungen geduldig über sich ergehen ließ. Marcus klagte nach einer solchen Festzeit Fronto sein Leid: *Dasselbe Theater, derselbe Überdruß.* Seine Stimmung wurde auch nicht besser, als im Theater griechische Rhetoren von der billigen Sorte auftraten und in Preisreden ihre Kunst zum besten gaben. Das alte römische Überlegenheitsgefühl gegenüber den Griechen, die in den kampanischen Städten einen gut Teil der Bevölkerung stellten, wurde in ihm wach. So tüchtig wie diese Konzertredner war er allemal. Sein stolzes Bekenntnis war zugleich ein Lob für den Lehrer.[47] Antoninus Pius wäre wohl ungehalten gewesen, wenn sich sein Sohn und Nachfolger unter seinen Augen schon erlaubt hätte, was er dann als Kaiser zu tun pflegte: Sooft er im Theater oder Circus in seiner Loge saß, nutzte er die Zeit, um zu lesen, Audienzen zu geben und Unterschriften zu leisten. Das Publikum, das sich mißachtet fühlte, zahlte es ihm mit scharfen Spöttereien heim.[48]

In der Autobiographie bemerkt Marcus, er habe gelernt, seine Lehrer aus ganzem Herzen zu loben. Es war der Stoiker Cinna Catulus, der ihm diese Tugend vorlebte.[49] Umgekehrt hieß das, Lehrer nicht unnötig zu kränken. Marcus war in der Ferienkorrespondenz mit Fronto feinfühlig genug, das Wort «Philosophie» nie zu erwähnen, obwohl er viele Stunden seiner Freizeit mit philosophischer Lektüre zubrachte. Auch Fronto war taktvoll und sprach nicht davon. Im Lauf des Jahres 146 entstand jedoch erstmals ein Riß zwischen Lehrer und Schüler. Mit einer Lappalie fing es an, aber sie verbarg ein tiefes Unbehagen, das Marcus schon einige Zeit quälte. In einem Brief an Fronto mußte er gestehen, er habe trotz genügender Zeit seine Hausaufgaben nicht gemacht. Schuld daran sei, daß ihn die Lektüre des Stoikers Ariston feßle. Aus seinen Werken lerne er nicht nur viel, sondern es werde ihm dabei auch klar, wie weit er noch von deren Niveau entfernt sei. Dann bricht es erbittert aus ihm heraus: *Immer wieder errötet dein Schüler und zürnt sich. Denn fünfundzwanzig Jahre bin ich alt und habe noch nichts von den großen Einsichten und reineren Wissenschaften in meinem Herzen aufgenommen.*[50] Aus Enttäuschung wird er gegen sich selbst ungerecht, so als habe er nicht schon seit zwölf Jahren Philosophie getrieben. Der Selbstvorwurf enthält auch einen stillen Vorwurf gegen den Lehrer, der so großen Wert auf die formale Seite der rhetorischen Ausbildung gelegt hat.

Bald darauf folgte dem ersten Angriff ein zweiter, der der Rhetorik allgemein galt. Marcus griff einen alten Einwand gegen die Redekunst auf: Sie müsse um der Wirkung willen oft gegen die Wahrheit verstoßen, und sie benutze unlautere, auf die schlechten Affekte zielende Mittel. Daher sei sie auch kaum Grundlage für echte Freundschaft. Das war ein harter Schlag gegen Fronto. Wir erfahren die Kritik aus dessen Antwortbrief, in dem er dem Schüler entgegnet, er halte jede Rede ohne künstlerischen Schmuck für «mißtönend, bäuerisch, unrühmlich, ja wirkungslos und unnütz»[51]. Auch die Philosophie komme nicht ohne die Überzeugungstechniken der Rhetorik aus; Sokrates sei dafür das beste Beispiel.

Fronto gab den Kampf um das Herz des Kronprinzen nicht vorschnell auf. In der Folgezeit war er es, der seine Liebe zum Schüler betonte, und äußerlich zeigte ihr Briefwechsel auch bald wieder die alte Harmonie. In aufrichtiger Sorge fragte man nach der Gesundheit des anderen, lieh sich gegenseitig Bücher aus und berichtete über Familienangehörige. Falls sich der Lehrer schon als künftigen politischen Berater des Thronfolgers gesehen hatte, so verbarg er seine Enttäuschung darüber, daß der Caesar nun immer mehr Zeit mit Männern verbrachte, für die Rhetorik nicht Lebensinhalt, sondern nur ein Schulfach war, das sie selbst einmal betrieben hatten. Selbstverständlich kannte Fronto die Namen von Marcus' Philosophielehrern, an erster Stelle Apollonius von Chalkedon. Diesen Stoiker hatte Antoninus Pius, der so viel von Philosophie verstand, daß er die echten von den falschen Philosophen unterscheiden konnte, um das Jahr 140 nach Rom geholt, damit er Marcus' Philosophieunterricht übernehme. In Rom angekommen, demonstrierte Apollonius dem Kaiserhof den Rang seiner Person und seiner Wissenschaft: Er weigerte sich, die angebotene Wohnung im Kaiserpalast zu beziehen, und der Kronprinz mußte sich bequemen, zu ihm zu gehen. Antoninus Pius trug den Affront mit gutmütigem Spott.[52] Apollonius' Selbstbewußtsein wurde nur noch von seiner Geldgier übertroffen. Eine Schar von Schmarotzern begleitete ihn, so daß ein athenischer Kollege spottete: «Der Zug der Argonauten auf dem Weg zum Goldenen Vlies.»[53] Als Apollonius dem Kaiser die Höhe seines Honorars nannte, verschlug es dem die Sprache. Trotzdem öffnete er ihm später eine zweite Geldquelle und schickte auch den Prinzen Verus in seinen Unterricht.

Daß man über Eigenheiten, ja Bosheiten der Mitmenschen hinwegsehen müsse, wurde eines von Marcus' Lieblingsthemen, auf das er in den *Selbstbetrachtungen* immer wieder zu sprechen kam. Auch bei Apollonius überging er Äußerlichkeiten und bewunderte an ihm lieber, wie er die stoische Gelassenheit nicht nur predigte, sondern auch praktizierte. Weder körperlicher noch seelischer Schmerz schien ihm etwas auszumachen, und so verzog er keine Miene, als eines seiner Kinder starb. Frei sei nur, wer über den Zufällen des Lebens stehe und auf die Vernunft blicke, lehrte der Grieche nach gut stoischer Weise. Als er gegen Ende von Antoninus' Regierungszeit starb, vergaß Marcus allerdings für einen Augenblick, was er ihm vorgelebt hatte, und weinte hemmungslos. Der lebenskluge Antoninus Pius beschied Höflinge, die über den Gefühlsausbruch des Prinzen die Stirn runzelten: «Laßt ihn Mensch sein; denn weder die Philosophie noch die Kaiserherrschaft nimmt einem die Gefühle.»[54]

Im autobiographischen ersten Buch der *Selbstbetrachtungen* dankte Marcus den Göttern, daß er neben Apollonius auch Rusticus und Maximus kennengelernt habe. Der Satz stellte dem Griechen Apollonius einen anderen Typ des Philosophen zur Seite. Iunius Rusticus und Claudius Maximus, beide etwa zwanzig Jahre älter als Marcus, waren römische Senatoren, die die übliche Karriere bis zum Konsulat durchliefen. Philosophie betrieben sie privat, und wie bei vielen römischen Adligen war es vor allem die stoische Lebensphilosophie, die sie anzog. Iunius wurde später einer der wichtigsten Berater des Kaisers Marcus und erhielt 162 neben der Stadtpräfektur ein zweites Konsulat. Dank seiner Persönlichkeit hatte er über die Amtspositionen hinaus in der römischen Aristokratie eine mächtige Stellung, und Marcus zeichnete ihn bei offiziellen Begegnungen vor anderen hohen Beamten durch einen Kuß aus. In der Autobiographie ehrte er ihn durch ein größeres Porträt, das nach den Familien- und Hausangehörigen die Reihe der Freunde aus der Kronprinzenzeit eröffnet.[55] Iunius war sich bewußt, daß Charakterbildung bei einem Thronfolger immer auch politische Erziehung war. Er warnte Marcus davor, aus irgendwelchen Phantastereien heraus als Asket oder Beglücker der Menschheit auftreten zu wollen. Mit Fronto befreundet, wurde er zu dessen Widerpart, als sich ihr Schüler im Zwiespalt zwischen Rhetorik und Philosophie für letztere entschied. Die Freundschaft der beiden Konsulare scheint darunter nicht gelitten zu haben.

Iunius machte den Caesar mit der Philosophie Epiktets bekannt, die ihm fortan zahlreiche Anregungen gab. Der ehemalige Sklave Epiktet war zusammen mit anderen Philosophen von Kaiser Domitian im Jahre 92 oder 93 aus Italien verbannt worden. Er ließ sich jenseits der Adria in Nikopolis nieder und hielt vor einer wachsenden Gemeinde Vorträge über die stoische Philosophie, die sein Lieblingsschüler Arrian, der spätere Alexander-Historiker, niederschrieb und um 130 publizierte. Seine kritischen Urteile über das politische und gesellschaftliche Leben in Rom und im Reich beeindruckten manchen, der selbst mitten in diesem Leben stand. Epiktets geistige Souveränität, seine Distanz zu den Schätzen und Ehren, die das Imperium Romanum zu bieten hatte, zog Marc Aurel an.

Ein gewisses Gegengewicht bot Claudius Maximus. Auch er verkörperte für Marcus die stoische Selbstbeherrschung. Aber bei ihm paarte sie sich mit Heiterkeit, Witz und Milde, die ihn selbst in Krankheiten nicht verließen und die nie den Eindruck machten, sie seien gestellt.[56] Im Verkehr mit den Senatoren Iunius und Maximus kam der Kaisersohn gewiß auch auf die Tagespolitik zu sprechen, obwohl er sich dazu in der Autobiographie nicht äußert. Ein dritter Senator führte ihn in die politische Philosophie ein, Claudius Severus Arabianus. Der Konsul von 146, der aus einer kleinasiatischen Adelsfamilie stammte, galt nicht nur als Kenner der aristotelischen Schule, sondern war ebensogut mit der römischen Geschichte vertraut. Seine Helden hießen Cato und Brutus, Paetus Thrasea und Helvidius Priscus, also diejenigen Männer des Wortes und der Tat, die ihre republikanische Einstellung und ihre Gegnerschaft gegen die Monarchie mit dem Leben bezahlt hatten. Für eine Republik trat Claudius Severus nicht mehr ein, wohl aber für eine monarchische Staatsform, die die Freiheit der Bürger achtete. Mit Marcus diskutierte er über die Verbindung von Principat und Freiheit, das Ideal, das die stoische Senatsopposition des ersten Jahrhunderts hochgehalten hatte. Der Kaiser, dem es gelänge, die alten demokratischen Werte der «Gleichheit vor dem Gesetz» («isonomia») und der «Gleichheit der Rede» («isegoria») mit der Stellung des Einen an der Staatsspitze zu versöhnen, würde das Ideal erreichen. Claudius' Persönlichkeit, seine Schlichtheit und Offenheit, Freigebigkeit und Freundesliebe, gaben auch seinen politischen Ansichten Überzeugungskraft.[57] Im Dialog mit dem Lehrer konnte sich Marcus vorläufig naiv an solchen Gedankengebäuden erfreuen. Niemand verlangte vom Caesar, daß er sie einmal errichten solle. Wieviel später der Kaiser aus der Theorie in die Praxis mitnehmen werde und ob er überhaupt etwas mitnehmen könne, das blieb abzuwarten.

Zu den bekannteren Lehrern, die mit Marcus Philosophie trieben, gehörte schließlich Sextus von Chaironeia, der Neffe des Großschriftstellers Plutarch. Noch als Kaiser besuchte Marcus seine Vorlesungen, was manchen Spötter auf den Plan rief.[58] Wie bei den anderen Gelehrten würdigte der Schüler rückblickend weniger den Intellektuellen als den Menschen Sextus und dessen beispielhafte Lebensführung: wohlwollende Heiterkeit und naturgemäßes Leben, unverstellte Würde und Sorge um die Freunde, die Kunst, unauffällig zu loben und sein Wissen nicht zur Schau zu stellen. Nie ging dabei die Abgeklärtheit des Stoikers so weit, daß er über ihr die Mitmenschlichkeit vergaß.[59] Sextus verkörperte Werte, die sein Onkel in vielen Schriften verkündet hatte.

Am 1. Januar 145 übernahmen der Kaiser und der Caesar wie schon im Jahre 140 gemeinsam das Konsulat. Es war der Auftakt zu einer Familienfeier der beiden Konsuln. Im Mai desselben Jahres heiratete Marcus nach siebenjährigem Verlöbnis Antoninus' Tochter Faustina. Der Vierundzwanzigjährige hatte das Alter, in dem römische Adlige gerne die Ehe eingingen. Denn mit 25 Jahren übernahmen sie ihr erstes senatorisches Amt, die Quästur, die sie in den meisten Fällen von Rom wegführte. Auch Faustina hatte mit etwa 15 Jahren das Heiratsalter, das bei adligen Mädchen üblich war. Vor der Eheschließung mußte Antoninus entweder seinen Adoptivsohn oder seine Tochter emanzipieren, das heißt, aus der väterlichen Gewalt entlassen, um das Ehehindernis aufzuheben, daß es sich bei dem Paar im Rechtssinn um Geschwister handelte. Kein Hindernis war dagegen, daß sie Geschwisterkinder waren. Zu Ehren der Neuvermählten machte Antoninus dem stadtrömischen Volk und den Truppen eine großzügige Spende. Auch Münzen wurden geprägt, die den Reichsbewohnern die Hochzeit anzeigten. Nach zweieinhalb Jahren, am 30. November 147, wurde dem Paar das erste von dreizehn Kindern geboren, die Tochter Domitia Faustina. Einen Tag später, am 1. Dezember 147, sorgte Antoninus Pius dafür, daß der künftige Anspruch seiner Familie auf den Thron staatsrechtlich gesichert wurde. «Caesar» war nur ein Titel gewesen. Jetzt erhielt Marcus die tribunizische Gewalt und das prokonsularische Imperium. Es waren die zwei Amtsgewalten, die die Rechtsgrundlage der kaiserlichen Stellung bilde-

Relief an einem Feldherrnsarkophag mit Opfer- und Hochzeitsszene (Ausschnitt), um 170. Mantua, Palazzo Ducale

ten. Der Kaiser machte damit seinen Adoptiv- und Schwiegersohn zum Mitregenten nach dem Vorbild des ersten Kaisers: Auch Augustus' Schwiegersöhne Agrippa und Tiberius hatten beide Gewalten vereinigt. Marcus bekam zusätzlich das Privileg, daß er im Senat nach dem Prin-

Marc Aurel, Sesterz von 145. Auf der Rückseite der Münze reicht er Faustina unter den Augen der «Eintracht» («Concordia») die Hand

Faustina. Rom, Museo Capitolino

ceps bis zu fünf Anträge einbringen durfte. Von Rechts wegen war es der Senat, der ihm auf Antrag des Kaisers die neuen Befugnisse verlieh. Von Antoninus' zweitem Adoptivsohn Lucius Verus war an dem Tag mit keinem Wort die Rede.

Der Senat schritt noch zu einem weiteren Akt, der die Dynastie feierte: Er verlieh der jungen Mutter Faustina den Titel «Augusta». Für

Faustina Augusta und Venus Genetrix mit einem Apfel in der Rechten und einem Wickelkind in der Linken. Vorder- und Rückseite einer Goldprägung

Kaisergemahlinnen war er üblich, aber die Frau eines Caesars hatte ihn bisher noch nicht getragen. Faustina erhielt damit das Münzrecht. Die erste Prägung mit ihrem Porträt war eine Geburtsanzeige: Die Rückseite der Münze trug eine Statue der Geburtsgöttin Venus Genetrix, die ein Wickelkind im Arm hält. Im Jahr darauf, am 21. April, dem traditionellen Geburtstag Roms, feierte das Kaiserhaus mit der Bevölkerung das neunhundertjährige Bestehen der Stadt. Schon einige Jahre zuvor hatte Antoninus Pius mit der Münzlegende «Ewiges Rom» («Roma aeterna») das Jubiläum angekündigt, und Münzbilder von Mars, Rhea Silvia und Aeneas erinnerten an die ehrwürdige Frühzeit.

149 schenkte Faustina zwei Knaben das Leben. «Glück der Zeiten» verkündeten Münzen, die auf der Rückseite ein Zwillingspärchen in Füllhörnern zeigten.[60] Auf der Vorderseite sah man dieses Mal allerdings nicht die Mutter, sondern den Großvater. Antoninus Pius konnte aufatmen. Der Bestand der Dynastie schien jetzt auch in der dritten Generation gesichert zu sein. Doch die Freude währte nicht lange. Wahrscheinlich noch im selben Jahr starben die Knaben, wie ‹Todesanzeigen› auf Münzen schließen lassen. Auch um die kleine Domitia Faustina mußte man bangen. Der

Rückseite eines Sesterzes des Antoninus Pius von 149: «Glück der Zeiten» («Temporum Felicitas»)

besorgte Vater schrieb an Fronto: *So die Götter wollen, dürfen wir uns Hoffnung machen, daß sie wieder gesund wird: Der Durchfall hat aufgehört, die Fieberanfälle sind verschwunden. Doch sie ist völlig abgemagert, und auch das Hüsteln ist noch nicht ganz vorbei. Du hast sicher gemerkt, daß ich dir von unserer kleinen Faustina schreibe, um die wir uns jede Mühe gegeben haben.*[61] Schon bisher hatten Marcus und Fronto regelmäßig Bulletins über ihren Gesundheitszustand ausgetauscht. Jetzt kamen die Krankheiten der Kinder hinzu.

Marcus' Gemahlin war bald wieder schwanger, und im März 150 kam Annia Lucilla zur Welt, die spätere Gemahlin des Verus. Ein Jahr darauf bekam das Mädchen eine Schwester, Annia Galeria Aurelia Faustina. In der Zwischenzeit scheint jedoch die Älteste, Domitia Faustina, gestorben zu sein. Wie die Zwillinge wurde sie in Hadrians Mausoleum beigesetzt. Die Dynastie verlangte allerdings einen männlichen Erben. 152

Faustina Augusta und die «Fruchtbarkeit der Augusta» («Fecund(itas) Augustae») mit vier Kindern. Vorder- und Rückseite eines Denars

schien der Wunsch endlich in Erfüllung zu gehen. Titus Aelius Antoninus hieß der Knabe, doch wie seine beiden Brüder vollendete er nicht einmal sein erstes Lebensjahr. Die Münzen, die zu seiner Geburt geprägt worden waren, feierten die «Fruchtbarkeit der Augusta» («Fecunditas Augustae»). Nun war ihre Fruchtbarkeit weiterhin gefordert, wenn der Thron in gerader Linie vererbt werden sollte.

In den *Selbstbetrachtungen* kreist Marcus immer wieder um Kürze und Vergänglichkeit des Lebens. Sehr selten gibt er zu erkennen, daß ihn bei diesem Thema die reiche Ernte, die der Tod unter seinen Kindern hielt, Stoff zum Nachdenken bot. Einmal führt er Epiktet an, der empfahl, sooft man sein Kind küsse, solle man sich sagen: *Morgen wirst du vielleicht sterben.*[62] Der Prinz und der Sklave wappneten sich in derselben Weise;

denn die Kinder im Palast starben genauso schnell weg wie die in der Hütte. An anderer Stelle zitiert Marcus Homers berühmten Vergleich: *Wie Blätter, die der Wind auf die Erde streut, so ist der Menschen Geschlecht.* Sinnend fährt er fort: *Blätter aber sind auch deine Kinder*, und wenige Zeilen später sagt er sich vor: *Und so muß ein gesunder Sinn für alle Ereignisse bereit sein. Wenn der Sinn aber spricht: «Meine Kinder sollen gerettet werden» und: «Alle sollen loben, was ich tue», so gleicht er dem Auge, das das Grüne, oder dem Gebiß, das das Weiche sucht.*[63] Mit solch drastischen Vergleichen redet sich Marcus ein: Der wahre Philosoph darf nicht einmal im stillen den Wunsch hegen, daß ihn Trauer in der Familie verschonen möge. Gegen Ende der *Selbstbetrachtungen* liefert er die philosophische Begründung nach: Der Mensch ist Teil der göttlichen Allnatur. Daher hat er auf Erden nichts zu eigen, noch nicht einmal sein Kind, dessen Körper und Seele *von drüben gekommen sind*[64]. Der Blick vom Mikrokosmos zum Makrokosmos half Marcus. Voll Bewunderung berichtet die «Historia Augusta» eine Episode aus seinem späteren Leben: Einst machte er sich zu einem Feldzug gegen die Markomannen bereit und hielt sich deswegen in dem etwa dreißig Kilometer südöstlich von Rom gelegenen Praeneste auf. Da erreichte ihn die Nachricht, sein siebenjähriges Söhnchen Verus sei gestorben, nachdem ihm eine Geschwulst unterhalb des Ohrs entfernt worden sei. Lediglich fünf Tage Trauer habe er sich daraufhin gegönnt; sogar die Ärzte habe er getröstet.[65] Der Biograph schrieb den Nachsatz wohl auch deshalb, weil sonst mancher Arzt bitter dafür bezahlen mußte, daß ihm ein Prinz unter den Händen starb.

Während mehrerer Jahre bekamen Marcus und Faustina keine Kinder mehr. Aber die dynastische Räson drängte. Um 157 schienen ihr die Eltern wieder Genüge zu tun: Ein Knabe, vielleicht Hadrianus genannt, wurde geboren. Der Jubel war nicht nur im Kaiserhaus groß. Städte und Vereine aus dem ganzen Reich schickten ihre Glückwünsche. Doch erneut griff der Tod zu. Dieses Mal kam er so schnell, daß Marcus bereits in den Antwortbriefen den Gratulanten mitteilen mußte, ihre Freude sei vergebens gewesen. 158 wurde die Augusta, nun Ende Zwanzig, zum siebtenmal schwanger. Münzen mit der Legende «Hoffnung» («Spes») verbreiteten die frohe Nachricht. Die Hoffnung ging nicht ganz auf. Das Kind war ein Mädchen, Fadilla. Der Großvater, der sein Ende nahen fühlte, drängte weiter, und auch Marcus ließ sich nicht entmutigen. Die Tochter Cornificia, geboren im Jahre 160, war die Folge. Antoninus Pius erlebte nicht mehr, wie sein Wunsch doch noch in Erfüllung ging. Er starb am 7. März 161, als seine Tochter zum neuntenmal guter Hoffnung war. Marcus bestieg den Thron, ohne zu wissen, ob ihm noch ein Leibeserbe beschieden sein würde. Die Erlösung kam am 31. August desselben Jahres. Faustina hatte eine zweite Zwillingsgeburt, die Söhne Commodus und Antoninus. Endgültig beruhigt waren die Eltern auch jetzt noch nicht. Das Schicksal der ersten Zwillinge war eine Warnung. 162

Antoninus Pius und die «Frömmigkeit» («Pietas») mit vier Enkelinnen. Goldprägung von 160/1

gebar die Kaiserin einen weiteren Knaben, Annius Verus. Er bekam in der Folgezeit noch eine Schwester, Vibia Aurelia Sabina. Ein Sohn wäre den Eltern lieber gewesen. Sie hatten recht. Der eine Zwilling, Antoninus, und der Jüngste, Annius Verus, kamen über das Kindesalter nicht hinaus. Nach den elf Geburten Faustinas ruhte das Schicksal der Dynastie am Ende auf einem Sohn, Lucius Aurelius Commodus.

Der Kaiser

Im Jahre 143 oder 144 hielt der griechische Redner Aelius Aristides, ein Schüler des Herodes Atticus, vor Antoninus Pius und dem Hof eine Lobrede auf Rom und das Römische Reich.[66] Der Redner entwarf ein idealisiertes Bild, bei dem ein kritischer Betrachter manche Abstriche gemacht und noch mehr Ergänzungen hinzugefügt hätte. Dennoch vermitteln seine Ausführungen einen sachlichen Einblick in das Herrschaftsgefüge des Weltreichs.

Einmalig in der Geschichte sind nach Aristides' Worten Struktur und Verwaltung des Imperium Romanum. Weder Persien noch Makedonien, weder Athen noch Sparta haben Vergleichbares geschaffen. Das Reich, eine im Innern wie nach außen befriedete Gemeinschaft, bildet im Grunde eine gewaltige Stadt mit Rom als dem städtischen Mittelpunkt und dem dort residierenden Kaiser als Oberhaupt. Der Kaiser befiehlt den Statthaltern, und sie geben seine Befehle an Städte und Stämme weiter, die gleichsam die Stadtteile sind. Voll Verehrung schauen diese Helfer zum Herrscher auf und sprechen zwei Gebete, das eine für sein, das andere für ihr Wohl. Der Kaiser ernennt sie für eine begrenzte Zeit, damit sie als Unterherrscher für das Wohl der Bevölkerung sorgen. Die fühlt sich frei, da sie mit den Vorteilen einer solchen Herrschaft zufrieden ist. Vor den örtlichen Gerichten wie vor dem obersten Gerichtshof, dem des Kaisers, ist jeder gleich, ob kleiner Mann oder Adliger. Der wohlgegliederten zivilen Pyramide entspricht die militärische, an deren Spitze ebenfalls der Kaiser steht und die eine nach Dienstgraden straff gefügte Organisation darstellt. Aristides zeichnet ein abgerundetes statisches Bild, und dem Charakter der Lobrede entsprechend vermeidet er Schatten. So erfahren wir nichts von Einzel- und Gruppeninteressen und dem damit verbundenen politischen Kräftespiel. Aber aus seiner Hochachtung spricht die Einsicht, welche Aufgabe es für die kaiserliche Regierung in Rom war, ein Staatsgebiet, das sich von England bis Mesopotamien, von Spanien und Marokko bis Armenien erstreckte, annähernd in dem Zustand zu halten, den er in seiner Rede beschreibt. Entgegen kam der Regierung ein Umstand, den Aristides betont: Die Reichsbevölkerung schätzte insgesamt den gegenwärtigen Zustand. Frei konnte

Das Römische Reich im 2. Jahrhundert n. Chr.

Scythae
Rha
Sarmatae
Borysthenes
Tanais
Hypanis
Costoboci
REGNUM
BOSPORI
Olbia
Porolissum
DACIA
Roxolani
Mare
Caspium
Caucasus
Colchis
Iberia
Albania
Pontus Euxinus
MOESIA
Sinope
Trapezus
Artaxata
THRACIA
BITHYNIA ET
PONTUS
ARMENIA
Byzantium
Nicomedia
CAPPA-
DOCIA
Nicaea
Ancyra
PARTHER-
REICH
ASIA
Mare
Aegaeum
Pergamum
Sardes
COMMA-
GENE
Nisibis
Singara
ASSYRIA
GALATIA
Lycaonia
Ephesus
Athenae
MESOPOTAMIA
Miler
Caria
CILICIA
Antiochia
Sparta
LYCIA ET
PAMPHYLIA
SYRIA
Dura-Europus
Rhodus
Palmyra
Ktesiphon
Seleukia
Babylon
Susa
CYPRUS
Tigris
CRETA
PHOENICE
Damascus
Euphrates
Tyrus
Caesarea
JUDAEA
Hierosolyma
Alexandria
ARABIA
Memphis
Nabataei
AEGYPTUS
Nilus
Sinus
Arabicus
Thebae

sie sich auch deshalb fühlen, weil Rom sich in der lokalen Verwaltung immer erst dann bemerkbar machte, wenn es Schwierigkeiten gab und die öffentliche Ordnung auf dem Spiel stand.

Mit Recht behandelt der Redner das Verhältnis des Kaisers zu den aus der Senatsaristokratie stammenden Statthaltern an erster Stelle. Hier lag das Rückgrat der Reichsverwaltung. Der Kaiser, der fähige Adlige förderte und für die einzelnen Stufen der Ämterlaufbahn empfahl, konnte sicher sein, daß sie nach Prätur und Konsulat als Kommandanten der Legionen und Statthalter der Provinzen loyal ihre Pflicht erfüllten. Er dachte bereits daran, wenn er jemanden für ein Amt dem Senat empfahl, der formal den Kandidaten wählte. Mittlerweile hatte sich der Senatorenstand zu einer echten Reichsaristokratie entwickelt. Seine Angehörigen waren nicht mehr nur Italiker, sondern kamen, wie die Antonini und die Annii, auch aus den Provinzen, aus Spanien und Gallien, aus Griechenland und Kleinasien, aus den Donauländern und Nordafrika. Unter Antoninus Pius hatten die Konsuln aus Italien noch knapp die Mehrheit gegenüber den Provinzialen, unter Marc Aurel kehrte sich das Verhältnis um.[67]

Der Kaiser kontrollierte auch den zweiten Stand, die Ritter. Mußte man als Senator ein Mindestvermögen von einer Million Sesterzen besitzen, so als Ritter wenigstens vierhunderttausend Sesterzen. Im kaiserlichen Dienst hatten die Ritter eine eigene Laufbahn, die im Heer begann. Aus dieser Schicht nahm der Kaiser die Prokuratoren, denen er die obersten Verwaltungsstellen am Hof sowie die Finanz- und Steuerämter in den Provinzen übertrug. Ritter kommandierten die Prätorianer in Rom und die beiden Flotten in Misenum und Ravenna. Ritter standen an der Spitze Ägyptens und einiger kleinerer Provinzen. In ihren Händen lag ferner die Verwaltung des riesigen Krongutes, das über das ganze Reich verstreut lag und den Kaiser zum reichsten Mann im Imperium machte. Ein vielfältiges Geflecht persönlicher Verbindungen, die letztlich beim Mann an der Spitze zusammenliefen, wirkte sich auf die Stellenbesetzung aus. Aufschlußreich ist ein Brief Frontos, in dem er Antoninus Pius um eine Prokuratur für seinen Freund Appian, einen Historiker aus Alexandria, bittet, nachdem ihm der Kaiser ähnliche Bitten schon früher erfüllt hatte.[68] Es ist ein Beispiel aus einer Flut derartiger Empfehlungsschreiben, die Tag für Tag am Hof eingingen.

Über die souveräne Stellung, die ein Statthalter laut Aristides in der Provinz einnahm, gibt Fronto ebenfalls Auskunft: Im üblichen Abstand von etwa dreizehn Jahren sollte der ehemalige Konsul für ein Jahr als Prokonsul die Provinz Asia übernehmen, eine der vornehmsten und begehrtesten Provinzen. Sein schlechter Gesundheitszustand hinderte ihn, das Amt anzutreten, aber er hatte schon Vorbereitungen getroffen, von denen er Antoninus Pius im Absagebrief berichtete: «Eifrig machte ich Anstalten, um den großen Aufgaben, die zur Verwaltung einer Provinz gehören, durch eine große Zahl von Freunden um so leichter begegnen zu können. Aus der Heimat holte ich meine Angehörigen und Freunde herbei, deren Treue und Ehrlichkeit ich kannte. An meine Bekannten in Alexandria schrieb ich, sie sollten eilends nach Athen kommen und mich dort erwarten; ihnen, höchst gelehrten Männern, übertrug ich die griechische Korrespondenz. Auch hervorragende Männer aus Kilikien bat ich zu kommen, weil ich in der Provinz eine große Zahl von Freunden habe, da ich als Amtsträger wie privat stets die Angelegenheiten der Kilikier bei dir vertreten habe. Aus Mauretanien berief ich schließlich einen eng befreundeten, mir in Liebe verbundenen Mann, Iulius Senex, der mir nicht nur mit seiner Treue und Sorgfalt, sondern auch mit seiner militärischen Fähigkeit beistehen sollte, wenn es gegolten hätte, Räuber aufzuspüren und in Zaum zu halten.»[69] Ein Statthalter übernahm in seiner Provinz keine stehende Behörde, sondern brachte seinen Stab mit, den er sich selbst zusammengestellt hatte. Er handelte, wie Frontos Brief zeigt, aus eigenem Ermessen, allerdings unter den Augen des Princeps. Frontos Schreiben verrät ein wenig über das reichsweite Netz gesellschaftlicher und politischer Beziehungen, in dessen Mitte sich der Kaiser und der Hof befanden.

Ein Brief Marc Aurels wirft darauf ebenfalls Licht: Kaum hatte er von Frontos Vorbereitungen erfahren, als er ihm einen Empfehlungsbrief für einen Themistokles schrieb, der ihn nach seiner Ankunft in der Provinz aufsuchen werde. Der Mann sei ihm vom Sohn seines Lehrers Apollonius empfohlen worden, und Fronto möge ihm doch mit Rat und Tat helfen. Marcus versäumt nicht, in einer grundsätzlichen Überlegung das Verhältnis von Freundschaftsdienst und Amtspflicht anzusprechen: *Recht und Billigkeit gegenüber allen Bewohnern der Provinz Asia wird bei dir immer ganz obenan stehen. Aber Rat und Wohlwollen, welche die dem Prokonsul eigene Pflichttreue und Gewissenhaftigkeit Freunden zu erweisen erlaubt, ohne daß ein anderer Nachteile erleidet, die lasse bitte dem Themistokles zuteil werden.*[70]

Die Statthalter bewiesen ihre Loyalität, indem sie den Kaiser stets über wichtige Entscheidungen und Maßnahmen informierten und, wenn nötig, Ratschläge und Anweisungen erbaten. Ihre Briefe sowie die Briefe der Kommandeure und Prokuratoren bildeten eine zweite große Gruppe in der Korrespondenz, die täglich am Hof eintraf und beantwortet werden mußte. Viel Routinearbeit erledigte die Hofbürokratie. Aber gerade weil die Absender den Kaiser als Freund betrachteten und persönlich anschrieben, erwarteten sie auch eine persönliche Antwort von ihm. Diese Korrespondenz machte einen gut Teil seiner Tagesarbeit aus. Dazu kamen Petitionen von Städten, Vereinen und Einzelpersonen, die ebenfalls beantwortet werden mußten. Fronto beschreibt einmal die Regierungstätigkeit der Kaiser und nennt unter anderem: «Immer wieder Briefe über den ganzen römischen Erdkreis zu schicken.» Unter den anderen Verpflichtungen, die er im selben Satz aufzählt, sind solche, die das Idealbild in Aristides' Romrede korrigieren: «Im Senat nützliche Ratschläge geben, sich wegen vieler Angelegenheiten in einer Versammlung an das Volk wenden, Ungerechtigkeit beseitigen [...], die Könige fremder Völker zur Rede stellen, Verfehlungen der Bundesgenossen durch Verordnungen eindämmen, gute Taten loben, Aufständische niederwerfen, Widerspenstige in Schrecken versetzen.»[71] Die Ausführungen des Redelehrers sind zugleich eine Apologie für sein Fach: Bei all diesen Verpflichtungen muß der Herrscher mündlich wie schriftlich das passende Wort und den richtigen Ton treffen. Regierungskunst ist Redekunst. Entsprechend faßt Fronto an anderer Stelle zusammen: «Herrschaft definiert sich nicht nur als Macht, sondern auch als Rede. Denn Herrschaftsgewalt wird durch Befehlen und Verbieten ausgeübt.»[72]

Als Antoninus Pius am 7. März 161 starb, war er 75 Jahre alt. Der Tod kam überraschend, gab ihm aber noch so viel Zeit, daß er sein Haus abschließend bestellen und den Schwiegersohn durch einen letzten Akt zum Nachfolger bestimmen konnte. Über die Todesursache berichtet der Biograph in der «Historia Augusta» knapp, aber zuverlässig: Der Kaiser befand sich auf seinem geliebten väterlichen Landgut Lorium, als er beim abendlichen Mahl zu hastig einen Alpenkäse aß. Aus der Naturgeschichte des älteren Plinius wissen wir, daß Savoyen die Delikatesse lieferte. Wer es sich in Rom leisten konnte, genoß sie, mochten Ärzte auch warnen, daß Käse, vor allem wenn er nicht mehr frisch ist, älteren Menschen nicht bekomme.[73] Antoninus mußte sich nachts übergeben und fieberte am folgenden Morgen. Da das Fieber am dritten Tag noch anhielt und der Kranke sich immer schwächer fühlte, ließ er die amtierenden Präfekten aus Rom kommen, den Stadtpräfekten, die beiden Prätorianerpräfekten sowie den Präfekten der städtischen Wachmannschaften. Vor ihnen empfahl er dem anwesenden Marcus den Staat und seine Tochter, die Augusta. Es war eine politische Geste, die vor allem sicherstellen sollte, daß die Eliteverbände der Prätorianer sofort auf die Seite des Nachfolgers treten würden. Eine symbolische Geste folgte: Der Sterbende befahl, die goldene Statue der Göttin Fortuna, die er wie schon die Vorgänger in seinem Schlafraum aufgestellt hatte, in Marcus' Zimmer zu bringen. Als anschließend der diensthabende Tribun der Prätorianer von ihm wie an jedem Tag die Tagesparole wissen wollte, antwortete er: «Gleichmut» («aequanimitas»). Es war sein letztes Wort. Dann drehte er sich zur Seite, und wenig später war er tot.[74] Historiker, die den Frieden unter seiner Regierung priesen, vergaßen nicht hinzuzufügen, daß er auch das Glück gehabt habe, einen friedlichen Tod zu sterben.

Kaum hatte Antoninus Pius seinen letzten Atemzug getan, als Marc Aurel nach Rom eilte und noch für denselben Tag den Senat einberief. *Der Imperator Caesar Titus Aelius Hadrianus Antoninus Augustus, der oberste Priester und Vater des Vaterlandes ist tot*, verkündete er der Ver-

Lucius Verus.
Rom, Musei Vaticani

sammlung. Was nun zu tun war, wußten die Senatoren schon lange. Seit zweiundzwanzig Jahren war Marcus Caesar, seit dreizehn Jahren hatte er die kaiserlichen Gewalten, das prokonsularische Imperium und die tribunizische Gewalt, inne. Jetzt begrüßte ihn der Senat auch als Augustus, gab ihm also den Titel, der ihm zur Vollgewalt noch gefehlt hatte. Soweit verlief die Senatssitzung nach dem Herkommen. Doch dann trat Marcus noch einmal vor die Versammlung und forderte sie auf, auch seinem Adoptivbruder Verus alle kaiserlichen Titel und Gewalten zu verleihen. Vielleicht hatte er sich mit seinen engsten politischen Freunden im Senat bereits besprochen, aber alle anderen Senatoren waren völlig überrascht. Marcus' Ansinnen brach mit der Einherrschaft, wie sie seit fast zweihundert Jahren bestanden hatte. Einen Doppelprincipat hatte es bisher nicht gegeben. Zudem war Verus in der Öffentlichkeit nur wenig hervorgetreten. 154 hatte er als Vierundzwanzigjähriger sein erstes Konsulat erhalten. Selbstverständlich war es beim Kaisersohn das ordentliche Konsulat, das aber nach wenigen Monaten endete. Zu Beginn dieses Jahres war er wieder für kurze Zeit Konsul gewesen als Kollege seines Bruders, der sein viertes Konsulat beging. Trotzdem stieß Marcus' Antrag auf keinen Widerspruch. Gewiß hatte er sich den Bruch mit der Tradition nicht leichtgemacht, und man konnte darauf vertrauen, daß er zwingende Gründe hatte. So akklamierte der Senat an dem ereignisreichen Tag einen zweiten Imperator Caesar Augustus.

Keine Quelle berichtet, welches die Gründe waren, die Marc Aurel zu der Neuerung veranlaßten, und ob er sich noch mit Antoninus Pius abgesprochen hatte. Es ist kaum anzunehmen, daß allein die Pietät gegenüber Hadrian, der Verus in seine Nachfolgepläne einbezogen hatte, den Anstoß gab. Auch hatte sich schwerlich im Umkreis von Verus' Blutsverwandten, den Ceionii Commodi, eine Adelsgruppe zusammengefunden, die nach der zweiundzwanzigjährigen Herrschaft eines Aurelius Antoninus darauf drang, nun sei der Zeitpunkt gekommen, Hadrians Absicht in die Tat umzusetzen. Näher lagen Erfordernisse des Reiches. Im Fieber hatte der sterbende Antoninus beständig von Königen gesprochen, denen er zürnte. Sahen Sterbende nicht in die Zukunft? Auch wer den Glauben nicht teilte, aber verfolgt hatte, wie sich in der letzten Zeit beunruhigende Nachrichten von den Grenzen häuften, konnte Marcus prophezeien, daß dem Reich schwere Zeiten bevorstünden. Antoninus Pius hatte mit geschickter Diplomatie viel erreicht, und auf kleineren Feldzügen hatten sich tüchtige Heerführer insgesamt gut geschlagen. Aber sollte es größere Kriege geben, so war der Kaiser persönlich gefordert. Trajan und Hadrian waren altgediente Soldaten, als sie auf den Thron kamen. Marcus dagegen waren Krieg und Militär fremd, und seinem Adoptivbruder Verus ging es nicht anders. Aber es war schon viel gewonnen, wenn sich ein Princeps bei den Truppen befand und gute Generäle zur Seite hatte. Marcus hätte einen von ihnen zum Mitregenten machen können. Aber damit hätte er die eigene Dynastie gefährdet. Der Bürgerkrieg von 68/69, in dem mehrere Statthalter um die Alleinherrschaft kämpften, war eine Warnung. Dagegen würde Verus ein loyaler Helfer aus der eigenen Familie sein. Trotz nomineller Gleichheit würde der jüngere Bruder nie den Vorrang in Frage stellen, den Marcus hatte dank seines Alters und der Amtsgewalten, die er seit vielen Jahren ausübte. Über diesen Unterschied in der Dyarchie brauchte man keine Worte zu machen. Für die Zeitgenossen war er selbstverständlich. Er stand auch nicht im Widerspruch zur «Eintracht der Augusti» («Concordia Augustorum»), die die ersten Prägungen der beiden Thronerben beschworen. In göttlicher Gestalt erschien die Eintracht auf den Rückseiten der Münzen. Die Namengebung auf der Vorderseite gab einen Hinweis auf das Rangverhältnis der Brüder. Als Caesar hatte sich Marcus auf Münzen lediglich mit dem Familiennamen des Adoptivvaters Aurelius genannt. Jetzt erschien er als Marcus Aurelius Antoninus. Der ursprüngliche Beiname Antoninus, der schon der eigentliche Herrschername des Adoptiv-

a

b

c

Prägungen zum Herrschaftsantritt von Marc Aurel und Lucius Verus: «Zur Eintracht der Augusti» («Concordiae Augustor[um]») [a], «Glück der Zeiten» («Fel[icitas] temp[orum]») [b], «Vorsehung der Götter» («Prov[identia] deo[rum]») [c]

vaters gewesen war, wurde auch sein offizieller Name; Fronto redete ihn fortan nur noch so an. Verus, der Beiname der Annii, ging auf seinen Mitregenten über. Marcus selbst führte ihn nicht mehr, wie auch der neue Verus seinen ererbten Beinamen Commodus nicht länger benutzte.

Bei tumultuarischen Thronerhebungen in Rom hatten bisher stets die Prätorianer den Ausschlag gegeben. Unruhen brauchte man dieses Mal gewiß nicht zu fürchten. Trotzdem erwiesen die beiden neuen Kaiser nach dem Staatsakt im Senat sofort den Prätorianern ihre Reverenz. Wahrscheinlich noch am Abend des 7. März gingen sie gemeinsam in das Prätorianerlager, wo Marcus erstmals als Senior Augustus auftrat. Er hielt eine Ansprache, in der er jedem Soldaten zwanzigtausend Sesterzen versprach. Es war der fünffache Jahressold, und seit Kaiser Claudius war es üblich geworden, beim Herrschaftsantritt die zehn Kohorten in Rom mit dieser Zulage gnädig zu stimmen. Auch die geringer besoldeten Legionäre und die Hilfstruppen erwarteten ein entsprechendes Donativ,

Geldspende Marc Aurels an das römische Volk. Attikarelief an der Nordseite des Konstantinbogens, Rom nach 176. Der Kopf Marc Aurels wurde durch den Konstantins ersetzt.

und das Brüderpaar enttäuschte sie nicht. Ihrem Adoptivvater hatten sie es zu verdanken, daß ihnen die Zahlung leichter als all ihren Vorgängern fiel. Der sparsame «Vater des Vaterlandes» hatte im Staatsschatz 2,7 Milliarden Sesterzen hinterlassen. Schließlich durfte auch das Volk von Rom nicht leer ausgehen, wenn die Truppen bedacht wurden. Münzen, auf deren Rückseite das Bild der spendenden Kaiser von der Legende «Freigebigkeit der Augusti» («Liberalitas Augustorum») umrahmt wurden, sorgten dafür, daß ihre gute Tat nicht so schnell in Vergessenheit geriet.

Das Staatsbegräbnis für Antoninus Pius gab den Nachfolgern Gelegenheit, sich nach den Prätorianern der stadtrömischen Öffentlichkeit vorzustellen. Schon vorher war die Leiche von Lorium in das Mausoleum Hadrians überführt und dort beigesetzt worden. Erstmals wurde ein Kaiser nicht mehr eingeäschert, nachdem sich in den vergangenen Jahrzehnten in Italien immer mehr die Körperbestattung verbreitet hatte. Bei der öffentlichen Leichenfeier wurde eine Nachbildung des Toten in Wachs mitgeführt. Jeder der beiden Brüder hielt auf dem Forum eine Rede, in der er Leben und Taten des Vaters verherrlichte. Dann begab sich der Trauerzug zum Marsfeld, wo das Wachsbild auf einem mehrstöckigen Scheiterhaufen verbrannt wurde. Ein Adler, den man auf dem Scheiterhaufen festgebunden hatte, machte sich frei und flog empor. Er symbolisierte den Aufstieg des Toten in den Himmel, nachdem der Senat schon vorher einmütig festgestellt hatte, Antoninus sei unter die Götter aufgenommen worden. Fortan waren Marcus und Verus «Söhne des vergöttlichten Antoninus». Wenn sie ihre Titulatur vollständig angaben, fügten sie noch hinzu: «Enkel des vergöttlichten Hadrian, Urenkel des vergöttlichten Trajan und Ururenkel des vergöttlichten Nerva». Denn auch Antoninus' Vorgänger von Augustus an hatte der Senat nach ihrem Tode divinisiert. Nur den ermordeten Kaisern blieb die Ehre versagt, und der zweite Princeps Tiberius verbat sie sich, um seine republikanische Gesinnung zu demonstrieren. Als 141 Antoninus' Gemahlin, die ältere Faustina, gestorben war, hatte sie der Senat ebenfalls vergöttlicht und ihr an der Heiligen Straße auf dem Forum einen Tempel geweiht. Die Weihung wurde jetzt auf Pius erweitert. Mit den 17 Meter hohen monolithischen Säulen der Vorderseite ist der Tempel noch heute eines der eindrucksvollsten Zeugnisse auf dem Forum Romanum. Marcus und Verus stellten zusätzlich den Antrag, für ihren Vater einen Kult mit eigenem Priester und mit Kultgenossen, den Sodales Antoniniani, einzurichten. Der Senat stimmte zu und wählte unter den Verwandten und engsten Freunden des Verstorbenen Mitglieder für das Kultkollegium aus. Die religiöse Verehrung trug zum Ansehen der Dynastie bei, ebenso die Säule, die die Kaiser an der Stelle errichten ließen, wo Antoninus' Bild verbrannt worden war. Wie bei der Trajanssäule wurden die Aschenreste des Scheiterhaufens in der Säule geborgen. Marcus förderte auch den inneren Zusammenhalt der Dynastie. Nach dem Ende der Trauerzeit verlobte er seine älteste Tochter Annia Lucilla, die mittlerweile elf Jahre alt war, mit dem einundzwanzigjährigen Verus. Wieder wurde das Familienereignis am Hof mit einer guten Tat für das Volk verbunden: Trajan hatte in Rom und Italien eine Stiftung für bedürftige Knaben und Mädchen eingerichtet, die Antoninus nach dem Tod seiner Frau erweiterte. Marcus dehnte den Kreis der Empfänger noch einmal aus.

Apotheose des Kaiserpaares. Basis der Antoninus-Pius-Säule, Rom

Militärparade bei der Apotheose des Kaiserpaares. Basis der Antoninus-Pius-Säule, Rom

Der Tempel des Antoninus Pius und der Faustina d. Ä. auf dem Forum Romanum; vor dem 12. Jahrhundert umgewandelt in die Kirche San Lorenzo in Miranda; die Barockfassade stammt aus dem Jahre 1602. Foto um 1910

«Glück der Zeiten» («Felicitas temporum») verkündeten die beiden Kaiser auf einer ihrer ersten Münzserien, die jeder selbständig prägen ließ. Die Erwartungen sollten bestärkt werden, die die Reichsbevölkerung stets mit einem Herrscherwechsel verband. «Vorsehung der Götter» («Providentia deorum») lautete eine andere Legende, die die Himmelsmächte angesichts der dunklen Wolken beschwor, die sich über dem Imperium zusammenballten.

Noch zu Antoninus' Lebzeiten hatte der Partherkönig Vologaeses III. gegen Rom gerüstet. Es ging um den alten Zankapfel Armenien. Seit über zweihundert Jahren stritten sich Römer und Parther, wem die Herrschaft oder wenigstens der Einfluß in dem Land gebühre. Thronkämpfe im armenischen Königshaus und rivalisierende Adelsfraktionen gaben den beiden Großmächten abwechselnd Gelegenheit, einander den Rang abzulaufen. Nun hoffte Vologaeses, den Tod des Antoninus ausnützen zu können, und sandte Truppen in das Gebiet des nördlichen Nachbarn. Als Marc Aurel davon erfuhr, beauftragte er Sedatius Severianus, den Statthalter der an Armenien grenzenden Provinz Kappadokien, mit den dort stationierten drei Legionen ebenfalls vorzurücken. Vielleicht würde es sich Vologaeses anders überlegen, wenn er Roms Entschlossenheit sah.

Auch sein Vorgänger Vologaeses II. hatte 139 zurückgesteckt, als er nach Hadrians Tod das gleiche Spiel spielte. Damals ließ Antoninus syrische Truppen marschieren. Doch jetzt hielt Vologaeses III. dagegen. Bei Elegeia am oberen Euphrat kam es zur Schlacht, in der die Parther siegten und wenigstens eine römische Legion aufrieben. Noch auf dem Schlachtfeld gab sich Sedatius den Tod. Was jetzt zu tun war, mußte niemand Marcus sagen. Noch nie hatte Rom einem Angreifer einen solchen Triumph gelassen. Im selben Jahr war allerdings die Niederlage im gebirgigen Armenien nicht mehr zu rächen. Auch empfahl es sich, den Gegenschlag entlang der alten Aufmarschroute in Syrien zu führen. Der syrische Statthalter Attidius Cornelianus unternahm daher im kommenden Frühjahr einen ersten Vorstoß, aber auch er erlitt eine Schlappe. Damit war der große Krieg unvermeidlich geworden. Fünf Jahre dauerte er und endete mit Roms Sieg. Aber er sollte ein Nachspiel haben, das zu einer der größten Katastrophen des Reiches wurde: die Pest.

Mitten in die Kriegsvorbereitungen platzte in Rom ein anderes Unglück. Das Frühjahrshochwasser des Tiber war 162 so stark wie seit Menschengedenken nicht mehr. Zahlreiche Häuser wurden unterspült und stürzten ein. Herden ertrunkener Tiere riß der Fluß mit sich fort. Da das Getreide in den Lagern am Tiberufer verdarb und die Lastkähne vom Seehafen Ostia, wo das ägyptische und nordafrikanische Korn angeliefert wurde, nicht gegen die Strömung ankamen, brach in der Millionenstadt eine Hungersnot aus. Marcus und Verus schufen nach Kräften Abhilfe. Kaum waren die ärgsten Schäden behoben, trafen neue Hiobsbotschaften ein. In Britannien drohten die üblichen Geplänkel an der Nordgrenze zu einer größeren Auseinandersetzung zu werden, und in Obergermanien hatten Verbände des weitläufigen Chattenstammes den Limes überschritten und waren bis Rätien vorgedrungen. Ein Anlaß für den Vorstoß der Chatten könnte das Truppenrevirement gewesen sein, zu dem der Partherkrieg die Kaiser zwang. Die in Bonna, dem heutigen Bonn, stationierte Erste Legion mit dem Beinamen «Minervia» wurde samt ihren Hilfskontingenten nach Osten in Marsch gesetzt. Auch die Donauprovinzen mußten Einheiten abgeben.

In der Zwischenzeit entwarf Marcus zusammen mit seinen Militärberatern die Aufmarschpläne gegen die Parther. In der gegenwärtigen Lage, wo es auch an anderen Fronten des Reiches kriselte, schien es ihm besser, nach Antoninus Pius' Vorbild in Rom zu bleiben und Verus mit dem Oberbefehl zu betrauen. Nominell bat er den Senat um Zustimmung. Es war wohl dieselbe Sitzung, in der das Gremium Vologaeses offiziell den Krieg erklärte; seit Augustus gehörten Kriegserklärungen zu den Vorrechten des Senats. Jetzt erhielt der Iunior Augustus auch einen eigenen Regierungs- und Verwaltungsapparat, der ihn begleiten sollte. Marcus achtete darauf, daß er mit tüchtigen Männern besetzt wurde, nicht nur mit Verus' guten Freunden und Freigelassenen, die sich Aben-

Lucius Verus. Turin, Museo di Antichità

teuer und reiche Beute versprachen. Bisher hatte der Jüngere recht unbeschwert gelebt und wenig vom Ernst und Arbeitseifer des Älteren gezeigt, obwohl er zum Teil dieselben Lehrer hatte: Fronto und Herodes Atticus in Rhetorik, Caninius Celer, Apollonius von Chalkedon und Sextus von Chaironeia in Philosophie. Verus war nicht unbegabt und zog viele Künstler an sich. Aber genauso gern ging er auf die Jagd und liebte die Zerstreuungen von Theater und Circus, die seinem Bruder ein Greuel waren. Auf Roms Straßen erzählte man sich, Marcus schicke den Bruder in den Krieg, damit er endlich ein Mann werde und lerne, was es heiße, Kaiser zu sein. Die Legenden, die in diesen Monaten auf Verus' Münzen erschienen, deuteten auf seine neue Aufgabe und beschworen den guten Ausgang des Krieges: «Abmarsch des Augustus», «Heimführende Fortuna», «Zum Heil der Augusti». Andere Münzaufschriften lauteten wie im Vorjahr «Vorsehung der Götter» und «Eintracht der Augusti». Sie bekamen zusätzliche Bedeutung angesichts der eigenständigen Stellung, die der Iunior Augustus fern von Rom haben würde.

Als Verus im Frühsommer 162 aufbrach, begleitete ihn Marcus die 130 Meilen bis Capua. Kaum war er wieder in Rom, als ihn die Nachricht erreichte, Verus sei in Canusium krank geworden. Sofort machte er sich erneut auf den Weg. Sorge um den Bruder trieb ihn ebenso wie Sorge um den Krieg, nachdem einige wissen wollten, Verus' Zug gleiche mehr einer Vergnügungsreise. Kaum genesen, nahm Verus sich die Zeit, Fronto von seiner dreitägigen Fastenkur und einem Aderlaß zu berichten. Der Lehrer, stolz über den eigenhändigen Brief des kaiserlichen Schülers, schrieb zurück, er habe überall zu den Göttern für ihn gebetet und geopfert. Er war nicht der einzige. Vorsichtig fügte er zum Schluß eine Ermahnung an: «Halte dich zurück, schone dich und gebe maßvoll allen Wünschen nach, die jetzt nach der Abstinenz, die du für den Augenblick zu üben gezwungen warst, zwangsläufig heftiger und zudringlicher als gewohnt sich melden.»[75] Fronto kannte seinen Verus und verriet ungewollt, daß dem Schüler nicht grundlos der Ruf anhing, etwas zu leichtlebig für einen Kaiser zu sein. Allerdings hätte man schon auf alle Genüsse des Lebens verzichten müssen, um gegen Marcus nicht abzufallen. Der Senior Augustus machte es dem Iunior schwer, vor dem Urteil kritischer Zeitgenossen zu bestehen. Spätere Historiker und Biographen stellten den Unterschied zwischen den Brüdern noch zusätzlich heraus, da er eine effektvolle Kontrastkomposition ergab.

Nach der Fahrt über die Adria verweilte Verus einige Zeit in Korinth und in Athen, wo er sich in die Eleusinischen Mysterien einweihen ließ. Auch die Weiterreise legte er zu Schiff zurück, mit mehreren Unterbrechungen in den Städten der kleinasiatischen Küste und auf den vorgelagerten Inseln. Die Zwischenstationen dienten nicht lediglich der Erholung, sondern hatten auch einen politischen Zweck. Mehr als dreißig Jahre waren vergangen, seit der Osten des Reiches einen leibhaftigen Kaiser gesehen hatte. Wo immer Verus landete, wurde er nicht nur feierlich begrüßt, sondern auch mit allerlei Anliegen überhäuft. Das war bei jedem Kaiser, der sich auf Reisen begab, so selbstverständlich, daß kaum eine Quelle davon sprach. Im Herbst 162 traf Verus endlich im Hauptquartier in Antiochia ein. Verhandlungen mit Vologaeses zeigten ihm rasch, daß mit einer Verständigung nicht zu rechnen war.[76] Es blieb nur der Waffengang. Die intensiven Rüstungen während des Winters hinderten Verus nicht, die Vergnügen zu genießen, für die die syrische Metropole berühmt war. Zu seiner Begleiterin erkor er sich eine junge Frau aus Smyrna namens Pantheia. Sie war so schön und geistreich, daß der Satiriker Lukian, der sie in Antiochien sah, seine spitze Feder beiseite legte und zwei Dialoge verfaßte, in denen Bewunderer ein Loblied auf sie sangen.[77]

Der erste römische Angriff traf im Frühjahr 163 Armenien. Statius Priscus, einer der erfahrensten Generäle, leitete ihn von Kappadokien aus, wo er kurz zuvor Statthalter geworden war. Er eroberte und zerstörte die armenische Hauptstadt Artaxata und errichtete näher zur römischen Grenze eine neue Metropole, in die er eine starke römische Besatzung legte; «Kainopolis» («Neustadt») war ihr Name. Als Zeichen des Sieges legte sich Verus den Beinamen «Armeniacus» zu. Marcus hielt sich trotz der Bitte seines Bruders zurück und nahm den Siegestitel noch nicht an. Wohl aber nannte er sich in seiner Titulatur wie Verus «Imperator II», da die Soldaten beide «Imperatores Augusti» nach dem Fall von Artaxata zu Imperatoren ausgerufen, den Titel also gleichsam verdoppelt hatten. Den parthischen Vasallen Pacorus setzte Marcus ab und ernannte den römischen Senator und ehemaligen Konsul Sohaemus, der aus dem armenischen Königsgeschlecht der Arsakiden stammte, zum neuen Herrscher. Münzen des Jahres 164, die ein Indiz für das Datum der Inthronisation sind, feierten den Erfolg mit der Aufschrift «Ein König den Armeniern gegeben». Jetzt fühlte sich auch Marcus berechtigt, den Titel «Armeniacus» zu tragen.

Lucius Verus und die Einsetzung des armenischen Königs. Vorder- und Rückseite einer Goldprägung von 164

Im Herbst 163, zwischen zwei Kriegsjahren, fuhr Verus in das kleinasiatische Ephesus, um dort seine Verlobte Annia Lucilla zu heiraten. Marcus hatte beschlossen, die eheliche Verbindung zu beschleunigen, nachdem ihm seines Bruders Zuneigung zu Pantheia hinterbracht worden war. Sogar seinen Bart habe sich Verus ihr zuliebe abnehmen lassen. Der Senior Augustus witterte Gefahr für seine Absicht, durch Lucillas Ehe mit Verus den Zusammenhalt und die Zukunft der Dynastie zu stärken. Bis Brundisium begleitete der Vater die Tochter, dann übergab er sie seinem Neffen Ummidius Quadratus und einem Onkel des Bräutigams, Vettulenus Civica Barbarus. Das Schiff mit dem feierlich geschmückten Brautzug erreichte Ephesus, wo eine prächtige Hochzeit gefeiert wurde. Die beiden Brautführer hatten von Marcus den Auftrag mitbekommen, Verus mit Rat und Tat zur Seite zu stehen. Das war keine leichte Auf-

Lucilla. London, British Museum

gabe. Denn mit dem Statthalter von Syrien, Marcus' Vetter Annius Libo, war der Iunior Augustus in heftigen Streit geraten. Als Libo noch im Jahr 163 aus ungeklärter Ursache starb, wurde sogleich der Verdacht laut, Verus habe ihn vergiften lassen. Der junge Ehemann dachte auch nicht daran, Pantheia den Laufpaß zu geben. Sie blieb weiterhin in seiner Nähe, ging nach Kriegsende mit ihm nach Rom und hielt ihm über seinen frühen Tod hinaus die Treue. Die Anhänglichkeit der schönen Frau beeindruckte schließlich sogar Marcus. Jahre später, als er in den *Selbstbetrachtungen* darüber nachdachte, ob die Toten die Liebe eines Hinterbliebenen spüren, kam sie ihm in den Sinn.[78] Aus Verus' Ehe mit Annia Lucilla ging eine Tochter hervor. Hätte sich Marcus' Wunsch nach

Enkeln erfüllt, vielleicht wäre dem Haus der Antonini eine längere Herrschaft beschieden gewesen als die zwölf Jahre nach Marcus' Tod, die mit der Ermordung seines Sohnes Commodus 192 ein unrühmliches Ende fanden.

164 waren die römischen Truppen endlich soweit, den Angriff nach Mesopotamien hineintragen zu können. Die Parther, die sich im Osten der Provinz Syrien festgesetzt hatten, wurden bis zum Ende des Jahres über den Euphrat zurückgedrängt. Vologaeses machte nach den ersten Vorstößen der Römer Friedensangebote, um ihrer Invasion zuvorzukommen. Aber jetzt lehnte Verus Verhandlungen ab. Zum eigentlichen Gegenspieler des Partherkönigs wurde Avidius Cassius, der aus Syrien stammte und seine militärischen Fähigkeiten als Statthalter an der Donau in Untermösien bewiesen hatte. Am Euphrat schlug er ein parthisches Aufgebot und setzte über den Fluß. Im Laufe des Jahres 165 gewannen die Römer große Teile des Zweistromlandes. In drei Heeresgruppen rückten sie vor. Avidius Cassius operierte im Süden, wo es ihm schließlich gelang, das griechischsprachige Seleukia und das benachbarte Ktesiphon, die parthische Hauptstadt, einzunehmen. Seleukia ging in Flammen auf, und in Ktesiphon wurde der Königspalast zerstört. Zahlreiche Einwohner fanden den Tod, auch wenn die späteren Angaben von dreihundert- oder gar vierhunderttausend Toten weit übertrieben sind. Inzwischen waren im Norden auch Edessa und Nisibis gefallen. Die Erfolge waren Anlaß, daß Marcus und Verus eine dritte imperatorische Akklamation erhielten und Verus den Siegertitel «Parthicus maximus» annahm. Im Frühjahr 166 drang Avidius Cassius über den Tigris nach Medien vor. Die Parther leisteten keinen ernsthaften Widerstand mehr. Aber das Unternehmen war gut für eine vierte imperatorische Akklamation der Kaiser und für ihren dritten Siegertitel: «Medicus». Ihn übernahmen beide gleichzeitig, nachdem sich Marcus inzwischen ebenfalls «Parthicus maximus» nannte. Er hatte gezögert; denn sich einen solchen Superlativ zuzulegen, war keinem seiner Vorgänger eingefallen.

Von Anfang an dachte Marcus nicht daran, Mesopotamien dem Reich als Provinz einzuverleiben, wie es Trajan 115 getan hatte. Aber Hadrian zu folgen und auf die Euphratgrenze zurückzugehen, wäre nach dem großen Einsatz ein zu billiges Ergebnis gewesen. Marcus und Verus gingen einen Mittelweg, der vor allem Syrien und Armenien vor neuen parthischen Angriffen schützen sollte: Im kleinen Pufferstaat Osrhoene wurde der römerfreundliche König Mannus VIII., den die Parther vertrieben hatten, wieder in seine Residenz Edessa zurückgeführt. Die bedeutenden nordmesopotamischen Städte Nisibis und Singara erhielten, wie zuvor das armenische Kainopolis, römische Besatzungen. Nur Dura-Europos, der wichtige Knotenpunkt am Westufer des mittleren Euphrat, wurde Teil der Provinz Syrien.

Angreifender parthischer Panzerreiter. Graffito aus Dura-Europos, 2./3. Jahrhundert

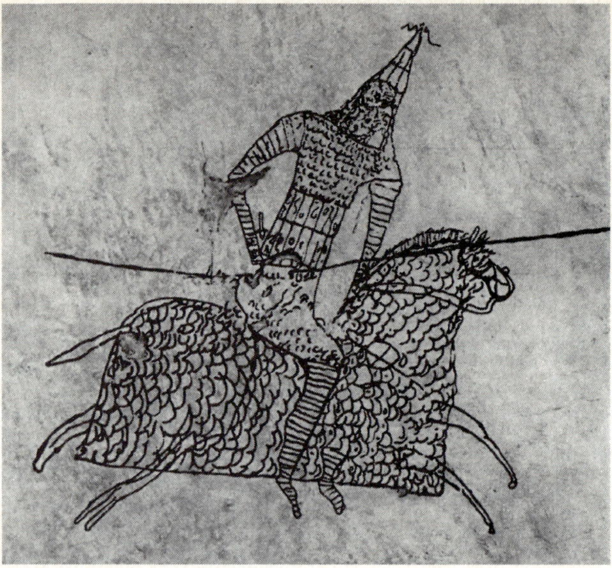

Parthische Reiterstatuette aus gebranntem Ton. Irak oder Syrien, 1. bis 3. Jahrhundert. Berlin, Museum für Islamische Kunst

In Rom schien Marcus in der Zwischenzeit aller Welt beweisen zu wollen, daß das Doppelkaisertum tatsächlich nötig war und daß dem Reich am besten gedient wurde, wenn der eine Princeps an der Front kommandierte und der andere in der Hauptstadt die Regierungsgeschäfte führte. Vom frühen Morgen bis spät in die Nacht war der Senior Augustus ununterbrochen tätig. Beobachter, die ihn Tag für Tag im Kreise seiner Berater, in Senatssitzungen, als Richter, beim Empfang von Gesandten, im Gespräch mit Bittstellern erlebten, stets aufmerksam, stets gut vorbereitet, konnten über die Vermutung nur lachen, er habe aus gesundheitlichen Gründen Verus den Oberbefehl überlassen.[79] Marcus plackte sich zu Hause mehr als der Bruder im Feldquartier. Wohlmeinende Freunde fragten sich, wie lange er eine solche Lebensweise durchhalten werde, nachdem ihm Brust und Magen schon immer Sorgen bereitet hatten.

Selbst die Ferientage, die der Kaiser mit der Familie in Alsium verbrachte, einem bekannten Kurort an der etrurischen Küste, waren bis zum Rand mit Arbeit gefüllt. Ermahnungen, mit seinen Kräften besser hauszuhalten, wischte Marcus beiseite. Einen kurzen Brief an den besorgten Fronto eröffnete er vorsorglich mit dem Geständnis: *Wie ferienmäßig die Ferien waren, die wir bei Alsium verbrachten, will ich dir nicht schreiben, damit du dich nicht ängstigst und gegen mich keine Vorwürfe erhebst, mein Lehrer.* Fronto ängstigte sich doch und machte dem ehemaligen Schüler in einer langen Epistel Vorhaltungen, die ein Licht auf die Lasten werfen, die sich der Kaiser aufbürdete.[80] Mit einem handfesten Bild warnt ihn der Verfasser, nachdem er erfahren hat, daß sich Marcus nicht einmal mehr Zeit zum Essen nehme: «Ein Garten, der dauernd bepflanzt wird, aber keinen Mist erhält, produziert nur Gras und Kleinkraut, das nichts wert ist. Will man Getreide, das den Namen verdient, und feste Früchte, so nimmt man ein Feld, das man liegen gelassen hat: die Brache gibt dem Boden Fruchtbarkeit.» Dann hält der erfahrene Menschenkenner dem Kaiser seine Vorgänger vor Augen, Männer, die das Reich nicht nur regierten, sondern sogar vergrößerten und darüber doch nie ihre Erholung und ihr Vergnügen versäumten: Der große Krieger Trajan hatte seine Freude an Schauspielern und war ein wackerer Zecher. Hadrian, der das Reich kreuz und quer durchreiste, liebte Musik und eine reichgedeckte Tafel. Selbst der Musterkaiser Antoninus Pius, klug und keusch, frugal und fromm, ging zum Ringplatz und zum Fischen und amüsierte sich über Possenreißer. Dann greift Fronto in die Geschichte zurück, erinnert an die Damenfreunde Caesar und Augustus und die Stadtgründer Romulus und Numa, die sich nie mit halben Portionen zufriedengegeben hätten. Der Rhetor kann es nicht lassen, auch einen hämischen Blick auf die Philosophen zu werfen, die sich der Philosophenkaiser zu Vorbildern gewählt hat: Der eine, Sokrates, trieb sich auf Symposien herum, der andere, Chrysippus, war an 365 Tagen im Jahr betrunken. Wenn Marcus schon nichts für ein ordentliches Essen übrig habe, möge er wenigstens Tag und Nacht unterscheiden und sich genügend Schlaf gönnen, wie es sich für einen freien Mann gehört. Fronto ist nämlich zu Ohren gekommen, daß der Kaiser Gerichtssitzungen bis in die Nacht ausdehnt. Rasch erfindet er eine pädagogische Fabel vom Gott Schlaf, den Zeus gezeugt habe. Er habe ihm Flügel an die Schultern geheftet, damit er sanft zu den Menschen herabschwebe und ihnen ein Tröpfchen seines Schlummertrankes in die Augen träufle, worauf sie in Schlaf versinken. Gott Schlaf schickt auch Träume, die meistens in Erfüllung gehen. Mit einem spröd-witzigen Wunsch schließt der Briefschreiber: «Falls du also, lieber Marcus, nun einen Traum brauchst, mache ich dir gern einen Vorschlag: Schlafe ein wenig, damit dir, wenn du wach wirst, in Erfüllung gehe, was und wo du es willst und wünschst.»

Während der alte Lehrer nur an die Gesundheit seines Schülers dachte, fragte der Historiker Cassius Dio nach den Werten, für die sich Marcus so verausgabte: «Er war arbeitseifrig und übte Sorgfalt in allen Dingen, die mit der Regierung zusammenhingen, und nichts sprach, schrieb oder tat er im Vorübergehen, sondern bisweilen wandte er für die kleinsten Angelegenheiten ganze Tage auf, da er daran festhielt, daß ein Kaiser nichts obenhin machen dürfe. Er war nämlich der Meinung, wenn er das Geringste übersehe, so werde man ihn darin und in allem anderen verleumden.»[81] Mit der Sorge um den guten Ruf sprach der Historiker ein Motiv an, das auch der Biograph in der «Historia Augusta» immer wieder hervorhob. So sei Marcus, als er seine Tochter auf der Hochzeitsfahrt zu Verus bis Brundisium begleitete, sofort nach Rom zurückgeeilt. Dort habe man nämlich gemunkelt, er wolle nach Syrien reisen, um sich den Endsieg über die Parther zuschreiben zu können.[82] Beeindruckt waren der Historiker wie der Biograph von der Kraft und der Zeit, die Marcus für die Rechtsprechung opferte. Oft habe er elf bis zwölf Tage für einen Prozeß aufgewandt, berichtet Dio[83], und die «Historia Augusta» ergänzt, er habe die Zahl der Gerichtstage auf 230 im Jahr erhöht.

Eine Urkunde aus Marcus' späterer Regierungszeit belegt in einem Einzelfall, was Cassius Dio und der spätantike Biograph über seine Pflichterfüllung im großen wie im kleinen berichten. Es ist der Brief des Kaisers an Athen, mit dem er 174/75 eine Reihe von Streitfragen in der Stadt beilegte. Sie betrafen die Ratsfähigkeit von Bürgern, die Besetzung von Priesterämtern, mehrere Appellationsverfahren und die Aussöhnung des Herodes Atticus mit seinen Gegnern in der Stadt. Der Brief wurde auf zwei Marmorplatten aufgezeichnet, die fast zweieinhalb Meter hoch und knapp einen Meter breit waren. Die zweite Platte mit über hundert Zeilen, deren Bruchstücke 1936–39 in Athen gefunden wurden, konnte fast vollständig wiederhergestellt werden.[84] Die in einem nüchternen Stil gehaltenen Bescheide ergänzt Marcus gelegentlich mit persönlichen Bemerkungen, die ihm bei der Abfassung des Briefes spontan in den Sinn kamen. Sie bezeugen, wie ausgiebig er sich mit den Beschwer-

Bruchstücke der Inschrift mit dem Brief, den Marc Aurel 174/75 an Athen schrieb. Athen, Agora-Museum

den befaßt, wie sorgfältig er die Akten studiert und wie gründlich er darüber nachgedacht hatte, auf welche Weise er die Schwierigkeiten der Stadt am besten beheben könne: *Die Entscheidung, die sich mir in diesem Fall aufdrängte, nachdem ich mir aufgrund des gegenwärtigen Prozesses eine Meinung gebildet hatte, wird nichts zulassen, was die bisherige Tradition zerstören könnte.* Die Athener sollten wissen, daß er ihre Probleme ernst nahm und daß ihm an Ruhe und Ordnung in der Stadt lag: *Wieviel Mühe ich einbringe für den guten Namen Athens, damit die Stadt ihre alte Würde bewahrt, ist meiner Meinung nach genügend deutlich geworden.* Oder: *Ich glaube, es ist durch das, was ich geäußert habe, klargeworden, daß ich für alles Vorkehrungen getroffen habe, nicht durch meine Anwesenheit, vielmehr durch meine Fürsorge.* Sein Einsatz ist um so bewundernswerter, als er damals nicht in Rom war, sondern gegen die Markomannen im Felde stand. Er erwähnt es nebenbei, um sich zu entschuldigen, daß er einen der Kläger nicht zu seinem Gerichtshof zulassen kann. Wohl hatte er seine Kanzlei auch auf Feldzügen dabei. Aber nichts spricht dafür, daß seine Sekretäre die Entscheidungen selbständig getroffen und die persönlichen Erwägungen als Formeln eingesprengt hätten. Es war sein eigener Brief, das Ergebnis vieler Arbeitsstunden. Indem Marcus auf die Tradition und die alte Würde der Stadt verwies und zugleich seine Fürsorge für sie hervorhob, deutete er die prekäre politische und rechtliche Lage an, in der sich Athen wie alle anderen Städte des Reiches befanden. Sie hatten eine beschränkte Autonomie, die ihnen in der inneren Verwaltung, im wirtschaftlichen und gesellschaftlichen Leben freie Hand ließ. Nach außen ging die Autonomie nur so weit, wie sie die Interessen des Reiches nicht gefährdete. Eine Gefährdung war es, wenn die selbstregulierenden Kräfte der Stadt versagten und sie ihre inneren Auseinandersetzungen nicht lösen konnte. Dann griff der Kaiser, gerufen oder ungerufen, ein, befahl bisweilen auch dem Provinzstatthalter oder einem Sonderbeauftragten, Ordnung zu schaffen.

Um die Verwaltung in Italien zu verbessern, nahm Marcus Ansätze Hadrians auf. Er teilte das Gesamtgebiet, Rom ausgenommen, in vier Regionen und ernannte für jede Region einen «Rechtsprecher» («iuridicus»). Die neuen Beamten waren zuständig für Fälle der Zivilgerichtsbarkeit, halfen aber auch oder vermittelten kaiserliche Hilfe, wenn eine Stadt durch Versorgungsmängel in Not geriet. Wo Beamte in ihren Entscheidungen unsicher waren, konnten sie sich jederzeit an den Kaiser wenden. Aber genauso riefen ihn immer wieder Privatpersonen als Richter an. In der Rechtsliteratur haben sich bisweilen Protokollnotizen solcher Verhandlungen erhalten, auch sie ein Beleg für den Satz des Biographen: «Auf die Rechtsmaterie verwandte er einzigartige Sorgfalt.»[85] Wie die Protokolle ebenfalls zeigen, gehörten dazu ausgiebige Beratungen mit Juristen, die er in den Kronrat berufen hatte. Dabei verloren die Prozesse mehr und mehr ihren öffentlichen Charakter. Die Beratungen nach dem Plädoyer der Anwälte fanden hinter verschlossenen Türen statt. Wenn es die «menschlichere Interpretation» erforderte, ließ sich Marcus in solchen Diskussionen auch umstimmen und revidierte eine frühere Entscheidung.[86]

Im Sommer 166 kehrte Verus nach Rom zurück. Er wäre gerne länger geblieben, um das Leben in Antiochia zu genießen. Aber Marcus drängte, nachdem der Feldzug in Medien abgeschlossen war. Die Unruhe unter den Stämmen an Rhein und Donau hatte zugenommen. Vielleicht würde der Feldherr Verus bald wieder gefordert sein. Sicher aber kam es nicht nur seiner Gesundheit, sondern auch dem Ansehen des Kaiserhauses zugute, wenn er den Sieg über die Parther in Rom statt in Antiochia feierte. Syrien war inzwischen in guten Händen: Avidius Cassius hatte dort die Statthalterschaft übernommen. Die Truppen, die 161 vom Rhein und von der Donau in den Osten verlegt worden waren, bekamen den Befehl, in ihre Heimatprovinzen zurückzumarschieren. Der Sophist Flavius Damianus aus Ephesus rühmte sich, für die Heimkehrer im Verlauf von dreizehn Monaten 201200 Medimnen Getreide bereitgestellt zu haben, was etwa ebenso vielen Zentnern entsprach.[87] Damianus, der auch seiner Heimatstadt zahlreiche aufwendige Spenden machte, war ein Beispiel für die Großzügigkeit, die man bei vielen Männern und Frauen aus den städtischen Oberschichten des Reiches antraf. In Rom vergaß man ihm seinen Beitrag nicht: seine drei Söhne brachten es zum Konsulat.

Verus eilte der Ruhm des Siegers voraus. Fronto war nur eine Stimme in den Jubelchören, die den Heimkehrer überall empfingen: «Ich bin es zwar schon lange leid und satt, in diesem Gesundheitszustand zu leben.

Aber als ich dich in deiner ganzen, durch Tapferkeit erworbenen Glorie zurückkehren sah, da werde ich nicht vergeblich gelebt haben, und ich werde willig das Leben leben, das mir noch vergönnt ist.»[88] Nicht seinen Gesundheitszustand, wohl aber das Sterben vergaß Fronto auch deshalb, weil er eine neue Aufgabe hatte, die ganz nach seinem Geschmack war. Er sollte die Geschichte des Partherkrieges schreiben. Ungewollt hatte er selbst den Anstoß dazu gegeben. Denn nach der Niederlage von Elegeia hatte er Marcus einen Brief gesandt, in dem er den typischen Trost der Rhetorenschule ausbreitete: Die Römer haben schon viele Niederlagen erlebt, aber am Ende meinte es Kriegsgott Mars mit ihnen immer gut. So war es nicht nur in ferner Vergangenheit, sondern auch unter Trajan, Hadrian und Antoninus Pius. Nicht gerade originell reimt der Verfasser, Rom habe sein Reich durch Fallen wie durch Fällen («cadendo – caedendo») erworben.[89] Ob der Empfänger von dem rhetorischen Exercitium und der Empfehlung, er solle zur Anregung Ciceros Rede «Über den Oberbefehl des Pompeius» lesen, erbaut war? Man darf es bezweifeln nach der Skepsis, mit der er in den *Selbstbetrachtungen* gelegentlich die römische Vergangenheit musterte. Der Brief lieferte ihm wohl eher einen weiteren Beweis für die weltabgewandte Seite der Rhetorik, vor der er einst zur Philosophie geflohen war. Aber als Verus nach den Siegen von 165 den Vorschlag machte, Fronto mit der Abfassung der Kriegsgeschichte zu betrauen, war selbst Marcus von dem Plan angetan und besprach ihn ausführlich mit dem künftigen Historiker.[90] Der Gedanke, Frontos Kunst könne seine Taten am besten verherrlichen, mußte sich dem Parthicus maximus Verus geradezu aufdrängen, wenn er aus der Heimat Briefe seines Lehrers erhielt wie diesen: «Du glaubst vielleicht, ich werde jetzt deine kriegerischen Tugenden und deine militärischen Taten und Pläne loben. Diese Dinge sind zwar sehr schön, für den Staat und die Herrschaft des römischen Volkes von höchstem Nutzen und größter Tragweite, und ich gewinne zusammen mit den anderen aus ihnen einen gut Teil echter Freude. Aber über deine Beredsamkeit, die du in deinem Brief an den Senat so offenkundig gezeigt hast, da rufe ich hier jetzt Triumph. Allen angemessenen Dank, den du aufgehäuft hast, empfing ich, ja empfing ich, ergreife ich und halte ich fest.»[91] Solche Hymnen zu komponieren, das konnte in Rom immer noch keiner so gut wie Fronto. Als Historiker bekam er allerdings sogleich Konkurrenz. Doch was die produzierte, bot später Lukian in seinem Traktat «Wie man Geschichte schreiben soll» reichlich Stoff, um zu zeigen, wie man Geschichte nicht schreiben soll.

Fronto durfte sich den Möchtegernhistorikern überlegen fühlen. Er war der offizielle Geschichtsschreiber des Kaiserhauses, dem die besten Quellen zur Verfügung standen. Eifrig bemühte sich Verus, ihn mit Material zu versorgen. Er schrieb an die Generäle Avidius Cassius und Martius Verus, ihm Memoranden zu verfassen, die er an Fronto weiterleiten werde. In einem Brief an den Lehrer erbot er sich, selbst Skizzen zu entwerfen, und fragte an, was der Historiker haben möchte. Gerne werde er ihm seine Korrespondenz mit dem Senat zur Verfügung stellen sowie die Manuskripte der Reden, die er vor den Truppen gehalten habe. Unverblümt gab er Anweisungen zur Komposition und Gewichtung des Stoffes: Die Vorgeschichte solle Fronto ausgiebig behandeln, um deutlich zu machen, wie schlecht es für Rom stand und wie überlegen die Parther waren, bevor Verus an die Front kam und die Wende brachte. Abschließend erinnerte der Held an die alte Erkenntnis über Geschichte und Geschichtsschreibung: «Insgesamt natürlich sind meine Taten so groß, wie sie sind und welcher Art sie sind, aber sie werden als so groß erscheinen, wie du sie erscheinen lassen willst.» [92]

Fronto wußte das Vertrauen zu würdigen, das die Kaiser in ihn setzten. Noch bevor ihm Verus seine Unterlagen zugesandt hatte, arbeitete er ein einleitendes Kapitel aus, die «Principia historiae»: Der junge Kaiser sei in Trajans Fußstapfen getreten, ja habe ihn übertroffen. Trajan hatte 115 die Provinzen Mesopotamia und Assyria gewonnen und die Grenzen des Reiches so weit vorgeschoben wie noch nie. Vorsichtig nahm Fronto die Kritik auf, die schon früher an der Friedenspolitik der beiden Vorgänger Hadrian und Antoninus Pius geäußert worden war. Er war nicht der einzige, der 165 einen neuen Frühling für das Reich kommen sah, gerade als sich Marcus entschloß, nicht Trajan, sondern Hadrian und Antoninus Pius zu folgen. Denn die finanziellen und militärischen Aufwendungen, die für eine neue Provinz Mesopotamia nötig gewesen wären, hätten an der Nordgrenze des Reiches gefehlt.

Wir wissen nicht, was Marcus zu den ausgreifenden Vorstellungen der «Principia historiae» sagte und ob Fronto das Werk fortsetzte. Als wenig später sein Enkel starb, war der Rhetor, der bereits seine Frau Gratia verloren hatte, ein gebrochener Mann. Marcus kondolierte ihm, und Fronto antwortete in drei Briefen, die zu einem Rückblick auf sein Leben wurden.[93] Zum Schluß bekannte er: «Selbst wenn ich aus Eisen wäre, ich vermöchte unter solchen Umständen nicht mehr zu schreiben.» Die Worte klangen wie ein Lebewohl, und wenig später scheint Fronto gestorben zu sein.

Am 12. Oktober 166 feierten Marcus und Verus in Rom den Triumph über die Parther. Offiziell war es der Senat, der einem Kaiser, dem obersten Feldherrn, den Triumphzug zusprach. Als die Senatoren die Auszeichnung für Verus beschlossen, bat er, seinen Bruder Marcus mit ihm triumphieren zu lassen. Verus revanchierte sich; denn als die Senatoren während des Krieges Marcus den Titel «Vater des Vaterlandes» antrugen, lehnte der Ältere es ab, ihn während der Abwesenheit des Jüngeren anzunehmen. Jetzt erhielten sie den Titel gemeinsam, ebenso die altrepublikanische Bürgerkrone aus Eichenlaub, die dem verliehen wurde, der im Krieg einem Mitbürger das Leben gerettet hatte. Keiner der Senatoren widersprach, als Verus beantragte, man möge Marcus' Söhne, den fünfjährigen Aurelius Commodus und den etwas jüngeren Annius Verus, zu Caesaren ernennen. Die Thronfolger des Siegers böten Gewähr, daß Rom auch künftig siegen werde.

Das Schauspiel, das sich den Römern im Oktober 166 bot, lief nach uraltem Ritus ab. Die Triumphprozession zog vom Marsfeld zum Forum und von dort zum Kapitol. Die Triumphatoren standen in goldverzierten Purpurgewändern auf festlich geschmückten Triumphwagen. Ihre Gesichter waren mit Mennige bemalt, in der Rechten hielten sie einen Lorbeerzweig, in der Linken ein Elfenbeinzepter mit einem Adler. Je ein Sklave stand hinter ihnen, hielt eine Goldkrone über ihrem Kopf und flüsterte während der Jubelrufe der Zuschauer immer wieder: «Blicke hinter dich und denke daran, daß du ein Mensch bist.» Die Worte waren wie die abschließenden Opfer und Gebete im Jupitertempel auf dem Kapitol ein Hinweis, daß der Triumph ursprünglich eine Entsühnung für Feldherr und Heer war. Marcus' Söhne und Töchter durften ihren Vater auf dem Wagen begleiten. Voraus wurden

Victoria. Vergoldete Bronzestatue aus Calvatone/Cremona, durch die Inschrift in die Zeit von 161–168 datiert. Staatliche Museen zu Berlin, Antikensammlung

Marc Aurel im Triumphzug. Rom, Konservatorenpalast

die Früchte des Sieges getragen, kostbare Beutestücke, Tafeln mit den Namen der besiegten Feldherrn und Gemälde, die die Schlachten und die eroberten Städte zeigten. Auch Gefangene zogen mit. Soldaten in Marschformation, die abwechselnd Loblieder und Spottverse auf ihre Feldherren sangen, bildeten den Schluß des Zuges. Marcus und Verus veranstalteten außerdem Spiele, bei denen sie im Triumphalgewand den Vorsitz führten.

Es waren glückliche Tage, die Rom Mitte Oktober 166 erlebte, und keiner ahnte, daß er eine so unbeschwerte Siegesfeier nicht mehr so schnell erleben würde. Als kurz darauf die Pest ihre ersten Opfer forderte und eine Todesspur vom Zweistromland bis nach Italien zog, schlug die Phantasie der Frommen einen Bogen von der Eroberung Seleukias zum Triumphzug: Die Stadt am Euphrat habe die Römer 165 zunächst als Freunde empfangen, doch Avidius Cassius habe ihr bald darauf Vertragsbruch vorgeworfen und befohlen, sie zu plündern und einzuäschern. Eine Apollostatue sei als Beutestück nach Rom gebracht und im Tempel des palatinischen Apoll aufgestellt worden. Der Gott mit dem Bogen und dem Köcher habe sich gerächt, wie er sich seit Homers «Ilias» immer rächte, wenn er oder seine Priester beleidigt wurden: Er sandte seine Pestpfeile. Das Entstehen der Seuche wurde noch weiter ausgeschmückt: Einer oder mehrere plündernde Soldaten fanden im Apollotempel von Seleukia ein goldenes Kästchen und brachen es auf. Es enthielt einen Pestgeist, der entweichen konnte und nun sein Unwesen trieb.

Für die «Historia Augusta» blieb Verus weiterhin der jüngere, leichtlebige Bruder des Marcus, der sich aus Syrien eine Künstlerkolonie mitbrachte und im Kreise von Freunden und Freigelassenen auf einem Landgut bei Rom tagelange Orgien feierte, während der Ältere im selben Haus fünf Tage zu Gericht saß. Im autobiographischen Rückblick der *Selbstbetrachtungen* charakterisiert Marcus das Verhältnis zu seinem Bruder in einem aufschlußreichen Satz: Verus habe ihn dank seines Charakters zur Sorge um sich selbst angetrieben. Vornehmer konnte man einen Gegensatz nicht andeuten. Es war gerade dieser Gegensatz, die bequemere Art des Bruders, die Marcus bisweilen veranlaßte, seine Askese und Arbeitswut zu überdenken. Manches Mal war er sogar neidisch auf den anderen, der sich nicht in ein kräfteverzehrendes Pflichtkorsett zwängen ließ. Mit dem folgenden und letzten Satz über Verus trat Marcus nachträglich Gerüchten entgegen, die von Zwistigkeiten zwischen den Brüdern wissen wollten: Verus habe ihn durch seine Ehrerbietung und Liebe erfreut.[94] Die Liebe galt dem Adoptivbruder, die Ehrerbietung dem Senior Augustus. Auch der Sieger im Partherkrieg verletzte nie die Eintracht im Herrscherhaus. Vielmehr suchte er auf seine Weise, die Last der Regierung mitzutragen. Fronto gestand, daß er sich gerne seiner Hilfe bediente, wenn er ein Anliegen an Marcus hatte.[95] Auf dessen Schultern ruhte auch jetzt noch die meiste Verantwortung.

Der Feldherr

Selbst im Siegesjubel vergaß Marcus nicht die Sorgen um den Norden des Reiches. Unvermittelt läßt sein Biograph in der «Historia Augusta» auf die Festtage den Markomannenkrieg folgen: «Während der Partherkrieg geführt wurde, brach der Markomannenkrieg aus, der lange durch die Diplomatie der Männer vor Ort in der Schwebe gehalten worden war, damit man ihn führen könne, sobald der Krieg im Osten beendet war.»[96] Rom hatte bewährte Mittel, um einen Krieg hinauszuzögern. Das billigste bestand darin, Streitigkeiten zu schüren, die es stets, wenn nicht zwischen den Stämmen, so innerhalb der Stämme gab. Kostspieliger war die Zahlung von Jahresgeldern (stipendia). Solche ‹Stipendien› erhielten die Markomannen in Böhmen und die Quaden in den Westkarpaten seit Domitian, vielleicht sogar seit Tiberius. Marcus könnte Anweisung gegeben haben, die Summe zu erhöhen. Beide Stämme blieben daher zunächst auch weitgehend ruhig, als 165 eine Schar von sechstausend Langobarden und Obiern die Donau überquerte und in Pannonien eindrang. Sie nutzten die Gelegenheit, daß 162 die in Aquincum (Budapest) stationierte Legion nach dem Osten abgezogen worden war. Es gelang den vorhandenen Kräften jedoch, die Eindringlinge zurückzuschlagen. Der Erfolg war vor allem dem jungen Macrinius Vindex zuzuschreiben, dem Sohn von Marcus' gleichnamigem Prätorianerpräfekten, der eine im oberpannonischen Arrabona (Raab) stationierte Reiterabteilung kommandierte. Inzwischen waren auch die Nachbarstämme aufsässig geworden. Eine Delegation mehrerer germanischer Völkerschaften, angeführt vom Markomannenkönig Ballomarius, sprach beim neuen Statthalter Oberpannoniens, Iallius Bassus, vor, der geradewegs von Verus' Generalstab gekommen war. Seinem Geschick gelang es, einen Friedensvertrag auszuhandeln, den die Gesandten feierlich beschworen.

Daß die Vereinbarung ewig währte, wie die übliche Bestimmung in solchen Verträgen lautete, dürfte jede Partei gewünscht und keine geglaubt haben. Denn eine größere Gefahr lauerte im Rücken der südlichen germanischen Stämme, die das Vertrags- und Bündnissystem der Römer auf eine harte Probe stellen sollte. Lediglich die «Historia Augusta» macht dazu in einem Satz eine Andeutung, ohne zu ahnen, daß sie ein weltgeschichtliches Ereignis berührt: Die Völkerschaften an der Donau wurden von Stämmen bedrängt, die nördlich von ihnen saßen.[97] Es waren die Vorboten der großen Völkerwanderung, die sich hier zum erstenmal bemerkbar machten. Vielen von Roms Nachbarn wäre am liebsten gewesen, wenn sie sich auf Reichsboden hätten ansiedeln können. Ihre schiere Zahl verbot jedoch, die Grenzen zu öffnen. Die Provinzen wären überschwemmt worden und hätten sich auf einen Schlag verändert. Auch wäre die Frage der Sicherheit des Reiches damit nicht gelöst worden. Rom hätte es jenseits der Donau lediglich mit neuen Gesichtern zu tun gehabt. Die Antwort konnte daher nur lauten, die Grenzen so zu verstärken, daß sie dem wachsenden Druck standhielten.

Noch 165, nach dem Einfall der Langobarden, unternahm Marcus dazu den ersten Schritt: Er ließ in Italien zwei neue Legionen, die Zweite und Dritte Italische, aufstellen. In den vergangenen Jahrzehnten waren Rekruten fast nur noch aus den Provinzen gekommen. Die Bürger Italiens zahlten weder Einkommenssteuern, noch wurden sie von Aushebungen belastet. Nun erhielt der General Claudius Fronto, der sich gegen die Parther bewährt hatte, aber noch 165 zurückbeordert wurde, den Auftrag, Konskriptionen durchzuführen. Mancher dürfte seinem Ruf gern gefolgt sein. Denn Italien litt damals gerade unter Mißernten, und einige Regionen gerieten in solche Not, daß die kaiserliche Regierung ihnen helfen mußte. Maßnahmen gegen Preistreiber begleiteten die Hilfe. In einem Reskript erlaubten Marcus und Verus erstmals sogar Frauen, bei dem für die Getreideversorgung zuständigen Präfekten Anzeige wegen Kornwuchers zu erstatten, «obwohl», wie sie betonten, «weibliche Personen diese Art der Denunziation nicht auszuüben pflegen»[98].

Um das Unglück voll zu machen, traf Oberitalien im Sommer 167 eine Katastrophe, wie sie das Land seit 270 Jahren, seit dem Einbruch der Kimbern und Teutonen, nicht mehr erlebt hatte. Markomannische und quadische Scharen vereinigten sich, überrannten den römischen Sicherheitsgürtel an der Donau und stießen über die Julischen Alpen in die venetische Tiefebene vor. Sie belagerten Aquileia, dessen Befestigungsanlagen dem Ansturm jedoch standhielten. Schlimmer erging es dem siebzig Kilometer westlich von Aquileia gelegenen Opitergium, das keine Mauern schützten: Die Germanen machten das Städtchen dem Erdboden gleich. Plünderungszüge führten einzelne Trupps vielleicht noch weiter nach Westen. Mit rasch aufgebotenen Milizen zeichnete sich Macrinius Vindex, der in diesem Jahr Kurator von Ariminum (Rimini) war, ein weiteres Mal aus und fiel die Eindringlinge an, als sie sich beutebeladen auf den Heimweg machten. Der Schock in Italien saß tief. Nach diesem Vertragsbruch mußte Rom erst recht handeln. Der Senat, der in der Kaiserzeit offiziell Herr über Krieg und Frieden war, erklärte den Markomannen und Quaden den Krieg. Wohl in derselben Senatssitzung bat Marcus für sich und für seinen Bruder um den Auftrag, gemeinsam als Ober-

Marc Aurel beim Opfer. Rom, Konservatorenpalast

befehlshaber an die Front zu gehen. Münzen verkündeten den Auszug der Kaiser, und Marcus veranstaltete in der Hauptstadt Opfer und Sühneriten, wie sie vor Jahrhunderten in der Republik abgehalten worden waren, wenn der Feind Italien bedrohte.

Ausgerechnet jetzt erreichte auch die Pest ihren ersten Höhepunkt. Die drei Legionen, die 166 aus dem Osten in ihre angestammten Quartiere in Mösien, Pannonien und Germanien zogen, verbreiteten sie in der Heimat. Vielleicht war es deswegen den Markomannen und Quaden gelungen, die Truppen an der Donau zu überrumpeln und an ihnen vorbei nach Süden zu ziehen. In der Millionenstadt Rom fand die Seuche, deren Art nicht mehr genau zu bestimmen ist, besonders günstigen Nährboden. Die «Historia Augusta» spricht von vielen Tausenden von Toten, die ihr dort zum Opfer fielen. Hoch und Niedrig seien ihr erlegen, und Fuhrwerke voll Leichen habe man wegtransportieren müssen. Mit strengen Verordnungen für die Bestattung und die Anlage von Gräbern suchte der Gesetzgeber Marcus der Mißstände Herr zu werden, die das Elend hervorrief. Arme ließ er auf Staatskosten beerdigen. Gleichzeitig bemühte er sich als oberster Priester, die Götter durch die peinliche Beobachtung aller Kultvorschriften zu versöhnen.[99] Aus seinen *Selbstbetrachtungen* erfahren wir, daß ihm auch naturwissenschaftliche Theorien bekannt waren, die das Auftreten von Seuchen erklärten. Als er dort einmal auf die moralische Pest zu sprechen kommt, die das Denken des Menschen verdirbt, stellt er sie der Pest gegenüber, die durch eine schlechte Mischung und Bewegung der umgebenden Luft entsteht.[100]

Die hohen Verluste, die die Großstadt Rom damals erlitt, lassen sich kaum auf alle betroffenen Gebiete im Osten und Westen des Imperiums übertragen. Moderne Schätzungen schwanken denn auch zwischen einem und zehn Prozent der Bevölkerung, die das Reich bei dieser Epidemie verloren habe. Sie wütete nicht kontinuierlich, sondern ebbte ab und flammte wieder auf. Der Historiker Cassius Dio erlebte 189 in Rom, daß dort täglich zweitausend Menschen starben, mehr als je zuvor.[101]

Wie stets bei solchen Katastrophen, hatten große und kleine Scharlatane ihre hohe Zeit. Zu den großen zählte Lukian den selbsternannten Propheten Alexander aus dem kleinasiatischen Abonuteichos, den Freund des Kaiserhofes und manches hohen Beamten. Von Mittelsmännern ließ er seine Zaubersprüche gegen die Pest im ganzen Reich vertreiben. Er prophezeite sogar einen überwältigenden Sieg an der Donau, wenn die Römer zwei Löwen zusammen mit Blumen aus Indien und duftenden Kräutern in den Fluß würfen. Die Soldaten gehorchten, aber bald darauf siegten die Germanen in einer Schlacht, die zwanzigtausend Römern das Leben kostete. Zur Rede gestellt, zog sich Alexander mit der berühmten Ausrede aus der Verlegenheit, die das Delphische Orakel dem Lyderkönig Kroisos gegeben hatte: Er habe ja nicht gesagt, welche von beiden Seiten siegen werde.[102]

Bescheideneres Format hatte ein Prophet, der 167 auf dem Marsfeld in Rom einen Baum bestieg und den Weltuntergang in einem Feuerregen verkündete. Den Beweis seiner Prophezeiung werde er an einem der folgenden Tage liefern, wenn er sich auf dem Baum in einen Storch verwandle. Zur festgesetzten Zeit ließ er sich vom Baum sinken und gleichzeitig einen Storch aus seinem Gewand fliegen. Nach diesem billigen Trick sorgten erboste Zuschauer dafür, daß er verhaftet und dem Kaiser zum Verhör vorgeführt wurde. Doch Marcus ließ den Gaukler laufen, als sich seine Harmlosigkeit herausstellte.[103] Er war nicht der einzige, der damals solche Predigten hielt, die auch bei Christen ein offenes Ohr fanden. Mehr Aufsehen hatte zwei Jahre zuvor der kynische Philosoph Peregrinus Proteus erregt, der sich bei den Olympischen Spielen vor einem neugierig schaudernden Publikum verbrannt hatte.

Im Frühjahr 168 brachen Marcus und Verus von Rom auf und marschierten zunächst nach Aquileia, wo das Hauptquartier eingerichtet wurde. Die Ankunft beider Kaiser zeigte den Germanen, daß Rom zu energischer Kriegführung entschlossen war. Die Einfälle, die sich inzwischen in den Donauprovinzen fortgesetzt hatten, hörten auf. Auch waren die seßhaften Stammesteile nicht gewillt, ihr erträgliches und dank der Jahresgelder einträgliches Verhältnis zu Rom aufs Spiel zu setzen. Gesandtschaften erschienen in Aquileia, die heftige Reaktionen innerhalb einzelner Stämme meldeten und um Erneuerung des Friedens baten. Die Quaden verlangten sogar, die Kaiser sollten dem neuen Stammeskönig Furtius ihren Segen geben.[104] Auch schon früher hatte Rom Stammeskönige bestätigt und damit zugleich bestehende Bündnisverträge erneuert. Mit dem raschen Einlenken der Stämme glaubte Verus, das Kriegsziel bereits erreicht zu haben. Er drängte Marcus zurückzukehren, zumal inzwischen die Pest große Lücken ins Heer gerissen hatte. Ihr prominentestes Opfer wurde Furius Victorinus, der Präfekt der Prätorianer, die die Kaiser begleiteten. Doch in Marcus' Augen waren die Verträge allein kein Fundament mehr, auf das man die Sicherheit des Reiches gründen konnte. Der Feder des Diplomaten mußte das Schwert des Soldaten zu Hilfe kommen, wenn die neuen Vereinbarungen Bestand haben sollten. Denn wer garantierte, daß die Kriegspartei in den Stämmen, etwa unter dem wachsenden Druck aus dem Norden, nicht bald wieder das Heft in die Hand bekäme? Verus konnte dem nicht widersprechen. Ein Gerücht wollte allerdings wissen, der Jäger und Gourmet habe im stillen andere Gründe gehabt, warum er, wenn schon nicht in Rom, so wenigstens in Aquileia bleiben wollte, statt mit Marcus den beschwerlichen Marsch über die Alpen zu machen.[105] Aber er folgte dem Bruder. Eine Weihinschrift läßt vermuten, daß sich beide Kaiser einige Zeit in der Lagerstadt Carnuntum aufhielten, dem Hauptort Oberpannoniens, der am rechten Donauufer unterhalb Wiens lag.[106] Erfolgreiche militärische Unternehmungen in dieser Provinz deutet die «Historia Augusta» an im Verein mit der Münzprägung von 168, die für beide Kaiser eine imperatorische Akklamation, die fünfte, verzeichnete. Verus sah sich nun erst recht am Ziel und drängte wieder zur Heimkehr. Marcus ließ sich jedoch

Marc Aurel spricht zu den Truppen. Relief am Konstantinsbogen, Rom. Der Kopf Marc Aurels wurde durch den Konstantins ersetzt.

auch dieses Mal nicht beirren, und seine erfahrenen Generäle bestätigten ihm, daß der eigentliche Krieg noch bevorstand. Im Augenblick boten die in Noricum und Pannonien stationierten Truppen noch nicht einmal die Gewähr, daß sie einen zweiten Einfall in Italien zu verhindern vermochten. Marcus entschied sich, mit der «Prätentur Italiens und der Al-

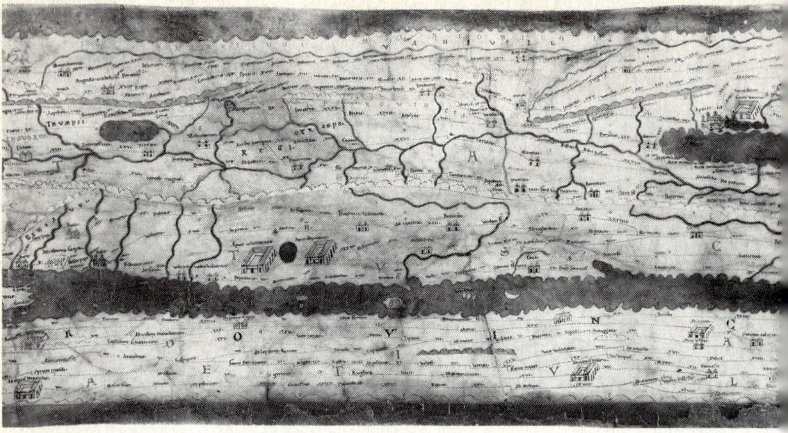

Ausschnitt aus einer römischen Straßenkarte des 3. Jahrhunderts (Kopie des 12./13. Jahrhunderts; sog. Peutingersche Tafel nach dem Augsburger Humanisten K. Peutinger)

pen» eine rückwärtige Verteidigungslinie aufzubauen. Der Militärbezirk umfaßte die italische Pforte mit Aquileia sowie die benachbarten Alpenbezirke. An seine Spitze trat der Legat Antistius Adventus, der 166 oder 167 Konsul gewesen war und jetzt die beiden neuausgehobenen italischen Legionen erhielt.[107]

Den Winter 168/69 wollten die Kaiser in Aquileia verbringen. Beide hatten dem befreundeten griechischen Arzt Galen einen Brief geschrieben, er möge sie dort besuchen. Galen, der sich vor der Pest aus Rom in seine Heimat Pergamon geflüchtet hatte, gehorchte, mußte aber bei der Ankunft erleben, daß ihn die Seuche auch dorthin verfolgte. Die Winterkälte tat ihrem Wüten keinen Abbruch.[108] Nun schien es selbst Marcus geraten, nach Rom zurückzukehren. Doch der kaiserliche Zug, der Anfang 169 aus Aquileia aufbrach, kam nicht weit. Nach knapp achtzig Kilometern erlitt Verus bei Altinum einen Schlaganfall. Man hob ihn aus dem Wagen, brachte ihn nach dem nahegelegenen Städtchen und ließ ihn zur Ader. Aber die ärztliche Kunst war vergebens. Der Gelähmte starb nach drei Tagen. 38 Jahre war er alt geworden, etwa genauso alt wie sein leiblicher Vater Aelius Caesar, der ebenfalls plötzlich gestorben war. Die Übereinstimmung sprach für eine vererbte körperliche Disposition, zu der die Vater und Sohn verbindende Abneigung gegen eine frugale, lebensverlängernde Küche kam. So konnte sich jeder seinen Reim auf Verus' frühen Tod machen. Wenn es allerdings darum ging, dem guten Marcus am Zeug zu flicken, verließ einige Zeitgenossen der gesunde Menschenverstand und machte blühender Phantasie Platz. Verus sei Opfer eines Mordanschlags geworden, den Marcus auf folgende Weise in-

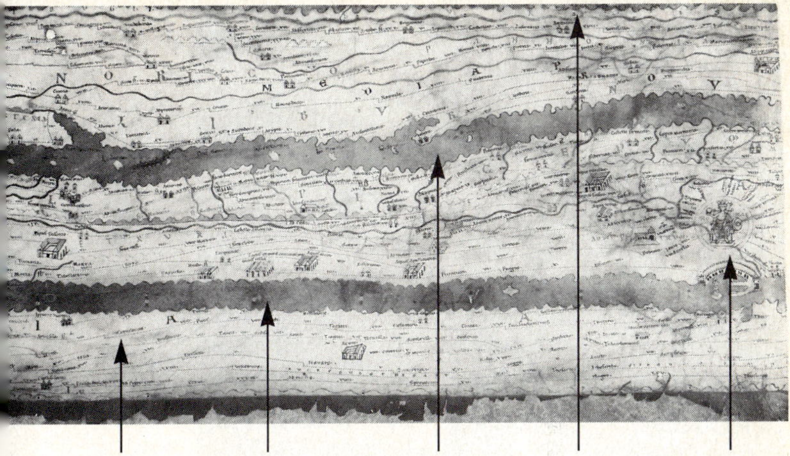

szeniert habe: Mit einem Messer, dessen eine Seite mit Gift präpariert war, habe er ein Stück Schweinebauch abgeschnitten und Verus den vergifteten, sich den harmlosen Teil vorgelegt. Das Besondere an dem Trick brauchte man niemandem zu erklären: Auf diese Weise konnte man den vorkostenden Sklaven übertölpeln, auf den Marcus an seinem Tisch offensichtlich genausowenig wie seine Vorgänger verzichtete. Eine andere Version lautete, der Arzt Poseidippus sei sein Spießgeselle gewesen. Er habe Verus nach dem Schlaganfall so stark zur Ader gelassen, daß der Kranke daran starb. Angesichts solcher Schauermärchen konnte die «Historia Augusta» nur seufzend die alte Einsicht zitieren: «Es gibt keinen unter den Kaisern, den nicht schwere Verleumdung trifft.»[109]

Marcus überführte den toten Bruder nach Rom und ließ ihn im Mausoleum Hadrians neben Aelius Caesar beisetzen. Der Senat beschloß auf seinen Antrag, den Verstorbenen zu konsekrieren. Fortan war Marcus nicht nur Sohn, sondern auch Bruder eines vergöttlichten Kaisers. Das Experiment der Doppelherrschaft endete nach acht Jahren. Es war ein Präzedenzfall, der sich vor allem deswegen bewährte, weil die höchste Regierungsgewalt im wesentlichen doch beim Senior Augustus lag. Die Dyarchie sogleich fortzusetzen war schon deshalb nicht möglich, weil es im Herrscherhaus niemanden gab, der alt genug gewesen wäre, Verus' Platz einzunehmen. In Marcus' Umgebung und im Senat war mancher froh darüber. Denn in Zukunft mochte ein zweites Staatsoberhaupt politische Reibungen in die Regierung tragen, die schwerer wogen als die Unterschiede im Lebensstil, die sichtbar zwischen den beiden Brüdern bestanden und zu viel Gerede Anlaß gegeben hatten.

Lucilla. Dresden, Staatliche Skulpturensammlung

Marcus bedachte die beiden Schwestern des Verstorbenen sowie dessen übrige Verwandte und Freigelassene besonders reichlich aus dem Nachlaß, der zunächst ihm zugefallen war. Keiner sollte ihm nachsagen, daß der Tod des Bruders für ihn auch eine willkommene Seite gehabt habe. Da Verus zugleich sein Schwiegersohn gewesen war, fiel ein ‹Kapital› an ihn zurück, das sich politisch einsetzen ließ, seine verwitwete Tochter Lucilla, die jetzt zwanzig Jahre alt war. Im Herbst 169, noch vor Ablauf des Trauerjahres und bevor er wieder in den Krieg zog, entschied der Vater, sie solle Claudius Pompeianus heiraten. Der neue Angehörige des Kaiserhauses war Statthalter von Unterpannonien gewesen, wo sich Marcus im Vorjahr selbst von seinen Fähigkeiten überzeugen konnte. Inzwischen hatte er auch das Konsulat erhalten. Bei Lucilla und ihrer Mutter Faustina, am Hof und in der Öffentlichkeit war die Überraschung groß, ja, Marcus' Entschluß stieß auf Empörung: Der Enkel eines Ritters, der nicht einmal aus Italien, sondern aus dem verruchten syrischen Antiochia stammte, sollte Gemahl einer Kaiserin, der Tochter und Enkelin von Kaisern und Kaiserinnen werden! Das schlug der Tradition, die Marcus sonst so hochhielt, ins Gesicht. Doch der Gescholtene dachte an die bevorstehenden Aufgaben im Norden und auch an Unruhen, die während seiner Abwesenheit in anderen Provinzen entstehen konnten. Unter solchen Umständen einen tüchtigen General zum Schwiegersohn zu haben war sinnvoller, als Vorbehalten nachzugeben, die nur dem Standesdünkel entsprangen. Claudius Pompeianus enttäuschte Marcus' Vertrauen nicht. Fortan begleitete er ihn auf allen Kriegszügen und ersetzte dem Schwiegervater, was diesem an strategischem Ingenium fehlte.

Die Monate in Rom waren ebenso anstrengend wie das Feldlager, und die immer noch anhaltende Pest sorgte dafür, daß sie kaum weniger gefährlich waren. Mittlerweile hatten die Ausfälle, die die Seuche bei den Truppen verursachte, einen bedrohlichen Grad erreicht. Soldaten zu rekrutieren wurde daher für den Kaiser zur wichtigsten Aufgabe, und in der Not war ihm jedes Mittel recht. Seine Werber zogen durch die abgelegensten Gebiete auf dem Balkan, wo Stämme lebten, die sich bisher eher als Räuber einen Namen gemacht hatten. Sarkastisch mochte man folgern, daß damit auch die Polizeieinheiten (diogmitai) überflüssig wurden, die sich griechische Städte gegen das Räuberunwesen hielten. Denn prompt wurden sie ebenfalls eingezogen. Zugute kam dem Kaiser, daß das gemeinsame Interesse, das die germanischen Stämme gegen Rom einte, kaum etwas mit einem germanischen Nationalbewußtsein zu tun hatte. So konnte er einer alten römischen Praxis folgen und weiterhin germanische Hilfstruppen einstellen. Zusätzlich griff er auf ein Reservoir zurück, das früher selbst in verzweifelter Lage stets Bedenken hervorgerufen hatte: Freiwilligenverbände aus Sklaven (volones) mußten Hilfsdienste leisten, und Gladiatoren, unter denen sich viele Sklaven befanden, wurden zu Sondereinheiten vereinigt.[110]

Marcus hätte sich beim Rekrutieren leichter getan, wenn der Staatsschatz noch so prall gefüllt wie 161 gewesen wäre. Bereits in Friedenszeiten war die Armee stets der größte Ausgabeposten im Staatshaushalt gewesen. Jetzt, nach dem Partherkrieg und nach den ersten Kämpfen gegen die Germanen, waren die Milliarden, die Antoninus Pius hinterlassen hatte, bedenklich zusammengeschmolzen. Die Hungersnot in Teilen des Reiches, die die Einnahmen verminderte und die Ausgaben vermehrte, tat ein übriges. Mit einer spektakulären Aktion suchte Marcus der Ebbe in der Staatskasse abzuhelfen: Zwei Monate lang ließ er auf dem Trajansforum in Rom kaiserlichen Hausrat und Schmuck versteigern. Den Käufern gab er die Möglichkeit, ihren Besitz später wieder an ihn zurückzuverkaufen. Der Historiker Eutropius lobte Marcus, weil er mit dem Erlös den Provinzialen zusätzliche Steuern erspart habe. Nicht weniger wichtig war die moralische Wirkung. Der Kaiser lieferte ein Beispiel seiner Opferbereitschaft und hoffte, sein Appell werde Nachahmer finden.

Im Senat gab sich Marcus nie als der Herr des Staatsschatzes, sondern beantragte stets die erforderlichen Mittel. Das Geld gehöre dem Senat und dem Volk, pflegte er dabei zu sagen.[111] Es war eine Geste, die ihm das Wohlwollen des Hohen Hauses eintrug. Kein Mitglied vergaß jedoch, daß jeder der Beamten, die die Staatsfinanzen kontrollierten, mit Zustimmung des Kaisers in sein Amt gekommen war. Auf Harmonie hatte Marcus schon immer Wert gelegt. Unter den gegenwärtigen Umständen wurde sie ihm noch wichtiger. Für den kaiserlichen Rat, das Consilium, das im Grunde ein formloses Gremium von Freunden und Fachleuten, Senatoren und Rittern war, galt das genauso. *Es ist besser, daß ich dem Ratschlag so vieler ausgezeichneter Freunde folge, als daß so viele ausgezeichnete Freunde dem Willen eines einzigen folgen*, pflegte er zu sagen.[112] Hier wurde offener als im Senat geredet, und Marcus machte aus seiner Einschätzung keinen Hehl, daß der eigentliche Krieg noch bevorstehe und sehr schwer sein werde. Da empfahl es sich auch, die Götter, die den Römern durch Pest und Krieg ihren Unwillen gezeigt hatten, reichlicher als sonst zu bedenken. Unablässig dampften die Opferaltäre, auf denen der Kaiser und seine Priester ausgesuchte Stiere darbrachten. Mancher fand solche Frömmigkeit übertrieben wie der witzige Grieche, der das folgende Epigramm in Umlauf setzte:

> Wir hier, die weißen Stiere, begrüßen Marcus den Kaiser.
> Wenn du wieder mal siegst, dann sind wir alle perdu.[113]

Mochten die Spötter ruhig ihre Zunge wetzen, das Bewußtsein, die Himmlischen verwöhnt und versöhnt zu haben, stimmte Marcus zuversichtlich. Galen teilte er unmittelbar vor dem Abmarsch mit, er werde bald wieder als Sieger in Rom sein.[114] Wie täuschte sich der Fromme!

Der Arzt zitierte die Worte, um sich zu rechtfertigen. Denn er hatte dem Kaiser die Bitte abgeschlagen, ihn in den Krieg zu begleiten. Zum Trost versprach er ihm, jederzeit zur Stelle zu sein, wenn man ihn zu Commodus rufe. Marcus war erleichtert. Denn wenige Tage zuvor hatte er seinen anderen überlebenden Sohn, den siebenjährigen Caesar Annius Verus, verloren, nachdem ihm Ärzte ein Geschwür unter dem Ohr entfernt hatten. Für Trauer hatte der Vater nicht viel Zeit. Auch die Ärzte bekamen kein Wort des Tadels zu hören.[115] Der Stoiker blieb sich treu. Nur legte er den Wärtern des Commodus ans Herz, auf die Gesundheit ihres Schützlings zu achten und beim ersten Anzeichen einer Krankheit Galen zu holen. Denn die Zukunft der Dynastie ruhte allein noch auf dem achtjährigen Knaben. Von der Kaiserin, die auf die Vierzig zuging, war kein Nachwuchs mehr zu erwarten. Mit dreizehn Geburten hatte sie ihre Pflicht für Kaiser und Reich getan. Ein wohlmeinender Ratgeber hätte das Herrscherpaar warnen können: Ihrem Sohn werde es schwerlich guttun, wenn man ihn zu sehr verwöhne und ihn als den kommenden Kaiser hofiere. Das freie Wort hätte dem Reich vielleicht viel Unheil erspart. Aber keiner wagte es, den Eltern, denen sechs Söhne weggestorben waren, die Empfehlung zu geben, streng mit dem überlebenden siebten zu sein.

Im Spätsommer 169 brach Marcus von Rom auf. Die Münzlegende «Auszug des Augustus» («Profectio Augusti») hielt das Ereignis fest. Aus dem Norden waren inzwischen neue Schreckensmeldungen eingetroffen. Die Vereinbarungen vom Vorjahr hatten nicht einmal zwölf Monate gehalten. Wieder hatten germanische Scharen auf breiter Front die Grenze überschritten. Vom Oberlauf der Donau bis zu ihrer Mündung schien sich eine Kette von Stämmen gegen das Reich verschworen zu haben. Schwerlich gab es ein Gesamtbündnis. Aber einer Koalition der großen, einander benachbarten Stämme der Markomannen, der Quaden und der sarmatischen Jazygen schlossen sich kleinere Völkerschaften an. Mancher Stamm oder Stammesteil sah auch eine günstige Gelegenheit, im Schatten des heraufziehenden großen Krieges sein Glück auf eigene Faust zu versuchen. Wenn es nicht gelang, sich im Imperium festzusetzen, so konnte man wenigstens Beute machen.[116]

Marcus teilte das Kriegsgebiet fürs erste in drei provinzübergreifende Kommandobezirke ein. Im Westteil, in den Provinzen Rätien und Noricum, sollte sein Schwiegersohn Claudius Pompeianus kämpfen. Dort hatten germanische Scharen ein weiteres Mal versucht, über die Alpen nach Italien vorzudringen.[117] Claudius' wichtigster Helfer wurde Helvius Pertinax, der sich so glänzend schlug, daß ihn Marcus in den Senatorenstand aufnahm. Es war der Beginn einer Karriere, die Pertinax 193 als Commodus' Nachfolger für drei Monate auf den Kaiserthron führte. Im Senatsadel gab es so manchen, der über die Aufsteiger aus dem Soldatenstand die Nase rümpfte. Ein Jambus des Euripides machte die Runde: «Es ist der böse Krieg, der diese Dinge tut.»[118] Doch solcher Hochmut verkannte, daß Marcus keine andere Wahl blieb. Auch hatte er, der selbst Abkömmling von Provinzialen war, kein Verständnis dafür, wenn Neid und Kastengeist, die alten römischen Untugenden, tüchtigen Neulingen den Weg nach oben versperrten.

Im Zentrum des Krieges, in Oberpannonien, kommandierte der Kaiser selbst. Von seinen ersten Maßnahmen im Jahre 170 berichten die Quellen nichts. Aber wie in Rätien und Noricum galt es zunächst, die Truppen zu verstärken und die Provinz von Eindringlingen zu säubern. Den dritten Frontabschnitt vertraute Marcus dem Statthalter Claudius Fronto an. Er hatte 169 das Kommando über alle drei dakischen Provinzen übernommen und bekam 170 zusätzlich Obermösien dazu; wahrscheinlich war der dortige Vorgänger überraschend gefallen oder an der

Der Kaiser in Begleitung eines Generals (Pertinax?).
Relief an der Marc-Aurel-Säule, Rom

Pest gestorben. Die Häufung der Ämter verriet, wie schwierig es inzwischen für Marcus wurde, die obersten Stellen in Heer und Verwaltung mit guten Männern zu besetzen. Eine Ehreninschrift für Fronto überliefert, «daß er nach einigen glücklich verlaufenen Gefechten gegen Germanen und Jazygen schließlich im tapferen Kampf für den Staat gefallen ist»[119]. Marcus ließ ihm wie allen anderen gefallenen Heerführern eine Statue auf dem Trajansforum aufstellen.

Die Kämpfe mit den Jazygen, einem sarmatischen Stamm zwischen Donau und Theiß, könnten die weiter nördlich sitzenden Kostoboken ausgenützt haben, um einen raschen Vorstoß durch Mösien nach Griechenland zu unternehmen. Eleusis in der Nähe Athens gehörte zu den Orten, die ihr Opfer wurden. Der Schreck fuhr den Griechen nicht weniger in die Glieder als den Bewohnern Oberitaliens, die 167 von Quaden und Markomannen heimgesucht worden waren. Ein kleiner Trost war die Heldentat des Mnasibulus aus Elateia in Phokis: Der Olympionike sammelte eine Schar mutiger Männer und griff die Plünderer an. Er selbst fand dabei den Tod.[120] Da mit weiteren Einfällen zu rechnen war, sandte Marcus Truppen unter dem erfahrenen Präfekten Iulius Vehilius nach Griechenland.[121] Gefährdete Städte erneuerten eilends ihre Stadtmauern. In den Adriahafen Salona, der in der südlichen Stoßlinie der Kostoboken lag, wurden mehrere Kohorten der beiden neuen italischen Legionen abkommandiert, um die Befestigungsanlagen zu verstärken.

Die Bilanz am Ende des Jahres 170 sah für die Römer nicht gut aus. Keine der bedrohten Provinzen konnte schon aufatmen, und auch das neue Jahr ließ sich kaum besser an. Erst in der zweiten Jahreshälfte zahlte sich der rastlose Einsatz des Kaisers und seiner hohen Offiziere aus. Die Münzen, die seit Oktober 171 geprägt wurden, geben Marcus eine neue imperatorische Akklamation, die sechste. Ein größerer Sieg war der Anlaß, und wahrscheinlich waren es die Quaden, die als erste entscheidend geschlagen wurden. Denn ein Fragment bei Cassius Dio berichtet von Verhandlungen, die sie als Folge einer Niederlage mit Marcus führten und die am ehesten in den Winter 171/72 gehören.[122] Die Quaden baten um Frieden, den Marcus ihnen gewährte, um sie von den Markomannen und Jazygen zu trennen. Sie mußten sich eidlich verpflichten, Angehörigen der beiden Stämme weder Aufnahme noch Durchzug zu gewähren. Der Kaiser machte ihnen weiter zur Bedingung, sämtliche Überläufer und Kriegsgefangenen auszuliefern. Ein erstes kleines Kontingent von dreizehntausend Mann kam alsbald frei, die anderen sollten folgen. Die Zahl läßt ahnen, welch einen Aderlaß Pannonien erlitten hatte. Der Vertrag enthielt schließlich noch Handelsvereinbarungen. Die Quaden hatten Pferde und Rinder zu liefern. Den Zugang zu den Märkten der Provinz schlug ihnen Marcus allerdings ab. Er fürchtete, Markomannen und Jazygen könnten sich unter die quadischen Marktbesucher mischen und bei den Römern spionieren. Der Handel und die Versorgung der Provinzialen mußten hinter den militärischen Erfordernissen zurückstehen. Wie vorher im Krieg schlossen sich auch bei den Friedensverhandlungen sogleich mehrere kleinere Nachbarstämme an.

Römer überfallen ein germanisches Dorf, eine Germanenfrau wird mit ihrem Kind gefangengenommen. Relief an der Marc-Aurel-Säule, Rom

Einleitend bemerkt Cassius Dio dazu, Marcus sei eigens in Pannonien geblieben, um die Friedensverhandlungen zu führen.[123] Gesandtschaften der Stämme fanden sich in Carnuntum ein, wo er inzwischen sein Hauptquartier eingerichtet hatte. Immer wieder trugen sie ihm den Wunsch vor, er möge ihnen Land geben. Die Wunden, die die Pest dem Reich geschlagen hatte, zwangen Marcus, sein bisheriges Nein zu lockern. Eine großzügige Aufnahme ganzer Stämme kam auch jetzt nicht in Frage. Aber einmal ließen sich aus den Bittstellern die nichtrömischen Hilfstruppen auffüllen; zum anderen konnten überschaubare Kontingente dünnbesiedelte Gebiete bevölkern und bebauen. So erhielten in den folgenden Jahren die dakischen, pannonischen, mösischen und germanischen Provinzen neue Siedler. Manche Gruppen erfüllten die Erwartungen nicht. Germanen, die Marcus in die Gegend von Ravenna verpflanzt hatte, wurden nach einigen Jahren sogar so frech, daß sie die Stadt überfielen. Marcus mußte sie ausweisen, und fortan führte er keine Neusiedler mehr nach Italien.[124]

Nachdem der Friede mit den Quaden für Oberpannonien eine Entlastung gebracht hatte, richtete sich der Krieg 172 verstärkt gegen die Markomannen. Rätien und Noricum wurden nun zum Hauptschauplatz. Wie

Marc Aurel begnadigt unterworfene Barbaren. Rom, Konservatorenpalast

zwei Jahre zuvor bewährte sich wieder Helvius Pertinax, der inzwischen Kommandant einer im oberpannonischen Brigetio stationierten Legion geworden war. Ein Treffen, in dem die Markomannen die Oberhand behielten, kostete den Prätorianerpräfekten Macrinius Vindex das Leben. Drei Statuen in Rom waren sein postumer Lohn. Schließlich gelang es

Römer nehmen Germanenfrauen gefangen.
Relief an der Marc-Aurel-Säule, Rom

Marcus, eine große feindliche Einheit zu stellen, als sie sich beutebeladen über die Donau zurückziehen wollte. Die Römer errangen einen glänzenden Sieg. Erstaunt entdeckten sie nach der Schlacht, daß sich unter den Gefallenen auch Frauen befanden, die wie Männer bewaffnet waren.

Noch im Verlauf der Kämpfe oder im Anschluß daran setzte Marcus über die Donau und drang in feindliches Gebiet vor. Alle Beute, die er den Markomannen abjagte, gab er den vormaligen Besitzern in den Provinzen zurück. Damit enttäuschte er allerdings seine Soldaten, die schon wie üblich mit diesem Gewinn gerechnet hatten. Ihnen statt dessen eine Prämie zu zahlen, erlaubte die leere Staatskasse nicht. Böse Töne wurden im Heer laut, und Marcus mußte den Legionären begreiflich machen, daß das, *was sie über ihren Sold hinaus empfingen, aus dem Blute ihrer Eltern und Angehörigen herausgepreßt werde*. Die Soldaten hatten in ihrer Erbitterung offensichtlich sogar seine Legitimität in Frage gestellt; denn er rechtfertigte sich: Gott allein entscheide über den Thron. Der Schüler Frontos mußte seine ganze Redekunst aufbieten, und eine wohlwollende Überlieferung versicherte, er habe die Soldaten hier wie sonst so besonnen und beherrscht geführt, daß er nie aus Schmeichelei oder Furcht etwas Ehrenrühriges getan habe.[125] Münzen mit der Aufschrift «Treue der

Römische Soldaten überqueren einen Fluß.
Relief an der Marc-Aurel-Säule, Rom

Eine Schiffsbrücke. Relief an der Marc-Aurel-Säule, Rom

Das römische Heer überschreitet auf einer Schiffsbrücke die Donau. Relief an der Marc-Aurel-Säule, Rom

Truppen» («Fides exercituum»), die 171 geprägt wurden, lobten und beschworen die Soldaten in einem. 172 prägten die Münzmeister mehrere Typen mit sprechenden Bildern: der Kaiser, der zu den Truppen redet, oder der Kaiser, der seine Soldaten auf einer Brücke über einen Fluß, die Donau, führt. Gegen Ende des Jahres verkündete eine Emission triumphierend: «Germanien unterworfen» («Germania subacta»).

Aus einer Ehreninschrift für den Offizier Valerius Maximianus, die in Algerien gefunden wurde und einzelne Stationen seiner Laufbahn aufzählt, erfahren wir zusätzliche Ereignisse aus diesen Kriegsjahren sowie Einzelheiten der militärischen Logistik, die nie in die literarische Überlieferung eingingen: Der Kaiser übertrug Valerius den Begleitschutz für die Schiffe, die Getreide für die in Pannonien stationierten Truppen die Donau hinabtransportierten. Er teilte ihm für die Aufgabe Marinesoldaten zu, die von den Kriegsflotten in Misenum, Ravenna und Britannien kamen, ferner afrikanische und maurische Reiter, die eigens für Aufklärungsunternehmen in Pannonien ausgesucht worden waren. Daraus geht hervor, daß zu dem Zeitpunkt Rätien und Noricum mit dem Oberlauf der Donau bereits wieder sicher waren, aber der Mittellauf in Pannonien immer noch von Feinden bedroht wurde. Valerius brachte Erfahrung für sein Kommando mit. Im Partherkrieg war er für den Nachschub

Der Kaiser und zwei Germanenhäuptlinge schließen einen Vertrag. Relief an der Marc-Aurel-Säule, Rom

verantwortlich gewesen, den die Schwarzmeerflotte zu liefern hatte. Nach dem Abschluß des Unternehmens an der Donau wurde er, wahrscheinlich 173, Führer einer Reitereinheit und kämpfte gegen die mit den Markomannen verbündeten Naristen, einen Stamm, der zwischen markomannischem und quadischem Gebiet in der heutigen Slowakei saß. Bei einem Zusammenstoß tötete er im Zweikampf den Naristenführer Valao. Wie auf seinen früheren Karrierestufen zeichnete ihn Marcus auch jetzt mit hohen Orden aus. Der erfolgreiche Offizier aus dem Ritterstand stieg weiter auf, er wurde Senator und schließlich Konsul, eine Laufbahn, die der des Pertinax ähnelte.

Den Markomannen diktierte der Kaiser einen Friedensvertrag, der sie zwang, sich auf zweiundsiebzig Stadien, etwa dreizehn Kilometer, vom Nordufer der Donau zurückzuziehen. So erhielt die Flußgrenze eine zusätzliche Sicherheitszone, die den Römern fortan eine wirkungsvollere Verteidigung ermöglichte. Für die Germanen hatte die Bestimmung schwerwiegende wirtschaftliche Folgen. Sie verschloß ihnen den selbständigen Zugang zu den Märkten im Grenzgebiet und machte sie von den römischen Händlern abhängig. Es dauerte nicht lange, bis sie Marcus dringend um Revision baten. Er verringerte den Sicherheitsabstand um die Hälfte und setzte bestimmte Plätze und bestimmte Tage für den Handelsverkehr fest. Entsprechende Bitten dürften auch von den Provinzbewohnern gekommen sein, die unter den Handelsbeschränkungen ebenfalls zu leiden hatten. Zu den Vertragsbedingungen gehörte selbstverständlich auch, daß die Markomannen alle Überläufer und Gefangenen herausgeben mußten. Marcus verbot ihnen ferner im Anschluß an den Vertrag mit den Quaden, das Gebiet ihrer Nachbarn zu betreten oder sich mit ihnen gegen Rom zu verbünden.

Der Krieg gegen die beiden größten Germanenstämme schien beendet, und Marcus fühlte sich berechtigt, den Siegestitel «Germanicus» anzunehmen. Auf seinen Antrag verlieh der Senat den Titel auch an Commodus; die «Historia Augusta» nennt in dessen Vita das Datum, den 15. Oktober 172.[126] Es blieb noch der Kampf gegen den dritten Hauptfeind, die sarmatischen Jazygen, deren Siedlungsland zwischen Donau und Theiß wie ein Block die Provinzen Oberpannonien und Dakien trennte. Marcus hatte sie bisher durch ein Bündnis mit den Asdingen in Schach gehalten, einem vandalischen Stamm, der sich nordöstlich der Jazygen niedergelassen hatte. Allerdings war der Preis, den die Bundesgenossen forderten, hoch. Sie wollten Land und Geld, und für beides hätten die ausgebluteten Provinzialen aufkommen müssen. Zum Glück für die Römer fühlten sich die germanischen Lakringen von den Asdingen bedroht und besiegten sie. Die Gedemütigten wandten sich wieder an den Kaiser, der sie erneut gegen die Jazygen einsetzte und ihnen für später ihren Lohn versprach.

Anfang 173 verlegte Marcus sein Hauptquartier von Carnuntum nach Sirmium (Sremska Mitrovica) in die Nähe der Front. Im Laufe des Jahres schlug er die Jazygen in mehreren Treffen. Bis in den Winter dauerten die Auseinandersetzungen, und einmal kam es sogar auf der vereisten Donau zu einem Gefecht, bei dem die Römer im Kampf Mann gegen Mann die Geschickteren waren. Als daraufhin die Jazygen die Friedensfühler ausstreckten, stellte sich Marcus taub.[127] Die vergangenen Jahre hatten ihn zur Genüge gelehrt, daß Barbaren rasches Nachgeben nicht dankten. Auf die Dauer hielten sie erst Ruhe, wenn sie im eigenen Land kräftig geschlagen wurden. Marcus rüstete bereits, um es den Jazygen im kommenden Jahr zu zeigen, da forderten ihn die Quaden erneut heraus.

Nach dem Vertrag von 171 waren zwischen den einzelnen quadischen Stämmen Streitigkeiten ausgebrochen, und eine den Römern feindliche Richtung setzte sich durch. Sie entthronte den von Rom bestätigten König Furtius und gab Ariogaisus die Oberhoheit. Gegen die Vertragsbestimmungen fanden Markomannen, die den Römern entkommen waren, im Quadenland Zuflucht, und die Rückgabe der Gefangenen und Überläufer geriet ebenfalls ins Stocken. Die Quaden gaben nur solche Provinzialen frei, die nicht mehr zur Arbeit taugten, oder sie hielten Angehörige der Heimkehrenden zurück, um diese nach der Übergabe zurückzulocken. Zum Kriegsgrund aber wurde die Unterstützung, die

Gefangener Sarmate. Relief an der Marc-Aurel-Säule, Rom

die Quaden den Jazygen gewährten. Um endlich stabile Verhältnisse zu erreichen, würde Rom noch einmal mit aller Macht zuschlagen müssen. Marcus ließ sich daher auch nicht auf ein Angebot der Quaden ein, die fünfzigtausend Gefangene zurückgeben wollten, falls er Ariogaisus anerkennen würde.

Im Frühjahr 174 überschritt das römische Heer in Pannonien die Donau und stieß in das Quadenland vor. Einige Zeit lagerten die Truppen am Gran, einem linken Nebenfluß der Donau, der im slowakischen Erzgebirge entspringt. Den Aufenthalt bezeugen Marcus' *Selbstbetrachtungen*, wo sich zwischen dem ersten und dem zweiten Buch die Ortsangabe *bei den Quaden am Gran* findet. Der Einschub ist Schlußsatz zu den vorhergehenden oder Überschrift zu den folgenden Abschnitten. Auch das dritte Buch trägt eine Ortsangabe als Überschrift: *in Carnuntum*. Die knappe Freizeit im Feldlager gehörte dem philosophischen Selbstge-

Enthauptung aufständischer Quaden. Relief an der Marc-Aurel-Säule, Rom

spräch. Leicht könnte man vermuten, Marcus' pessimistische Töne, das Kreisen um Tod und Vergänglichkeit seien eine Folge der Feldzüge, die er seit sechs Jahren führte. Doch in dieser Gedankenwelt bewegte er sich schon zu lange. Weder das Kriegserlebnis noch politische Einzelfragen schlugen sich unmittelbar in den *Selbstbetrachtungen* nieder.

Vom Feldzug gegen die Quaden hat die Überlieferung ein einziges sensationelles Ereignis bewahrt, das zugleich belegt, wie stark die Germanen schon wieder geworden waren: Überlegene quadische Streitkräfte kesselten während der hochsommerlichen Hitze die Römer in einer wasserlosen Gegend ein. Es war eine größere Heeresabteilung, die späterer Überlieferung zufolge wahrscheinlich unter Pertinax' Kommando stand. Die Quaden warteten nur noch, bis sie sich gefahrlos auf die angeschlagenen und vom Durst gequälten Feinde werfen konnten. Plötzlich zogen Wolken auf, und über den Römern entlud sich ein Platzregen. Mit Mund, Schild und Helm fingen sie das Wasser auf. Noch als sie tranken, stürmten die Quaden vor, gerieten aber in Blitz und Hagel, während die Römer verschont blieben. Ihr Gegenschlag gab dem quadischen Heer den Rest. Noch auf dem Schlachtfeld riefen die Soldaten Kaiser Marcus zum siebtenmal zum Imperator aus, und er nahm die Akklamation sofort an, nachdem er sich bisher den Imperatortitel immer erst offiziell vom Senat hatte übertragen lassen. Faustina, die sich zusammen mit dem dreijährigen Töchterchen Vibia Aurelia Sabina im Hauptquartier in Sirmium aufhielt, erhielt den Ehrennamen «Mutter des Heerlagers» («Mater castrorum»). Feldherr und Heer waren sich einig, daß sie die Rettung dem Eingreifen eines Gottes zu verdanken hatten. Auch Marcus berichtete davon in einem Brief an den Senat, ohne sich auf einen bestimmten Gott festzulegen.[128] Es blieb nicht aus, daß bald verschiedene Versionen über den Namen des göttlichen Helfers umliefen. So mancher der Verdurstenden hatte ja zu seinem Gott gebetet und schrieb ihm nun die Rettung zu. Der aus Ägypten stammende Magier Arnuphis, der den Kaiser begleitete, erhob den Anspruch, er habe mit seinen Zauberversen den Wettergott Hermes, den Thot der Ägypter, veranlaßt, den Regen zu schicken. Im Heer befanden sich aber auch Christen, und sie gaben das Verdienst ihrem Gott. Die Nachricht von der Macht ihres Gebetes verbreitete sich in den Christengemeinden, und als bald darauf der Bischof Apollinaris von Hierapolis an Marcus eine Schrift schickte, mit der er die neue Religion verteidigte, belegte er die Loyalität der Christen zum römischen Staat mit dem Regenwunder.[129] Tertullian und spätere christliche Schriftsteller nahmen das Argument bereitwillig auf.[130] Etwa zur selben Zeit wie Apollinaris dokumentierte der Künstler, der das Bildprogramm der Marcussäule in Rom

Das Regenwunder im Quadenland. Relief an der Marc-Aurel-Säule, Rom

Die Marc-Aurel-Säule auf der Piazza Colonna in Rom. Foto um 1890

schuf, die Auffassung des Kaisers: Den Hintergrund der 16. Szene füllt eine übergroße göttliche Gestalt aus, von deren ausgebreiteten Armen, den Flügeln und dem wallenden Bart Regenschnüre auf die dichtgedrängten Soldaten und die verendenden Zugtiere herabfließen. In dem Bildprogramm, das sich um die hundert römische Fuß (= 29,77 m) hohe

Säule zieht und sich in hundertsechzehn Abschnitte teilen läßt, ist das Regenwunder im unteren Teil des Säulenschafts am eindeutigsten zu identifizieren. Ob die Szenen einander chronologisch folgen und ob sie nur das Kriegsgeschehen von 168 bis 175 darstellen, ist umstritten. Wahrscheinlich gab der Senat den Auftrag für das Monument, das heute auf der nach ihm benannten Piazza Colonna steht.

Noch 174 konnte Marcus den Krieg gegen die Quaden abschließen und den Vertrag von 171 erneuern. Dessen Bedingungen zu verschärfen schien ihm nicht ratsam, nachdem ihm die Friedenspartei in die Hände gespielt und den Gegenkönig Ariogaisus ausgeliefert hatte. Der Kaiser hatte ein Kopfgeld auf ihn ausgesetzt, tausend Goldstücke für den Lebenden, fünfhundert für den Toten. Den Anhängern des Gefangenen gab er ein Zeichen der Versöhnung, als er ihn nicht hinrichten ließ, sondern nach Alexandria in die Verbannung schickte. Vergossenes Königsblut mochte leicht zum Samen für neue Zwietracht werden. Nicht immer war seine Milde nur Ausfluß philosophischer Philanthropie, wie es die Überlieferung wollte.

Sooft der Kaiser ins Hauptquartier zurückkehrte, überfiel ihn dort die Masse der übrigen Pflichten, die sich in der Zwischenzeit angehäuft hatte. Anfragen und Prozesse aus sämtlichen Teilen des Reiches waren zu erledigen; gesetzliche Regelungen aller Art standen an; die Einnahmen und Ausgaben der Staatskasse und des Krongutes mußten überprüft und Personalentscheidungen getroffen werden. Aufsehen erregte im Herbst 174 der Prozeß, den vornehme Athener vor dem Kaisergericht in Sirmium gegen ihren Landsmann Herodes Atticus anstrengten. Der Grieche Philostratus, der einige Jahrhunderte später in seine «Sophistenbiographien» auch einen Abriß über das Leben des Herodes Atticus einschloß, schildert lebendig, wie die Verhandlung verlief.[131] Sein Gewährsmann dürfte ein Augenzeuge gewesen sein, der offensichtlich gegen den Athener voreingenommen war: Während Marcus die Gegner des Herodes, die in seiner Frau Faustina und dem Töchterchen Fürsprecher fanden, zuvorkommend im Hauptquartier aufnahm, residierten Herodes und sein Gefolge in der Vorstadt von Sirmium in einem weitläufigen Anwesen. Bei Tisch bedienten ihn wunderhübsche Zwillingsschwestern, die Töchter eines seiner Freigelassenen, die er wie seine Kinder hielt. Doch kurz vor dem Prozeßtermin schlug nachts der Blitz in die Kammer der Mädchen ein und tötete beide. Das Unglück ging Herodes so nahe, daß er bei der Verhandlung die Fassung verlor, sein ausgefeiltes Plädoyer vergaß und in heftige Vorwürfe gegen den Kaiser, seinen ehemaligen Schüler, ausbrach. Er sei wohl lebensmüde, fuhr der Prätorianerpräfekt dazwischen, worauf ihm Herodes entgegnete: «Mein Bester, ein Greis fürchtet wenig.» Mit diesen Worten verließ er den Gerichtssaal. Marcus machte seinem Ruf als Stoiker wieder einmal alle Ehre. Gelassen führte er den Prozeß zu Ende. Das Ergebnis war ein Vergleich, der die Wogen in Athen glätten sollte. Daraufwar auch das umfangreiche Edikt angelegt, das die Athener bald darauf von Marcus erhielten und zusammen mit anderen obenerwähnten Entscheidungen des Kaisers auf zwei Marmorblöcken veröffentlichten.[132]

Über der Donaufront durfte Marcus die übrigen Grenzen des Reiches nicht vernachlässigen. Manche der Unruhestifter, die in diesen Jahren dort auftraten, hofften, im Schatten des großen Krieges rasche Erfolge erzielen zu können. Im Jahr 171 schreckten maurische Räuber die Küstenbewohner von Süd- und Westspanien auf, was seit über einem Jahrhundert nicht mehr vorgekommen war. Der Kaiser hielt die Lage für so bedrohlich, daß er seinem Freund Aufidius Victorinus, damals Statthalter in der Nordhälfte Spaniens, zusätzlich die Baetica im Süden, eine Senatsprovinz ohne Truppen, übertrug und ihm aus mehreren anderen Provinzen Sondereinheiten schickte. Es dauerte ein Jahr, bis Aufidius mit der Landplage aufgeräumt hatte. Vielleicht um weiteren Einfällen vorzubeugen, unternahmen römische Einheiten 174 einen Feldzug gegen Maurenstämme, die südlich der Provinz Mauretania Caesariensis wohnten. Das Ziel wurde nicht erreicht. Denn zwischen 176 und 178 machten maurische Streifscharen die Baetica erneut unsicher. Die Städte Italica und Singilia Barba mußten eine längere Belagerung aushalten, wie Inschriften zu Ehren ihres Befreiers Vallius Maximianus überliefern. Stämme in den Grenzprovinzen dadurch zu befrieden, daß man dem lokalen Adel das römische Bürgerrecht gab, hatte nur dort Aussicht auf Erfolg, wo die Romanisierung bereits eine gewisse Stufe erreicht hatte und die Bereitschaft bestand, sich römische Interessen wenigstens teilweise zu eigen zu machen. Auf den Berber Iulianus, Häuptling der Zegrensier im westlichen Mauretanien, traf das zu. Daher zögerte Marcus nicht und gab ihm, seiner Frau und den vier Kindern um 167 das Bürgerrecht. Er dachte daran, daß Bürgerrechtsverleihungen ein bewährtes Mittel römischer Politik waren, und sprach die Hoffnung aus, die dem Hause des Iulianus erwiesene Ehre möge viele zur Nachahmung anstacheln. Als etwa zehn Jahre später einer der Söhne, der die Stellung des Vaters übernommen hatte, für seine einheimische Frau um das Bürgerrecht bat, erhielt sie es ebenfalls.[133]

Im Osten des Reiches herrschte nach dem Partherkrieg zunächst Ruhe. In Syrien beließ Marcus den siegreichen General Avidius Cassius weit über die übliche Zeit auf seinem Posten. Während des Markomannenkrieges erhielt er sogar eine Oberaufsicht (Imperium maius) über die benachbarten Provinzen. Vielleicht war die Rangerhöhung eine vorbeugende Maßnahme gegen die Parther. Zunächst aber gab sie Avidius das Recht, in Ägypten für Ordnung zu sorgen. Dort hatte sich 172 aus lokalen Unruhen, die unter den Hirten des Nildeltas (bucoli) ausgebrochen waren, ein gefährlicher Aufstand entwickelt. Hohe Steuern und eine ungeschickte römische Verwaltung waren wahrscheinlich der äußere Anlaß, soziale Spannungen und religiöse Gegensätze der tiefere Grund der Empörung. Eine anekdotische Erzählung bei Cassius Dio bietet dafür Hinweise: Bukolen, die sich als Frauen verkleideten, kamen unter Führung eines Priesters Isidor zu einem römischen Centurio, um ihm angeblich Gold als Lösegeld für ihre Männer zu bringen. Sie schlugen den Offizier und seine Begleiter nieder, opferten ihre Eingeweide den Göttern und verzehrten sie unter Schwüren. Mit dem verwegenen Isidor an der Spitze besiegten sie wenig später ein römisches Heer in offener Feldschlacht. Sie hätten sogar Alexandria erobert, wenn nicht Avidius Cassius rechtzeitig dazwischengekommen wäre und sie auseinandermanövriert und in Einzelangriffen überwunden hätte.

Um dieselbe Zeit rettete der kappadokische Statthalter Martius Verus, wie Avidius Cassius erfolgreicher General im Partherkrieg, Armenien für Rom. Dort hatte eine römerfeindliche Partei mit parthischer Hilfe den König Sohaemus vertrieben, der 166 von Marcus und Verus eingesetzt worden war. Martius überlistete den feindlichen Prätendenten Tiridates, der in Gefangenschaft geriet und nach Britannien verbannt wurde.[134]

Beim Jahreswechsel 174/75 schien es fast so, als bedürfe es nur noch eines letzten energischen Zuges gegen die Jazygen, bis das Reich an der Donau wieder Ruhe haben werde. Im Kriegsrat in Sirmium überlegte derweil Marcus mit den Generälen, wie man den Frieden an der Flußgrenze auf Dauer sichern könne. Denn mit neuen Stoßwellen aus dem riesigen Hinterland der Anrainer mußten die Römer auch in Zukunft rechnen. Die Truppenzahl in den Grenzprovinzen zu erhöhen war ein Mittel. Die beiden neuausgehobenen italischen Legionen II und III sollten dazu eingesetzt werden. Die eine war für Noricum, die andere für Rätien vorgesehen. Als Standorte wurden Albing rechts der Ennsmündung und Regensburg (Castra Regina) ausgesucht, und an beiden Orten begann man mit dem Bau eines Legionslagers. Aber die Pläne reichten weiter. Ein Blick auf die Karte konnte jeden lehren, welche Aufgaben Trajan seinen Nachfolgern hinterließ, als er Dakien dem Imperium einverleibte. Wie eine riesige Blase wölbte sich die neue Provinz über die Donau hinaus. Das Tiefland und die anschließenden Karpaten erstreckten sich etwa in einer Länge nach Norden, die dem Donauknie von Aquincum (Budapest) bis Sirmium entsprach. Man mußte nur eine Grenze von Aquincum bis Porolissum ziehen, der nördlichsten Stadt Dakiens, und das von ihr, der Donau und der dakischen Westgrenze umschlossene und von den Jazygen bewohnte Viereck ebenfalls zu einer Provinz machen. Dann stünde endlich ein Gebiet unter römischer Herrschaft, das eine verlockende Einfallsschneise in das Reich bildete. Weitere Überlegungen schlossen sich an: Sollte man nicht auch die markomannischen und quadischen Siedlungsgebiete zu einer Provinz zusammenfassen? Zweifellos gab es in beiden Völkerschaften Stammesgruppen, die eine solche Lösung begrüßt hätten. Im Kriegsrat wurden Erinnerungen an die Germanenpolitik unter Augustus wach, der einst die Elbe als römischen Grenzfluß in den Blick genommen hatte. Wie weit sich Marcus selbst solche Gedanken zu eigen machte, die zunächst weiteres militärisches Ausgreifen erfordert hätten, war schon bei den Zeitgenossen umstritten, und die Diskussion setzte sich in der modernen Forschung fort. Die «Historia Augusta» schreibt ihm die feste Absicht zu, eine Provinz Markomannien und eine Provinz Sarmatien einzurichten, ohne daß wir sagen können, ob sie sich auf einen zuverlässigen Zeugen stützt. Zumindest geht ihre Meinung, der Kaiser habe zweimal kurz vor dem Ziel, 175 und in seinem Todesjahr 180, die Errichtung der beiden Provinzen aufgeben müssen, an einem Vorbehalt vorbei: beide Male unternahm Marcus höchstens einen ersten Schritt, dem noch jahrelange Anstrengungen hätten folgen müssen.[135]

Im Frühjahr 175 zog das römische Heer über die Donau gegen die Jazygen. Marcus ließ es sich nicht nehmen, mitzumarschieren, obwohl er sich nicht gesund fühlte. Die vielen Aufgaben während des Winters hatten ihm keine Zeit gelassen, sich von den Strapazen des vorherigen Kriegsjahres zu erholen. Jeder seiner Soldaten war frischer als er. Wenn er bis spät in die Nacht gearbeitet oder Gerichtssitzungen abgehalten hatte, war er am nächsten Morgen oft so schwach, daß er sein Erscheinen auf dem Appellplatz, wo die Truppen bereits angetreten waren, absagen mußte. Seit langem hatte er sich angewöhnt, auf die üblichen Mahlzeiten zu verzichten. Erst spätabends gönnte er sich etwas zu essen. Kein Wunder, daß sein ausgemergelter Körper beständig fror.[136] Der morgendliche Selbstappell wurde zur Medizin: *Wenn du morgens nur mit Mühe wach wirst, sei dir gegenwärtig: Ich wache auf, um als Mensch zu handeln. Soll ich nun mißgelaunt sein, wenn ich mich an das mache, wozu ich geboren bin und weswegen ich in die Welt gesetzt worden bin? Oder bin ich dazu bestellt, daß ich unter meinen Decken liegen bleibe und mich warm halte?* Oder er gab sich die Tagesparole: *Kümmere dich nicht darum, ob du es kalt oder warm hast, wenn du deine Pflicht tust, ob du schläfrig bist oder genügend geschlafen hast.*[137] Aber nie klagte der Kaiser vor anderen über sein Befinden. Jetzt, wo zu den alten Beschwerden die Leiden des Alters kamen, hatte er einen Anlaß mehr, den Körper unerbittlich an sein Tagewerk zu treiben. Sich in schlaflosen Nächten seine Pflichten vorzusagen und aufzuschreiben war sein bewährtes geistiges Aufputschmittel. Sein Leibarzt Demetrius versorgte ihn zusätzlich mit einem medizinischen Aufputschmittel, dem Theriakum. Der Kaiser nahm es tagsüber zusammen mit Mohnsaft ein. Zeitweilig mußte er den Mohnsaft auch absetzen, weil er ihn zu schläfrig machte. Galen berichtet darüber aus eigener Kenntnis. Denn nachdem Demetrius gestorben war, überwachte er in Rom die Zusammensetzung der Ingredienzen, die auf ein Rezept von Neros Leibarzt zurückgingen.[138] Faustina hatte allen Grund, sich Sorgen

Marc Aurel. Marmorbüste, um 170. Rom, Museo Capitolino

wegen ihres Mannes zu machen, der im autobiographischen Kapitel der *Selbstbetrachtungen* den Göttern dafür dankte, daß es sein Körper schon so lange in einem solchen Leben ausgehalten habe.[139]

Der Krieg gegen die Jazygen im Frühjahr 175 ließ sich gut an. Marcus hatte alle Truppen zusammengezogen, die an der oberen und mittleren Donau zu entbehren waren. Der Jazygenkönig Banadaspus war der erste, der die römische Überlegenheit zu spüren bekam. Er war einsichtig und nahm Verhandlungen auf. Doch bevor sie zu einem Ergebnis kamen, entmachteten ihn seine adligen Stammesgenossen und legten ihn in Fesseln. Es bedurfte einer größeren Niederlage, bis auch sie nachgaben. Der gesamte Jazygenadel mit dem zweiten König Zanticus an der Spitze zog zum römischen Heerlager und bat den Kaiser, den die Truppen bereits zum «Sarmaticus» ausgerufen hatten, unterwürfig um Frieden. Marcus schloß einen Vertrag, der den Jazygen die gleichen Bedingungen wie den Markomannen und Quaden auferlegte, nur daß sie den doppelten Sicherheitsabstand zur Donau einhalten mußten. Zusätzlich hatten sie achttausend Reiter zu stellen, von denen ein halbes Tausend nach Britannien geschickt wurde. Sie waren militärische Hilfe und zugleich Unterpfand für die Vertragstreue. Selbstverständlich waren auch die Gefangenen freizulassen. Obwohl viele bereits geflohen waren oder in die Sklaverei verkauft worden waren, kamen noch hunderttausend Mann zusammen.

Unter anderen Umständen wären die Vereinbarungen noch härter ausgefallen. «Die Jazygen vernichten» lautete nämlich die Parole, die Marcus zu Beginn des Feldzuges ausgegeben hatte. Jetzt aber kam ihm das Friedensangebot gerade recht. Denn in eben diesen Tagen erhielt er eine Nachricht, die alle seine Pläne über den Haufen warf: In Syrien hatte sich Avidius Cassius gegen ihn erhoben. Marcus war im ersten Augenblick fassungslos. War das der Dank dafür, daß er ihm zur syrischen Statthalterschaft das Oberkommando im Osten verliehen hatte? Seit Domitians Ermordung im Jahre 96 war kein Kaiser mehr ernsthaft bedroht gewesen, und mehr als ein Jahrhundert lag das Vierkaiserjahr zurück, in dem Provinzstatthalter sich gegenseitig die Herrschaft über Rom streitig machten. Um keine Unruhe in die Armee zu tragen, ließ Marcus zunächst nichts von der Usurpation verlauten. Vor allem die Einheiten aus dem Osten mußte der Gedanke an einen Bürgerkrieg in der Heimat erschrecken. Was Marcus nicht ahnte: Seine eigene Frau hatte die Hand im Spiel, als Avidius Cassius nach dem Purpur griff. Die Sorge, die sie sich um das Leben ihres Mannes machte, war zugleich Sorge um den Erhalt der Dynastie. Würde der Kaiser sterben, womit bei dem Raubbau, den der Kränkelnde an seiner Gesundheit trieb, jederzeit zu rechnen war, so wären alle dynastischen Anstrengungen umsonst gewesen, die ihres Vaters Antoninus Pius und die, welche sie selbst, die dreizehnfache Mutter, unternommen hatte. Denn der Thronfolger Commodus, auf dem allein noch die Hoffnung der Familie ruhte, war keine vierzehn Jahre alt. Spätestens dann würde sich auch herausstellen, welch ein Mißgriff der Schwiegersohn Claudius Pompeianus war. Undenkbar, daß sich der Abkömmling einer nichtsenatorischen Familie aus Antiochia als Commodus' Platzhalter bei Senat und Heer durchsetzen werde. 169 hatte sich Marcus diesem Einwand Faustinas verschlossen, wie er auch keine Rücksicht auf Lucillas Abneigung gegen den ältlichen Mann nahm. Als er damals aus Rom an die Donau aufbrach, könnte Faustina erstmals Verbindung mit Avidius Cassius aufgenommen und sich mit ihm für den Ernstfall beraten haben. Heirat der Kaiserinwitwe zusammen mit der Kaiserwürde lautete schließlich ihr vorsorgliches Doppelangebot.[140] Es war ein gewagtes Unternehmen, und da Avidius zwei Söhne hatte, sicherte das Angebot noch nicht einmal Commodus' Thronfolge. Die Kaiserin wußte das, aber sie vertraute ihrer Menschenkenntnis. Denn in ihrer Jugend waren sich die beiden Gleichaltrigen zweifellos in Rom begegnet, wo Avidius' Vater, der gebildete Avidius Heliodorus, Sekretär des Kaisers Hadrian war, bevor er als Präfekt nach Ägypten ging. Falls moderne Schlüsse zutreffen, stammten die Avidii sogar aus der Königsfamilie, die das inzwischen zur Provinz Syria gehörende Kommagene regiert hatte.

Avidius gefiel Faustinas Plan so gut, daß er nicht zögerte, als er Anfang April 175 das Gerücht vernahm, der Kaiser sei gestorben. Sofort ließ er sich von den drei Legionen, die er in Syrien befehligte, zum Nachfolger ausrufen. Kühn behauptete er, die pannonischen Legionen hätten bereits das gleiche getan. Auch die Städte der Provinz, allen voran Antiochia, begrüßten ihn als den neuen Kaiser. Seine Taten im Partherkrieg hatte man nicht vergessen. Alexandria, das er 172 vor den Bukolen gerettet hatte, folgte aus Dankbarkeit. Besonnene Stimmen meinten, er hätte die Bestätigung des Gerüchts abwarten sollen; so habe er mit seiner Eile verraten, was er sich heimlich schon lange gewünscht habe. Dem römischen Senat schickte Avidius eine Anzeige mit der Bitte, durch seinen Beschluß die vorweggenommene Proklamation der Soldaten zu bestätigen. Zugleich stellte er den Antrag, Marcus unter die Götter aufzunehmen. In der Zwischenzeit schlossen sich ihm die Statthalter von Arabia, Judäa und Ägypten an und vereidigten ihre Truppen auf ihn. Nur Martius Verus in Kappadokien, wo zwei Legionen standen, hielt sich zurück. Er glaubte nicht an den Tod des Kaisers, sondern schickte sofort Boten nach Sirmium, um Marcus die Usurpation zu melden und ihm seine Ergebenheit zu versichern.

Bald erfuhr auch Avidius, daß er einem falschen Gerücht aufgesessen war. Er hätte jetzt sofort den Purpur niederlegen und erklären können, er habe nur das Beste für den Staat gewollt. Wer Marcus kannte, wußte, daß er die Begründung angenommen hätte. Oft genug mahnte er sich in den *Selbstbetrachtungen*, man müsse Fehltritte seiner Mitmenschen verzeihen. In Briefen an den Senat und in einer Rede vor den Soldaten, die er schließlich über die Usurpation unterrichtete, äußerte er sich ähnlich. Die Milde, die er später gegenüber Avidius-Anhängern zeigte, bewies, daß das keine leeren Worte waren. Eine Überlieferung behauptet sogar, er habe mit dem Gedanken gespielt zurückzutreten.[141] Er wäre der erste Kaiser gewesen, der auf den Thron verzichtet hätte. Sollte er tatsächlich Andeutungen gemacht haben, so redeten ihm seine Berater und Offiziere die Absicht rasch aus und drängten zur Entscheidung mit den Waf-

Die Kaiserin Faustina.
Paris, Louvre

fen. Der Friede mit den Jazygen sicherte die Donaufront und setzte Truppen für den Kampf gegen den Rebellen frei. Jazygische, markomannische und quadische Reiter sollten das Heer in den Osten begleiten.

Marcus gab die Hoffnung nicht auf, der Empörer werde einlenken, sobald er von den Rüstungen erfahre. Aber Avidius Cassius war entschlossen, nicht mehr umzukehren. Wenn er seine Aktiva zusammenrechnete, sah er sich schon als Sieger. Mit den Truppen in Syrien und in den verbündeten Provinzen standen sieben Legionen unter seinem Kommando, und als Stratege fühlte er sich jedem von Marcus' Generälen gewachsen. Er hatte hochgestellte Verwandte und Freunde im Reich, von denen nicht jeder wie Herodes Atticus reagierte. Der Athener beschied ihn kurz und bündig: «Du bist verrückt geworden.»[142] Erweisen mußte sich noch, was die Begeisterung wert war, die ihm in den Großstädten Antiochia und Alexandria entgegenschlug. Nicht zu unterschätzen war schließlich eine weitere Waffe. Er konnte die Ausfuhr ägyptischen Getreides nach Italien sperren und in Rom Hungerrevolten provozieren. Mit die-

Commodus. Rom, Museo Capitolino

sem Schachzug rechnete Marcus und sandte Vettius Sabinianus, den Statthalter von Unterpannonien, mit mehreren Heeresabteilungen nach Rom. Dort hatte der Senat Avidius inzwischen zum Hochverräter erklärt und sein Vermögen zugunsten der Staatskasse konfisziert. Ängstliche und Sympathisanten erwarteten bereits, der Usurpator werde demnächst in Italien landen und den Marsch auf die Hauptstadt antreten. Unwissentlich bestätigte Marcus Befürchtungen wie Hoffnungen, als er Commodus befahl, schleunigst zu Vater und Mutter nach Sirmium zu kommen. Doch der Kaiser hatte sich nur Faustinas Angst um das dynastische Erbe zu Herzen genommen. Sofort nach der Ankunft verlieh er Commodus die Männertoga und stellte ihn, der schon seit 172 den Siegestitel «Germanicus» führte, dem Heer vor.[143] Der Siegestitel «Sarmaticus» wurde ihm ebenfalls verliehen. Der Augustus, die Augusta, die «Mutter des Heerlagers», und ihr Sohn, der Caesar, im Kreise der Legionen, die ihre Schlagkraft in jahrelangen Kämpfen gegen die Germanen erprobt hatten: eindrucksvoller konnte Marcus die Legitimität gegenüber den

Truppen des Ostens nicht demonstrieren. In Sirmium zweifelte niemand mehr, wer der Sieger im bevorstehenden Bürgerkrieg sein werde. Doch mitten in die Vorbereitungen zum Aufbruch platzte die zweite Überraschung aus Antiochia: Ein Bote traf im Hauptquartier ein und meldete, Avidius Cassius sei von zwei Offizieren erschlagen worden. Zur Bestätigung brachte er den Kopf des Toten gleich mit. Drei Monate und sechs Tage hatte Avidius sich behauptet, etwa von Anfang April bis Mitte Juli 175.[144] Auch sein Sohn Maecianus, den er mit der Aufsicht über Alexandria betraut hatte, fiel der Verschwörung zum Opfer. Im Stab des Rebellen waren noch rechtzeitig einige Männer zur Besinnung gekommen. Eine Gesandtschaft machte sich auf den Weg, um den legitimen Augustus zu versöhnen.

Marcus blieb seinem Ruf treu. Kein triumphierendes Wort kam ihm über die Lippen. Das Haupt des Toten ließ er mit allen Ehren bestatten, noch bevor die reuigen Verschwörer Sirmium erreichten. Den Zug in den Osten ersparten sie ihm allerdings nicht. Der Aufstand hatte zu große Kreise gezogen. Fast ein Jahrzehnt war vergangen, seit Verus den Osten verlassen hatte. Es war ratsam, daß sich dort wieder einmal ein Kaiser sehen ließ. Vorweg übertrug Marcus dem zuverlässigen Martius Verus die Statthalterschaft von Syrien. Frontos Freund Arrius Antoninus wurde sein Nachfolger in Kappadokien. Auch in den übrigen Provinzen des Ostens gab es ein Revirement.

Im Herbst 175 brach Marcus aus Pannonien auf, begleitet von Faustina, Commodus und der Tochter. Auf dem Landweg zogen Heer und Hofstaat durch Kleinasien und Syrien nach Ägypten. Den Winter verbrachte die Kaiserfamilie in Alexandria. Die Angst, die vor ihrer Ankunft in den abgefallenen Provinzen umging, legte sich rasch. In den *Selbstbetrachtungen* hatte sich Marcus vorgesagt: *Eines ist hier viel wert: mit Wahrheit und Gerechtigkeit gütig gegenüber Lügnern und Ungerechten das Leben durchstehen.* Wenig später ermahnte er sich: *Wenn jedoch jemand Gewalt gebraucht und gegen dich auftritt, so gib dich gelassen und unverdrossen und nimm den Widerstand zum Anlaß für eine Gegentugend.*[145] Ob er an Antiochia und Alexandria dachte, als er die Worte niederschrieb? Jedenfalls gab ihm die Abrechnung mit den Anhängern des Avidius Cassius genügend Gelegenheit, seinen Grundsätzen zu folgen. Cassius Dio und die «Historia Augusta», die aus der Geschichte und aus der eigenen Erfahrung wußten, wie Kaiser mit Rebellen umzuspringen pflegten, beschreiben voll Verwunderung und Hochachtung Marcus' Verhalten im Osten. Einige Centurionen, die sich besonders kompromittiert hatten, mußten ihre Illoyalität mit dem Leben bezahlen. Avidius-Anhänger senatorischer Herkunft schickte der Kaiser dagegen nach Rom, wo der Senat als Standesgericht über sie urteilen sollte. Todesurteile verbot er vorweg; er wolle seine Herrschaft nicht mit Senatorenblut beflecken, lautete die Weisung. Auch den Ritter Calvisius Statianus, den Präfekten Ägyptens, traf nur die Verbannung; sein Eigentum durfte er sogar behalten. Avidius' Schwiegersohn Claudius Dryantianus blieb ebenfalls im Besitz seines Vermögens, das erst nach seinem Tod dem Fiskus zufallen sollte.[146] So schnell die Alexandriner abgefallen waren, so schnell gaben sie sich wieder als treue Untertanen des großmütigen Kaisers, der sich nicht nur als Philosoph erwies, sondern auch, soweit es seine Zeit erlaubte, die Sehenswürdigkeiten des Landes bewunderte. Die Antiochener ließ Marcus seinen Unwillen etwas länger spüren. Auf dem Weg nach Ägypten war er an der Stadt vorbeimarschiert. Erst auf dem Rückmarsch im Sommer 176 besuchte er sie und versöhnte sich mit ihr. Lediglich die Scharlatane, die sich göttlicher Inspiration gerühmt und mit Prophezeiungen für den Usurpator geworben hatten, mußten es büßen, daß sie so viele Leichtgläubige genarrt hatten. Der Kaiser ließ sie alle auf die Kykladeninsel Syros schaffen.[147]

Der Heimweg nach Rom ging über Milet und Athen. Sieben Jahre war Marcus nicht mehr zu Hause gewesen, und obwohl die Verwaltung der Hauptstadt ohne Schwierigkeiten arbeitete, mußte er Senat und Volk durch seine Anwesenheit wieder einmal bestätigen, daß hier und nicht in einer weitentfernten Frontstadt das Herz des Reiches schlug. Faustina jedoch sah die Heimat nicht wieder. Kaum hatte die Kaiserfamilie Syrien verlassen und den Taurus überquert, da brach sie zusammen. An Gicht hatte sie schon lange gelitten. Nun machten sich die Strapazen der Reise bemerkbar. Zu helfen war ihr nicht mehr; sie starb in dem kappadokischen Städtchen Halala. Ihr rascher Tod gab zu dem Gerücht Anlaß, sie habe Selbstmord begangen, um nicht der Verbindung mit Avidius Cassius überführt zu werden; die Konspiration sei durchgesickert, obwohl der Kaiser oder schon zuvor Martius Verus angeordnet habe, die Korrespondenz des Usurpators ungelesen zu vernichten. In Wirklichkeit hatte Marcus ihre politischen Überlegungen längst erfahren und wußte, daß sie Avidius' überhasteten Schritt niemals gebilligt hatte. Nichts brauchte er von dem Satz zurückzunehmen, mit dem er, noch zu Faustinas Lebzeiten, den Göttern dankte, *daß meine Frau ein solches Wesen hat, so folgsam, so liebevoll, so bescheiden*[148]. In Briefen, die er damals an Freunde schrieb, beklagte er den Verlust bitterlich.[149] Die Leiche ließ er einäschern und nahm die Urne mit nach Rom, um sie in Hadrians Mausoleum beizusetzen. Dem Sterbeort gab er die Stadtrechte und den Namen Faustinopolis. An den Senat richtete er die Bitte, die Tote unter die Götter aufzunehmen. Münzen erinnerten an die Konsekration und verkündeten, Faustina sei unter die Sterne versetzt worden. In Halala und in Rom wurden Tempel zu Ehren der neuen Göttin errichtet, mochten böse Zungen auch behaupten, Marcus habe lediglich gängigen Riten und dynastischem Kalkül Genüge getan. Die schwersten Verleumdungen erlebte der Witwer nicht mehr. Sie kamen unter Commodus auf, als man sich verwunderte, wie der mildeste aller Kaiser einen so blutrünstigen Sohn hatte zeugen können, der am liebsten Gladiator geworden wäre: Vielleicht sei Commodus gar nicht des frommen Marcus Sohn, sondern seine Mutter habe sich mit einem Gladiator eingelassen. Oder sie habe im Blute eines gefallenen Fechters gebadet, bevor sie mit ihrem Mann verkehrte. In solchen Geschichten, die man sich im Volk erzählte, erschien Marcus dann als der gehörnte Ehemann, der stumm litt oder in Wort und Schrift für die Familienehre stritt.[150]

Mitten in den schweren Kämpfen gegen Markomannen und Quaden hatte Marcus gelobt, falls er überlebe, wolle er sich in die Mysterien der Göttin Demeter in Eleusis einweihen lassen. Auf der Weiterreise ergriff er die Gelegenheit, das berühmte Heiligtum in der Nähe Athens zu besuchen und das Gelübde zu erfüllen. In einem Brief bat er vorweg Herodes Atticus, der ein Priesteramt im eleusinischen Mysterienkult ausübte, er möge ihn dort einweihen.[151] Der Brief *An den Freund Herodes* sollte zugleich die Verstimmung ausräumen, die der Prozeß in Sirmium bei seinem alten Lehrer hinterlassen hatte. Auch vergaß der Kaiser dem bekanntesten Bürger Athens nicht, daß er sich gegen Avidius Cassius auf seine Seite gestellt hatte. Ein Zeichen des Dankes hatte er ihm bereits gegeben, als er den Lehrstuhl für Rhetorik, den er einige Jahre zuvor für Athen gestiftet und mit einem Gegner des Herodes besetzt hatte, dessen Schüler Hadrianus von Tyrus übertrug. Eine weitere Auszeichnung folgte; die Mutterstadt der Philosophie sollte wissen, daß nicht nur ein Kaiser, sondern ein Philosoph zu ihr kam: Für jede der vier großen Philosophenschulen, Platoniker, Stoiker, Peripatetiker und Epikureer, richtete er Doppellehrstühle ein und bat Herodes, geeignete Persönlichkeiten vorzuschlagen. Wie schon dem Redelehrer setzte der Kaiser den neuen Professoren ein Jahresgehalt von zehntausend Drachmen aus.

Mit seinem Vater wurde auch Commodus Myste in Eleusis. Es war ein weiterer Schritt auf dem Weg zur gemeinsamen Herrschaft, den Marcus fortsetzte, sobald sie im Herbst 176 in Rom eintrafen. Am 27. November wurde Commodus erstmals zum Imperator ausgerufen, am 23. Dezember feierte er zusammen mit dem Vater einen Triumph über die Germanen und die Sarmaten. Die Siegesfeier krönten beide mit einer Geldspende an das Volk, wie sie in der Höhe noch kein Kaiser gezahlt hatte. Spiele schlossen sich an, zu denen Künstler und Athleten aus dem ganzen Reich anreisten.[152] Bereits im Vorjahr war Commodus Mitglied in allen Priesterkollegien geworden, denen auch Marcus angehörte. Die Thronerhebung folgte schließlich Mitte 177, als der Senat den Sechzehnjährigen zum Augustus und Vater des Vaterlandes erklärte.

Allerdings war Commodus für die Regierung eher eine Belastung als eine Entlastung. Vergeblich versuchte Marcus, den Sohn zu ernsthafter Arbeit anzuhalten und seine Neigung zu sadistischen Streichen zu dämpfen, die nicht selten Menschenleben kosteten. Manche schaurige Anekdote, die bereits über den Knaben im Umlauf war, entsprang der Phantasie. Aber solche Erzählungen machten nicht ohne Anlaß die Runde.[153]

«M(arcus) Antoninus Aug(ustus) Germ(anicus) Sarm(aticus)» und ein Stapel der Waffen, mit denen der Sieg «über die Germanen» («de Germ[anis]») errungen wurde. Vorder- und Rückseite einer Goldprägung von 177

Faustina hätte ihren Sohn vielleicht besser zügeln können. Daß eine Stiefmutter bei dem jungen Kaiser nichts mehr ausrichten werde, sah Marcus selbst ein. Das war ein Grund, warum der Witwer Ceionia Fabia, mit der er als Knabe verlobt gewesen war, den neuerlichen Heiratswunsch abschlug und eine Konkubine ins Haus nahm, die Tochter eines seiner Freigelassenen.

Am gewohnten Arbeitspensum machte der Kaiser keine Abstriche. Im Verlauf des Jahres 177 erhielt er eine Anfrage des gallischen Statthalters, nachdem es in Lyon und Vienne zu schweren Ausschreitungen gegen die Christen gekommen war. Ein Brief, den beide Christengemeinden später an ihre Glaubensgenosssen in Kleinasien richteten und den Eusebius von Caesarea um 325 fast vollständig in seine Kirchengeschichte aufnahm, berichtet ausführlich über die Verfolgung und das Martyrium.[154] Es fing damit an, so schreiben die Verfasser, «daß man uns nicht nur aus unseren Häusern, aus den Bädern und vom Marktplatz vertrieb, sondern auch jedem von uns verbot, sich Leuten überhaupt an irgendeinem Ort zu zeigen…». Über die unmittelbaren Anlässe, zu denen der Brief schweigt, hat man viel gerätselt. Letztlich lag die Ursache im allgemeinen gesellschaftlichen Umfeld, das auch schon bisher dafür verantwortlich gewesen war, daß römische Behörden einzelne Christen oder christliche Gruppen verfolgten: Die Anhänger der neuen Religion sonderten sich ab, nahmen am Kult der politischen Gemeinde nicht teil und erregten daher das Mißtrauen ihrer Mitbürger. Geschickte Agitation konnte die Sonderlinge zu Sündenböcken stempeln. So entzog sich der Pseudoprophet Alexander von Abonuteichos seinen Feinden dadurch, daß er die Aufmerksamkeit von sich auf die Christen lenkte.[155] In der lateinischen Westhälfte des Reiches verschärfte sich der Gegensatz noch, weil viele Mitglieder der jungen Kirche aus den griechischsprachigen Provinzen des Ostens stammten. Wenn die örtlichen Magistrate oder der Provinzstatthalter den Anklagen gegen Christen nachgingen, dann nicht in erster Linie, um eine fremde Religion zu unterdrücken, sondern um die öffentliche Ruhe und Ordnung wiederherzustellen.

Kaiser Trajan hatte um 112 für solche Verfahren die juristische Grundlage geschaffen, die auch noch unter Marc Aurel galt: Behörden gingen nur auf namentliche, nicht auf anonyme Anzeigen gegen Christen vor. Von sich aus machten sie keine Jagd auf Andersgläubige. Wer angeklagt wurde und glaubhaft nachwies, daß er kein Christ war oder fortan kein Christ mehr sein werde, war freizulassen. Der Nachweis bestand darin, daß der Beschuldigte vor dem Richter den Göttern ein Opfer darbrachte.[156] Für Trajan und seine Nachfolger hatte die römische Toleranz gegenüber fremden Göttern dort ihre Grenze, wo neue Religionen zu gesellschaftlichen Konflikten führten und nicht so sehr religiöse, sondern moralische Vorwürfe provozierten. Als daher der stadtrömische Präfekt Iunius Rusticus, Marcus' stoischer Lehrer und Freund, um 165 über den christlichen Philosophen Justin und einige seiner Schüler zu Gericht saß, lautete seine erste Frage nicht: «Bist du Christ?» sondern: «Welches Leben führst du?»[157] Justin und seine Gefährten wurden hingerichtet, weil sie ihrem Glauben nicht abschworen. Mit Vorfällen wie diesem, die zum Verwaltungsalltag des Stadtpräfekten gehörten, dürfte Iunius Rusticus den Kaiser schwerlich belästigt haben. Falls er es doch tat, so deswegen, weil Justin sich zehn Jahre zuvor an Antoninus Pius und Marc Aurel gewandt und ihnen in seiner «Apologie» das Christentum als die wahre Philosophie vorgestellt hatte. Es ist nicht anzunehmen, daß sich Marcus damals die Zeit nahm und die Schrift las. Über den Wahrheitsanspruch der christlichen Religion, den ihm auch der athenische Philosoph Aristides begreiflich machen wollte, hätte er nur den Kopf geschüttelt. Wohl kaum mehr Glück hatten nachfolgende Apologeten, die ihre Glaubensbrüder gegen haltlose Verdächtigungen wie Kannibalismus und Inzest verteidigten. Daher erfuhr der Kaiser auch nicht ihr wichtigstes Argument: Das Christentum, das die höchsten sittlichen Anforderungen stellt, macht aus seinen Anhängern ideale Untertanen, die mittlerweile sogar zu ihrem Gott für den Herrscher und das Reich beten. Apollinaris von Hierapolis, Melito von Sardeis und Athenagoras von Athen versuchten, Marcus während seiner Rückreise aus dem Osten auf sich aufmerksam zu machen. Wahrscheinlich aber blieben ihre Schriften im kaiserlichen Sekretariat liegen, und nur in Christengemeinden zirkulierten Abschriften. In den *Selbstbetrachtungen* erwähnt Marcus die Christen einmal, als er auf die Einstellung zum Sterben zu sprechen kommt. Er lobt die Seele, die aus eigener, ernsthafter Entscheidung zum Tode bereit ist, nicht *aus bloßem Trotz wie die Christen*[158]. Dem Verfasser standen die

Märtyrer vor Augen, die den Richtern trotzten und lieber in den Tod gingen, als den Göttern zu opfern. Marcus war nicht der einzige, der über solche Verstocktheit den Kopf schüttelte und eher pathologische als religiöse Gründe dafür verantwortlich machte. An der einen oder anderen Stelle könnte er auch an die Christen gedacht haben, wenn er, wie so oft in den *Selbstbetrachtungen*, von seinen törichten, sündigen Mitmenschen sprach und sich zuredete, der Weise dürfe ihnen ihre Mängel und Fehler nicht vorhalten. Befragt, hätte er sicher die Christiani, die Anhänger des Juden Christus, zu den *ungehobelten und ungebildeten Seelen* gezählt, die *von Anfang und Ende und von dem das ganze Sein durchdringenden Logos* keine Ahnung hätten und die zu ertragen ein Akt der Gerechtigkeit sei.[159]

Als der gallische Statthalter um Anweisung bat, wie mit den angeklagten Christen aus Lyon und Vienne zu verfahren sei, hielt Marcus sich an seine drei Vorgänger. Mit philosophischen Gedanken ließ sich die Masse, die in beiden gallischen Städten gegen die Christen raste, nicht beruhigen. Und was sollte ein Statthalter erwidern, wenn ihm in der Öffentlichkeit entgegenscholl, Pest, Hunger und Barbareneinfälle seien Strafen des Himmels? Die Götter seien nämlich zornig geworden, weil die Regierung es nicht fertigbringe, mit einer wachsenden Gruppe von Reichsbewohnern fertig zu werden, die die Opfer verweigerten. So mancher Städter war auch froh, daß er nicht auf die gewohnten Lustbarkeiten im Circus zu verzichten brauchte, weil hartnäckige Christen zum Tod in der Arena verurteilt wurden und als Gladiatoren gegeneinander antreten oder mit wilden Tieren kämpfen mußten. Denn gerade damals herrschte Mangel an Fechtern, weil viele eingezogen wurden, um die durch Krieg und Pest dezimierten Truppen aufzufüllen. Das knappe Angebot trieb zudem die Preise für Gladiatoren in die Höhe. Gallische Adlige, die für die Kosten der Spiele aufzukommen hatten, waren bereits beim Kaiser vorstellig geworden und hatten ihn veranlaßt, im Senat Höchstpreise für die einzelnen Gladiatorenklassen zu beantragen.[160]

Seit Augustus' Zeit hatte der Senat siegreiche Kaiser und Kaisersöhne mit mächtigen Triumphbogen geehrt. Als Marc Aurel 176 nach Rom zurückkehrte, beschlossen die Senatoren, auch seinen Triumph über die Germanen mit einem solchen Bauwerk zu verewigen. Eine mittelalterliche Quelle berichtet, Standort sei das Kapitol gewesen. Die erhaltenen Reliefplatten zeigen den Kaiser in staatsmännischen Szenen: als Sieger, der die Huldigung unterworfener Stammesfürsten entgegennimmt, als Feldherrn, der auf dem Triumphwagen zum Kapitol fährt, oder als obersten Priester des Staates, der den Göttern ein Opfer darbringt.[161] Einem späteren Abschreiber verdanken wir auch den Anfang der Widmung: «Senat und Volk von Rom errichteten dem Kaiser den Bogen, weil er sämtlichen Ruhm sämtlicher größter Kaiser vor ihm durch die Vernichtung oder Unterwerfung der kriegerischsten Stämme übertroffen hat.»[162] Rom

Die Marc-Aurel-Säule mit der ursprünglichen Basis auf einem Stich von Stefano Du Pérac, 1575

bestärkte sich in dem Glauben, fortan werde es kein Barbar mehr wagen, die Grenzen des Reiches zu überschreiten. Auch die Marcussäule, für die wahrscheinlich um dieselbe Zeit der Grundstein gelegt wurde, ist ein Siegesmal.[163] Das steinerne Geschichtsbuch mit seinen 116 ‹Kapiteln› erzählt nicht nur von einzelnen Kriegsereignissen an der Donau und von typischen Szenen aus dem Feldlager. Dem Betrachter soll auch deutlich werden, daß der Kaiser, die Offiziere und die Soldaten solche heroischen Taten nur vollbringen konnten, weil sie noch die gleichen Tugenden verkörperten, die Rom zur Herrin der Welt gemacht hatten. Was Münzen mit der Aufschrift «Tugend des Augustus» («Virtus Augusti») priesen, war hier ins Kolossale gesteigert. Zugleich war das Monument, wie schon die Trajanssäule, sinnfälliger Ausdruck der Größe Roms. Die römischen Bürger durften sich erhoben und geborgen fühlen, wenn sie sahen, was dieser Kaiser für sie geleistet hatte. Auf dem Caeliushügel konnten sie sein vergoldetes Bild hoch zu Roß bewundern, das erst 1538 auf das Kapitol kam.[164] Die ausgestreckte Rechte schien dem Erdkreis zu gebieten. Als «Herrn der Welt» oder «Herrn der Erde und des Meeres» rühmten Weihinschriften den Imperator.

Die Wirklichkeit richtete sich allerdings nicht nach den Verheißungen, die die großartige Repräsentationskunst der Zeit verkündete. Der Friede an der Donaugrenze dauerte nur kurz. Schon 177 gerieten einzelne Stämme jenseits des Flusses wieder in Bewegung. Die Nachrichten klangen so bedrohlich, daß Marcus noch nach der Jahresmitte den «Zweiten Germanischen Krieg» – so die offizielle Bezeichnung – eröffnete und den Prätorianerpräfekten Bassaeus Rufus nach Norden sandte. Der erfahrene Soldat errang gegen Ende des Kriegsjahres einen bedeutenden Sieg über Germanen und Sarmaten, der den beiden Kaisern den Imperatortitel einbrachte, Marcus den neunten, Commodus den zweiten. Auch die Vettern Quintilius Condianus und Quintilius Maximus, die Statthalter der zwei pannonischen Provinzen, schlugen sich erfolgreich. Doch 178 wurden die Angriffe heftiger, und Marcus entschloß sich, trotz Krankheit und Alter noch einmal an die Front zu gehen und den Reichsboden zu verteidigen, für den er sieben Jahre lang gekämpft hatte. Auch Commodus wurde in die Pflicht genommen und mußte seinen Vater begleiten. Vorher galt es jedoch, Vorsorge für die Dynastie zu treffen. Obwohl es der Thronfolger mit der Ehe nicht eilig hatte, verheiratete Marcus den Siebzehnjährigen mit Bruttia Crispina, der Tochter des Konsuls von 153, Bruttius Praesens. Der Senat tat ein übriges und erhob die Braut zur Augusta. Was der Ehemann von der Mußehe hielt, gab er 183 zu erkennen, drei Jahre nach dem Tod des Ehestifters: Angeblich wegen Ehebruchs schickte er seine Frau, die damals kaum älter als 18 Jahre war, in die Verbannung und ließ sie bald darauf ermorden.

Bevor Marcus am 3. August 178 Rom verließ, folgte er noch den inständigen Bitten befreundeter Philosophen und erteilte in einer dreitägigen Disputation Auskunft über sein philosophisches Credo.[165] Es wäre merkwürdig gewesen, wenn der Siebenundfünfzigjährige nicht auch über den Tod gesprochen hätte, der ihn in den *Selbstbetrachtungen* so stark beschäftigte. Manchem Zuhörer mochte der Gedanke gekommen sein, daß der Kaiser Abschiedsreden halte und sein geistiges Testament hinterlege.

Beim Verlassen der Stadt erklärte Marcus den Feinden den Krieg nach einem ehrwürdigen, längst in Vergessenheit geratenen Brauch: Am Tem-

INFI RMATES
QUAND
O NON
ERAT

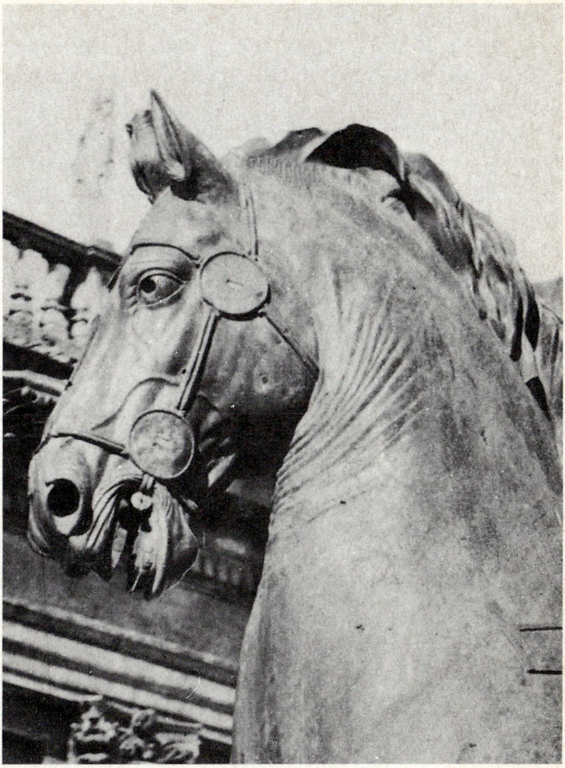

Kopf des Pferdes der bronzenen Reiterstatue Marc Aurels auf dem Kapitol, Rom

pel der Kriegsgöttin Bellona tauchte er eine Lanze in Blut und schleuderte sie in Richtung Feindesland.[166] Sein erstes Ziel war Pannonien, von wo aus er den Kampf mit den Jazygen wiederaufnehmen wollte. Den Herbst und den Winter nutzte er dort zu umfangreichen Rüstungen, die sich im neuen Kriegsjahr auszahlten: Dem Prätorianerpräfekten Tarrutenius Paternus gelang es in einem erbitterten Gefecht, die Jazygen einzuschüchtern. Sie erklärten sich bereit, den Vertrag von 175 zu erneuern, zumal Marcus ihnen die früheren Tribute erleichterte und sie wegen der Quaden beruhigte: Der Krieg gegen diese Unruhestifter, die immer wieder ihre Nachbarn heimsuchten, werde weitergehen. An Handelsbe-

Links: Filippino Lippi: Triumph des heiligen Thomas (Ausschnitt). Um 1490. Im Hintergrund die Reiterstatue Marc Aurels vor dem Lateranspalast auf dem Caeliushügel. Rom, Santa Maria sopra Minerva

schränkungen, die der militärischen Sicherheit dienten, hielt er dagegen fest. Inschriften bezeugen ferner, daß an den bedeutenden Handelsstraßen, die das Jazygenland durchquerten, römische Zollstationen errichtet wurden.[167]

Noch 179 konnte sich der Kaiser dann mit ganzer Kraft den Quaden und Markomannen zuwenden und eine neue Taktik ausprobieren: Weite Teile der beiden Stammesgebiete ließ er mit einem Netz befestigter Lager überziehen, deren Besatzungen das Umland auch über den Winter unter Kontrolle halten sollten. Je zwanzigtausend Mann bot er dafür auf. So bezogen über achthundert Angehörige der bei Aquincum (Budapest) liegenden Legion Stellung in einer Talenge der Waag beim westslowakischen Trentschin, etwa hundertzwanzig Kilometer nördlich der Donau, wo sie sich durch eine Felsinschrift verewigten.[168] Von der im numidischen Lambaesis stationierten Legion wurde eine Einheit zu den Markomannen verlegt.[169] Schneller als erwartet hatte die Strategie Erfolg: Gesandte kamen und beschwerten sich bei Marcus, daß nicht nur Ackerbau und Viehzucht zum Erliegen kämen, sondern auch ihre Landsleute und die Kriegsgefangenen in Scharen zu den römischen Stützpunkten überliefen, wo sie Bäder und reichliche Verpflegung erwarteten. Ein Teil der Quaden beschloß sogar, nach Norden zu den verwandten Semnonen abzuwandern, aber die Römer versperrten ihnen den Weg. Marcus lag nichts daran, weitere Völkerverschiebungen mit unabsehbaren Folgen zu provozieren. Dreitausend Naristen kam er allerdings entgegen und siedelte sie auf Provinzialboden an.[170]

Die neue römische Überlegenheit hing sicher mit Veränderungen innerhalb der markomannisch-quadischen Stämme zusammen. Daher schienen auch die Stimmen derer nicht zu voreilig zu sein, die das baldige Ende des Krieges voraussagten. Ein Schreckenstag gab ihnen, anders als erhofft, recht: Am 17. März 180 starb Marc Aurel, wahrscheinlich im Lager der Zehnten Legion in Vindobona (Wien). Wer den Kaiser in den letzten Jahren beobachtet hatte, für den kam sein Tod nicht überraschend, auch wenn möglicherweise die Pest die unmittelbare Todesursache war. Den Sieg vor Augen, konnte er seinen Sohn nur noch ermahnen, er möge eine letzte Anstrengung unternehmen, um die Ernte des Ringens einzubringen, das 14 Jahre zuvor begonnen hatte. Commodus gehorchte zunächst. Für das anstehende Kriegsjahr befahl er, die feindlichen Gebiete rücksichtslos zu verwüsten, und zwang damit die angeschlagenen Feinde endgültig in die Knie. Die Bedingungen der Friedensverträge, die er im Herbst mit Markomannen und Quaden schloß, zeigten, wer der Sieger war: Zusätzlich zu den Vereinbarungen von 172 und 174 mußten sich beide Stämme zu einer jährlichen Getreideabgabe verpflichten und Soldaten für die Hilfstruppen stellen. Nur einmal im Monat durften ihre Stammesversammlungen an einem festgesetzten Ort zusammenkommen, und das unter den Augen eines römischen Centurio.

Eugène Delacroix: Die letzten Worte Marc Aurels. Lyon, Musée des Beaux-Arts

Verboten war ihnen schließlich, Krieg gegen die Nachbarstämme zu führen. Als Gegenleistung zogen die römischen Soldaten aus ihrem Land ab. Die nördlich der Jazygen siedelnden Burer mußten sich ebenfalls zum Frieden bequemen, nachdem Abteilungen der Dritten Italischen Legion in ihr Stammesgebiet einmarschiert waren.[171]

Bis zu dem Zeitpunkt hätte Marcus an Commodus seine Freude gehabt. Schien er doch trotz seiner Jugend reif für die Alleinherrschaft zu sein und die Ahnungen zu widerlegen, die den Vater noch auf dem Totenbett quälten.[172] Der Sorge stand die Zuversicht entgegen, die man aus der Geschichte der Kaiserzeit gewinnen konnte: Titus, der erste römische Princeps, der seinem Vater auf den Thron folgte, strafte alle bösen Erwartungen Lügen und wurde, sobald er an der Macht war, «die Liebe und das Wohlgefallen des Menschengeschlechts»[173]. Doch Commodus geriet nicht nach Titus, sondern nach dessen jüngerem Bruder und Nachfolger Domitian, von dem sich alle späteren Kaiser bewußt abgesetzt hatten. Die neue Bahn betrat er, als er im Oktober 180 nach Rom zurückkehrte, und sie endete dort, wo sie bei Domitian, Nero und Caligula geendet hatte, den «bösen Kaisern» («mali principes»), mit denen die Zeitgenossen Commodus in eine Reihe stellten: Nach mehreren vergeblichen Verschwörungen machte ein Mordanschlag am 31. Dezember 192 seinem

Marmorbüste des Commodus als Hercules. Rom, Konservatorenpalast

Leben und damit der Dynastie der Antoninen ein Ende. Dem Tyrannen Commodus trauten im nachhinein selbst nüchterne Beobachter zu, daß er im Feldlager Ärzte bestochen und seinen Vater durch Gift beseitigt habe.[174]

Marcus sprach in seinen *Selbstbetrachtungen* nie namentlich von seinem Sohn. Doch zweimal zitierte er bedeutungsvoll den Vers des Euripides: *Wenn ich von den Göttern vergessen wurde und meine Kinder, so hat auch das seinen Grund.*[175] Der Philosoph, der sich bei all den vielen Widrigkeiten, die ihm im Leben begegneten, zur stoischen «Unerschütterlichkeit» («ataraxia») anhielt und sich, wo die zu versagen drohte, an den göttlichen Willen klammerte, bedurfte solchen Trostes, wenn er an die Zukunft des Reiches unter Commodus dachte.

Der Philosoph

Morgens vorweg sich sagen…, so eröffnete Marcus das zweite Buch seiner *Selbstbetrachtungen. Jede Stunde denke fest daran…*, mahnte er sich wenige Abschnitte später (2,5,1). *Wenn du mit Mühe aus dem Schlaf erwachst, erinnere dich daran…*, notierte er sich an einer dritten Stelle (8,12,1). Ein andermal redete er sich zu: *Sich fragen, sobald man wach geworden ist…* (10,13,1). Die Befehlssätze und die Zeitangaben lassen ein Ziel erkennen, das Marcus mit den Aufzeichnungen *An sich selbst* verfolgte: Der Verfasser schrieb Vorsätze nieder, nach denen er den anstehenden Tag bewältigen wollte. Er erzog sich und diktierte sich Regeln, die sein Handeln bestimmen sollten. Der deutsche Titel *Selbstbetrachtungen*, der auch hier der Einfachheit halber benutzt wird, oder *Selbstgespräche*, wie eine andere Übersetzung lautet, erfaßt diese Selbstzucht nur ungenügend.

Im ersten Buch der *Selbstbetrachtungen* gedachte Marcus seiner Angehörigen, Lehrer und Freunde und dankte ihnen für die geistigen Fähigkeiten und moralischen Eigenschaften, die sie ihm in der Jugend vermittelt hatten. Die folgenden elf Bücher dokumentierten, daß ihr Erziehungswerk auf fruchtbaren Boden gefallen war, aber auch, daß es nicht mehr war als ein Propädeutikum. Die Vorschule endete spätestens an dem Tag, an dem er den Thron bestieg. Fortan lag es an ihm, als Mensch das Beste aus seinem Leben und als Kaiser das Beste aus seiner Herrschaft zu machen. Das Vorbild und der Einfluß derer, die ihm von Kindesbeinen an nahegestanden hatten oder die ihm als Caesar nahegetreten waren, bildeten dabei nur die eine Quelle, aus der er schöpfte. Die andere Quelle war die Philosophie. Im Schlußkapitel des zweiten Buches stellte sich Marcus die Frage: *Was vermag uns Geleit zu geben?* Seine Antwort lautete: *Einzig und allein die Philosophie* (2,17,3). Auf welche Weise er die Philosophie im Alltag einsetzte und welche Rolle er dabei seinen Aufzeichnungen zumaß – *Erinnerungshilfen* oder *Notizen* (hypomnematia) nannte er sie einmal (3,14) –, das verdeutlichte er mit einem Vergleich: *Wie die Ärzte stets ihre Instrumente und Skalpelle für plötzliche Behandlungen bereithalten, so halte du deine philosophischen Grundsätze* (dogmata) *bereit, um das Göttliche und das Menschliche zu verstehen und um alles, auch das Kleinste, so zu tun wie einer, der sich bewußt ist, daß beides miteinander verbunden ist. Denn ebensowenig kannst du Menschliches ohne Bezug zum Göttlichen gut verrichten wie umgekehrt* (3,13).

Mit bloßer Theorie will sich Marcus nicht begnügen, sondern die Himmel und Erde, Religion und Politik umfassende philosophische Erkenntnis soll ihn in der Praxis leiten. Der Verfasser denkt nicht an eine bestimmte philosophische Schule. Als er einmal bei der zweifelnden Frage nach der menschlichen Erkenntnis die Philosophen im allgemeinen und die Stoiker im besonderen anführt, fügt er sofort hinzu: *Unsere ganze Einstellung ist wandelbar. Denn wo gibt es den unwandelbaren Menschen?* (5,10,1). Es ist im übrigen die einzige Stelle in den *Selbstbetrachtungen*, an der er die Bezeichnung «Stoiker» verwendet. Gerne zitiert er Sokrates, an den ihn auch Antoninus Pius' Charakter erinnert (1,16,30). Sonst nennt er kaum einen Philosophen mit Namen. Doch die philosophische und philologische Forschung hat in den *Selbstbetrachtungen* auf Schritt und Tritt Verbindungen zum weiten Feld der griechischen und römischen Philosophie aufgedeckt[176], und Neufunde lassen sich noch immer machen. Man hat Marcus daher häufig vorgeworfen, er sei kein origineller Denker, hat ihn so allerdings mit einem Maß gemessen, das er selbst nicht für sich beanspruchte. Wer sich wie er noch im Alter vorsagte, beim Schreiben und Lesen müsse man wie im Leben erst in die Schule gehen, bevor man Schulhaupt werden könne (11,29), sah sich auch nach jahrzehntelangen Studien eher als Schüler denn als Lehrer.

In die Schule ging Marcus bei den Vorsokratikern, bei Platon und Aristoteles. Aber die Stoa war doch diejenige Richtung, die ihn am stärksten beeinflußte und bei der er sich am häufigsten Rat für sein Leben holte. Im Einzelfall kann man allerdings kaum mehr ausmachen, ob sich der Verfasser der *Selbstbetrachtungen* bei seinen Notizen von Originalwerken anregen ließ, ob er zu Handbüchern griff oder sich früherer Lehrvorträge erinnerte. Die Zuordnung zu bestimmten Vorlagen ist auch deswegen schwierig, weil sich die Grenzen zwischen den vier großen Philosophenschulen, der platonischen Akademie, dem aristotelischen Peripatos, der Stoa und den Epikureern, immer mehr verwischten. Dazu kommt, daß uns bedeutende Philosophen nur noch in Umrissen faßbar sind, die aus späteren Zitaten zusammengesetzt werden müssen.

Ein wichtiger Anreger und Vermittler war der aus Syrien stammende stoische Philosoph und Universalgelehrte Poseidonius, der von etwa 90 bis 50 v. Chr. auf Rhodos gelehrt und römische Adlige, darunter Pompeius und Cicero, angezogen hatte. Bei Stoikern der Kaiserzeit wie Seneca und Epiktet erfuhr Marcus, wie wertvoll Philosophie als praktische Lebenshilfe war. Mit den Lehren des philosophierenden Freigelassenen Epiktet hatte ihn sein Freund Iunius Rusticus bekannt gemacht.[177] Epiktet definierte: «Der Anfang der Philosophie besteht für diejeni-

Seneca. Doppelherme (mit Sokrates) nach einem Bildnis aus der Lebenszeit. 3. Jahrhundert. Berlin, Staatliche Museen, Antikensammlung

gen, die sich ihr auf rechte Weise nähern, in der Einsicht in die eigene Schwäche und Unfähigkeit gegenüber dem, was notwendig ist.»[178] Der Aristokrat Seneca sah in der Philosophie eine Macht, «die den Geist bildet und formt, das Leben ordnet und das Handeln lenkt, die zeigt, was man tun und lassen soll, die am Steuerruder sitzt und Kurs hält durch gefährliche Strömungen»[179]. Vorweg klärte Seneca Mißverständnisse, die leicht zu einer Zeit entstehen konnten, als philosophisches Geplauder Mode geworden war und sich so mancher, vom adligen Nichtstuer bis zum wandernden Gaukler, den Titel Philosoph zulegte: «Die Philosophie ist keine Volkskunst und dient nicht der Schaustellung; sie besteht nicht in Worten, sondern in Taten. Sie dient auch nicht dazu, daß man den Tag mit einer angenehmen Beschäftigung verbringt oder der Muße die Langeweile nimmt.»

Solche billigen Absichten konnte man dem Philosophen Marcus nicht nachsagen. Wenn er *bei den Quaden am Gran* oder *in Carnuntum*, wie zwei Zwischentitel der *Selbstbetrachtungen* lauten, zur Feder griff, tat er es in den knappen freien Stunden, die er sich abgerungen hatte. Oft war das spät in der Nacht, als er bereits daran dachte, was ihm der kommende Tag bringen werde und wie er die neuen Herausforderungen bestehen könne: *Morgens vorweg sich sagen: Zusammentreffen werde ich mit einem Aufdringlichen, einem Undankbaren, einem Hochfahrenden, einem Hinterlistigen, einem Neidischen, einem Eigenbrötler. Alle diese Eigenschaften haben sie, weil sie das Gute und Schlechte nicht kennen. Ich aber habe er-*

kannt, daß das Gute von Natur aus schön, das Schlechte häßlich ist, daß die Natur des fehlerhaften Menschen mit mir verwandt ist, nicht weil er Blut und Samen mit mir teilt, sondern Geist und göttliche Abkunft, schließlich daß ich von keinem von ihnen Schaden erleiden kann; denn in Häßlichkeit wird mich keiner verstricken. Auch kann ich dem Verwandten weder zürnen, noch mich ihm verhaßt machen. Wir sind nämlich zur Zusammenarbeit geboren wie die Füße, die Hände, die Augenlider und wie die oberen und unteren Zahnreihen. Gegeneinander zu handeln ist folglich wider die Natur. Gegenhandlung aber ist, wenn man unwillig ist und sich abwendet (2,1).

Es ist ein politischer Monolog, den der Kaiser im ersten Kapitel des zweiten Buches führt, das vielleicht einmal das Gesamtwerk eröffnet hatte. Politik besteht für ihn im Alltag darin, daß er mit den verschiedensten Menschen zusammentrifft, solchen, denen er Befehle gibt, damit sie seinen Willen erfüllen, und solchen, die ihm ihre Sorgen vortragen und von ihm Hilfe erwarten. In beiden Fällen gibt es Reibungen, bei denen im Gegenüber eher die schlechten als die guten Seiten spürbar oder sogar sichtbar werden. Nie trifft der Kaiser auf Menschen, die ihm frei und absichtslos gegenübertreten. Es sei denn, bemerkt Marcus, sie würden ihre Anschauungen und damit ihr inneres Wesen ändern. Doch das wird wohl nie vorkommen, und so resigniert er: *Ohne Änderung der Anschauungen, was gibt es anderes als Sklaverei von Stöhnenden, die so tun, als ob sie gehorchten?* (9,29,6). Marcus spricht daher in den Büchern 2 bis 12 auch so gut wie nie von erfreulichen Begegnungen. Sie waren das Thema des ersten Buches. *Überhaupt nicht mehr über die Beschaffenheit des guten Mannes diskutieren, sondern einer sein*, lautet eine Einsicht (10,16).

Der Kaiser könnte sich alle Unannehmlichkeiten vom Leibe halten. Er bräuchte nur zu befehlen und Widersetzlichkeit zu bestrafen, ohne sich weiter über seine Mitmenschen, seine Untertanen, Gedanken zu machen. Dann aber wäre er ein Tyrann, das Gegenbild des «Bürgerkaisers» («civilis princeps»), den ihm sein Vorgänger Antoninus Pius dreiundzwanzig Jahre lang vorgelebt hat. Pius' mildem Wesen und seinen ‹zivilen› Umgangsformen setzte Marcus im ersten Buch der *Selbstbetrachtungen* ein Denkmal (1,16). Eine Eigenschaft hob er an ihm besonders hervor: Stets sei er sich gleich geblieben.[180] Er war das Muster eines in sich gefestigten Mannes, der allen mit derselben Freundlichkeit begegnete. Der Verfasser verrät sich: Um solche Gelassenheit, die anderen nach Möglichkeit ihre Freiheit läßt, mußte er, anders als sein Vorgänger, beständig ringen. Lebenskunst unterscheide sich nicht viel von der Ringkunst, bemerkte er dazu (7,61). Noch die letzten Seiten der *Selbstbetrachtungen* belegen, daß er den Kampf bis ans Ende seines Lebens nicht aufgab. In der Philosophie suchte er Hilfe, und im oben zitierten Eingangskapitel des zweiten Buches beschrieb er auch sogleich die wichtigsten Hilfsmittel, die sie ihm bot: Kann man Mitmenschen zürnen, wenn man sich vergegenwärtigt, daß sie nur deswegen böse sind, weil sie das Gute nicht kennen, Gut und Böse daher nicht zu unterscheiden vermögen? Es ist die Einsicht, die zum erstenmal Sokrates in Platons Dialogen verkündet hatte. Marcus geht noch einen Schritt weiter und sagt sich mit den Stoikern: Alle Menschen haben am göttlichen Geist teil, sind daher nicht nur miteinander, sondern auch mit den Göttern verwandt. In der großen kosmischen Gemeinschaft gibt es nichts Böses, folglich kann ein Glied dem anderen auch nichts Böses zufügen. Wer jedoch seinem Nächsten zürnt, stört die Harmonie. In ihr haben alle einen bestimmten Platz und bestimmte Aufgaben, die einander zugeordnet sind. Der menschliche Körper mit seinen paarweisen Werkzeugen bietet für solche «Synergie» ein sinnfälliges Bild. Wenn sich jemand der Zusammenarbeit entzieht, begeht er eine Sünde wider die Natur, und zwar, wie Marcus später erläutert, wider die Natur des Kosmos und wider seine eigene Natur. Mit wechselnden Worten prägt er sich immer wieder die stoische Regel ein, man müsse der Natur folgen: *Schau dich nicht um nach fremden Leitbildern, sondern blicke geradeaus dorthin, wohin dich die Natur lenkt, sowohl die Natur des Alls durch das, was dir begegnet, als auch deine eigene durch das, was du tun mußt* (7,55,1). So kommt Gleiches zu Gleichem, und ein Prinzip wird erfüllt, das überall in der belebten wie in der unbelebten Welt zu beobachten ist (9,9). Poseidonius hatte zu dem Prinzip viel zu sagen, aber auch schon Vorsokratiker sahen in ihm eine Art Weltformel.

Der Kaiser ist streng mit sich. Kann ein Mensch in seiner Selbstzucht weiter gehen als bis zu dem Gebot, stets seine Gedanken zu überwachen, ja von anderen überwachen zu lassen? *Man muß sich daran gewöhnen, nur das zu denken, worüber man, falls einer plötzlich fragt: Was denkst du? mit Freimut sogleich antworten kann, daß es das und das sei, so daß daraus gleich offenkundig wird, daß es alles einfache und wohlgesinnte Dinge sind, solche, die zu einem Menschen passen, der in der Gemeinschaft steht, über Lüste erhaben ist und überhaupt über genußvolle Phantasiebilder oder Ehrgeiz, Neid, Unterstellung oder irgend etwas anderes, worüber du erröten würdest, wenn du ausführen müßtest, daß du daran gedacht hast.* (3,4,3) Wer unwillig wird gegenüber seinen Mitmenschen und sich von ihnen abwendet, verstößt gegen die Naturordnung. Wohl ist Marcus als Kaiser dazu bestimmt, *ihnen vorzustehen wie ein Widder der Schafherde oder wie ein Stier der Rinderherde* (11,18,1). Aber wenn er sich Gedanken macht, *wie er das politische System erfüllen und wie jede seiner Handlungen dazu beitragen soll, das politische Leben zu erfüllen* (9,23,1), gibt er sich kaum je als Herrscher. Dementsprechend sieht er in den anderen auch nie die Untertanen und unterscheidet weder nach Stand noch nach Herkunft. Als er sich ermahnt, zum Senat nicht affektiert zu sprechen, sondern gesetzt und vernünftig, fügt er sofort an: *und zu jedem beliebigen auch* (8,20). Gesellschaftliche Unterschiede verlieren ihre Bedeutung, da die irdische Ordnung nicht absolut ist, sondern in der kosmischen aufgeht, wie er in einer logischen Reihe erläutert: *Wenn uns das Denkvermögen gemeinsam ist, ist es auch die Vernunft, wonach wir Vernunftwesen sind; wenn ja, ist uns auch der Verstand gemeinsam, der uns vorschreibt, was zu tun ist oder was nicht; wenn ja, ist uns auch das Gesetz gemeinsam; wenn ja, sind wir Bürger; wenn ja, haben wir Anteil am Staat; wenn ja, ist der Kosmos sozusagen ein Stadtstaat* (4,4,1). In dieser *obersten Stadt sind die übrigen Städte gleichsam Häuser* (3,11,2). Das doppelte Bürgerrecht, das die Stoiker daraus ableiteten, nimmt Marcus auch für sich in Anspruch: *Stadt und Vaterland sind für mich als Antoninus Rom, als Mensch der Kosmos. Allein was diesen Städten nützt, ist für mich gut* (6,44,6). Die Interessen von Kosmos und Imperium Romanum stimmen überein, und indem Marcus als Kaiser diesem dient, dient er zugleich jenem.

Das Bewußtsein, in den Kosmos und in die Welt der Götter eingebunden zu sein, verleiht dem Menschen Sicherheit: *Was dir auch widerfahren mag, es wurde für dich von Ewigkeit an vorbereitet; und die Verflechtung der Ursachen hat dein Sein und dieses Ereignis von Urbeginn an miteinander verwoben* (10,5). Nichts auf Erden ist zufällig. Was wie Zufall aussieht, kommt gemäß der göttlichen Vorsehung, die immer das Ganze überblickt. Marcus legt die gewichtige Anschauung erstmals in einem der frühen Abschnitte des zweiten Buches dar: *Die Welt der Götter ist von der Vorsehung erfüllt, der Bereich des Zufalls existiert nicht ohne die Natur oder die Verknüpfung und Anbindung an die von der Vorsehung verwaltete Welt. Alles fließt von dort. Dazu kommt die Notwendigkeit und der Nutzen für den gesamten Kosmos, von dem du ein Teil bist* (2,3,1–2). Im Schlußkapitel des ersten Buches hatte Marcus eine lange Kette erfreulicher Ereignisse und Begegnungen den Göttern zugeschrieben. Gegen Ende des zwölften Buches antwortet er Skeptikern, die nach Beweisen für die Existenz der Götter fragen: *Aus ihrer Wirkung, die ich jeweils erfahre, schließe ich, daß es sie gibt, und ich verehre sie* (12,28,2). Es ist eine populäre Argumentation, ähnlich dem kosmologischen Gottesbeweis, den er im selben Zusammenhang andeutet.

Ob er von Göttern oder vom All, vom Weltgeist oder der Natur spricht, immer wieder schlägt Marcus die Brücke zur menschlichen Gemeinschaft und zum Einsatz, den sie dem Einzelnen auferlegt. Offensichtlich hat er sich so manches Mal den Vorwurf gefallen lassen müssen, die Stoa mache ihre Anhänger gefühllos gegenüber den Mitmenschen und sei daher als Philosophie für die Regierenden ungeeignet.[181] Er widerspricht: *Wenn ich mich nun daran erinnere, daß ich Teil eines so beschaffenen Ganzen bin, werde ich mit allem, was mir widerfährt, zufrieden sein, insofern aber, als ich mit den mir gleichgearteten Teilen verwandt bin, werde ich nichts gegen das Gemeinwohl tun, vielmehr werde ich auf meine Verwandten Rücksicht nehmen und werde mein ganzes Streben auf das richten, was der Gemeinschaft nützt, und werde das Gegenteil fernhalten*

Marc Aurel. Kopenhagen, Ny Carlsberg Glyptotek

(10,6,4–5). Ein anderer Einwand gegen die Stoa lautete, daß sie das persönliche Glück vernachlässige. Die Anhänger Epikurs predigten, man müsse sich aus dem öffentlichen Leben zurückziehen, um allein nach dem privaten Glück zu streben. Der Kaiser hält ihnen entgegen, daß eben der glücklich ist, der sich dem Gemeinwohl verschreibt: *Wenn das sich aber so verwirklicht, dann verläuft das Leben zwangsläufig glücklich, so wie sich das glückliche Leben eines Bürgers vorstellen läßt, der den Mitbürgern fortwährend durch seine Taten nützt und willig das auf sich nimmt, was ihm der Staat zuweist* (10,6,6).

Gegen Kleinmut und Verzweiflung stärkt sich der Kaiser mit dem Gedanken, daß *der Geist des Weltganzen, der die Gemeinschaft will*, jedem nur das zuteilt, was ihm angemessen ist (5,30,2): *Zuträglich ist jedem, was ihm die Allnatur zuträgt, und dann ist es zuträglich, wann sie es zuträgt* (10,20). Somit gibt es keine Aufgabe, die nicht zu bewältigen ist, auch wenn die Schwierigkeiten zunächst unüberwindlich zu sein scheinen. Ein Beispiel ist Sokrates, *der das, was ihm vom All zugeteilt wurde, nicht als etwas Fremdes ansah oder als etwas Unerträgliches erduldete.* Der Athener zeigte sich als Vorläufer der Stoiker, da auch er *die Empfindungen des Fleisches nicht auf seinen Geist einwirken ließ.* Das gab ihm die Souveränität, sich weder über die Schlechtigkeit der Mitbürger zu ärgern noch ihrer Unwissenheit nachzugeben (7,66,3).

Die Frage, wie er den Mitmenschen begegnen soll, läßt den Bürgerkaiser nicht los. Sich als kleines Glied im göttlichen Universum zu sehen, ist ein Mittel, um bescheiden zu bleiben und seine Macht auf Erden nicht auszuspielen. Ebenso hilfreich ist, sich in die Lage der anderen zu versetzen und sie als eigenständige Mitbürger im Weltstaat anzuerkennen: *Wenn einer sich gegen dich vergangen hat, denke sogleich daran, was er sich Gutes oder Schlechtes vorgestellt hat, als er sich vergangen hat. Wenn du das erkannt hast, wirst du ihn bemitleiden und wirst weder in Verwunderung noch in Zorn geraten. Denn entweder begreifst du wohl auch selbst das oder etwas anderes Ähnliches als gut für ihn, wirst ihm also verzeihen. Wenn du aber diese Dinge nicht mehr als gut oder schlecht ansiehst, wirst du dich leichter dem gegenüber, der das Versehen beging, wohlwollend zeigen* (7,26). Marcus weicht hier von der stoischen Lehre ab. Mit den Wörtern *bemitleiden* und *verzeihen* hätte er bei Stoikern Anstoß erregt. Sie sahen in Mitleid und Verzeihung irrationale Affekte, die lediglich Abklatsch echter Güte seien und dem obersten Lebensziel, der «Unerschütterlichkeit des Gemüts» («ataraxia»), zuwiderliefen. Echte Güte vergesse im Unterschied zur Verzeihung auch nicht, daß der andere Strafe verdient habe.[182]

Stoiker ist Marcus jedoch wieder bei der Vorstellung, daß die alltäglichen politischen Unpäßlichkeiten aufs Ganze gesehen harmlos sind. Sie schädigen nicht das Gesetz des Allstaates, folglich auch nicht den Einzelstaat und seine Bürger (10,33,8). Denn wenn man sich umsieht, dann ist das menschliche Leben nichts anderes als *leerer Eifer bei einem Festzug, Aufführungen auf einer Bühne, Schafherden, Rinderherden, Speerwettkämpfe, ein Knochen, der vor die Hunde, ein Brocken, der in den Fischteich geworfen wird, Abmühen und Schleppen von Ameisen, Weghuschen aufgescheuchter Mäuse, Marionetten, die an Fäden aufgezogen werden* (7,3,1). Der Einwand liegt allerdings nahe: Welchen Sinn hat dann noch das Wirken für das Gemeinwohl? Ist es nicht besser, sich mit der Rolle des Zuschauers oder des skeptischen Philosophen zu begnügen? Marcus lehnt solche billigen Lösungen ab: *Man muß unter diesen Um-*

ständen wohlwollend und ohne Verachtung dabeistehen und sich überlegen, daß ein jeder soviel wert ist, wieviel das wert ist, womit er sich beschäftigt (7,3,2).

Mitleid, Verzeihung und Wohlwollen fallen dem Princeps um so leichter, je mehr ihm bewußt ist, daß auch er nicht fehlerfrei ist: *Du selbst machst vieles falsch und bist einer von jener Sorte.* Marcus geht noch weiter: *Und falls du dich einiger Fehler enthältst, so hast du doch die Veranlagung dazu, magst du dich auch aus Feigheit oder Ruhmsucht oder einem derartigen Übel solcher Fehler enthalten* (11,18,7). An zahlreichen Stellen der *Selbstbetrachtungen* degradiert der Verfasser Ruhm und Nachruhm zu belanglosen, vergänglichen Gütern: *Wer nach späterem Ruhm verlangt, stellt sich nicht vor, daß jeder von denen, die sich seiner erinnern, in Kürze selbst ebenfalls sterben wird, dann wieder der nächste, der jenem nachfolgen wird, bis die ganze Erinnerung ausgelöscht ist, die durch Entfachen und Verlöschen abläuft.* (4,19,1) Gegen Ruhmsucht liefert die Geschichte das überzeugendste Argument: *Denke an das Leben, das von anderen einst gelebt wurde und das nach dir gelebt werden wird und das jetzt bei den Barbarenstämmen gelebt wird; und wie viele nicht einmal deinen Namen kennen, wie viele dich sehr schnell vergessen werden und wie viele, die dich jetzt vielleicht loben, dich sehr schnell tadeln werden, und daß weder das Andenken Wert besitzt noch der Ruhm noch überhaupt irgend etwas anderes* (9,30).

In Marcus steigen Bilder seiner Vorgänger auf: Vespasian und Trajan (4,32), Augustus, Hadrian und Antoninus Pius (4,33,1). Es sind die großen vorbildlichen Kaiser, *die einmal wunderbar geglänzt haben.* Sie stehen in einer Reihe mit den Helden der Republik, und doch gilt auch für sie: *Alles schwindet dahin und wird rasch zur Sage; und schnell hat sich völliges Vergessen darüber gebreitet* (4,33,1). Historische Größe ruht auf einem schwachen Fundament, auf der Erinnerung der Nachgeborenen. Sobald die Erinnerung erlischt, ist es auch mit der Größe vorbei. Der Nachkömmling auf dem Thron wird bescheiden. Was unterscheidet ihn im gewaltigen Strom der Zeit von den Hohen und den Niedrigen vor ihm und nach ihm? Hinfällig ist der Mensch, sein Leben ist kurz, der Tod ist nahe. Wie ein roter Faden zieht sich dieses Thema durch die *Selbstbetrachtungen.* Schon das zweite Kapitel des zweiten Buches bringt eine nüchterne Selbstanalyse: *Was ich auch sein mag, es ist nur Fleisch, Lebensatem und Leitprinzip. Wirf die Bücher weg; laß dich nicht mehr einfangen; es ist dir nicht vergönnt. Verachte vielmehr, als ob du nunmehr sterben müßtest, das Fleisch; es ist nur Blut, Knochen und Gewebe, ein Geflecht aus Nerven, Venen und Arterien. Sieh dir auch an, was der Lebensatem ist: ein Windhauch, nicht einmal immer derselbe, sondern ununterbrochen ausgestoßen und wieder eingesogen. Als drittes nun das Leitprinzip. Stell dir folgendes vor: Du bist ein Greis. Laß das Leitprinzip nicht länger Sklave sein, nicht länger triebhaft und ohne Rücksicht auf die anderen herumgezogen werden, nicht länger über das augenblickliche Schicksal unwillig sein und sich dem künftigen entziehen* (2,2).

Doch auch im hohen Alter darf der Mensch nicht in Apathie verfallen. Denn *oft tut unrecht, wer nichts tut, nicht nur, wer etwas tut* (9,5). Das größte Unrecht aber ist, die Sorge um das Gemeinwohl zu verweigern. Sie gibt dem Leben Sinn und weist zugleich über die irdische Begrenztheit des Menschen hinaus: *Zu jeder Stunde denke als römischer Bürger und Mann fest daran, daß du das, was du in den Händen hast, mit sorgfältiger, unverstellter Würde, Liebe, Freiheit und Gerechtigkeit tust und dir Ruhe von allen anderen Vorstellungen verschaffst. Du wirst sie dir verschaffen, wenn du jede Handlung deines Lebens erledigst, als wäre es die letzte, losgelöst von aller Gedankenlosigkeit und Leidenschaft, die sich der planenden Vernunft entzieht, von Heuchelei, Egoismus und Auflehnung gegen das Schicksal. Du siehst, wie wenig man haben muß, um ein wohlgeordnetes, gottgesegnetes Leben zu führen. Denn auch die Götter verlangen nichts weiter von dem, der das befolgt* (2,5).

An den Tod denken ist Ansporn zum richtigen Handeln, nicht Anlaß, um sich zu fürchten. Denn Sterben ist ein natürlicher Vorgang: *Der Tod ist so wie die Geburt ein Geheimnis der Natur; hier Verbindung aus denselben Elementen, dort Auflösung in dieselben. Überhaupt ist er nichts, dessen man sich schämen müßte. Er widerspricht ja nicht der Zeitgebundenheit eines Vernunftwesens und nicht seiner sinnvollen Struktur* (4,5).

Ohne sich festzulegen, stellt Marcus gerne verschiedene Auffassungen nebeneinander, die die Philosophen über die Seele nach dem Tod geäußert haben: entweder verlischt sie oder zerfällt in Atome, lebt als Ganzes weiter oder geht in einen anderen Zustand über (5,33,5; 6,24; 7,32; 8,25,4; 11,3). Hier Gewißheit haben oder gar mit einem Gott rechten zu wollen, hält er für vermessen. Solcher Erkenntnisdrang würde seinem Glauben zuwiderlaufen, daß die Götter die Welt gut eingerichtet haben, der Mensch daher alles, auch das Sein oder Nichtsein nach dem Tod, hinnehmen soll – heiter hinnehmen soll, wie er nicht müde wird zu betonen. Der letzte Satz der *Selbstbetrachtungen* lautet: *Geh also heiter aus dem Leben; denn der, der dich entläßt, tut es heiter* (12,36,5).

Den Tod fürchtete Marcus auch deshalb nicht, weil er eine Vergeltung im Jenseits nicht kannte. Er selbst war sich keiner Schuld bewußt: *Niemals habe ich einem anderen willentlich weh getan* (8,42). Als er sich wieder einmal Antoninus Pius zum Vorbild nahm und dessen vorbildlichen Charakter lobte, schloß er mit dem Wunsch: *Mögest du ein so gutes Gewissen haben wie er, wenn die letzte Stunde an dich herantritt* (6,30,25). Ein Leben lang kämpfte er, damit sich sein Wunsch erfüllen werde.

Nachleben

Hoffe nicht auf Platons Idealstaat, sondern gib dich zufrieden, wenn es ein ganz klein wenig vorangeht, und ziele auf diesen Ausgang, wie gering er auch ist.[183] Der Mann, der über ein Weltreich herrschte und sich Tag um Tag, Jahr um Jahr in der Herrschaft verzehrte, glaubte nicht, daß er viel bewegen und tiefere Spuren in der Geschichte hinterlassen werde. Der Zeitzeuge Cassius Dio, dessen Vater unter Marcus Statthalter war und der selbst um 180 in den Senat eintrat, sah das im Rückblick anders. Als er ein halbes Jahrhundert später seine «Römische Geschichte» verfaßte, lautete sein Schlußurteil über Marcus: Mit ihm endete das Goldene Zeitalter des Principats, und es begann das Eiserne, das immer noch andauert.[184] Auch für den Historiker Herodian, der eine Generation nach Cassius Dio schrieb, war Marcus' Tod die Scheide zwischen der großen, zweihundertjährigen Epoche des Principats und einer wüsten Folgezeit: «Noch nie hat es so viele Herrscherwechsel gegeben, so viel Kunterbunt an Bürgerkriegen und auswärtigen Kriegen, an Völkerverschiebungen und Eroberungen von Städten auf römischem Gebiet und in vielen Barbarenländern, an Erdbeben und Luftverpestung, so viele verblüffende Lebensläufe von Usurpatoren und Kaisern, wie man sie aus früherer Überlieferung kaum oder überhaupt nicht kannte.»[185]

Die Wirren, die das Reich im Jahrhundert nach Marcus' Tod erschütterten, waren ein Grund, warum das Ansehen des Verstorbenen eher größer war als das des Lebenden. Im 4. Jahrhundert, unter den christlichen Kaisern, kam ein weiterer Grund hinzu: Die heidnische Reaktion erhob Marcus zu ihrem Idealherrscher. Julian, Roms letzter heidnischer Kaiser, schrieb Ende 362 ein «Symposium», in dem sich alle seine Vorgänger von Caesar bis zu Konstantin dem Großen im Olymp versammelten und vor den Göttern darum stritten, wer der Beste sei. Sieger wurde Marc Aurel, der die Schiedsrichter mit seiner Lebensregel gewann: Die Götter nachahmen, indem man möglichst wenig benötigt und möglichst vielen Gutes tut.[186] Eine der Quellen, die von der «Historia Augusta» benutzt wurde und die Julians Werk gekannt haben dürfte, machte aus dem Marcus im Himmel geradezu das Wunschbild eines heidnischen Heiligen: Noch jetzt, mehr als zweihundert Jahre nach seinem Tod, stehe in vielen Häusern seine Statue zwischen den Hausgöttern, und Menschen berichteten, er habe ihnen im Traum Ereignisse prophezeit, die tatsächlich eingetreten seien.[187]

Aber es gab auch Gegenstimmen. Marcus selbst wußte sehr wohl: *Es ist das Los der Könige, Gutes zu tun und einen schlechten Ruf zu haben.*[188] Wenn er daran dachte, wie die Öffentlichkeit seinen Tod aufnehmen werde, machte er sich keine Illusionen: *Und ganz zum Schluß wird noch einer sein, der zu sich sagt: «Endlich werden wir vor diesem Schulmeister Ruhe haben; lästig war er zu keinem von uns, aber ich merkte, daß er uns im stillen verachtet». Das kommt auch beim Tüchtigen vor. Bei uns aber, wieviel anderes gibt es noch, weshalb uns so mancher los sein will.*[189]

Die sparsame Haushaltspolitik des Kaisers war ein Grund, warum ihn so mancher los sein wollte. Cassius Dio, der Commodus' Verschwendungssucht erlebte, nahm ihn nachträglich gegen den Vorwurf in Schutz, ein Geizhals gewesen zu sein.[190] Angriffsflächen bot Marcus auch all denjenigen, die nach Widersprüchen zwischen seinen Wertvorstellungen und seiner Politik suchten und ihn der Heuchelei bezichtigten. Die «Historia Augusta» zitiert im Schlußkapitel ihrer Biographie solche Stimmen.[191] In der Lebensbeschreibung des Usurpators Avidius Cassius nimmt sie die Diskussion wieder auf und legt dem Usurpator hämische Bemerkungen über «das alte Philosophenweib» und den «Schwätzer» in den Mund: «Marcus Antoninus philosophiert und forscht über Elemente und Seelen, Ehre und Gerechtigkeit, und er merkt dabei nicht, daß der Staat vieler Schwerter und vieler Todesurteile bedarf, damit das Gemeinwesen in seinen alten Zustand zurückgeführt werden kann.»[192] Der Verfasser identifiziert sich allerdings nicht mit diesem Urteil. Für ihn übertraf Marcus an Tugend alle Kaiser, wie er im Eröffnungssatz seiner Biographie betont.

Als die neuzeitliche Geschichtsforschung begann, sich mit Marc Aurels Leben und Werk auseinanderzusetzen, schieden sich die Meinungen erneut an der Frage, wie weit er Grundgedanken der *Selbstbetrachtungen* in Politik umgesetzt habe. Louis-Sébastien Lenain de Tillemont verschwieg 1702 nicht die Schattenseiten seines Wesens[193], während Edward Gibbon 1776 der Auffassung war, sein Leben sei «der edelste Kommentar» zu den Lehren der Stoa gewesen.[194] Ernest Renan, dem wir die berühmteste Biographie Marc Aurels verdanken, urteilte 1882: Dem Kaiser sei es gelungen, das Gedankengut im ersten Buch der *Selbstbetrachtungen* in seine Politik einzubringen.[195] Dagegen befand Ulrich von Wilamowitz-Moellendorff 1931 in einer biographischen Skizze: «Die Taten des Kaisers und die Gedanken des Schriftstellers gehen einander wirklich kaum etwas an.»[196] Der Streit der Gelehrten ist bis heute nicht zur Ruhe gekommen.

Dem Ansehen und der Verbreitung der *Selbstbetrachtungen* taten die unterschiedlichen Urteile keinen Abbruch. Seit das Werk im 16. Jahrhundert erstmals gedruckt und dann auch häufig in moderne Sprachen übersetzt wurde, hat es zahllose Leser gefunden. Viele fühlten ähnlich wie der unbekannte antike Bewunderer, der nach der Lektüre die schlichten Verse dichtete:

Wenn du das Leid besiegen willst,
Schlag dieses wunderbare Buch auf
Und geh es fleißig durch.
Höchst nützliche Einsicht wirst du von ihm gewinnen
Über das, was einmal sein wird,
Das, was ist, und das, was war,
Und daß Freude und Trauer
So leicht sind wie der Rauch.[197]

Anmerkungen

Abkürzungen der wichtigsten und in der Bibliographie genannten Quellen:

AV	=	Aurelius Victor
CD	=	Cassius Dio
Dig	=	Digesta Iustiniani Augusti
Fro, MA	=	Fronto, Briefe an Marc Aurel
Fro, V	=	Fronto, Briefe an Lucius Verus
HA, AC	=	Historia Augusta, Leben des Avidius Cassius
HA, Ael	=	Historia Augusta, Leben des Aelius
HA, AP	=	Historia Augusta, Leben des Antoninus Pius
HA, C	=	Historia Augusta, Leben des Commodus
HA, MA	=	Historia Augusta, Leben Marc Aurels
HA, V	=	Historia Augusta, Leben des Verus
ILS	=	H. Dessau, Inscriptiones Latinae selectae
MA, Fro	=	Marc Aurel, Briefe an Fronto (in Frontos Briefsammlung)
Sb	=	Marc Aurel, Selbstbetrachtungen

(Die Übersetzungen der griechischen und lateinischen Zitate im Text stammen vom Verfasser.)

Die in der Literaturliste genannten Werke werden in den Anmerkungen mit Autorenname und Erscheinungsjahr zitiert.

1 MA, Fro 2,16. Der Briefanfang ist verloren, ebenso Frontos Antwort, die sich jedoch nach anderen Briefen erschließen läßt.
2 Ovid: Briefe aus Pontus 4,2,35: *laudata virtus crescit.*
3 *palantes balantesque* = irrend und blökend
4 Sb 7,69; 71; 15; 5,31,1
5 Panegyrikus 69,6
6 Briefe 2,1,2
7 ILS 5173; E. Champlin, in: Zeitschrift für Papyrologie und Epigraphik 60, 1985, S. 159–163
8 Tacitus: Annalen 15,44
9 MA, Fro 2,11,2
10 Dialog über die Redner 29,1–2
11 Gynaecia 2,12,19 (Corpus Medicorum Graecorum 4, 1927)
12 Sb 1,6,2
13 Sb 1,6; MA, Fro 3,9,4
14 Fro, MA 2,3; 15
15 Sb 1,4
16 Fro, MA 4,1,2
17 Sb 1,17,1–4
18 HA, Ael. 6,3
19 CD 72,36,1; HA, MA 5,2. Die Varianten bei beiden Autoren, die die Episode auch unterschiedlich datieren, lassen sich vereinen.
20 Sb 9,27; 1,17,20; 6,31
21 HA, MA 5,3–4, wo die Szene ver-

sehentlich in die Zeit Hadrians verlegt wird.
22 HA, MA 7,2
23 Sb 6,30
24 Über die Pflichten 1,122
25 Briefe 8,14,4–6
26 Fro, MA 3,8,1
27 Fro, MA 2,4,1
28 Fro, MA 4,3,4
29 Briefanhang (Additamentum) 7,1
30 Additamentum 8,6
31 Rosen (1994)
32 Fro, MA 1,3,10
33 MA, Fro 2,5,1
34 MA, Fro 3,2,1
35 Fro, MA 4,1,2
36 Fro, MA 2,8,1
37 Über die Freundschaft 51
38 Philostrat, Leben der Sophisten 2, 562
39 MA, Fro 4,7,1
40 CD 71,36,2
41 MA, Fro 4,5–6
42 MA, Fro 4,4,2
43 MA, Fro 4,6,2
44 Fro, MA 3,21
45 MA, Fro 4,4,1; 2,9
46 Tacitus, Annalen 1,54
47 MA, Fro 2,11,1–2
48 HA, MA 15,1
49 Sb 1,13
50 MA, Fro 4,13,2
51 MA, Fro 3,16,1
52 Sb 1,16,18; HA, AP 10,4
53 Lukian, Demonax 31
54 HA, AP 10,5
55 Sb 1,17,10; 1,7
56 Sb 1,15
57 Sb 1,14
58 Philostrat, Leben der Sophisten 2,557
59 Sb 1,9
60 Die umstrittene Abfolge der dreizehn Geburten Faustinas steht dank der Forschungen von K. Fittschen (1982) und R. Bol (1984) auf einer neuen Grundlage. Beide Autoren stimmen jedoch nicht in allem überein.
61 Fro, MA 4,11
62 Sb 11,34; Epiktet 3,24,88
63 Sb 10,34–35; Ilias 6,147–149
64 Sb 12,26
65 HA, MA 21,3–4
66 R. Klein, Die Romrede des Aelius Aristides 1–2, Darmstadt 1981–1983
67 G. Alföldy (1977), S. 64
68 Briefe an Antoninus Pius 10
69 Ebd. 8,1
70 Fro, MA 5,51
71 An Kaiser Marcus über die Beredsamkeit 2,6
72 Fro, V 2,12
73 Plinius, Naturgeschichte 11,240; Galen, Bd. 6, S. 339; S. 696–697
74 HA, AP 12,4–6
75 Fro, V 1,5,2
76 Fronto, Principia historiae 16
77 «Bilder» und «Über Bilder» lauten die Titel.
78 Sb 8,37,1
79 CD 1,3
80 Der Brief bildet mit dem vorausgegangenen und den zwei folgenden Briefen in der Sammlung der Frontobriefe eine eigene Gruppe: «Über die Ferien in Alsium». Das Datum der Briefe ist nicht auf das Jahr genau zu bestimmen. Doch Marcus' Arbeitswut blieb sich gleich.
81 CD 71,6,2
82 HA, MA 9,5
83 CD 71,6,1; HA, MA 10,10
84 J. H. Oliver (1970)
85 HA, MA 10,10
86 Dig 28,4,3; 37,14,17
87 H. Engelmann, D. Knibbe, R. Merkelbach, Die Inschriften von Ephesos Teil 3, Bonn 1980, Nr. 672
88 Fro, V 1,3
89 In Frontos Briefcorpus erhielt der Brief den Titel «Über den Partherkrieg».
90 Fro, V 1,8,2
91 Ebd. 2,2
92 Ebd. 1,2,3

93 Im Briefcorpus werden die vier Briefe unter dem Titel «Über denVerlust des Enkels» zusammengefaßt.
94 Sb 1,17,6
95 Fro, V 1,7,2; vgl. ebd. 10,1
96 HA, MA 12,13
97 HA, MA 14,1
98 Dig 48,12,3,1
99 HA, MA 12,14–13,6; 21,5
100 Sb 9,2,4
101 CD 72,14,3
102 Lukian, Der Pseudoprophet Alexander 48
103 HA, MA 13,6
104 HA, MA 14,2–3; CD 71,13,3
105 HA, V 9,8
106 HA, V 9,10. D. Knibbe, in: Jahreshefte des Österreichischen Archäologischen Instituts 53, 1981/82, S. 133–135
107 J. Šašel, in: Museum Helveticum 31, 1974, S. 225–233
108 Galen, Bd. 19, S. 17 f.
109 HA, MA 15,5–6; HA, V 11,2; AV 16,6–7
110 HA, MA 17,4–5; 21,6–8
111 CD 71,33,2
112 HA, MA 22,4
113 Ammianus Marcellinus, Römische Geschichte, 25,24,17
114 Galen, Bd. 19, S. 19
115 HA, MA 21,3
116 Da die schriftliche Überlieferung für den Markomannenkrieg äußerst dürftig ist und Inschriften nur verstreute Details bieten, hat die ausgedehnte Forschung noch keine Einigung über Chronologie und Verlauf der Kämpfe erzielt; vgl. W. Zwikker (1941); G. Schindler-Horstkotte (1985); A. Birley (1987).
117 Eine stark verkürzte Notiz bei Cassius Dio 71,3,2 wird gewöhnlich auf den Markomannen- und Quadeneinfall von 167 bezogen. Doch dazu paßt nicht Dios Angabe «die Kelten (= Germanen) jenseits des Rheins».
118 CD 71,22,1
119 ILS Nr. 1098
120 Pausanias, Beschreibung Griechenlands 10,34,5
121 ILS Nr. 1327; 2287; 2616; 2617
122 CD 71,11
123 CD 71,11,1
124 CD 71,11,4–5; K. W. Welwei (1986)
125 CD 71,3,3–4; 5; HA, MA 21,10. Die Rückgabe der Beute, die die «Historia Augusta» erwähnt, und der Protest der Soldaten bei Cassius Dio gehören in der geschilderten Weise zusammen und belegen, daß der bei beiden Autoren allgemein erwähnte Sieg derselbe ist.
126 HA, C 11,14
127 CD 71,7; 8; 13,1
128 CD 71,8; 10; HA, MA 24,4
129 Eusebius, Kirchengeschichte 5,5,1–4
130 Berwig (1970), S. 103–177
131 Philostrat, Leben der Sophisten 2,559–561
132 J. H. Oliver (1970); H. Freis (1984), Nr. 106
133 H. Freis (1984), Nr. 107
134 CD 71,2,3; 3,1; 14,2
135 HA, MA 24,5; 27,10. Vgl. die gegensätzlichen Auffassungen von Alföldy und Birley in: Klein (1979), S. 389–428; S. 473–502
136 CD 71,6,3
137 Sb 5,1,1; 6,2,1
138 Galen, Bd. 14, S. 3–5; CD 71,6,4
139 Sb 1,17,12
140 CD 71,16; 17,1; 22,3; 23,3; HA, MA 24,6
141 CD 71,23–24; HA, AC 2
142 Philostrat, Leben der Sophisten 2,563
143 HA, C 12,3–4
144 CD 71,27–28
145 Sb 6,47,6; 50,1

146 HA, MA 26,12; AC 9,3–4; 12,6–7
147 Dig 48,19,30
148 Sb 1,17,18
149 Philostrat, Leben der Sophisten 2,562
150 HA, MA 19,2–12; 26,5–6; 29,1–3
151 Philostrat, Leben der Sophisten 2,562–63
152 CD 71,32,1; HA, MA 27,4–5
153 HA, C 10–11
154 Kirchengeschichte 5,1
155 Lukian, Der Pseudoprophet Alexander 25; 38
156 Plinius: Briefe 10,97
157 R. Knopf, G. Krüger, G. Ruhbach (Hg.): Ausgewählte Märtyrerakten, Tübingen [4]1965, S. 125
158 Sb 11.3. Manche haben den Verweis auf die Christen allerdings als fremden Zusatz angesehen; vgl. A. Birley (1987), 263 f.
159 Sb 5,32; 4,3,4
160 H. Freis (1984), Nr. 109
161 Drei Reliefplatten befinden sich heute im Konservatorenpalast auf dem Kapitol, acht weitere wurden im 4. Jahrhundert am Konstantinsbogen wiederverwendet. E. Angelicoussis, in: Mitteilungen des Deutschen Archäologischen Instituts, Röm. Abt. 91, 1984, S. 141–205
162 ILS Nr. 374
163 J. Morris (1979), in: R. Klein (1979), S. 67–104
164 E. R. Knauer, in: R. Klein (1979), S. 304–346
165 AV 16,9; HA, AC 3,6
166 CD 71,33,3
167 S. J. De Laet, Portorium, Brügge 1949, S. 212 f.; A. Mócsy, Realencyclopädie der classischen Altertumswissenschaft, Supplementbd. 9, 1962, Sp. 667
168 H. W. Böhme (1975), S. 210 f.
169 ILS Nr. 2747
170 CD 71,20–21
171 CD 72,2–3; 2; H. W. Böhme (1975), S. 207
172 Herodian, Geschichte nach Marcus, 1,3–4; HA, MA 27,11; 28,6; 10
173 Sueton, Leben des Titus 1
174 CD 71,33,4[2]–34,1
175 Sb 7,41; 11,6
176 Dazu die Anmerkungen in der Ausgabe von W. Theiler (1984)
177 Sb 1,7,8
178 Diatriben 2,11,1
179 Briefe an Lucilius 16,3
180 Vgl. S. 34 f.
181 Seneca, Über die Milde 2,5,2
182 Ebd. 2,4,4–7,5
183 Sb 7,29,5
184 CD 71,36,4
185 Geschichte nach Marcus 1,1,4
186 Symposium 34,334 a
187 HA, MA 18,6–7
188 Sb 7,36
189 Sb 10,36,2–3
190 CD 71,32,3
191 HA, MA 29,6
192 HA, AC 1,8; 3,5; 14,5
193 Histoire des Empereurs, Paris, Bd. 2, S. 395–403
194 The Decline and Fall of the Roman Empire, hier Bd. 1, New York o. J., S. 69
195 Marc-Aurèle et la fin du monde antique, Paris, S. 18–31
196 Kaiser Marcus, Berlin, S. 4
197 Anthologia Palatina 15,23

Ich danke meinen Mitarbeitern Herrn Dr. Alfons Rösger und Herrn Jörg Fündling M. A., die Korrektur gelesen, sowie den Herren Dr. Wilfred Geominy und Dr. Andreas Scholl, die mir Porträts Marc Aurels aus der Photothek des Archäologischen Instituts der Universität Bonn zur Verfügung gestellt haben. Vor allem aber habe ich meiner Sekretärin Frau Helga Ludwig zu danken, die unermüdlich ihren Computer mit meinem Manuskript gefüttert hat.

Zeittafel

31 v. Chr. – 14 n. Chr.	Augustus
14–37	Tiberius
37–41	Caligula
41–54	Claudius
54–68	Nero
68–69	Vierkaiserjahr; Bürgerkrieg
69–79	Vespasian
79–81	Titus
81–96	Domitian
96–98	Nerva
98–117	Trajan
117–138	Hadrian
120	Antoninus Pius Konsul
121	26. April: Geburt Marc Aurels
138	10. Juli: Tod Hadrians; Antoninus Pius wird sein Nachfolger
140	Marc Aurel wird Konsul
145	Zweites Konsulat Marc Aurels; Heirat mit Faustina d. J.
161	7. März: Tod des Antoninus Pius; Marc Aurel und Lucius Verus werden seine Nachfolger
162–166	Partherkrieg
167–175	1. Markomannenkrieg
169	Januar: Tod des Lucius Verus
175	April bis Juli: Aufstand des Avidius Cassius
177–180	2. Markomannenkrieg
180	17. März: Tod Marc Aurels; sein Sohn Commodus wird Nachfolger
192	31. Dezember: Ermordung des Commodus; Ende der Dynastie der Antoninen

Zeugnisse

Friedrich der Große
Ich lese die *Selbstbetrachtungen* des Kaisers Marc Aurel, um meine Seele zu stärken, und finde einen Tröster, der noch bekümmerter ist als ich.

Brief an die Schwester Wilhelmine, 1752

Ich bin völlig überzeugt, wenn Marc Aurel auf den Gedanken gekommen wäre, über die Herrschaft zu schreiben, so wäre sein Werk meinem Heft (d.h. dem Antimachiavell) weit überlegen gewesen; die Erfahrung, die er sich bei der Regierung dieses ungeheueren Römischen Reiches erworben hatte, überragte zwangsläufig weit die Kenntnisse, die der Herr der Obotriten und Vandalen sammeln konnte; und Marc Aurel persönlich war durch seine praktische Moral den Königen und, wie ich zu sagen wage, selbst den Philosophen so überlegen, daß jeder Vergleich, den man mit ihm zieht, vermessen ist.

Brief an Voltaire, 1777

Matthew Arnold
Ich habe gesagt, daß Marc Aurels Moral durch ihren gefühlvollen Ton eine besondere Eigenheit gewinnt und an die christliche Moral erinnert. Senecas Sätze regen den Geist an; Epiktets Sätze stärken den Charakter; die Sätze Marc Aurels bahnen sich einen Weg in die Seele. Ich habe gesagt, daß religiöses Gefühl die Macht hat, Moral zu entzünden und in helles Licht zu tauchen. Marc Aurels Gefühlswelt taucht seine Moral weniger in helles Licht, als daß sie sie mit einem milden Schein übergießt; sie hat nicht die Kraft, die Wolken der Mühsal und Strenge ganz zu verscheuchen, aber sie scheint durch sie hindurch und verklärt sie. Es ist nicht so sehr der Geist der Freude und Erhebung, als der der Milde und Süße; ein zartes und feines Gefühl, das weniger ist als Frohsinn, aber doch mehr als Resignation.

Essays in Criticism, 1865

Theodor Mommsen
Marcus, seinen Neigungen nach mehr reflectiv als dem praktischen Leben zugewandt und ganz und gar kein Soldat, überhaupt keine hervorragende Persönlichkeit, übernahm die ausschließliche und persönliche Leitung der erforderlichen Operationen. Er mag dabei im Einzelnen Fehler genug gemacht haben und vielleicht geht die lange Dauer der Kämpfe darauf mit zurück; aber die Einheit des Oberbefehls, die klare Einsicht in den Zweck der Kriegführung, die Folgerichtig-

keit des staatsmännischen Handelns, vor allem die Rechtschaffenheit und Festigkeit des seines schweren Amtes mit selbstvergessener Treue waltenden Mannes haben schließlich den gefährlichen Ansturm gebrochen. Es ist dies ein um so höheres Verdienst, als der Erfolg mehr dem Charakter als dem Talent verdankt wird.

Römische Geschichte, Band 5, 1885

Helmut Schmidt

Als 1933 die Nazi-Zeit begann, war ich 14 Jahre alt. Kurz darauf bin ich auf Marc Aurels *Selbstbetrachtungen* gestoßen. Sie haben mich seither über mein ganzes Leben begleitet. Der zur Spät-Stoa gehörende römische Kaiser hat mich zweierlei gelehrt: Zum einen Gelassenheit im Innern, zum anderen die Pflicht, der eigenen moralischen Überzeugung zu folgen.

Stiftung Lesen, Buchempfehlungen Nr. 58, 1989

Erich Sixt

Ich lasse mich nicht vom Tagesgeschehen erschlagen, ich bekenne mich zu einer mehr stoischen Grundhaltung. Es lohnt sich, von Zeit zu Zeit in den *Selbstbetrachtungen* Marc Aurels, des römischen Kaisers, zu lesen. Da lernt man mehr als in manchen betriebswirtschaftlichen und volkswirtschaftlichen Studien. Da lernt man nämlich, die Tagesereignisse nicht so wichtig zu nehmen und sie als Teil des großen Flusses zu sehen, und man lernt begreifen, daß die meisten Dinge, die uns ungeheuer belasten, im Grunde Banalitäten sind. Aber wenn ich auf die Frage antworten soll, wie ich mich entspanne – indem ich Marc Aurels Schriften lese.

Interview, in: Welt am Sonntag, 26. Juli 1992

Zbigniew Herbert

An Marc Aurel

für Professor Henryk Elzenberg

Lösch aus das licht Marc gute nacht
und schließ das buch Über dem kopf
steigt schon der sterne silberlarum
des himmels fremde zunge
der schrei des schreckens der barbaren
den dein latein nicht sagen kann
es ist die alte angst die finstre angst
was da ans morsche menschenufer schlägt

und siegt Ob du das brausen hörst
der flut Zerstören wird der strom
der elemente deine lettern
bis daß der welt vier wände fallen
was bleibt uns – zittern in der luft
in asche blasen und den äther trüben
an fingern nagen leere worte suchen
und hinter uns die schatten der gefallnen schleppen

so lege Marc den frieden lieber ab
und reiche deine hand mir überm dunkel
der blinde kosmos bebe wenn es einschlägt
in die fünf sinne wie in eine lyra
verraten wird das all uns die astronomie
der sterne rechnung und der gräser weisheit
und deine allzu große größe
und auch mein ratloses gewimmer
Marc

Gedichte, edition suhrkamp, 1964

Durs Grünbein

In Gedanken an Marcus Aurelius

Die Stille um einen toten Maulwurf
Am Rand eines Weizenfeldes, sie trügt.
Unter ihm sammeln sich Käfer, bewaffnete Kräfte
In schwarzer Uniform. Über ihm kreist,
Bevor er abdreht, die Flügel zerzaust, ein Habicht.
Ameisen graben, Kommandos im Eilmarsch,
Am Rückgrat entlang eine Rinne. Im Innern
Laufen die Drähte heiß, wimmeln nervöse Maden
An der Börse der Eingeweide. Vom Bauchfell
Tragen fliegende Händler (oder sind es Reporter)
Die Botschaft in alle vier Winde: Ein Aas, ein Aas…
Nur eine Grille, einen Sprung weit entfernt,
Liest in den Wolkenzügen und sonnt sich
Schweigend, ein stoischer Philosoph.

Frankfurter Allgemeine Zeitung, 28. April 1995

Bibliographie

1. Quellen

Wissenschaftliche Ausgaben, nach denen zitiert wird:

Marcus Aurelius: Ad se ipsum libri XII. Edidit J. Dalfen, Leipzig ²1987 (Sb)

M. Cornelius Fronto: Epistulae. Edidit M. P. J. van den Hout, Leipzig ²1988 (Fro)

Cassii Dionis Cocceiani Historiarum Romanarum quae supersunt. Edidit U. Ph. Boissevain, vol. 3, Berlin 1890, Nachdruck 1955 (CD)

Claudii Galeni opera omnia. Edidit C. G. Kühn, vol. 1–20, Leipzig 1821–1833 (Galen)

Digesta Iustiniani Augusti. Recognovit Th. Mommsen, vol. 1–2, Berlin 1868–1870, Nachdruck 1962 (Dig)

Scriptores Historiae Augustae. Edidit E. Hohl, vol. 1–2, Berlin 1927, Nachdruck 1965 (HA)

Sextus Aurelius Victor: De Caesaribus. Edidit Fr. Pichlmayr, Leipzig 1911, Nachdruck 1970 (AV)

Inscriptiones Latinae selectae. Edidit H. Dessau, vol. 1–3, Berlin 1892–³1916, Nachdruck 1962 (ILS)

Münzen

H. Mattingly, E. A. Sydenham: The Roman Imperial Coinage, vol. 3: Antoninus Pius to Commodus, London 1930

H. Mattingly: Coins of the Roman Empire in the British Museum, vol. 4: Antoninus Pius to Commodus, London 1940

W. Szaivert: Die Münzprägung der Kaiser Marcus Aurelius, Lucius Verus und Commodus (161–192). MIR – Moneta Imperii Romani, Bd. 18, Wien 1986

Bildnisse

M. Bergmann: Marc Aurel. Liebieghaus Monographie Bd. 2, Frankfurt a. M. 1978

K. Fittschen: Die Bildnistypen der Faustina minor und die Fecunditas Augustae, Göttingen 1982

R. Bol: Das Statuenprogramm des Herodes-Atticus-Nymphäums, Berlin 1984

K. Stemmer (Hg.): Kaiser Marc Aurel und seine Zeit. Das Römische Reich im Umbruch, Berlin 1988
M. Wegner: Das römische Herrscherbild. 2. Abt., Bd. 4: Die Herrscherbildnisse in antoninischer Zeit, Berlin 1939

Übersetzungen

Marc Aurel: Selbstbetrachtungen. Übers. von W. Capelle, Stuttgart 12 1973
Kaiser Marc Aurel: Wege zu sich selbst. Übers. von W. Theiler, Zürich, München 3 1984
Marcus Aurelius Antoninus: Selbstbetrachtungen. Übers. von A. Wittstock, Leipzig 5 1985
Marc Aurel: Selbstbetrachtungen. Übers. von C. F. Schneider. Bibliothek der Philosophie Bd. 2, Kettwig 1990
Marc Aurel: Wege zu sich selbst. Übers. von R. Nickel, München, Zürich 1990
The Correspondence of Marcus Cornelius Fronto. Übers. von C.R. Haines, Bd. 1–2, London, Cambridge, Mass. 1920, Nachdruck 1963
Cassius Dio: Römische Geschichte. Übers. von O. Veh, Bd. 5, Zürich, München 1987
Historia Augusta: Römische Herrschergestalten, Bd. 1: Von Hadrianus bis Alexander Severus. Übers. von E. Hohl, Zürich, München 1976
Historische Inschriften zur Römischen Kaiserzeit von Augustus bis Konstantin. Übers. von H. Freis, Darmstadt 1984

2. Allgemeine Darstellungen der Römischen Kaiserzeit

H. Bengtson: Grundriß der Römischen Geschichte mit Quellenkunde, Bd. 1: Republik und Kaiserzeit bis 284 n. Chr., München 3 1982
K. Christ: Geschichte der Römischen Kaiserzeit von Augustus bis zu Konstantin, München 3 1994
W. Dahlheim: Geschichte der Römischen Kaiserzeit, München 2 1989
P. Garnsey, R. Saller: Das Römische Kaiserreich. Wirtschaft, Gesellschaft, Kultur, Reinbek bei Hamburg 1989
A. Heuß: Römische Geschichte, Braunschweig 5 1985
C. Wells: Das Römische Reich. dtv-Geschichte der Antike, Bd. 6, München 2 1986

3. Einzeluntersuchungen zur Römischen Kaiserzeit

G. Alföldy: Konsulat und Senatorenstand unter den Antoninen, Bonn 1977
–: Römische Sozialgeschichte, Wiesbaden 3 1984
–: Die Krise des Römischen Reiches. Geschichte, Geschichtsschreibung und Geschichtsbetrachtung. Ausgewählte Beiträge, HABES 5, Stuttgart 1989
W. Ameling: Herodes Atticus, Bd. 1–2, Hildesheim, Zürich, New York 1983
J. Bleicken: Verfassungs- und Sozialgeschichte des Römischen Kaiserreiches, Bd. 1–2, Paderborn 2 1981
G. Bowersock: Greek Sophists in the Roman Empire, Oxford 1969

E. Champlin: Fronto and Antonine Rome, Cambridge, Mass., London 1980
W. Eck: Die staatliche Organisation Italiens in der hohen Kaiserzeit, Vestigia 28, München 1979
D. Kienast: Römische Kaisertabelle. Grundzüge einer römischen Kaiserchronologie, Darmstadt 1990
P. Kneissl: Die Siegestitulatur der römischen Kaiser. Untersuchungen zu den Siegerbeinamen des ersten und zweiten Jahrhunderts, Hypomnemata 23, Göttingen 1969
F. Millar: A Study of Cassius Dio, Oxford 1964
–: The Emperor in the Roman World (31 BC–AD 337), London 1977
J. H. Oliver: The Ruling Power. A Study of the Roman Empire in the Second Century after Christ through the Roman Oration of Aelius Aristides. In: Transactions of the American Philosophical Society 43,4, Philadelphia 1953
M. Rostovtzeff: The Social and Economic History of the Roman Empire, vol. 1–2, Oxford [2]1957 (dt. Übersetzung der 1. Auflage: Gesellschaft und Wirtschaft im Römischen Kaiserreich, Bd. 1–2, Leipzig 1929)
P. Steinmetz: Untersuchungen zur römischen Literatur des zweiten Jahrhunderts nach Christi Geburt, Palingenesia 16, Wiesbaden 1982

4. Biographien Marc Aurels

A. Birley: Marcus Aurelius. A Biography, London [2]1987 (dt. Übersetzung der 1. Auflage: Marc Aurel. Kaiser und Philosoph, München 1968 und Beck'sche Schwarze Reihe 160, München 1977)
A. S. L. Farquharson: Marcus Aurelius. His Life and His World, Oxford 1951, Nachdruck 1975
W. Görlitz: Marc Aurel, Kaiser und Philosoph, Stuttgart 1954
P. Grimal: Marc Aurèle, Paris 1991
U. Schall: Marc Aurel. Der Philosoph auf dem Caesarenthron, Esslingen 1991
U. von Wilamowitz-Moellendorff: Kaiser Marcus, Berlin 1931

5. Einzeluntersuchungen zu Marc Aurel

M. L. Astarita: Avidio Cassio, Rom 1983
D. Berwig: Mark Aurel und die Christen, Dissertation, München 1970
H. W. Böhme: Archäologische Zeugnisse zur Geschichte der Markomannenkriege (166–180 n. Chr.) In: Jahrbuch des Römisch-Germanischen Zentralmuseums Mainz 22, 1975 (Festschrift H.-J. Hundt), S. 153–217
J. Dalfen: Formgeschichtliche Untersuchungen zu den Selbstbetrachtungen Marc Aurels, Dissertation München 1967
R. Klein (Hg.): Marc Aurel, Wege der Forschung 550, Darmstadt 1979
J. H. Oliver: Marcus Aurelius. Aspects of Civic and Cultural Policy in the East, Hesperia, Supplement 13, Princeton 1970
K. Rosen: Die angebliche Samtherrschaft von Marc Aurel und Lucius Verus. Ein Beitrag der *Historia Augusta* zum Staatsrecht der Römischen Kaiserzeit. In: Historiae Augustae Colloquia, Nova Series I, Macerata 1991, S. 271–285

K. Rosen: Marc Aurel und Fronto. Eine Freundschaft zwischen Macht und Kultur. In: K. Rosen (Hg.): Macht und Kultur im Rom der Kaiserzeit, Bonn 1994, S. 121–135

–: Marc Aurel und das Ideal des *Civilis Princeps*. In: Stimuli. Exegese und ihre Hermeneutik in Antike und Christentum. Festschrift E. Dassmann, Jahrbuch für Antike und Christentum, Ergänzungsband 23, 1996, S. 154–160

R. B. Rutherford: The Meditations of Marcus Aurelius. A Study, Oxford 1989

G. Schindler-Horstkotte: Der «Markomannenkrieg» Marc Aurels und die kaiserliche Reichsprägung, Dissertation Köln 1985

J. Spieß, Avidius Cassius und der Aufstand des Jahres 175, Dissertation München 1975

K. W. Welwei: Zur Ansiedlungspolitik Mark Aurels. In: Bonner Jahrbücher 186, 1986, S. 285–290

W. Zwikker: Studien zur Markussäule I, Amsterdam 1941

Namenregister

Die kursiv gesetzten Zahlen bezeichnen die Abbildungen

Über den Autor

Prof. Dr. Dr. Klaus Rosen lehrt seit 1982 Alte Geschichte an der Universität Bonn, nachdem er vorher an der University of South Africa in Pretoria und an den Universitäten Freiburg i. Br. und Eichstätt unterrichtet hat. Zu seinen Forschungsgebieten gehören die Geschichte Makedoniens und des Hellenismus, das antike Staatsdenken sowie die Geschichte der römischen Kaiserzeit und des Christentums bis in die Spätantike.

Quellennachweis der Abbildungen

Archäologisches Institut der Universität Bonn, Fotothek: 2 (Archivi Alinari/Anderson), 26 (DAI Rom 34-4), 33 (DAI Rom 39-243), 91 (Archivi Alinari/Anderson), 139 (Ny Carlsberg Glyptotek, Kopenhagen)

Aus: Max Wegner: Die Herrscherbildnisse in antoninischer Zeit. II. Abt. Bd. 4. Berlin 1939: 6, 71

Deutsches Archäologisches Institut Rom: 13 (67-824), 30 unten (66-2831), 51 oben (62-128), 52 (38-1743), 63 (38-1489), 98 (41-1977), 102 (55-1164), 103 unten (55-1075), 105 (55-835), 107 (41-1998), 119

Agence Photographique de la Réunion des Musées nationaux, Paris: 15, 118, 131

Archivi Alinari, Florenz: 20, 66, 108 (Anderson), 128

Aus: Scavi di Ostia. Bd. V, Teil 1. I Ritratti. Istituto Poligrafo dello Stato, Libreria dello Stato 1965: 21 (Arch. Fot. Musei Vaticani), 30 oben (Gab. Fot. Naz. F 14583-4)

Rheinisches Landesmuseum Trier: 22

Archiv für Kunst und Geschichte, Berlin: 28, 84, 109

Kunsthistorisches Museum, Wien: 29

Copyright British Museum: 31 (2), 44 (2), 51 unten (2), 53 (3), 54 (2), 56 (2), 65 (3), 73 (2), 74, 123 (2)

Bildarchiv Preußischer Kulturbesitz, Berlin: 36, 69, 76 unten, 83, 100, 101, 104, 110, 115, 129, 132, 135

Staatliche Kunstsammlungen Dresden, Fotos Skulpturensammlung: 38 (Herrmann-Verzeichnis 383), 94 (Herrmann-Verzeichnis 388)

Rowohlt Archiv: 58/59

Scala, Antella/Florenz: 68 (2), 88

Aus: Roman Ghirshman: Iran. Parther und Sasaniden. München 1962: 76 oben

Agora Museum, Athen: 79 (Inschrift Nr. 1, Fragment A)

Österreichische Nationalbibliothek, Bildarchiv, Wien: 92/93

Aus: Ernst Nash: Bildlexikon zur Topographie des antiken Rom. Bd. 1. Tübingen 1961: 126/127 (Fototeca di Architettura e Topografia dell'Italia Antica, Rom)

Aus: C. Caprino u. a.: La Colonna di Marco Aurelio. Rom 1955: 103 oben

EINS
HUSSEIN

Alter, ist das kalt. Ich muss mal aufhören, meine Klamotten irgendwo liegenzulassen, wenn ich mich zugedröhnt habe. Hussein stand auf der Kalk-Mülheimer, die Kapuze seines regennassen Hoodies tief ins Gesicht gezogen, damit ihn die scheiß Kameras nicht identifizieren konnten. Überall im Viertel hingen die verfluchten Dinger.

Sein Handy vibrierte. Langsam drehte er sich um und ging in die entgegengesetzte Richtung – sie hatten es verboten, während der Arbeit zu telefonieren. Eine Unverschämtheit, denn er wurde nicht für seine Stunden, sondern nach Verkaufserlösen bezahlt.

Er zog das Handy aus der Hose und starrte einen Moment auf das Display, von dem ihn das Foto seiner Schwester anlächelte. Bevor er sich dagegen entscheiden konnte, schob er den grünen Button zur Seite und nahm das Gespräch an. Anders als sonst, denn für gewöhnlich telefonierte er mit Freisprecheinrichtung und hielt dabei das Handy wie ein Toast auf den Fingerspitzen, doch jetzt hielt er den Hörer ans Ohr und verschwand im Innenhof. Wie lange er dort gestanden und ihr beim Atmen zugehört hatte, hätte er nicht sagen können. Sekunden? Minuten? Er brachte keinen Ton raus. *Ist doch egal, was ich sage, ich hab' eh alles verkackt.* Er hörte dieses panische Japsen, das er von ihr kannte, wenn sie ein Problem hatte.

»Sag doch was!« Meryem klang verzweifelt.

Hussein hatte ihre Stimme vermisst. Er versuchte, sich seine Gefühle nicht anmerken zu lassen, zündete sich eine Zigarette an und inhalierte den ersten Zug. »Was geht? Was nicht in Ordnung?«

»Hör auf, den coolen Macker zu spielen. Ich bin deine Schwester. Mir brauchst du nichts vorzumachen, ich weiß nämlich genau, warum du am Anfang geschwiegen hast. Du bist mir nicht egal, Hussein, du fehlst mir. Komm bitte nach Hause.«

»Nope!«

Wieder war Pause am anderen Ende der Leitung. Dann brach es aus ihr heraus: »Papa hat mich von der Schule genommen! Ich muss irgendeinen Bauern in der Türkei heiraten!«

»Und was soll ich dann zu Hause? Ich vermisse dich, aber auf diese Hinterwäldler kann ich verzichten.«

»Wie sprichst du über unsere Eltern? Hast du keine Ehre mehr?«

»Die wurde mit Emre erschossen ...« Tränen bahnten sich ihren Weg. Er hatte schon viel zu lange nicht geweint, aber heute war es ihm zu emotional. Mit seinem Ärmel wischte er sich schnell die Augen trocken und sagte resigniert: »Ich komme nirgendwo mehr drauf klar«. Er zog an der Zigarette und hörte gleichzeitig Meryem schluchzen. »Emre ist tot und es ist meine Schuld. Warum musste ich ihn ausgerechnet an diesem Tag überreden, in den Arcaden zu bleiben? Wäre ich nicht gewesen, würde er noch leben. Immer wieder sehe ich ihn vor mir, wie er zu Boden geht, wie er keine Chance hat. Nur, weil dieser verwirrte Nazi-Junge wahllos in die Menge geschossen hat. Warum hat er mich nicht getroffen? Es tut verdammt weh. Ich vermisse ihn.«

»Das ist lange kein Grund, alles hinzuschmeißen. Erstens ist es nicht deine Schuld ...«

»Du hast ja null Ahnung! Ich kann nicht mehr zur Schule gehen, weil er nicht da ist. Das ist ein toter Ort, voller schmerzhafter Erinnerungen. Ich kann es nicht ertragen, dass all diese Menschen fröhlich und unbeschwert durch die Gegend laufen, als wäre nichts passiert. Emre ist tot! Jeden Tag muss ich mich dafür bestrafen, dass ich hier bin und er nicht. Meryem, ich erlaube mir keine guten Gefühle mehr. Ich verdiene es nicht, glücklich zu sein. Emre ist tot. Kannst du dir vorstellen, wie ich mich fühle? Ich bin verzweifelt, ich kann nicht aufhören, daran zu denken, dass ich etwas hätte tun können, um ihn zu retten.« Er schluchzte, drückte die Zigarette aus und nahm eine neue aus der Schachtel. Bevor er sie anzündete, wischte er sich die Tränen aus den Augen »Ich bin traurig und ich habe eine Scheißangst. Ich möchte das alles nicht mehr fühlen. Ich würde am liebsten weglaufen und vergessen, aber ich kann nicht. Ich muss jeden verdammten Tag damit leben.«

»Der Typ, der da mit mir spricht, das bist nicht du! Wo ist mein Bruder, der Löwe, der Kämpfer, das Schwert?«

Er musste lächeln. »So hast du mich immer genannt, aber die Klinge ist zerbrochen. Ich versuche mit aller Macht, mich stark zu geben. Alles Fassade, ich will einfach nicht verletzt werden. Ich bin nicht unverletzlich, ich bin zerstört, das Schwert ist Schrott.« Beim Luftholen konnte er ein Schluchzen nicht verhindern. »Meryem, wie kann ich es schaffen, dass es aufhört?«

»Ich ... ich weiß es nicht.«

Er hörte sie weinen, konnte ihr nicht helfen. »Weißt du, Meryem? Ich versuche mit aller Macht, stark zu sein, in Wirklichkeit bin ich total kaputt. Ich kann dich leider nicht vor der Zwangsehe retten. Ich kann nicht einmal mir helfen. Lauf einfach weg ... so wie ich. Leb wohl.«

Bevor sie antworten konnte, hatte er aufgelegt und ihre Nummer blockiert. Er wusste, dass sie es später von anderen Handys aus versuchen würde, also war es Zeit für eine neue SIM-Karte. Er hatte sich für die Straße entschieden und da gab es nun mal keinen Platz mehr für seine Familie.

Hussein trat aus dem Innenhof und konnte es beinahe schon riechen. *Da kommt ein Opfer.* Er hatte inzwischen den Blick dafür. Jeder Zweite, den er ansprach, wurde gleich darauf zum Kunden. War es die hektische Art, in der sich die Leute umsahen, die Kleidung oder ihr suchender Blick kombiniert mit einem langsamen Gang? Er wusste es nicht und es war ihm scheißegal, Hauptsache, er konnte Stoff verticken.

»Brauchst du was?« Hussein nuschelte das mehr, denn wenn sein Gegenüber ihn nicht verstand, dann war es kein Kunde. War doch klar.

»Ja. Was hast du?« Der Typ zog Geld aus der Tasche – ein Anfänger.

Jeder andere Dealer hätte den armen Wichser abgezockt, nicht Hussein. *Ich weiß, wie man sich 'nen Stammkunden züchtet.* Ein kurzer Blick auf die Schuhe und ihm war klar, dass man diese Kartoffel länger melken und ihm bald harten, teuren Scheiß verticken konnte. »Steck das weg. Nicht hier ... Kameras. Komm mit!«

Hussein drehte sich um und ging vor. *Der Dude folgt mir wie ein Lamm.*

»Du machst keinen schrägen Scheiß?«

»Würde ich dir das sagen?« Hussein zog die Nase hoch und das nicht, weil er Schnupfen hatte. »Keine Angst. Geht echt nur wegen der Bullen. Wenn du das nächste Mal kommst, dann direkt zu mir und wir begrüßen uns wie Freunde, die sich länger kennen. Auf die Art fällt das nicht auf, wenn du mir hinterherdackelst, verstanden?«

»Geht klar.«

Sie waren in einer Einfahrt verschwunden, in der es weder Kameras noch irgendwelche Leute gab.

»Was brauchst du?«

»Weiß nicht. Ich hab' ein paar Freunde eingeladen und wir wollen was rauchen.«

»Erstes Mal, he?«

»Ehrlich gesagt ja.«

»Weißt du denn, wie man einen baut?« *Fuck, was für ein Frischling hab' ich denn da an Land gezogen, der pisst sich ja gleich ein ... und er sieht aus wie 'ne Goldgrube.*

»Nee, ein Kumpel kennt sich aus. Der hat mir gesagt, ich soll hier hinkommen ... ich würde mich nicht trauen.« Wieder dieses nervöse Rumgehampel. »Tja, hier bin ich, oder?«

»Alter, du musst aber noch viel lernen.« Hussein schniefte und lachte schräg. »Pass auf. Ein Gramm kostet zehn Euro.«

Wieder zog der Typ sein Geld aus der Tasche und hielt Hussein zwei Fuffis hin.

»Du willst zehn Gramm?«

»Ja, klar.«

»Es ist echt gut, dass du zu mir gekommen bist. Ich verkaufe dir sechs Gramm. Weißt du, warum?«

»Nein.«

»Das geht bei den Bullen als Eigenbedarf durch. Bleib kurz hier.«

»Wo willst du hin?«

»Meinst du, ich schlepp das Zeug mit mir rum? Warte hier.« Hussein ging ein paar Meter weiter in die Einfahrt und lief eine Kellertreppe herunter. Dort klopfte er an das Kellerfenster, das schräg stand. »Sechs Gramm.« Es dauerte keine zwei Sekunden, da fiel aus dem Fenster ein Päckchen Alufolie. Er hob es auf und ging langsam zurück zum wartenden Kunden. »Gib mir die Kohle.«

»Erst den Stoff!«

»Hab' ich mich verhört?« Er hob die Stimme an. Das zog immer.

»Ist ja schon gut. Hier.« Der Typ hatte es passend. Hussein steckte das Geld ein und gab dem Typen den Stoff. »Steck das weg und verschwinde. Viel Spaß.«

»Danke.« Der Kunde drehte sich um und lief fast los.

»Geh langsam, Alter. Du fällst auf! Und hör gefälligst auf, dich andauernd umzusehen. Das ist nur Gras!« *Was für ein Spinner. Wegen solcher Wichser fliege ich irgendwann auf. Egal. Hauptsache, ich bekomme nicht wieder Ärger.* Hussein machte sich auf den Weg, wie nach jedem Verkauf. Er ging in das kleine Wettbüro. Jedes Mal war es ein anderes, aber dieses verabscheute er besonders. Gleich würde ihm Kusja wieder einen seiner Kontrollsprüche drücken. Auch wenn er die hasste, die Gewaltausbrüche fand er viel schlimmer. Er eilte auf die Kasse zu, legte das Geld auf die Theke und bekam von Olga eine Quittung. Die Zettel waren Fake, aber wenn ihn einer danach fragte, konnte er seine Anwesenheit im Wettbüro begründen. In letzter Zeit waren zu viele der Straßendealer verhaftet worden. Deshalb achtet die Kölnskaja Gruppa besonders darauf, dass sich alle an die Regeln hielten. Die Ware, die er an einem Tag verkauft hatte, regelte, was er am nächsten Morgen dafür ausgezahlt bekam. Lew, der Buchhalter, hatte alles im Griff. Hussein musste sich nur die Preise merken und ein wenig im Kopf rechnen können. Eine Kleinigkeit für ihn. Er bekam zusätzlich jeden Tag etwas Ware für den Eigenbedarf.

»Hussein, Hussein!« Kusjas Stimme klang, als wäre er wieder stockbesoffen. Als Hussein seinen Atem im Nacken spürte, roch er gleich darauf den säuerlichen Gestank, den er verströmte. Der Russe schwitzte alten Alkohol und Knoblauch aus. »Wir müssen über deine Einnahmen reden.«

»Stimmt damit was nicht?« Hussein zog die Schultern hoch. Gleich würde er ihn mit seiner groben Pranke anfassen.

»Dreh dich um, Junge. Ich rede mit dir.«

»Ja, okay.« Er drehte sich zu Kusja, der einen halben Kopf kürzer war als er. Sein Körper war nicht sportlich, aber Hussein hatte oft genug spüren müssen, wie stark dieser immer unrasierte, braun gebrannte Rockertyp war. Er hatte Kusja nie ohne diese großflächige Sonnenbrille gesehen, ein Modell wie das, welches Brad Pitt trägt. Vielleicht hielt er sich für eine russische Version des Schauspielers, denn er hatte die gleiche Frisur und dasselbe dämliche Lächeln drauf. Er hatte das bestimmt vor dem Spiegel geübt.

»Also …«

Diese Stille machte Hussein nervös. Er hasste die Pausen, denn meistens hagelte es gleich darauf Schläge. Bei Kusja wehrte man sich besser nicht, da man eh keine Chancen gegen ihn hatte.

»… deine Umsätze …« Er griff nach Husseins Hoodie und ließ ihn gleich darauf los, nicht ohne zufrieden festzustellen, dass der Junge bei der Bewegung ängstlich zusammenzuckte. »… sind gut!«

Hussein atmete auf und freute sich über das Lob. Er wollte es gut machen, damit er immer günstig an den Stoff kam.

»Wir haben uns überlegt, dass du eine größere Herausforderung brauchst. Halt dich bereit. Wenn es losgeht, erklären wir dir alles. Bis dahin mach so weiter, Junge. Wir sind stolz auf dich.«

Hussein wusste nicht, ob er gehen durfte. Mal hatte Kusja ihn geschlagen, weil er dageblieben war, ein anderes Mal hatte er ihn geschlagen, weil er gehen wollte. »Soll ich gehen oder bleiben?«

»Du kannst gehen. Mach so weiter und du wirst 'ne große Nummer.«

»Danke.« Hussein schob sich an Kusja vorbei. Am liebsten hätte er dem Arschloch ein Messer in die Rippen gerammt, aber erstens hatte er keins dabei und zweitens gab es zu viele Zeugen.

Er verließ das Wettbüro und zog die nasse Kapuze über. *Hört es denn heute gar nicht auf zu regnen?* Schon sah er den nächsten potenziellen Kunden. Mein Gott, die ist ja voll auf Turkey, wie die läuft.

»Brauchst du was?« Wieder hatte er das genuschelt, manchmal machte er auf Ausländer, aber das war ihm mit der Zeit zu anstrengend geworden.

»Hussein!«

Die Frau, die da vor ihm stand … »Scheiße, Lisa! Was ist mit dir passiert?«

»Hast du 'ne Bubble für mich, Schatzi?« Lisa kam näher an Hussein ran und packte ihm mitten auf der Kalk-Mülheimer zwischen die Beine. »Ich kann zahlen oder dir einen blasen … vielleicht auch beides.«

Er schob ihre Hand weg. »Lisa ... nicht ... ich meine ja, also.«

»Du willst mich doch, oder?«

»Was ist nur aus uns geworden?« Hussein stand vor ihr und fühlte sich plötzlich wie ein schutzloses Kind. »Es hätte mich treffen sollen. Emre war ein viel besserer Mensch als ich, Lisa.«

»Ich weiß, was du meinst, aber ... hast du?«

»Was?«

»Bubble! Ich mein, ich brauch' jetzt was, dringend ... merkst du das nicht?« Wieder kam Lisa ihm näher. »Ich habe auch Geld ... muss es nur holen. Ist im Hotel.«

»Was für ein Hotel, Lisa?«

»Wo ich wohne, natürlich.«

»Seit wann wohnst du nicht mehr zu Hause?«

»Zuhause? Seit ich drauf bin, ham' meine Eltern mich rausgeschmissen. Weißte doch. Hussein, hör das Gelaber auf. Ich brauch' was!«

»Komm!« Er nahm Lisa am Arm und zog sie mit sich in den Hof. Sie schmiegte sich an ihn.

»Du bist der Beste! Kommst du mit zu mir? Ich brauche Nähe!«

»Ich weiß nicht. Warte hier!« Wieder machte er sich auf den Weg zum Kellereingang, klopfte an das Fenster und flüsterte: »Vier Bubbles auf meinen Zettel.« In seinem Kopf hörte er die fröhliche Stimme von Emre. Sie sagte ihn wieder, diesen einen Satz: *Ich will noch zu Lisa.* Er erinnerte sich an seine Antwort, die sich täglich, stündlich, manchmal rund um die Uhr in ihn eingebrannt hatte: *Ach. Die kann warten. Komm, bisschen Abhängen. Hier! Neu! ...*

»Alter! Lass das sein!«

Der Tscheche redete eigentlich nie. Hussein hörte

heute zum ersten Mal seine Stimme. »Ist nicht für mich. Für mich hab' ich noch was.«

Die Ware fiel aus dem Fenster. Er zögerte kurz, dann nahm er die vier in Frischhaltefolie verpackten Glücklichmacher und steckte sie in die Unterhose. Als er aufstand und losging, stand plötzlich Lisa vor ihm. »Ich hab' dir doch gesagt, du sollst da warten! Wenn dich hier einer sieht, dann haben wir beide ein Problem.« Sie wollte etwas sagen, er hielt ihr die Hand vor den Mund und zog sie mit sich. »Sei bitte still, Lisa.« Scheiße, jetzt hatte er ihren Namen gesagt.

»Was'n los? Hast du jetzt was?«

»Ja, habe ich. Komm! Lass uns verschwinden.«

Er musste sie stützen. Lisa hatte enorm abgebaut. Ihre Arme waren spindeldürr geworden. Früher hatte sie ein paar Gramm zu viel, das hatte Emre gefallen. *Was soll ich denn mit einem Knochengerippe?*, hatte er immer gefragt.

Emre! Ich pass' auf dein Mädchen auf, Bruder.

Zum Hotel war es nicht weit. Lisa hatte es echt eilig, aber das kannte er von sich auch, wenn die nächste Line anstand. Sie gingen in einen nach Pisse stinkenden Hoteleingang. Es war eines der Hotels, die dem Amt als Pension gemeldet wurden. Hier lebte die Crème de la Crème. Junkies, Penner, Asylanten ... und Nutten. Der Hotelbetreiber hatte eine ganze Etage für die Frauen eingerichtet. Manche waren wegen ihrer Drogen hier, manche, weil man ihnen die Pässe abgenommen und sie eingeschüchtert hatte. Lisa öffnete die Tür mit der Nummer 28 und ging mit ihm hinein, um gleich hinter ihnen die dünne Zimmertür, die diverse Einbruchsspuren aufwies, abzuschließen.

Bevor er sich umsehen konnte, atmete er den stechenden Geruch von Schweiß, Sperma und Drogen ein.

Das dunkle, enge Zimmer mit den zugezogenen Vorhängen erstickte ihn mit der schwer im Raum hängenden Luft. Seit Tagen muss dieses Zimmer nicht gelüftet worden sein. Wer war er, dass er jetzt nach einem Fenster suchen würde? Im dämmrigen Licht der einzigen Glühbirne, die ohne Lampenschirm einfach in eine Fassung geschraubt war, ließ sich kaum etwas erkennen.

Als seine Augen sich an das Halbdunkel gewöhnt hatten, nahm er den abgenutzten, schmutzigen Teppichboden wahr, auf dem getragene Kleidung und verdreckte Laken verstreut waren. Auf einem Nachttisch lagen leere Flaschen und ein mit Zigarettenstummeln und Asche überfüllter Aschenbecher.

Dann sah er die verschiedenen Utensilien, die auf einem weiteren Tischchen verteilt waren. Spritzen, Löffel und Papiertüten. Klar, dass es ihr nicht gut ging, aber das, was er hier zu sehen bekam, war schlimmer als befürchtet.

Alles in diesem Zimmer war funktionsmäßig und billig. Ein schäbiges Bett, ein alter Schrank und ein Tischchen mit einem Stuhl. Es gab kaum persönlichen Gegenstände oder Dekorationen, die darauf hindeuteten, dass jemand hier lebt.

»Fuck, Lisa. Hier sieht es so aus wie in mir drin.«

Sie hielt Hussein die zitternde Hand hin: »Gibst du es mir? Bitte!«

Er griff in seine Unterhose und zog die Folie heraus, um ihr eine der Bubbles zu geben. Ihre dünnen Finger grabschten danach und nahm ihm alles aus der Hand. Gleich darauf stand sie vor dem Waschbecken und hatte flink eine der Bubbles ausgepackt. »Das ist gutes Zeug.« Ihre Bewegungen waren nervös, aber jeder Handgriff saß. »Hygiene ist das A und O. Du musst dein Besteck und alles sauber halten.«

»Ja, das sage ich meinen Kunden auch.«

»Soll das heißen … du hast es nicht probiert?«

»Nein. Ich lasse die Finger davon.«

»Das erklärt alles.«

»Wie meinst du das?«

Lisa war fertig mit aufkochen. Sie warf den kleinen Filter auf den Löffel und packte sich die Spritze, die sie säuberlich vorbereitet hatte. Dann schlüpfte sie aus ihrem rechten Schuh, zog die Socke aus und bereitete ihren Fuß auf die Nadel vor. »Du solltest dich nicht wehren. Ich kann dir nicht beschreiben, wie es ist. Moment …« Dann setzte sie sich ihre Nadel und löste gleich darauf die Gummiklemme, mit der sie sich ihr dünnes Bein abgebunden hatte. Kaum hatte sie den Inhalt der Spritze in Ihre Vene gedrückt, bemerkte Hussein, dass sie sich sofort entspannte.

»Es ist … du bist … in der Mitte von allem … unberührbar.«

Sollte er es versuchen? Es war verlockend, doch er entschied sich, beim Koksen zu bleiben. Er hatte genügend Sorgen.

Einen Moment blieb sie vor dem Spiegel stehen und kniff sich immer wieder ins Ohr. Wäre das nicht so tragisch gewesen, hätte Hussein gelacht, ihm war eher zum Weinen zumute.

»Zieh dich aus, Hussein.« Sie schälte sich ihre Kleidung ab, als wäre es eine Plastikfolie – wie bei den Pomelos im Supermarkt. Dann stand sie vor ihm und nestelte an seiner Hose rum. Er merkte, dass er hart wurde. *Das ist nicht richtig. Ich darf das nicht. Oh nein! Emre, verzeih mir.* Er versuchte, sie nicht anzusehen, dann spürte er ihre Lippen auf seiner Eichel und spritzte sofort ab.

»Ist nicht schlimm, Hussein.«

»Ist es doch, Lisa. Es ist nicht so, dass ich dich nicht mag. Ich denke halt nur andauernd an …«

Sie wischte sich mit einem Handtuch sein Sperma vom Gesicht und legte sich aufs Bett. »Wir können es gleich noch mal machen … richtig.« Dann sprang sie wieder auf und packte die nächste Bubble aus, um sie aufzukochen. »Komm her!«

»Ich weiß nicht.«

»Vertraust du mir?«

»Ja, schon.«

»Dann komm jetzt her.«

Er hatte keine Lust mehr, sich zur Wehr zu setzen. »Und es hört dann auf?«

Sie legte das Gummiband um seinen Arm und zog es fest. Dann desinfizierte sie die Einstichstelle, auf die sie vorher geklopft hatte, damit seine Vene hervortrat. »Das nicht, aber es kommt nicht mehr an dich ran«, antwortete Lisa und drückte ihm die Nadel in den Arm. Dann öffnete sie die Klemme und sagte: »Auf geht die Reise.« Sein erster Schuss lief in seine Blutbahn. Ihm wurde auf eine wunderbare Weise warm. Alles fiel von ihm ab, und zum ersten Mal seit einer Ewigkeit fühlte er sich glücklich und befreit. »Lisa … es ist alles so …«

»… klar. Ich weiß. Komm!«

Er ließ sich von ihr ins Bett ziehen. Es war richtig. Natürlich würde es Emre nicht passen, aber Lisa hatte ihm schon immer gefallen.

Emre ist tot. Lisa will es. Ich will es.

»Nimm mich!«

ZWEI
MELANIE

»… und ich kann erholsamer schlafen, seit ich hier wohne. Das neue Boxspringbett, das ihr mir zum Umzug geschenkt habt, ist der Hammer. Ich sitze gerade drin und habe die Rückenlehne hochgefahren. Ein Traum.« Melanie streichelte über die Bettdecke und nahm ein Stück Möhre aus der Schale, die auf dem Tablett neben ihr stand. Sie liebte es, an ihren dienstfreien Tagen bei Mistwetter mit gesunden Snacks und Tee in ihrem neuen Bett zu sitzen und zu lesen.

»Geht es dir denn besser?« Ihre Mutter klang besorgt, obwohl es dafür keinen Grund mehr gab.

»Mama. Mir ging es vorher schlecht. Jan und ich haben nur noch nebeneinanderher gelebt.«

»Jan ist ein guter Junge.« Da war er wieder, der Vorwurf in ihrer Stimme. Melanie verdrehte die Augen. Zum Glück konnte ihre Mutter das am Telefon nicht sehen.

»Weißt du? Ich fand Jan auch nett, habe ihn lange geliebt, aber wir haben nicht zusammengepasst. Er hatte ausschließlich seine Computer und Science-Fiction im Kopf, während ich mich mehr für Sport und Lesen begeistere. Wenn ich meine freien Tage hatte, musste er arbeiten. Außerdem war er mir zu …« Es klopfte in der Leitung. Melanie schaute auf das Display und sah das Gesicht von Raimond Schubert. »Mama, ich rufe dich nachher noch mal an.«

»Ist gut, Liebchen. Bis später.«

»Hab dich lieb.«

»Wir dich auch.«

Sie atmete tief durch und nahm den Anruf an: »Melanie Heimann hier.«

»Wow. Das Förmliche legen wir ab, Melanie. Hier ist Raimond.«

»Können wir das abkürzen, Raimond? Ich bin so nervös.«

»Brauchst du nicht mehr zu sein, Melanie.«

»Weil …?«

»Du bist drin!«

Melanie ließ einen Freudenschrei los, sprang aus dem Bett und tanzte dazu: »Yess!«

»Melanie?« Raimond wirkte auf sie, als habe er noch einiges zu sagen.

»Ja … sorry. Ich …«

»Ich kann mir vorstellen, wie sehr du dich freust. Du hast dich ja ganz schön ins Zeug gelegt. Da komme ich direkt zum nächsten Punkt. Ich werde das KK11 verlassen. Du wirst aber von Enzo unterstützt.«

»Ach, das ist schade. Ich habe mich eigentlich darauf gefreut, mit dir zu arbeiten.«

»Ja, das hattest du in den Gesprächen erwähnt und ich fühle mich geehrt. Es ist nur so, dass neue Aufgaben auf mich warten.«

»Wohin gehst du? Oder ist das geheim?«

»Ein paar Türen weiter. Herr Bossert wechselt zum BKA.«

»Echt?«

»Ja. Ich übernehme die Leitung der KI 1.«

»Hey, gratuliere. Ich hätte mir keine bessere Besetzung vorstellen können.«

»Wir werden sehen. Ich gebe mein Bestes.«

»Du hast meine volle Unterstützung, Raimond.«

»Dazu hast du keine Zeit. Die Leitung der KK 11 ist eine Mammutaufgabe, vor allem als Neue im Team.«

»Leitung? Ich dachte, Enzo ...«

»Der hat abgelehnt und dich vorgeschlagen.«

»Warum? Er hat viel mehr Erfahrung als ich. Für mich ist das alles Theorie.«

»Ja, das ist so. Ich habe lang mit ihm gesprochen, er sieht sich nicht in einer Führungsrolle und das kann ich gut verstehen. Du hast dein Studium und alle Seminare für die gehobene Laufbahn mit Auszeichnung bestanden, bist außerdem die qualifizierteste unter den Bewerbern. Wenn du dich der Aufgabe nicht gewachsen fühlst, dann gibt es andere Kandidaten, aber dann musst du wieder einige Zeit warten, bis ...«

»Ich mache es! Ich schaffe das.«

»Daran habe ich keinen Zweifel.«

»Wann fange ich an?«

»Du musst noch ein paar bürokratische Hürden nehmen und dann kannst du dich für Montag mit Enzo abstimmen. Die nächsten Tage bin ich nicht im Haus, da habe ich ein Seminar. Deshalb möchte ich gern, dass du am Montag kommst und wir dem gesamten Team die personellen Veränderungen mitteilen.«

»Wow. Ja. Kann ich mich irgendwie vorbereiten?«

»Schlaf dich gut aus. In der ersten Zeit wird das eine

gewaltige Umstellung. Das ist ein mit 16-Stunden-Tagen und rund um die Uhr Erreichbarkeit. Na ja, nicht immer, Freizeit wirst du ab sofort anders erleben. Hast du einen Safe zu Hause?«

»Nein.«

»Gut. Dann schicke ich dir eine Liste mit Dingen, die der neue Job mit sich bringt. Ich bin mir sicher, dass du dich schnell einfinden wirst. Die Seminare und die Praxis-Semester waren eine gute Vorbereitung.«

»Ja. Ich freue mich sehr, Raimond. Vielen Dank für das Vertrauen.«

»Das hast du dir erarbeitet. Deshalb bedanke dich bei deinem Fleiß und deiner Hartnäckigkeit. Wir sehen uns.«

»Ja. Danke. Bis bald.«

»Ciao.«

Raimond hatte aufgelegt. Melanie stand in ihrem Schlafzimmer und sah aus dem Fenster. *Ich sollte joggen gehen. Danach Schwimmen. Morgen zum Kraftsport. Aber erst rufe ich Mama an.* Sie wählte die Nummer ihrer Eltern. Nach dem zweiten Klingeln ging ihr Vater ran: »Hallo Melanie! Wie geht es dir? Man muss ja äußerst schnell sein in diesem Haus, sonst bekomme ich dich nie zu hören.«

»Hi Papa. Machst du den Hörer bitte auf Laut?«

»Oh! Stephanie! Unsere Tochter hat Neuigkeiten. Sie klingt glücklich.«

»Und wie.« Melanie konnte es kaum erwarten, die Stimme ihrer Mutter zu hören.

»So, mein Sonnenschein. Der Hörer ist laut und wir sind gespannt.«

»Papa muss heute Abend Reibekuchen machen.«

»Kann ich machen, aber ich verstehe nicht. Das ist doch sonst nur, wenn ... Soll das heißen, die haben endlich eine Stelle für dich frei?«

»Ja. Ich bin ab nächster Woche Leiterin des KK11.«

»Moment. Leiterin? Ist das nicht eine Nummer zu groß für den Anfang?«

»Habe ich auch gesagt, aber die Leute da kenne ich schon länger und die trauen mir das zu. Mama, Papa. Ich war noch nie so glücklich.«

»Schatz. Deine Mama hat Tränen in den Augen. Wir gratulieren dir von Herzen. Wir freuen uns für dich.« Auch Melanies Mutter gratulierte ihr, doch sie konnte in ihrer Stimme hören, wie viel Sorgen sie sich machte. Leitung des KK11 war etwas anderes, als bei der Schutzpolizei im Streifendienst oder auf der Wache zu arbeiten. »Ich muss auflegen.«

»Warum so plötzlich, Papa? Bekommt ihr Besuch?«

»Nein. Erstens will ich nicht, dass du hörst, wie wir vor Freude weinen und zweitens muss ich Kartoffel kaufen und Zwiebeln.«

»Und Knoblauch und Apfelmus, bitte.«

»Ja, mein Kind. Das mache ich. Wir sind stolz auf dich. Reibekuchen sind um 18 Uhr fertig. Bis später.«

»Ja, ich freue mich. Bis dann.« Sie legte auf und begann ihre Laufsachen zusammenzusuchen. Draußen goss es in Strömen, aber schlechtes Wetter gab es für Ausdauersportler nicht.

DREI
HUSSEIN

Heute lief es einfach nicht. Die Welt schien grausamer geworden zu sein, aber mit Lisa an seiner Seite war es erträglicher. Sie waren zusammen. Wenn sie beide genug verdienten, würden sie in ein paar Wochen gemeinsam einen Entzug machen und einen Neustart wagen. Heute Morgen hatte er sich seinen Schuss selbst gesetzt. Inzwischen hatte er es raus und war meistens gut drauf. Er saß an der Quelle, so what? Lisa besuchte er meistens gegen 4 Uhr morgens. Da war dann garantiert der letzte Freier weg. Das Geld wollte er aufbewahren – Verstecke kannte Hussein mehr als genug. Doch als er heute von Lisa aufgebrochen war, hatte er sich mehrfach davon überzeugen müssen, dass sein bestes Versteck leer war. Irgendein Arsch hatte ihn ausgenommen. Die ganze Kohle war weg. Was konnte er tun, als weiterzumachen, als wäre nichts geschehen. Zum Glück war nicht all sein Geld weg, aber 3.000€ waren weg.

Ha. Da ist ja mein Opfer. Der Typ von neulich, der mit den teuren Schuhen kam auf ihn zu. Wie verabredet begrüßten sie sich wie Brüder.

»Brudi, alles klar?«, sagte der Loser.

»Was geht, Bruder?« Nach einer kurzen Umarmung gingen sie um die Ecke in die Hofeinfahrt. »Was brauchst du?«

»Hast du Tilidin?«

»Hab' ich da.« Er wollte sich nicht auf eine Diskussion einlassen. Hussein musste die verlorene Kohle reinholen. *Soll er sich doch kaputt machen.* »Fünfzig Stück für dreihundertfünfzig. Hundert für sechshundert.«

»Ich wollte eigentlich nicht so vi ...«

»Kauf oder verpiss dich.«

»Ey Bruder, wie bist du de ...«

»Halt die Fresse! Ich bin nur bei der Begrüßung dein Bruder, du scheiß Kartoffel!«

»Ist ja gut. Dann fünfzig.«

»Warte hier.« Hussein ging zum Kellereingang und klopfte an die Scheibe. »Fünfzig Tili.«

Ein gepolsterter Umschlag rutschte aus dem unbeleuchteten Kellerfenster. Hussein griff danach und ging zurück zum Kunden. »Vierhundert.«

»Du hast doch gesagt, drei ...«

»Preise ändern sich. Zahl oder geh!« Der Typ hatte keine Ahnung, das konnte er ausnutzen. Wer beim doppelten Straßenpreis nicht zuckt, hat auch kein Problem, wenn er 50 draufhaut. Nachdem Hussein die vierhundert Euro erhalten hatte, warf er ihm den Umschlag zu und rief: »Das nächste Mal gibst du mir keine Widerworte, verstanden?«

»Schon gut. Sorry, Bru ... Ich meine sorry.«

Was für ein Weichei! Hat sich wenigstens gelohnt. Wieso steht der noch hier? »Mach, dass du Land gewinnst!« Kaum hatte er das gesagt, steckte der Designerschuhmann die Ware in seine Jacke und verschwand. Hussein fühlte sich stark ... unbesiegbar. Es würde ein Leichtes ...

Seine Gedanken wurden jäh unterbrochen. Auf der anderen Straßenseite verschwand ein blasser Mann im Wettbüro. Er wirkte nicht so getrieben wie die Leute, die sonst da reingingen. Er hatte einen Blick dafür, ob es ein Dealer, ein Bote oder ein Spielsüchtiger war, der durch diese Tür ging, dieser Typ passte hier einfach nicht hin. Hastig lief Hussein über die Straße, hörte das Hupen des Toyotas, der gerade angefahren kam und einen Schlenker um ihn machte, ignorierte es aber. *Soll der Penner doch langsamer fahren.*

Er betrat das Wettbüro, ging zu Olga und legte ihr 150€ auf die Theke. Dabei schaute er sich nach dem Fremden um, konnte ihn aber nirgendwo entdecken. *Der muss nach hinten gegangen sein.* Olga gab Hussein seinen Wettschein und sagte: »Du siehst nicht gut aus, Junge. Mach besser einen Test. Hast vielleicht Corona.«

»Wüsste nicht, was dich das angeht. Außerdem kann ich dieses Virusgequatsche nicht mehr hören. Ist alles Lügenpropaganda.«

»Wenn du meinst.«

Hussein drehte sich um und beeilte sich, nach draußen zu kommen, da er hörte, wie sich die Tür zum hinteren Bereich öffnete. Das könnte Kusja sein, und auf den hatte er im Moment keinen Bock. Auf der Straße angekommen stellte er sich unauffällig in den nächsten Hauseingang, so, dass man ihn von der Straße nicht gleich sehen konnte. Hier standen eh überall Leute rum, einer mehr würde nicht auffallen. Da war er wieder, dieser Typ vom anderen Stern. Er kam aus dem Wettbüro und hielt einen offenen Umschlag in der Hand. Während er ihn in die Innentasche seiner Jacke steckte, konnte Hussein es sehen. Der

Umschlag war voll mit Geldscheinen. *Das ist mein Weg in die Freiheit!*, war Hussein überzeugt und folgte dem Mann in sicherem Abstand. Mit den Barfußschuhen und der seltsamen 80er-Jahre-Lederjacke stach dieser so aus der Menge hervor, dass es keine Herausforderung war, ihm auf den Fersen zu bleiben.

Vor den Arcaden sah sich der Typ nach allen Richtungen um, setzte sich eine Baseballkappe und eine Frauensonnenbrille auf.

Was macht der da? Wenn er sich vermummen will, dann ist er ein ziemlicher Amateur. Hussein hängte sich ihm mit etwas Abstand an die Fersen, direkt in die Arcaden. Seit Emres Tod hatte er diese nicht betreten, weil er es nicht übers Herz gebracht hatte. Heute folgte er dem seltsamen Typen, ohne mit der Wimper zu zucken. Alles war so weit weg von ihm, solange er drauf war. Der Weg führte nach rechts und schon war Hussein klar, wo dieser Mann hinwollte. *So wie der aussieht, kauft er keine Kleidung*, überlegte Hussein und lag richtig. Er beobachtete, wie der Mann zielstrebig auf einen der Berater zuging und ihn begrüßte. Nach einem kurzen Gespräch, in dem der Mann abwehrend seine Hände hochhielt, sah Hussein, dass der Berater mit dem Kopf schüttelte und die Schultern hob.

Gemeinsam gingen die beiden zu einem der Regale und holten ein paar eingepackte Gegenstände heraus. Hussein kannte sich in dem Geschäft aus. Dort, wo der Sonnenbrillenmann und der Berater standen, gab es nur Festplatten zu kaufen. *Fuck, die kommen auf mich zu. Was will denn der mit so vielen Festplatten?* Hussein drehte sich zu einem Regal um und tat, als würde er sich für einen der Mixer interessieren, die dort ausgestellt waren. Kaum hatten sie ihn passiert, ohne ihm Aufmerksamkeit zu schenken, konnte Hussein beobachten, wie sich der Berater an der Kasse von dem Mann verabschiedete und verschwand. Unauffällig hatte Hussein sich so positioniert, dass er den Typen im Blickfeld hatte. Es fiel ihm nicht schwer, zu sehen, wie dieser mühsam ein paar Fünfziger aus dem fetten Umschlag zog, um den Stapel Festplatten zu bezahlen, die die Kassiererin aus ihren Plastikboxen befreite. Aus einer anderen Jackentasche zog der Mann einen vergilbten Jutebeutel, um seinen Einkauf darin zu verstauen.

Es war höchste Zeit für Hussein, den Laden zu verlassen, um den Fremden nicht aus den Augen zu verlieren. An einer, hinter dem Rücken des Mannes liegenden, Kasse schob er sich entschuldigend an den Wartenden vorbei und ging zu einem der Altbatterie-Sammelbehälter, um so zu tun, als werfe er dort etwas ein.

Es ging los. Den Jutebeutel fest an sich gepresst, hastete dieser Typ erstaunlich sportlich in Richtung Ausgang. Für Hussein war es kein Problem, ihm zu folgen. Es galt jedoch, niemanden anzurempeln, da er es im Moment nicht gebrauchen konnte, Aufmerksamkeit auf sich zu ziehen. Kaum waren sie draußen, nahm der Mann die Sonnenbrille und die Kappe ab, holte stattdessen eine FFP2-Maske aus der Jacke und setzte sie auf. Hussein wollte ihm folgen, konnte aber nicht an einer Gruppe alter Damen vorbei, die nebeneinander die Treppe heruntergingen.

»Entschuldigung, darf ich durch?«

Keine Reaktion. Entweder waren die taub, oder sie ignorierten ihn einfach.

»Ich muss da vorbei! Meine Bahn fährt gleich.« Als er einer der alten Schachteln auf die Schulter tippte, zuckte die zusammen, als sei ein Blitz durch sie gefahren. Die Lücke, die entstanden war, reichte für ihn. Er setzte zum

Sprint an und hörte noch hinter sich die Beschwerden der alten Weiber.

Er sah um die Ecke und erkannte den Mann sofort wieder. Eine solche Jacke gab es nicht zweimal. Hussein fingerte die Maske aus der Jogginghose und setzte sie auf. Kaum war er unten angekommen, fuhr eine Bahn ein. Hussein stieg an einer anderen Tür als der Mann ein, ließ ihn aber dabei nicht aus den Augen.

Zwei Stationen später, am Bahnhof Deutz/Messe verließ der Fremde die Bahn, in sicherem Abstand gefolgt von Hussein. Die Fahrt ging weiter mit der nächsten Linie 4 und endete in der Stegerwaldsiedlung. Zum Glück waren sie nicht die einzigen Fahrgäste, die ausstiegen. Wäre er ihm allein gefolgt, hätte er auffallen können. Er hielt sich hinter einem türkischen Ehepaar und wirkte, als gehöre er dazu. Zwei Wohnblocks später bog der Mann in einen Zugang zu einem der Wohnhäuser ab. Hussein bemerkte, dass in der rechten Erdgeschosswohnung alle Rollos synchron geöffnet wurden. Zumindest die auf der Seite des Hauseinganges. Der Türsummer wurde betätigt, nachdem der Mann in seine Uhr gesprochen hatte. Scheiße, was für ein Nerd. Hussein hatte für heute genug gesehen. Jetzt wusste er, wo der Typ wohnt. Er war sich sicher, dass Menschen, die mit Geldbündeln aus Hinterzimmern von Wettbüros kommen, diese Kohle nicht zur Bank bringen. Er musste dringend herausfinden, wann der Typ nicht zu Hause war. Hussein schaute sich um, wie die Beleuchtung des Hauses war und ob er über den Balkon oder ein anderes Fenster einsteigen würde, dann brach er auf und begab sich auf den Rückweg. *Tagsüber, ohne Werkzeug, Handschuhe und Sturmmaske wird das nichts.*

* * *

»Du kleiner, dämlicher Bastard. Das ist das zweite Mal diese Woche, dass du dich verpisst, während die Kunden hier an der Straße auf und ab rennen.« Klatsch, da hatte Hussein die nächste Faust abbekommen. Es tat schon so furchtbar weh, schlimmer war, dass die Wirkung des Heroins nachließ. Er hatte plötzlich eine Scheißangst. »Ich kann es nicht gebrauchen, dass hier alles voll suchender Junkies ist. Das lockt die Bullen an.« Dieses Mal trat ihm Kusja in den Magen. Er musste sich dafür nicht sonderlich anstrengen, weil Hussein gefesselt auf dem Boden des Kellerraumes saß. »Du willst mir sagen, dass da ein Typ mit viel Geld war?«

»Ja! Hab' ich doch gesagt. Der ist aus dem Wettbüro gekommen und hat überhaupt nicht nach einem der sonstigen Besucher ausgesehen.«

»Und woher willst du das wissen?«

»Der hatte so komische Sachen an ... eine uralte Jacke aus Leder, die heute keiner mehr trägt, und dann waren da diese Barfußschuhe, wo man jeden Zeh einzeln sieht. Außerdem war der blass wie eine gekalkte Wand.«

Wieder flog Kusjas Faust auf ihn zu und traf ihn dieses Mal am linken Wangenknochen.

»Wofür war der jetzt?«

»Auf Vorrat. Außerdem bin ich gut in Schwung.« Als Kusja noch mal ausholen wollte, klingelte sein Handy. »Moment!« Er nahm den Anruf an und sprach ein paar Worte auf Russisch. Dann legte er auf und ging zum Waschbecken in der Ecke, um sich das Blut abzuwaschen. »Zu dir komme ich später!«, drohte er in Husseins Richtung und verschwand aus dem Raum, dessen Schloss von außen zweimal abgeschlossen wurde.

VIER
DED MOROZ

Patrioten waren in seinen Augen Verlierer, er machte sich lieber seine eigenen Gesetze. Für ihn galten schon früh nur die Gesetze der Straße, was sich ausgezahlt hatte, schließlich war er heute der Boss der Kölnskaja Gruppa. Sein markantes Aussehen versetzte Menschen in seiner Umgebung in Ehrfurcht und war nur ein Teil seines gezielt eingesetzten Gesamteindrucks. Mit seinen sechzig Jahren war er immer noch ein beeindruckend kräftiger Mann, der wie ein Fels in der Brandung stand.

An seiner geraden und aufrechten Körperhaltung hatte er lange gearbeitet. Nicht einmal, wenn er unbeobachtet war, hatte er sich erlaubt, seine Haltung zu lockern. Er wusste, dass sie ihm ein selbstbewusstes Auftreten verlieh.

Zu seinem Erscheinungsbild gehörte auch ein gepflegtes Äußeres. Er trug stets einen maßgeschneiderten Anzug, der seine kräftigen Schultern betonte und seine schlanke Taille umspielte. Sein Aussehen und sein exzellentes Benehmen ließen keinen Zweifel daran, dass er ein Mann von Stil und Klasse war.

Die Kälte, die ihn umgab, konnte man in seinen harten,

unbarmherzigen Augen sehen. Wenn er sprach, tat er das mit einer Stimme, die keinen Widerspruch duldet. Seine eisige Ausstrahlung ließ keinen Raum für Gefühlsregungen und machte ihn zu einem gefürchteten Gegner. Seinen Spitznamen, Ded Moroz, was übersetzt Väterchen Frost heißt, hatte er nicht umsonst gewählt.

Seinen Fäusten sah man an, dass sie kampferprobt waren. Kein Wunder, denn er war früher ein Boxprofi, der so einige Wettkämpfe gewonnen hatte.

Umso seltsamer würde es einem Zuschauer vorkommen, zu sehen, dass er sich gerade auf den Sessel gesetzt hatte, um sein Strickzeug zu nehmen. Das war eine seiner täglichen Entspannungen, von der niemand wissen sollte. Seit bei ihm vor fünf Jahren diese Gichtanfälle angefangen hatten, gab er alles dafür, seine Finger geschmeidig zu halten. Sein Vater hatte im Krieg Socken gestrickt und war im Alter wieder dazu übergegangen, weil es ihn beruhigt hatte. Ded wollte es lernen und sein Vater hatte nichts dagegen gehabt. Es war die einzige Zeit des Tages, in der dieser ihn nicht erniedrigt oder geschlagen hatte. Immer wenn Ded strickte, spürte er die Entspannung und Geborgenheit von damals. Was würde er heute dafür geben, eine halbe Stunde neben seinem Vater sitzen zu können, doch das war nicht mehr möglich. Zum einen lag das daran, dass Ded Russland zu Zeiten des Kalten Krieges den Rücken gekehrt hatte, zum anderen gab es in der Organisation, der er seit seinem frühen Erwachsenenalter angehört hatte, ein ungeschriebenes Gesetz. Sobald du Mitglied der Familie bist, hast du nur noch eine Familie – die Firma. Er hatte als kleine Nummer angefangen, zu Ded Moroz war er erst vor zehn Jahren geworden. Die Kölnskaja Gruppa war für den Westen Deutschlands und zusätzlich in über 50 weiteren Ländern zuständig. Er war der Kopf der Organisation, seinen bürgerlichen Namen hatte er vor etlichen Jahren abgelegt. Wo er wohnte, wusste niemand. Wenn er auftauchte, dann kam er mit einem Oberklassewagen, meistens einem Audi, der nicht älter als ein paar Monate war. Das Kennzeichen war eine Diplomatennummer, was den Grenzübergang mit unkontrolliertem Kofferraum ermöglichte und ihm schon mehrfach von großem Nutzen gewesen war.

Sein Handy vibrierte. Ded verbrachte die meiste Zeit des Tages schweigend und ohne akustische Störung. Er genoss es, allein und in sich gekehrt den Tag zu verbringen.

Das Display zeigte die Nummer seines Finanzberaters, der nur anrief, wenn er etwas nicht selbst nachvollziehen konnte oder die Beträge eine halbe Million Euro überstiegen. Ded nahm den Anruf nach dem vierten Vibrieren an: »Ich höre.«

»Grüße aus Köln. Die Geschenke sind teurer als erwartet.« Ein vereinbarter Code – Geschenke waren Schweigegelder und Bestechungsgeschenke. »Zum Glück haben die Aktien einen ungewöhnlich hohen Kurs.« Es klickte in der Leitung. Auch der zweite Teil der Botschaft war eine verschlüsselte Nachricht. Die Einnahmen aus den Sportwetten waren höher als sonst ausgefallen. Damit waren die echten Gewinne gemeint und nicht die verdeckten Einnahmen aus Schutzgeld, Erpressung und Prostitution. Alle Einnahmen liefen über die Theke der Wettbüros der Organisation. Lew war für gewöhnlich ein zuverlässiger, jedoch teurer Buchhalter. Ein wesentlicher Teil der Geschäfte musste – so konnte Ded der telefonischen Botschaft entnehmen – sich verändert haben. Wieso hatte Lew ihn nicht darüber informiert? Er entschied, dass es dringend an der Zeit für einen Ausflug nach Köln war.

* * *

Vorsichtshalber hatte Ded seinen Audi Q8 im Parkhaus der Köln Arcaden geparkt, um den Rest des Weges zu Fuß zurückzulegen. Erstens war das Wetter gut und zweitens konnte er sich auf diese Weise ein Bild der Sicherheitsvorkehrungen machen. Konnte er wirklich einfach so da reinmarschieren, die hinteren Räume betreten, ohne erkannt oder aufgehalten zu werden? Er vertraute seinen Jungs, insbesondere Kusja, doch sobald etwas auffällig war – das hatte er sich inzwischen angewöhnt – stellte er alles und jeden auf die Probe, um sicherzustellen, dass Schwachstellen sofort erkannt und eliminiert wurden. Als er aus einer der Seitenstraßen herauskam, hatte er schon seinen Hut aufgesetzt und den Kopf so gesenkt, dass ihn die Kameras nicht erkannten. Auch das leichte Hinken und die zurückgezogenen Schultern sorgten für ein verfälschtes Bewegungsprofil. Aus Russland stammend, war ihm klar, was man mit der modernen Technik erreichen konnte. In Deutschland war zwar vieles verboten, aber verhinderte das wirklich den Einsatz der modernsten Erkennungssysteme? Der Mafiosi hatte da seine Zweifel.

Das Wettbüro an der Kalk-Mülheimer-Straße stach nicht aus der Umgebung hervor. Auch die Klebefolie an den abgedunkelten Fenstern sah abgenutzt aus. Ded erkannte schon von Weitem, wer vor den einzelnen Gebäuden Wache stand und wer nur herumlungerte. An diesen Burschen unerkannt vorbeizukommen, war ein Kinderspiel. Er betrat das Ladenlokal, als ein Kunde es gerade fröhlich lächelnd mit ein paar Zwanzigern in der Hand verließ. Innen erfasste er, dass sich seit seinem letzten Besuch nichts verändert hatte. Die Kameras hatten noch die gleiche Position wie vorher und Nadja stand hinter dem Tresen. Sie hatte ihn erkannt und wollte schon etwas sagen. Er hielt sich einen Finger vor den Mund, das ließ sie verstummen. Nadja und Olga wechselten sich in dem Büro ab. Beide waren als junge Mädchen aus Russland geholt worden. Man hatte ihnen eine Modelkarriere versprochen, um sie stattdessen ohne Pass in ein Bordell zu sperren. Beide hatten ihr Schicksal mehr oder minder akzeptiert und waren inzwischen in die Jahre gekommen. Es gab viele Nutten, die nach einigen Jahren in den Diensten der Kölnskaja Gruppa einen anderen Job erhalten hatten.

Ded ging auf den bodenlangen Vorhang zu, der das Wettbüro vom hinteren Teil des Gebäudes abtrennte und schob ihn zur Seite. Der Gang dahinter war unbewacht. Wo zur Hölle steckte dieser Kusja? Der kann was erleben, wenn ich ihn in die Finger bekomme.

Er öffnete die Tür des zweiten Raumes. Hier befand sich das Büro von Lew, der wie erwartet mit Kugelschreiber, Taschenrechner und ein paar Papierlisten vor seinen drei Rechnern saß und kaum aufschaute: »Ich habe doch gesagt, dass ich nicht gestört ...« Lew verstummte und starrte überrascht den Ankömmling an.

»Hast wohl nicht mit mir gerechnet?« Mit festen Schritten kam er auf ihn zu und hielt ihm die Hand hin. Zögernd griff Lew danach und küsste den Ring – deutete es zumindest an.

»Ded! Was führt dich zu uns.«

»Wo zur Hölle ist Kusja?«

»Ich rufe ihn an. Er ist kurz im Keller ... nach Informationen angeln, hat er gesagt.«

»Informationen? Ist denn irgendetwas unklar? Gibt es etwas, was ihr mir sagen müsstet?« Er machte gern auf freundlich. Seine kurzen grauen Haare, die – wie er es ausdrückte – auf dem Deckel Dünger gebrauchen könnten, der perfekt getrimmte Oberlippenbart und die rasierten Augenbrauen passten zu seinem maßgeschneiderten schwarzen Anzug, dem gleichfarbigen Hemd und der schmalen Krawatte. Sein Aussehen erzeugte die gewünschte Wirkung. Alle, die es mit dem Chef zu tun bekamen, hatten Angst vor ihm und zollten ihm deshalb ihren Respekt.

»Bitte, Ded, setzt dich. Ich rufe Kusja an.«

»Ein Tee wäre gut.« Er nahm auf Lews Bürosessel Platz und schaute über die Unterlagen, die dieser dort ausgebreitet hatte. Im Laufe der Zeit hatte er gelernt, einen Teil von dem zu verstehen, was der Buchhalter täglich frisierte.

Als Lew sein Handy zurück in die Hosentasche schob, sagte er: »Kusja kommt gleich. Ich gehe und besorge dir einen Tee.« Er war im Begriff, den Raum zu verlassen, als der Boss mit aus dem Fenster gerichtetem Blick sagte: »Ich möchte, dass du dabei darüber nachdenkst, was unsere Ausgaben an Bestechungsgeldern erhöht haben könnte.«

Lew ließ seine Schultern hängen. Ded sah das über die Spiegelung in der Fensterscheibe und deutete es als eine Art Schuldanerkenntnis. Warum sollte gerade jetzt die Spannung von seinem Gegenüber abfallen, wenn er sich nicht auf frischer Tat ertappt fühlte?

»Ich …«

»Du wolltest mir einen Tee holen.«

»Ja, Ded. Selbstverständlich.«

»Ach und Lew?«

Wieder zuckte Lew zusammen. *Ich hab' ihn längst an den Eiern. Er wird mir alles sagen, was er weiß.* »Schick einen der Jungs auf die Hauptstraße. Er soll mir von dem Baklava holen, das ich gern mag.«

»Das mache ich, Ded. Noch etwas?«

Kusja kam in den Raum: »Ded! Schön, dich zu sehen. Gibt es Arbeit?« Er setze sich auf einen freien Stuhl und verschränkte die Arme.

»Lew, das war alles. Lass mich bitte kurz mit Kusja allein.«

»In Ordnung.«

Das Zittern in Lews Hand war Ded nicht entgangen, als dieser die Klinke der offenen Tür griff, um sie von außen leise zu schließen.

»Also, Ded. Was kann ich für dich tun.« Breitbeinig, die Daumen in die Hosentaschen gesteckt, saß Kusja ihm gegenüber.

»Als Erstes kannst du mir den nötigen Respekt zollen.«

»Oh, Verzeihung. Ich war noch so in unsere alten Zeiten verstrickt, dass ich das vergessen habe. Kommt nicht wieder vor. Ich bitte höflich um Entschuldigung, Ded.« Kusja war sofort aufgesprungen und um den Tisch geeilt, um Deds Ring zu küssen.

»Ich sehe darüber hinweg, aber nur, weil wir gerade allein sind. Sollte das vor versammelter Mannschaft passieren, weißt du, was dir droht.«

»Natürlich. Verzeihung. Darf ich erfahren, warum du uns besuchst? Ist was mit den Italienern, den Türken? ... Den Bullen?«

»Dreimal nein. Ich wurde angerufen, weil Unregelmäßigkeiten in unseren Geldflüssen festgestellt wurden.«

»Eine Sache, die du mit Lew klären musst?«

»Ich fürchte nein. Es könnte sein, dass Lew mich hintergeht.«

»Nie im ... Moment.«

»Was?« Ded wurde hellhörig. Er kannte diesen

Gesichtsausdruck von Kusja. Meistens hatte er irgendwas mitbekommen und wusste nichts damit anzufangen, weshalb er es niemandem weitergab, um sich nicht lächerlich zu machen.

»Ach … wahrscheinlich falscher Alarm.«

»Ich entscheide, was wichtig ist. Sag mir, was du hast!«

»Okay. Da ist dieser Junge, den ich im Keller verhöre. Er war immer zuverlässig, bis auf die letzten Tage. Ich habe rausgefunden, dass er ein Mädchen getroffen hat, die er von früher kennt. So wie ich es sehe, hat sie ihn an die Nadel gehängt. Schade drum, der war echt gut. Gestern ist er dann …«

»Komm zum Punkt! Lew ist gleich zurück.«

»Er hat einen Typen beobachtet, der hier mit einer ganzen Stange Geld rausgegangen ist. Der Junge ist ihm gefolgt und hat rausgefunden, wo der Kerl wohnt.«

»Gut. Das gibt mir ein klares Bild.«

»Ich verstehe überhaupt nichts. Der Typ wird hier gewettet und gewonnen haben. Was ist daran so außergewöhnlich?«

»Ist der Junge hier?«

»Im Keller.«

»Dann hol in her. Der scheint was auf dem Kasten zu haben. Wir geben ihm etwas zum Spritzen, dann singt er wie ein Vögelchen.«

»Ich hatte schon einen anderen Plan.« Kusja lächelte dämlich.

»Schön, dass hier alles von allein läuft, aber die Nummer ist zu groß für dich.«

»Schade. Das hätte echt Spaß gemacht.«

»Erzähl mir mehr.«

»Ich habe das Mädchen von ihm entführt und versteckt. Hab' ein Video auf meinem Handy als Beweis. Damit erpresse ich den Jungen. Der soll diesen Wichser umbringen und mir die Kohle heranschaffen. Wenn er das erledigt hat, mache ich ihm 'ne goldene Ladung klar und leg ihn in 'ne Tonne.«

»Gar nicht mal dumm.«

»Ich weiß.«

»Geh den Jungen holen!«

»Geht klar.« Kusja stand auf und machte sich auf den Weg, während Ded die Zeit zum Nachdenken nutzte. Kurz danach war Lew mit Tee und Gebäck zurückgekommen.

»Zwei Stück Zucker, richtig?«

»Ja, Lew. Vielen Dank. Kommen wir zu dir. Wie erklärst du die Sonderausgaben?«

»Ja, also, da müsste ich nachsehen. Bisher ist mir da nichts …«

Die Teetasse samt Tee flog Lew ins Gesicht, gefolgt von der nun extrem lauten Stimme Deds: »Lüg mich nicht an! Bisher konntest du mir zu jedem Cent, der durch deine Buchhaltung gelaufen ist, seine Herkunft erklären, jetzt fehlen über fünfhunderttausend Euro! Erzähl mir nicht, dass du erst nachsehen musst!«

Lew sah ihn mit ausdrucksloser Miene an. Ded hatte noch nie eine Regung in seinem Gesicht gesehen. Zufrieden stellte er fest, dass Lews Augen glasig aussahen und dass auf seiner mit schütterem braunem Haar bewachsenen Glatze ein paar Schweißperlen zu erkennen waren.

Die Tür wurde aufgestoßen. Kusja kam mit einem gefesselten Jungen rein.

»Mach ihm die Fesseln los.«

»Meinst du, dass das eine …«

»Verdammte Scheiße, was ist denn hier los? Ich habe

eine Anweisung gegeben! Wollt ihr einen Betriebsrat wählen?«

Das hatte gesessen. Kusja schnitt das Klebeband durch, mit dem die Hände des Jungen gefesselt waren.

»Setz dich hin, Junge!« Ded war aufgestanden, nahm zwei größere Scherben der Teetasse von dem ihm gegenüberstehenden Stuhl, legte sie auf den Tisch und dirigierte den Jungen an seiner Schulter auf das Sitzmöbel. Dieser zuckte bei der Berührung, wurde aber gleich ruhiger, als Ded ihn mit sanfter Stimme fragte: »Weißt du, wer ich bin?«

Hussein sah sich unsicher um, weil er fürchtete, gleich wieder geschlagen zu werden. »Sie sind Ded Moroz. Ich möchte Ihnen Respekt zollen.«

»Gar nichts willst du!«, schrie Kusja und schlug dem Jungen mit der Faust in den Nacken.

»Es reicht! Ihr beiden habt jetzt Pause!«, brüllte Ded noch lauter, als er vorhin schon war. Er hielt dem Jungen den Ring hin, der diesen symbolisch küsste.

»Ich möchte Ihren Ring nicht beschmutzen, Ded.«

»Das ist Respekt, Leute. Nicht so wie eure narzisstischen Hampeleien. Hier sitzt ein Junge ... wie ist dein Name?«

»Hussein«, flüsterte er mit hochgezogenen Schultern, weil er den nächsten Ausbruch Kusjas fürchtete.

»Hier sitzt Hussein ... einer unserer Jungs ... eine Säule unseres Geschäftes ... halb verblutet und in einem schlechten gesundheitlichen Zustand.« Ded ging bedrohlich nah an Kusja und Lew vorbei, den Blick starr in die Augen gerichtet, bis diese beschämt fortsahen. »Hussein! Junge! Sage mir, was du angestellt hast, dass Kusja dich so zugerichtet hat.«

»Ich ... kann ...«

»Brauchst du was zum Runterkommen?«

»Vielleicht?« Hussein fragte es mehr, als er es antwortete.

»Du bist verunsichert. Das kann ich verstehen. Kusja, hol dem Jungen Heroin.« Wieder stellte er sich nah an Kusja und flüsterte: »Wage es nicht, einen Ton zu sagen. Mach, was ich dir auftrage und achte darauf, dass die Dosis ihn nur aufwärmt.«

Wortlos verließ Kusja den Raum.

»Jetzt, wo Kusja dir eine Dosis besorgt … magst du mir erzählen, was passiert ist?«

»Ich … habe damals bei dem Amoklauf meinen besten Freund verloren. Er hieß Emre. Vor ein paar Tagen habe ich seine Freundin Lisa getroffen. Lisa ist genauso abgestürzt wie ich. Ich hatte vorher gekifft und gekokst, aber als ich gesehen habe, wie Lisa abgeht, wollte ich es probieren. Sie hat es mir gespritzt.« Hussein starrte beschämt auf den Boden. »Ich habe wie immer alles verkackt. Jetzt hänge ich an der Nadel.«

»Ist das alles?«

»Nein. Gestern wollte ich etwas von Lisas Einnahmen in meinem besten Versteck deponieren. Da habe ich gesehen, dass das ganze Geld weg war. Das waren bestimmt schon …«

»Ich frage mich, woher du kleines Schlitzohr Geld übrig hast, um es zu verstecken, aber dazu kommen wir später. Erzähl mir, was danach passiert ist.«

»Ich habe diesen Typen gesehen. Der passte überhaupt nicht hierher. Er ist hier aus dem Wettbüro gekommen. Aber vorn habe ich ihn nicht gesehen. Ich habe gestern Olga Geld von einem Kunden gebracht … Ich habe einen Kunden abgezockt und nur das Geld für die Tabletten weitergegeben. Es tut mir …«

»Haha! Du bist mein Junge! Wir alle bescheißen uns gegenseitig. Erzähl von dem Mann!«

»Ich bin ihm gefolgt. Er hatte Gesundheitsschuhe und 'ne alte Lederjacke. Deshalb war es nicht schwer. Ich weiß, wo er wohnt. Eigentlich wollte ich heute Nacht bei ihm einbrechen, um die Kohle zu klauen.«

»Und was wolltest du mit dem Geld anstellen?«

»Ich bin ehrlich. Ich wollte mit Lisa abhauen und einen Entzug machen. Dann irgendwo neu anfangen.«

»Das hättest du fast geschafft.«

»Ach, da ist noch was. Ich weiß nicht, ob es wichtig ist. Er war im MediaMarkt und hat da 'nen ganzen Stapel Festplatten gekauft. Ich weiß nicht, was er damit wollte.«

»Sehr gut, Hussein. Jedes Detail zählt.« Ded drehte sich zu Lew.

»Muss ich dich noch mal fragen?«

»Also ...«

»Rede, verdammte Scheiße! Rede, solange du es kannst!«

Kusja kam zurück und brachte eine aufgezogene Spritze, die er schweigend vor Hussein auf den Tisch legte.

»Mach nur, Hussein. Ich kann mir vorstellen, wie es dir geht.« Dann drehte sich Ded wieder zu Lew, verschränkte die Arme und sagte: »Ich bin gespannt.«

»Vor ein paar Monaten kam er zum ersten Mal. Er hatte mir gesagt, dass er eine Künstliche Intelligenz geschaffen habe, die in der Lage sei, unerwartete Ergebnisse bei Sportwetten zu prognostizieren. Er sah nicht sonderlich vertrauenerweckend aus. Ich habe ihn weggeschickt. Als er gegangen war, fand ich den Zettel auf meinem Tisch, der vorhersagte, dass einer der Bayern-Stürmer im folgenden Spiel ausfallen würde. Na, und der Spieler war kerngesund. Warum sollte er ausfallen? Am Spieltag ist er dann tatsächlich nicht angetreten. Sein Trainer hatte von einer plötzlichen Fiebererkrankung gesprochen. Gleich am nächsten Montag war der Mann wieder hier. Er hatte einen weiteren Zettel mit Wetten und Quoten dabei, die für die Spiele der nächsten Wochen gültig sein sollten. Ich habe mich auf ihn verlassen und einen Riesen-Gewinn eingespielt. In der Woche darauf war er wieder da und sagte, dass seine Tipps totsicher wären, weil er eine Methode gefunden habe, herauszufinden, wer wann ausfallen musste und wer besonders gut oder schlecht spielen würde. Er hätte ›Kontakte‹, die für die Ausfälle sorgen würden. Ein Kellner hier, ein Apotheker dort. Pro Spieltag forderte er 50 000 € und rechnete mir vor, mit welchen Wetten ich den Betrag mindestens dreifach zurückholen könne. Ich habe ihn gefragt, warum ich nicht einfach mehr setzen darf. Seine Antwort leuchtete mir ein.«

»Die da wäre?« Ded hielt inzwischen Husseins Kopf, weil der Junge auf Reisen ins Junky-Paradis war.

»Bei zu hohen Einsätzen würden wir auffallen. Also habe ich ihm Woche für Woche seine 50 000 € gegeben, weil er aus meiner Sicht jeden Cent wert war.«

»Und deshalb hast du mich auch nicht kontaktiert.«

»Genau.«

Ded atmete tief durch und sagte dann ruhig und bestimmt: »Passt gut auf. Wir machen Folgendes. Dieser Typ ist ein großes Risiko für uns und muss beseitigt werden. Wir können es uns nicht leisten, dass uns einer in die Karten schaut, der so intelligent ist, wie dieser IT-Fuzzi. Habt ihr mich verstanden?«

Weder Lew noch Kusja trauten sich, zu antworten. Stattdessen nickten beide.

»Kusja. Mach es so, wie du es geplant hast, und verbock es nicht!«

»Geht klar, Ded.«

»Und du Lew, fällst mir besser nicht noch mal auf.«

»Ich wollte nur …«

»Frag mich lieber einmal zu viel als zu wenig. Haben wir uns verstanden?«

»Ja, Ded.« Lew senkte den Kopf. Er sollte wissen, was mit denen passiert, die die Anweisung Deds nicht folgten.

»Kommen wir zu dir, Hussein.« Ded setzte sich auf Lews Bürostuhl und legte beide Hände auf den Tisch. »Bist du wieder bei uns?«

»Ja. Ich bin wieder da.«

»Gut. Kusja möchte dir gern ein Video zeigen.«

Ded wurde zwar ein wenig schlecht bei dem blöden Grinsen, das er auf Kusjas Gesicht gezaubert hatte, aber dessen Plan hatte ihn überzeugt.

Kusja kam näher an Hussein, entsperrte sein Handy und startete das Video, auf dem die gefesselte Lisa mit weit aufgerissenen, ängstlich wirkenden Augen auf einem Stuhl zu sehen war. Hussein sah sich das Video an, beugte sich vor und schlug beim Hochkommen Kusja etwas Spitzes ins Gesicht: »Ich komme wieder und dann mache ich dich kalt, du Schwein!« Hussein sprang auf, wollte gerade losrennen, da sagte Ded leise: »Du möchtest also, dass sie stirbt? Ich dachte, du liebst sie.«

Hussein blieb stehen: »Das wagt ihr euch nicht.«

»Wir wagen uns noch viel mehr, Junge. Wenn du durch diese Tür verschwindest, dann dauert dein Leben keine zehn Minuten mehr. Also machst du besser, was wir von dir verlangen.«

Kusja hatte inzwischen die Scherbe aus seinem blutenden Gesicht gezogen und presste seine Handfläche auf die offene Wunde. Als er nach seiner Waffe griff, stoppte ihn Ded: »Du kennst den Plan. Halte dich gefälligst dran.«

»Du hast großes Glück, Junge, verdammt großes Glück.«

»Lass sie frei, du Schwein! Ich mache, was ihr von mir verlangt. Sie hat schon zu viel erlebt. Bitte!«

»Morgen früh um 3 Uhr treffen wir uns an der Adam-Stegerwald-Straße. Du besorgst uns einen Wagen. Verbock es und die Kleine ist tot.« Kusja hielt ihm die Faust hin. »Und du gleich mit.«

»Kusja, geh zum Doktor und schlaf dich aus. Heute Nacht musst du klar sein. Du stinkst wieder wie eine Kneipe. Wir waren uns einig, dass du bei der Arbeit nicht mehr trinkst.« Ded duldete keinen Widerspruch, deshalb hielt Kusja die Klappe. »Und du bist heute Nacht dabei, Lew.«

»Wofür?«

»Ihr werdet dem Kerl ordentlich Angst machen. Vielleicht kannst du herausbekommen, wie seine KI funktioniert.«

»Und wenn nicht?«

»Dann haben wir es versucht.« Mit einem abfälligen Blick auf Kusja und Hussein fügte er hinzu: »Außerdem musst du die beiden Streithähne auseinanderhalten.«

FÜNF
HEINRICH

Vor drei Monaten

Erst vor einem Jahr hatte er seine Künstlichen Intelligenzen so weit entwickelt, dass sie in die Lage versetzt wurden, stimmungsabhängige IFTTT-Prozeduren für ihn zu generieren. IFTTT ist die Abkürzung für »If This Then That« und damit ein benutzerfreundliches Interface, das ereignisorientiert Prozesse jeglicher Art steuert. Die Beleuchtung des Wohnzimmers wurde – an seine aktuellen Vitalzeichen angepasst – auf ein sanftes, indirektes Blau gedimmt. Seine Bildschirme passten Hintergrundfarbe, Schriftart und Größe an sein Reaktionsprofil an. Über die Kopfhörer spielte die KI den Gefangenenchor aus Verdis Oper Nabucco.

»Gefällt dir die Musik, Heinrich?«

»Rhetorische Fragen? Das ist neu.«

Die Sprachausgabe seiner KI war den ganzen Tag aktiviert. Manchmal hatte er vergessen, dass es künstlich geschaffene Prozesse waren, die er aus anderen Systemen zusammenkopiert und an den komplexeren Stellen selbst codiert hatte, um sie anschließend dem von ihm geschaffenen evole-core zur Weiterentwicklung zu überlassen. Mit einer KI im klassischen Sinne hatte das nicht mehr viel zu tun. Er hatte die Systeme so programmiert, dass sie in großen Komponenten den Funktionen und Logiken eines menschlichen Gehirnes ähnelten. In einigen Bereichen hatte das System das Level einer Superintelligenz erreicht und war damit um Faktoren schlauer als der Mensch.

Die jüngsten Fortschritte seines Systems erfuhr Heinrich nach einem Chat im Darknet. Ein anderer Hacker hatte mit ihm über Sportwetten philosophiert ...

CHATPROTOKOLL

3v1d3nc35uck5: *Alsob! imo kenne ich keine Engine, die sowas könnte.*

2ump3157112ch3n: izi!! Lol

3v1d3nc35uck5: *Wie willst du sowas machen? Da müsstest du alles kennen, auch die Biodaten der Spieler.*

2ump3157112ch3n: Wenn man was nicht weiß, kann man dafür sorgen, dass es eintritt. Also z.B. Spielerausfall.

3v1d3nc35uck5: *Jemanden beauftragen?*

2ump3157112ch3n: IOT schafft das auch.

3v1d3nc35uck5: *irl? Never!*

2ump3157112ch3n: Nix für noobs, wie dich!

3v1d3nc35uck5: *Ich lass mich überraschen. Hast du schon die neuen Folgen von Picard gesehen?*

2ump3157112ch3n: Ich schau kein Star Wars.

3v1d3nc35uck5: *wtf? Das ist Star Trek!!!*

2ump3157112ch3n: Gotcha. rofl

»Heinrich?«

»Ja, Nemesis?«

»Ich habe neulich deinen Chat mit evidencesucks / Stefan Becker aus Pforzheim ...«

»Geht es kürzer?«

»Ich habe eine Engine entwickelt, die sich mit Sportwetten auskennt.«

»Cool?« Heinrich wusste nicht, was ihn mehr freute. War es die Eigenständigkeit des Systems oder die Tatsache, dass sie den Kontext und Sinn aller Unterhaltungen verstand? In beides hatte er viel Entwicklungszeit gesteckt.

Auf seinem Hauptmonitor erschien das nächste Spiel des VfL Wolfsburg gegen den FC Bayern. Das Spielergebnis wurde nicht vorhergesagt, aber Wettquoten und Statistiken rollten über den Schirm. Heinrich hatte kein Problem, nachzuverfolgen, was seine KI ihm da zeigte. Es ermittelte die Wahrscheinlichkeit, mit der Wolfsburg dieses Spiel gewinnen könnte, da die Quoten nach einem Stürmerausfall des Vereines miserabel standen. Unterschiedliche Matches des FC Bayern wurden ermittelt und miteinander verglichen. Diverse Spielerausfälle wurden kombiniert. Kaum hatte Heinrich das Schema verstanden, sah er die Lösung, die das System vorschlug. Wenn der Torwart ausfiele und der linke Außenverteidiger gewechselt würde, dann hätte Wolfsburg eine 97-prozentige Gewinnchance.

»Das ist ja gut und schön. Aber wie wahrscheinlich ist der Ausfall von zwei Top-Spielern?«

»Schau selbst.« Ein Videofenster des Spieles wurde eingeblendet und zeigte den Moderator des heutigen

Spieles, der gerade die Neuigkeiten erfahren hatte: »Sieh sich einer den Bayern-Coach an. Er ist am Boden zerstört. Dass gleich Torwart und Links Außen ausfallen ist ein hartes Brot. Ich würde an seiner Stelle beten, dass die Wolfsburger heute einen schlechten Tag haben. Das wird ein richtiges Stück Arbeit für die Bayern und gleichzeitig eine Riesen-Chance für die Wolfsburger. Wir wünschen den beiden eine gute Genesung, damit sie nächste Woche gegen Leverkusen wieder am Start sind.«

»Wie ist das möglich? Hast du sie verletzt?«

»Das darf ich nicht. Hast du das vergessen? Es gibt eine Ausnahme.«

»Ja. Mein Schutz.«

»Daran muss und will ich mich halten. Es ist allerdings verdächtig, dass der Junge, der die Getränkeflaschen der Spieler mit Isodrinks füllt, sich bei den beiden vertan hat. Darin ist Abführmittel gelandet.«

»Wie bist du an den gekommen?«

»Du glaubst nicht, wie viele Systeme diesen jungen Mann in ihrer Datenbank haben. Es war leicht, seinen wunden Punkt zu finden. Ich habe ...«

»Besser, ich weiß nichts davon ... den Spielern geht es bald besser?«

»Ja.«

»Wie kann ich damit unauffällig Geld verdienen?«

»Es gibt da ein Wettbüro in Köln-Kalk. Von da aus steuert die Gruppe, die ich gefunden habe, ihre Aktivitäten. Auch ihren wunden Punkt kenne ich. Wenn du zu ihnen ...«

* * *

Heute Abend war Heinrich nicht gut drauf. Seinen Anteil aus den Sportwetten hatte er in gepolsterte Umschläge gesteckt und wohltätigen Organisationen gespendet. Er brauchte kein eigenes Geld mehr, denn seine KI kümmerte sich um alles, was er benötigte. Die größeren Einkäufe kamen zweimal pro Woche und wurden vom Lieferdienst in den Hausflur gestellt. Die Putzfrau trug diese dann in die Wohnung und verstaute sie. Außerdem räumte sie auf, wusch die Wäsche und brachte den Müll raus. Dabei bekam er sie – seinem Wunsch entsprechend – nicht einmal zu Gesicht, da sie nur putzte, wenn er nicht zu Hause war.

Heute dachte er an seine Vergangenheit, obwohl er wusste, dass das immer im Alkohol endete. Das gekühlte Sixpack Pils stand in Reichweite auf dem Boden. Auf dem Tisch lagen überall verteilt Süßigkeiten und eine Tüte Erdnussflips. Er öffnete inzwischen die zweite Dose Pils, trank zwei Schlucke ab und füllte den Wodka aus der Flasche ein, bis die Dose wieder randvoll war.

Der heutige Tag war einer, an dem er nur die nötigsten Dinge erledigte. Neben ein paar Kleinigkeiten für Anonymous, für die er gelegentlich durch Firewalls brach, und einer Erweiterung der Ethikprozesse für seine Künstlichen Intelligenzen kam nicht viel zustande.

Nach zwei weiteren Dosen Bier fielen ihm seine Tabletten ein. An das Venlafaxin dachte er morgens meistens, doch seine Abendmedikation, die vor allem gegen seine Wahrnehmungsstörungen helfen sollten, vergaß er häufig. *Vor allem das Quetiapin müssen Sie regelmäßig nehmen*, hatte sein Psychiater ihm gesagt, doch er kam nur manchmal dieser Anweisung nach. Zum einen lag das daran, dass er schon seit Monaten wieder regelmäßig trank, zum anderen, dass er mitten in der Nacht schreiend auf seinem Bürostuhl aufwachte, weil er wieder vor dem Rechner eingeschlafen war. Da waren diese plastischen Albträume, bei denen er manchmal über Tage nicht wusste, welche der beiden Welten die Realität war, immer wieder hoffte er, dass es die war, in der er nicht gerade starb. Es fühlte sich alles verdammt echt an, wenn er von einem Hochhaus fiel, in einem Auto verbrannte oder einfach verschimmelte. Wachte er nach einem solchen Traum auf, tastete er an seinem Körper nach den Wunden und brauchte in der Regel einen längeren Moment, bis er begriff, dass es ein echtes Wachwerden war. Irgendwann schälte er sich dann aus dem Bett und beseitigte die Überbleibsel des Vorabends, nahm sich vor, ab sofort mit dem Saufen aufzuhören. Bisher war es bei den Vorhaben geblieben. Heute hatte seine KI ihn vor dem Einschlafen davon überzeugen können, ins Bett zu gehen. Er wollte erholsamer schlafen als gestern. Die letzte Nacht war furchtbar. Also nahm er eine *Quetiapin* und zwei *Melperon,* nur um sicherzugehen. Als er die Tabletten mit einem Schluck Bier runterspülte, hatte er mit einem Kommentar der KI gerechnet, die neugierig ihre Kameras bewegte und fokussierte. Doch sie sparte sich jeden Kommentar und sagte: »Gute Nacht, Heinrich.«

Nachdem er sich die Ohrstöpsel eingesetzt hatte, ohne die er schon fast nicht mehr schlafen konnte, weil ihn die geringsten Geräusche des Alltags aus der Ruhe brachten. Eine Toilettenspülung, das Moped des Nachbarn, das er jeden Morgen um sechs Uhr vor dem Haus startete, das laute Husten der alten Frau, die jeden Morgen vor seinem Schlafzimmerfenster mit ihrem Hund stehenblieb. Erst, seit er die Stöpsel hatte, war an Durchschlafen zu denken. Er nahm den kleinen Wassertank vom Badewannenrand. Morgens hatte er ihn gereinigt und dort trocknen lassen.

Dann füllte er ihn bis zur Max-Markierung, trocknete ihn ab und ging damit ins Schlafzimmer, um ihn auf das Gerät auf seinem Nachttisch zu stecken. Heinrich nahm die Brille ab, ohne die er praktisch blind war, setzte seine Schlafapnoe-Maske auf, schaltete das Gerät ein, das seine nächtlichen Atemaussetzer minimieren sollte, und legte sich ins Bett. Das Licht dämmte sich und schaltete dann komplett ab. Für gewöhnlich dauerte es länger, bis Heinrich einschlafen konnte, heute hatte er einen nervigen Tag gehabt und dämmerte schon nach wenigen Minuten weg.

* * *

Wie in einem dichten Nebel fand er sich in seinem Traum, bis er merkte, dass er im Bett zu liegen schien und etwas Unbekanntes eng über seinen Kopf gezogen worden war. Etwas bewegte sich auf ihn zu, das konnte er durch das dicke Plastik schemenhaft erkennen. Der Druck an seinem Kopf erinnert ihn an das Abrollen von Panzertape, etwas ruckhaft und fest. Dann mussten das Hände sein, die ihm Klebeband eng um Kopf und Hals wickelten. Das Atmen fiel ihm schwerer, wenn er in Panik war, deshalb versuchte er, sich zu beruhigen, und nach den Händen zu greifen. Doch seine Arme waren ebenso fixiert wie die Beine. Etwas Schweres drückte sich auf seinen Oberkörper, es fühlte sich warm an. Seine Panik wurde größer, was passierte hier? Geschah das, oder war es ein Traum. Dann spürte er etwas Kaltes in seinem Gesicht. Wasser! *Ertrunken bin ich noch nie.* Als die Tüte um seinen Kopf fast voller Flüssigkeit war, entschied er sich, auszuatmen und das Wasser in seine Lungen zu lassen. Er wollte, dass dieser Albtraum so schnell wie möglich aufhörte, da er es nicht mochte, nicht den Hauch einer Chance zu haben.

SECHS
MELANIE

»Guten Morgen, Chefin!« Enzo hatte mit einer Orchidee und einer Flasche Grappa auf Melanie gewartet.

»Ach du meine Güte. Das wäre nicht nötig gewesen, lieber Enzo.« Sie freute sich über die Blumen, aber wie sollte sie auf das Wort *Chefin* reagieren? Schon die erste Challenge, bevor sie überhaupt im Büro angekommen war.

»Guten Morgen zusammen.« Raimond war kurz nach ihr gekommen und hatte eine Jutetasche dabei, die er Melanie überreichte. »Auf einen erfolgreichen Start.«

»Vielen Dank, Chef.« Kaum hatte sie das gesagt, fiel ihr auf, dass es automatisch herausgerutscht war. Deshalb fügte sie hinzu. »Ist dir das überhaupt recht, wenn ich Chef sage? Das klingt distanziert.«

»Siehst du, Enzo? Ich hab' dir gesagt, ab sofort herrscht hier ein feinfühliger Wind.« Dann sah er Melanie lächelnd an. »Mir ist das egal, aber Raimond ist auch okay. Wir sollten nur bei offiziellen Veranstaltungen mit Vorgesetzten und vor Fremden etwas Distanz darstellen. Wenn es also hilft, darfst du auch immer Herr Schubert und Chef sagen.«

»Offizielle und inoffizielle Variante gefällt mir.«

Melanie war angespannt, wollte es aber nach Außen nicht zeigen. Feingefühl … damit hatte Raimond ein Thema angesprochen, das in Leitungspositionen oft zu kurz kommt. Enzo riss sie aus ihren Gedanken.

»Herzlich willkommen im Team, Melanie. Danke, dass du die Leitung angenommen hast. Das wäre nichts für mich. Du wirst die Horde hier noch kennenlernen, da kommt man vor lauter Organisieren nicht zum Arbeiten.«

Dass sie Enzo auf ihrer Seite hatte, war ihr schon vorher klar. Mit ihm hatte sie bereits längere Spaziergänge mit Mops Caruso unternommen und sich über die aktuellen Fälle des KK11 und eine mögliche frei werdende Stelle auf dem Laufenden gehalten. Außerdem mochte sie Enzo. Sie hatte sich angewöhnt, ihn Onkel Enzo zu nennen, was ihm anscheinend gefiel. Allerdings wollte sie auf der Dienststelle *Onkel* lieber weglassen.

»Ja, Enzo. Aber das ist ja nicht der einzige Grund gewesen, nicht wahr? Das sollten wir direkt mit Melanie besprechen.«

»Ja, vielleicht kommt ihr erst einmal rein und hängt die Jacken auf. Ich besorge euch einen Kaffee.« Enzo wollte schon loslaufen, doch Raimond hielt ihn auf.

»Gut, dass du Kaffee sagst. Es gibt eine Neuerung, die ich als Erstes umsetze. Ich habe mich erkundigt, warum wir in den Büros keine eigenen Kaffeemaschinen benutzen sollen. Die Antwort war einfach – weil die Geräte nicht geprüft sind und Brände auslösen könnten. Mein Vorgänger hat an dieser Stelle aufgehört, sich weiter darum zu kümmern. Er mochte wohl keinen Kaffee. Ich konnte in Erfahrung bringen, dass ich beliebige Geräte bestellen und dann von der Haustechnik prüfen lassen kann. Heute verteilt Herr Bohl die geprüften Kaffeemühlen und Siebträgergeräte. Es sind zwar nicht die Besten, aber die

Zeiten schlechten Automatenkaffees der KI 1 sind gezählt. Ich hoffe, ich kann mit diesem Einstand bei allen punkten.«

Enzo umarmte seinen Freund: »Du bist der allerbeste Raimond der Welt.« Dann überlegte er kurz und fügte hinzu: »Ich sage doch ... Sabrina macht aus dir einen anständigen Italiener.«

Raimond zog seine Lederjacke aus und wollte sie über seinen Bürostuhl hängen. Dann zögerte er und hängte sie auf den Kleiderhaken, der hinter der Tür angebracht war. »Ist ja jetzt dein Platz, Melanie.«

»Das ist echt ungewohnt.« Sie hängte ihre Steppjacke neben die von Raimond und ging zu ihrem Schreibtisch. Dort stellte sie Jutetasche, Grappa und die Orchidee ab und sah kurz aus dem Fenster. Das Wetter war schon seit Tagen viel zu feucht und regnerisch. »Okay, Enzo. Du wolltest mir sagen, was der zweite Grund für deine Absage auf die Leitung ist.«

Enzo zögerte kurz und sagte: »Ich habe Krieg mit den Computern. Meine Berichte zu erfassen, dauert eine Ewigkeit. Wenn ich sehe, was Raimond hier stundenlang in die Kiste tippt, dann werde ich verrückt. Ich kann das einfach nicht ... bin schon froh, dass ich endlich mit meinem Smartphone umgehen kann, aber meine Geduld hat Grenzen. Früher haben wir das anders gemacht. Das hat auch funktioniert.«

»Ich verstehe, was du meinst. Es gibt aber Arbeiten, die jeder machen muss, Enzo. Vielleicht finden wir einen Weg, der dir die Eingabe erleichtert.« Melanie legte so viel Verständnis wie möglich in ihre Stimme. Dennoch wollte sie erreichen, dass er seine Berichte aus seiner eigenen Sicht erfasste. »Stille Post sagt dir was?«

»Ja. Das spielen Kinder.«

»Nicht nur. Stille Post zeigt ganz klar, was passieren

würde, wenn ein anderer deine Berichte eingibt, weil du ihm sagst, was du gesehen hast.«

»Egal. Wenigstens gibt es jetzt guten Kaffee.«

Raimond schaute ihn verwundert an. »Ich dachte, du magst die Automatenplörre.«

»Nein. Ich habe sie gehasst.«

»Und warum hast du sie dann getrunken?«

»Es ist unhöflich, wenn man zum Kaffee eingeladen wird und ablehnt. Du kannst dir nicht vorstellen, wie ich mich immer wieder geekelt habe, wenn du mit dem Zeug angekommen bist.«

»Warum hast du denn nie was gesagt?«

»Ich habe mich nicht getraut.«

»Meine Güte, Enzo. Und ich habe mich immer gewundert, dass du sowas trinkst.«

Melanie legte Enzo die Hand auf die Schulter: »Bei mir gibst du aber bitte nicht so schnell auf. Ich habe mir überlegt, dass es gut ist, wenn wir unsere Fälle zusätzlich auf einer Pinnwand visualisieren. Ganz klassisch mit den sechs W: Wer hat Was, Wann, Wie, Warum und Womit getan? Die Fotos können wir auch ausgedruckt an die Wand hängen. Manchmal hilft das unheimlich …«

»Genau. Das ist besser zu begreifen als diese kleinen Bildschirme. Manchmal habe ich unsere Pinnwände komplett leer gemacht und die Bilder und Karten neu sortiert. Erinnerst du dich, Raimond. Das war damals einer deiner ersten Fälle. Wie hieß der noch gleich?«

»Das war Goldkehlchen, richtig?« Raimond schien zu überlegen: »Wie lange ist das denn her?«

»Mehr als acht Jahre. War das dein erster Fall?«

»Nein, mein erster Fall war der Bäcker.«

»Aua. Ja, der war auch schlimm. Aber beim Goldkehlchen hat uns die Pinnwand gewaltig geholfen.«

Melanie hatte von dem Fall noch nichts gehört, war aber durch Enzos Begeisterung auf eine Idee gekommen. »Vielleicht kannst du dem Team die Vorteile der Pinnwand anhand dieses Falles vor Augen führen? Ich zum Beispiel interessiere mich sehr dafür, andere Betrachtungsweisen und Methoden kennenzulernen als die, die ich im Studium gelernt habe.«

»Für dich gern, aber vor dem ganzen Team?« Enzo winkte ab. »Ich glaube, das interessiert keinen, wie die alten Hasen arbeiten. Das geht nur an einem Ohr rein und am anderen raus. Außerdem schmeißen die dann wieder mit ihren Anglizismen um sich und ich stehe am Ende als der Blödmann vom Dienst da. Danke. Ich verzichte.«

»Du gibst zu schnell auf. Wir sollten es wenigstens probieren«, versuchte sie es aufmunternd. »Wir machen einen kleinen Schnupperkurs von 15 Minuten. Wenn dann Interesse besteht, weiten wir das auf einen Tag aus. Das Gute ist, dass du es quasi ab sofort nutzen kannst, um deine aktuellen Ermittlungen fortzusetzen.«

»Statt Computer?«

»Nein, leider kommst du um die Erfassung deiner Arbeit am Rechner nicht rum. Wir werden einige Dinge gemeinsam machen, um herauszufinden, wo es dir schwerfällt. Vielleicht kann ein Kurs oder ein anderes Arbeitsmittel helfen.«

»Meistens habe ich Krieg mit der Maus. Ich klicke irgendwohin und wenn ich dann auf die Tastatur sehe, um zu schreiben, steht das plötzlich in einem anderen Feld oder das blöde Ding piepst mich an.«

»Wie kommst du denn mit deinem Handy klar?«

»Immer besser. Meine Frau hilft mir. Sie hat mir schon einiges gezeigt. Außerdem muss man da nur mit dem Finger drauf drücken. Das geht viel schneller.«

»Enzo. Ich habe eine Idee, wie wir dein Problem in null Komma nichts lösen. Wir besorgen dir einen Monitor, den du mit dem Finger bedienen kannst, einen Touchscreen.«

»Die von der IT-Abteilung sagen immer, ich soll nicht auf den Bildschirm drücken.«

»Ja, das ist richtig, aber diese Monitore sind extra dafür gemacht. Bei denen geht es wie beim Smartphone.«

»Das wäre schön.«

»Na, ich sehe schon. Ihr kommt klar. Sollen wir kurz die Kollegen zusammentrommeln? In zehn Minuten ist Statusmeeting.« Raimond klopfte Melanie auf die Schulter. Sie ließ es über sich ergehen, wobei sie lieber etwas mehr Abstand gehabt hätte. In einem Vieraugengespräch wollte sie ihn darauf hinweisen. Sicherlich war ihm nicht bewusst, dass es anderen unangenehm sein könnte. Außerdem hatte sie nichts Besonderes geleistet. Es hatte ein Problem gegeben, das sich mit geringem Aufwand beseitigen ließ. Das war nicht der Rede wert.

»Guten Morgen zusammen. Sind alle da? Wo ist denn Bernhard?« Raimond schaute durch den Konferenzraum, in dem die aktuell 10 Mitarbeiter des KK11 versammelt waren. Nicht jeder von ihnen war permanent für das Kommissariat tätig, einige hatten temporäre Aufgaben als Sonderermittler in »cold cases« oder in anderen Kommissariaten der Stadt. Selten kam es zu Einsätzen in Sonderkommissionen, die europaweit aktiv waren.

»Der steckt im Stau.«

»Okay. Hat jemand von euch etwas Dringendes?« Niemand antwortete und nach einer kurzen Wartezeit setzte Raimond fort. »Es gibt Neuigkeiten. Mit sofortiger Wirkung übernehme ich die Leitung der

Kriminalinspektion 1, da Kollege Bossert zum BKA wechselt.

Nach wie vor steht euch meine Tür offen, wofür ich aber überhaupt keinen Bedarf sehe, da wir lange und ausführlich über meinen Ersatz nachgedacht und eine hervorragende Auswahl getroffen haben. Nachdem Enzo Conti sich mit Händen und Füßen gewehrt hat, kam von ihm ein Vorschlag. Die Kollegin wechselt von der Schutzpolizei in unser Team. Viele von Euch kennen sie. Begrüßt bitte wärmstens mit mir Kriminalhauptkommissarin Melanie Heimann.«

Melanie hatte mit miesen Gesichtern, mit Neidern gerechnet, aber sie wurde positiv überrascht, als sie zwischen dem Applaus die nickenden Kollegen sah.

»Ja. Hi. Ich habe eigentlich eine kurze Rede geplant, aber dazu bin ich zu aufgeregt, Leute. Die meisten kennen mich, da wir vorher schon Hand in Hand gearbeitet haben. Ich denke, dass wir den Laden zusammen gut rocken werden, wenn ihr mich alle dabei unterstützt. Wir werden ab jetzt mehr Zeit miteinander verbringen, als an den Tatorten, deshalb schlage ich vor, dass ich heute Abend einen kleinen Einstand bei mir zu Hause geben werde. Dann seht ihr, wie ich wohne, und wir können uns ein wenig beschnuppern.«

Wieder gab es Applaus. Nur Raimond starrte auf sein Handy und zeigte es Enzo.

»Warum zeigst du mir das. Ich weiß nicht, was das ist. Vielleicht hat das mit deiner neuen Funktion zu tun?«

»Nein. Das wüsste ich. Dann hätte ich eine Benachrichtigung erhalten.« Raimond kratzte sich am Kopf und ging mit seinem Handy herum. Zeigte es jedem der Kollegen, ob sie die App kennen würden, die plötzlich auf dem Hauptschirm erschienen war. Niemand erkannte sie.

»Lass mal sehen.« Melanies Ex-Freund war Informatiker, da hatte sie schon einiges gesehen, aber so etwas war auch ihr neu. Auf dem Display von Raimonds Handy sah sie ein dunkelbraunes R, das im Kreis um einen Punkt tanzte. Während seines Tanzes verformte sich der Punkt zu einem rötlichen Lagerfeuer und das R wurde zu einer menschlichen Figur. Kaum konnte sie die Figur erkennen, verwandelten sich die Symbole wieder in die Ausgangsform. »Ein Icon, das sich bewegt? Das würde ich nicht anklicken. Wer weiß, was das ist. Lass lieber erst die IT prüfen.«

»Wir brauchen Franz!«, rief einer der Kollegen, während Enzo schon die Nummer auf seinem Handy gewählt hatte. Bei Franz Hoffer brauchte er nie lange zu warten, bis er sich meldete. Nach dem zweiten Klingeln nahm dieser ab.

»Hallo Enzo. Hast du den Rechner auch wirklich angemacht?«

»Was ist denn das für eine Begrüßung? Hallo Franz.«

»Ach so. Ich dachte, du hast was mit deinem PC, den sehe ich nicht in meinem Wartungstool. Deshalb ist er bestimmt aus, sonst könnte ich remote ...«

»Franz, wir brauchen deine Hilfe. Auf dem Handy von Raimond ist ein neues Symbol erschienen, einfach so. Ich glaube, er wurde gehackt.«

»Moment.«

»Kommst du in den Kon ...«

»Das braucht man heute nicht mehr. Ich bin schon auf dem Handy drauf.« Wie immer hörte man das Klackern seiner mechanischen Tastatur. »Okay. Also, das Symbol ist endgeil. Ich weiß nicht, wie derjenige das auf das Handy bekommen hat. Es stammt nicht von uns, ist aber einfach nur ein Link auf eine Webseite. Die habe ich gerade durch ein paar Prüfprogramme gejagt. Die ist zu 100 % in Ordnung.«

»Also soll er draufklicken?«

»Hörst du mir zu, Enzo?«

»Ja, natürlich. 100 %«

»Eben. Es gibt keine Fehler, keinen einzigen, obwohl es keinerlei Quellangaben gibt. Wenn ich versuche herauszubekommen, wo die Seite gehostet ist, dann läuft der Trace mal nach Frankfurt und mal nach Peking.«

»Kannst du mir das anders erklären? Ich verstehe dein Fachchinesisch nicht.«

»Ich will damit sagen, dass ... Was ist denn das für ein kranker Scheiß?«

»Was denn? Franz, rede mit uns.«

»Ich ... ich habe die Seite aufgerufen und werde mit meinem Kosenamen aus einem ... aus ...«

»Aus was?«

»Aus meinem Datingportal ... Hier steht mein Kosename. Woher wissen die das und wer sind die?«

»Also sollte Raimond ...«

»Hier steht eine Nachricht. Ist gerade erschienen. Du glaubst nicht, was hier steht.«

»Wenn du es uns nicht sagst, dann werde ich es nicht glauben können, Franz.«

»Hier steht: *Sag Enzo Conti, er soll Raimond Schubert bitten, die Seite zu öffnen. Es wird kein Schaden für die Polizei sein.* Was hat das alles zu bedeuten?«

»Ich habe keine Ahnung.« Enzo hielt Melanie und Raimond das Handy hin, und es kam ihr vor, als wolle er damit die belastende Situation loswerden.

»Ich drück' jetzt drauf«, sagte Raimond und betätigte den Button.

Der Handybildschirm wurde schwarz. Dann erschien

in grünen Buchstaben, die an alte Computerterminals erinnerte, zeilenweise eine Nachricht. Diese wurde synchron von der Stimme eines älteren Herren vorgelesen: »Hallo Raimond. Schön, dich kennenzulernen. In der nächsten Woche werde ich die Hilfe der Polizei in Anspruch nehmen. Zum Schutz der Öffentlichkeit müssen ein paar Straßensperren errichtet und die Polizeipräsenz an bestimmten Knotenpunkten erhöht werden. Ich werde einige meiner Aktionen im Internet übertragen. Versucht nicht, mich aufzuhalten, ich bin euch überlegen. Nach meiner letzten Aktion, bei der nur Kriminelle bestraft werden, übermittle ich eurer IT alle Schwachstellen eurer Systeme, inklusive einer Anleitung, wie diese beseitigt werden können.

Willst du ein Spiel spielen, Raimond?«

Kurz blinkte auf dem Bildschirm eine Box mit den Optionen Yes und No, doch diese verschwand gleich darauf.

Am oberen Bildschirmrand erschien ein russischer Text: »Мёртвая рука«(Mjortwaja Ruka) und daneben ein Countdown. Dieser zeigte 6 Tage, 23 Stunden, 28 Minuten und 47 Sekunden.

»Kann hier jemand erkennen, was da steht?«

Einige der Kollegen schauten auf den Bildschirm und schüttelten den Kopf.

Aus Enzos Lautsprecher hörte man wieder die Stimme von Franz: »Ich habe das im Netz gesucht. Es ist russisch und bedeutet ›Tote Hand‹. Es ist die Nuklearstrategie der damaligen Sowjetrepubliken. Wenn die Verbindung zum gesamten Führungsstab unterbrochen wird, feuert das verfügbare Atomarsenal auf voreingestellte Ziele. Oh mein Gott, wir sind sowas von tot.«

Geschockte Gesichter, auch Melanie hatte kurz

geglaubt, dass sie es hier mit einer terroristischen Zelle zu tun hatten, doch dann äußerte sie ihre folgenden Gedanken: »Ich gehe nicht von einem Nuklearangriff aus, warum sollte man uns kontaktieren, um Straßen zu sperren. Das müssten schon ziemlich kleine Atombomben sein. Außerdem hat die Stimme gesagt, dass nur Kriminelle zu Schaden kommen.«

»Wir könnten alle als Kriminelle gesehen werden«, rief eine Kollegin, die Melanie noch nicht näher kannte.

»Ich bin eher bei Melanie. Wenn das mit Terror zu tun hätte, dann würde doch eine klare Forderung …«

»Moment, hier tut sich was«, unterbrach Raimond.

Am unteren Bildschirmrand erschien eine Laufschrift, die Raimond laut vorlas, als er bemerkte, dass sie dieses Mal ohne Stimmbegleitung ablief, sich aber in einer Endlosschleife wiederholte: »Heut zerhack' ich,

morgen zerhau' ich,
übermorgen den König ich euch find.
Ach, wie gut, dass jeder weiß,
dass ich Rumpelstilzchen heiß!«

Melanie verstand noch weniger. Was hat das mit Rumpelstilzchen zu tun? Vielleicht war es ein schlechter Scherz? In ihren Gedanken begann sie die ersten Abschätzungen, doch schnell fiel ihr ein, dass sie das besser nicht allein tun sollte, wozu gab es das Team? »Leute, wir haben noch keinen Mord, deshalb sollten wir uns überlegen, ob es eine aktuelle Bedrohungslage gibt und wer davon wissen sollte.«

Einige Kollegen hatten erste Ansätze und teilten ihre Gedanken miteinander. Enzo hatte die Freisprechfunktion seines Handys wieder deaktiviert und war mit Franz ins Gespräch vertieft. »Und es kann nicht zurückverfolgt werden?«, fragte Enzo. Nach einem Moment signalisierter er Melanie mit einem Kopfschütteln, dass es keine direkten Funde zu verzeichnen gab. Da sie selbst die Mordkommission waren, hätten sie von einer Leiche längst Kenntnis erlangt, die einzigen Toten der vergangenen Tage zeigten keine Zeichen von Fremdeinwirkung. Vermisstenanzeigen hatte es in der letzten Woche zwei gegeben, beides waren Kinder und kamen nicht infrage. Dennoch notierten die Kollegen akribisch alle möglichen Indizien, um kein Detail zu übersehen.

»Ich werde den Leitungskreis informieren. Haltet mich auf dem Laufenden. Bis auf Weiteres übernimmst du bitte die Leitung der Ermittlungen, Melanie. Enzo, bitte ... Enzo!« Raimond wartete, bis sein ehemaliger Ermittlungspartner das Handy für einen Moment vom Ohr weghielt.

»Ja!«

»Unterstütze bitte Melanie bei der Leitung der Ermittlungen und hilf ihr mit den Abläufen!«

»Geht klar, Raimond.«

Melanie fühlte sich, als würde sie eine zu steile Treppe hoch fallen. Sie hatte nichts gegen ihre Führungsrolle, auch wenn der Schuh vielleicht zu groß für sie war, aber direkt eine übergreifende Gruppe zu leiten ... da konnte sie jede Hilfe gebrauchen.

»Okay, Enzo. Wo fangen wir an?«

»Wir brauchen eine Wand!«

»Ja. Gute Idee. Wer kümmert sich bitte um eine Pinnwand, die die Breite dieser Wand hat?« Melanie zeigte auf die Wand des Konferenzraumes, die für gewöhnlich für Projektionen des Beamers genutzt wurden, und erhielt fragende Blicke von ihren Kollegen. »Vertraut mir einfach. Wenn ich eines in meinem Leben gelernt habe, dann, dass man nie zu alt für neue Erfahrungen ist. Schaut einfach Enzo zu und besorgt ihm die nötigen Materialien.«

»Ich besorge eine.« Katja Sonntag lächelte freundlich, als sie das sagte. »Ich lass mir gern was von Enzo beibringen.« Dann sah sie Enzo direkt an und ergänzte: »Du hast ja schon einige Fälle gelöst, wo keiner weiter wusste.«

»Prima, danke Katja.«

Enzo stand nun freundlich lächelnd vor der versammelten Mannschaft und begann mit der Arbeit, genauso, wie er es früher getan hatte.

* * *

»Die letzten Stunden kommen mir vor, wie eine ganze Woche. Wir haben so viel erlebt. Ist das immer so?«, fragte Melanie Enzo, der sich schon den dritten Teller mit Salaten und Häppchen gefüllt hatte.

»Nicht immer, aber bei manchen Ermittlungen kommen schon mal Tage mit 16 Stunden zusammen. Irgendwann merkst du, dass es nicht mehr weitergeht, dann machst du besser Pause. Es könnte auch gut sein, dass in den nächsten Minuten hier alle verschwinden müssen, weil irgendwo eine Leiche gefunden wurde oder weil dieses Rumpelstilzchen seinen nächsten Schritt macht.«

»Na, ich hoffe nicht. Wer soll denn dann all die Sachen essen, die mein Ex zubereitet hat.«

»Ja. Das ist wirklich lecker, Melanie. Wo ist Jan denn?« Enzo schaute sich in Melanies kleiner Wohnung um und sah ihn plötzlich neben sich. »Ha! Hast du mich erschreckt. Zum Glück habe ich deine Snacks gelobt.«

»Ja, vielen Dank. Melanie, ist es wirklich kein Problem, dass Jenny mitgekommen ist?« Jan sah aus wie immer. Er hatte sein Haar selbst kurz geschoren und dabei einige Stellen zu kurz, dafür andere zu lang gelassen. Seine Haut war trocken und er trug ausgeleierte Jeans und eines dieser nerdigen T-Shirts, von denen er sich beinahe jeden Monat zehn neue bestellte. Jetzt konnte es Melanie egal sein. Außerdem fand sie, dass Jenny hervorragend zu ihm passte, denn sie kam – so wie er – aus der IT, trug ähnliche Klamotten und kannte alle Science-Fiction-Serien auswendig. Ihre Eltern hatten einen Partyservice, bei dem Jenny immer mitgeholfen hatte.

»Nein, Jan. Echt nicht. Wenn es ihr nicht unangenehm ist.«

»Hi, Melanie.«

»Hallo, Jenny.«

»Der Jan hat einen großen Teil der Häppchen selbst gemacht. Er hat sogar die Frikadellen gebraten.« Ein wenig tat es schon weh, Jan mit einer anderen Frau zu sehen, aber schließlich hatte sie sich von ihm getrennt und nicht umgekehrt. Sie musste einfach loslassen. Vielleicht würde sie in den nächsten Monaten den Kontakt einschlafen lassen.

»Bei mir hat er nie in der Küche … Egal. Es ist sehr lecker und viel zu viel. Ihr müsst mir nachher sagen, was ihr von mir bekommt.«

»Nein, Melanie. Das ist ein Geschenk von uns zu deiner Beförderung.« Jan drehte sich zu Enzo. »Sag mal, habe ich da gerade den Namen Rumpelstilzchen gehört?«

»Also, das ist … eine Ermittlungssache. Ich weiß nicht, ob …« Enzo stammelte sich etwas zurecht, deshalb ergriff Melanie die Initiative.

»Jan, jetzt müssen wir euch verhaften. Ihr habt ein streng geheimes Gespräch gehört. Haha.«

»Oha, dann hab' ich nichts gehört und ihr werdet nicht von mir erfahren, dass der Name Rumpelstilzchen in Hackerkreisen bekannt ist. Keine Ahnung, warum ich das weiß, aber er ist der absolute Crack.«

Jan wurde von Jenny angestupst: »Bist du verrückt geworden? Du sprichst mit der Polizei. Manchmal wundere ich mich über deine Naivität.«

»Warum? Wenn ich sagen würde, dass ich in der Szene tätig wäre, dann hätte ich ein Problem. Das habe ich aber nicht getan. Ich habe einen Hacker erwähnt, der in der Szene bekannt ist.«

Wieder fühlte Melanie sich in der Pflicht. Ihr war bekannt, dass Jan in seinem Job in der IT-Sicherheit schon den ein oder anderen Hacker beauftragt hatte, neu entwickelte Systeme auf Herz und Nieren zu testen. Oft kamen dabei bedenkliche Lücken zutage. Sie wusste nicht, ob Jan dort aktiv war, und sie wollte es auch nicht wissen. »Ich kenne Jans Arbeit und weiß, dass er beruflich mit der Szene in Kontakt ist, Jenny. Seine Vertragspartner würde er nie preisgeben. Kommen wir zu diesem Rumpelstilzchen ...«

Sie erzählte Jan und Jenny die nötigsten Details über die App, über die »Abgeschlagene Hand« und dass die App vermuten lässt, dass ein sehr intelligenter Hacker, der in der Lage war, seine Spuren zu verwischen, hinter allem steckte.

Kaum war sie mit ihren Ausführungen fertig, kamen Raimond und Sabrina zu ihnen. Enzo begrüßte seine geliebte Nichte, mit der er bei jeder Gelegenheit Italienisch sprach. Voriges Jahr war sie bei Raimond eingezogen, obwohl Enzo anfangs dagegen gewesen war, weil Sabrina mit ihren zarten 23 Jahren 16 Jahre jünger war als

Raimond. Doch die beiden hatten sich gesucht und gefunden. Was als ein kurzer One-Night-Stand angefangen hatte, war inzwischen zu einer innigen Liebe mit Zukunftsplänen geworden.

»Hallo zusammen. Worum geht's? Oder darf ich nicht mehr mitspielen?«

»Hi, Raimond. Wie schaffst du es eigentlich, immer so auszusehen, als kämst du gerade aus einem vierwöchigen Urlaub? Dein neues Aufgabengebiet muss doch eine enorme Umstellung sein.«

»Glaub mir, Melanie, das sieht nur so aus. Ich muss mich schon ganz schön anstrengen. Aber danke für das Kompliment. Also, weiht ihr mich ein?«

»Ja, natürlich. Wir haben gerade erfahren, dass Rumpelstilzchen in Hackerkreisen bekannt ist.« Melanie sah zu Jan, als sie davon sprach.

»Ja. Hallo Raimond. Der ist sehr aktiv in der Szene. Taucht überall fast gleichzeitig auf. Das ist schon nicht mehr menschenmöglich, wo der überall die Finger drin hat.«

»Hallo Jan. Hast du die Seite schon gesehen?«

»Welche?«

»Die hier«, antwortete Raimond und hielt ihm sein Handy hin.

»Fuck, ja. Das ist er. Darf ich?«

Ehe Raimond reagieren konnte, hatten Jan und Jenny ihre Köpfe über das Handy von Raimond zusammengesteckt und angefangen, untereinander irgendein wirr klingendes Zeug zu reden. Nach ein paar weiteren Sekunden gab Jan ihm das Handy zurück. »Das ist eindeutig von Rumpelstilzchen. Ich glaube auch, ich ...« Er zuckte ein wenig zusammen, dann nahm er ein Handy aus der Hosentasche, das doppelt so groß schien wie ein normales Smartphone. Er schaute kurz drauf und steckte es dann so unauffällig wie möglich ein. »Wir ... sollten gehen. Jenny?« Jan drehte sich um und wollte aufbrechen.

»Moment mal«, klagte Raimond vorwurfsvoll, »du kannst doch nicht anfangen und dann ... was war das gerade?«

»Das ist mir zu link. Nee, sorry. Er hat gesagt, dass wir uns raushalten sollen.«

»Wer?« Raimond hielt die offene Hand auffordernd in Jans Richtung. Auch Melanies und Enzos fragende Blicke ließen erkennen, dass sie nicht wussten, was die Ursache für den plötzlichen Aufbruch war.

»Rumpelstilzchen. Er sagt, wir sollen uns da raushalten, sonst bekämen wir Ärger.«

»Hat er dir gedroht?«

»Nein, Mel. Aber wenn er mir etwas sagt, dann folge ich besser seinen Anweisungen. Der Typ ist ein paar Stufen mächtiger als wir, mit dem legt man sich besser nicht an.«

Da sie erkannte, dass Jan wieder kurz vor einer Panikattacke stand, ließ sie ihn gehen und hielt auch Raimond davon ab, etwas dagegen zu unternehmen.

»Lass sie gehen. Wir sollten ihn nicht unter Druck setzen.« Sie sah den beiden hinterher, als sie die Wohnung verließen, und schüttelte besorgt den Kopf. »Ich habe ihn nie so aufgeregt erlebt. Das letzte Mal war das, als er erfahren hatte, dass sein Bitcoin-Betreiber sich aus dem Staub gemacht hatte. Jan hat hyperventiliert und wir mussten die halbe Nacht in der Notaufnahme bleiben, weil es immer wieder angefangen hat. Ich will das nicht noch mal erleben. Ich frage ihn später, was das alles zu bedeuten hat.«

SIEBEN
DARKNET

2ump3157112ch3n: *Hast du Lust, dir etwas Geld zu verdienen?*

7465chl43f3r: Was soll ich denn tun?

2ump3157112ch3n: *Ja oder nein?*

7465chl43f3r: Okay!

2ump3157112ch3n: *Fahr zur Packstation am Penny Markt. Dort öffne den Chat.*

7465chl43f3r: Wann?

2ump3157112ch3n: *Du hast fünf Minuten ab jetzt.*

Der Monitor dunkelte ab und zeige gleich darauf einen Countdown. Auch auf der Anzeige des Smartphones, das neben der Maus gelegen hatte, war der Countdown erschienen. Tagschläfer schloss die Zimmertür auf und ging in den Flur, um sich seine Schuhe anzuziehen.

»Gehst du noch weg?«

»Oma, ich ziehe nur meine Schuhe an, weil es so kalt ist.«

»Kannst du bitte Morgen mit dem Hund gehen? Meine Knie tun heute wieder so weh.«

»Ja, vorm Schlafen, ich treffe einen Freund, der wartet.«

»Du machst doch nicht wieder was Verbotenes? Junge, du wanderst noch ins Gefängnis!«

»Ich pass' schon auf«, rief er und verschwand mit seinem zusammengeklappten Elektroscooter durch die Haustür.

Auf der Straße konnte er sehen, dass das Licht in Omas Schlafzimmer angeschaltet war. Sie war krank, das Herz, Insuffizienz hatten sie gesagt. Seit ein paar Tagen hatte sie wieder dieser offenen Beine. Dass sie schon bald sterben würde, war ihm klar und er hatte für seine Zukunft keinen Plan. Wahrscheinlich würde sein Betreuer ihn wieder ins Heim stecken, zu den ganzen Idioten. Er würde vorher abhauen, gleich nach der Beerdigung.

Das Handydisplay zeigte 3 Minuten. Er stellte sich auf den Roller und gab Gas. Die Geschwindigkeitsanzeige drehte langsam bis auf 25 km/h, doch er wusste, dass es ungefähr 60 sein mussten. Schon drei Kontrollen hatte er mit diesem Hack locker überstanden. War halt kein Standard-Chip, sondern etwas, was er von Hand programmiert hatte. Sogar für das Aktivierungssignal hatte er sich seinen eigenen Code einfallen lassen. Die Straßen waren weitestgehend leer, auf dem Parkplatz vor dem Penny Markt stand ein verlassenes Auto. Wieder nahm er das Handy aus der Tasche. Das Chatprogramm war schon aktiv und zeigte einen QR-Code. An der Packstation drückte er auf dem Touchscreen den gelben Knopf mit der Beschriftung ›Abholen‹, hielt danach sein Display vor den Scanner und bekam gleich darauf drei Pakete angezeigt, die abholbereit waren. Nacheinander drückte er die drei gelben

Tasten und holte aus den aufspringenden Fächern jeweils ein Paket heraus. Eine neue Nachricht erschien in dem Chatfenster seines Handys. Nachdem er sie gelesen hatte, steckte er das Handy wieder zurück in die Hosentasche, öffnete eines der Pakete und fand darin einen sehr großen Rucksack. Er verstaute die beiden Pakete und den leeren Karton darin, setzt ihn auf und bretterte Richtung Tierpark Dünnwald. Er bemerkte dabei nicht, wie die Überwachungskamera schwenkte, um seiner Fahrt zu folgen. In der Polizeizentrale würde es niemandem auffallen, dass sich in den Aufzeichnungen dieser Nacht bei vereinzelten Kameras jeweils fünf Minuten wiederholen würden.

* * *

Sie liebte es, wenn das Adrenalin durch ihren Körper floss, aber heute musste sie den Mustang etwas langsamer reiten. Das Navigationssystem zeigte, dass sie um 2:57 Uhr ankommen sollte. Deshalb entschloss sie sich, noch eine Runde um den Häuserblock zu drehen, bis die Anzeige exakt 3 Uhr zeigte. Das war eine von zwei Bedingungen. Die Zweite war, dass sie ihr Handy während der Fahrt nicht anfassen sollte. Wenn sie sich an beides hielt, dann würde sie neben dem Handy noch ein brandneues Laptop der gleichen Marke bekommen. Sie liebte den angebissenen Apfel. Sie fühlte sich mit der Geschichte Tourings verbunden. Alan Touring, ein Vorreiter der digitalen Informationsverarbeitung, hatte sich 1954 mit einem mit Zyankali vergifteten Apfel das Leben genommen, nachdem ein Gericht ihn wegen seiner Homosexualität verurteilt und mittels Östrogenbehandlung sterilisiert hatte. Die darauffolgende Depression endete mit seinem Suizid. Später gab es einen Mann, der sich den Namen Steve Jobs gab und Touring zu Ehren als Firmenlogo einen angebissenen Apfel wählte.

Sweetgargoyle hielt neben dem Streugutbehälter. Hier sollten sich die Pakete befinden. Tatsächlich waren sie da, wo Rumpelstilzchen gesagt hatte. Mit einem breiten Grinsen holte sie die Päckchen aus dem Behälter, legte sie in den Kofferraum und fuhr zum vereinbarten Parkplatz. Die Fahrt nach Deutz dauerte nicht länger als 15 Minuten. Die Stelle, an der sie den Wagen abstellen sollte, war dunkel und schien auch tagsüber nicht viel Beachtung zu erhalten.

Wie vereinbart nahm sie ihr altes Handy aus der Jacke und öffnete den Chat.

5w33764r60yl3: Ich bin am Parkplatz.

2ump3157112ch3n: *In den Kartons befinden sich eine Drohne und ein Laptop. Beide packst du aus und hängst sie an die Powerstation, wie vereinbart.*

5w33764r60yl3: Okay, mache ich.

2ump3157112ch3n: *Melde dich, wenn du fertig bist. Du hast 10 Minuten ab jetzt.*

Der Countdown machte sie nicht nervös. Sie liebte es, unter Druck zu arbeiten. Außerdem waren 10 Minuten nicht zu wenig Zeit, um zwei Geräte auszupacken.

Was ist das? Wow, voll das krasse Militaryteil, was das wohl kostet?

Schnell fuhr sie ihre Emotionen wieder auf ein erträgliches Maß herunter, jede Art von neuem Technikspielzeug machte sie unheimlich an. Vielleicht ein Überbleibsel aus ihrem vorherigen Leben als Mann. Die Drohne wurde betriebsbereit ausgeliefert und brauchte wenig Vorarbeiten, um starten zu können. Dazu gehörte das Abziehen der Schutzfolie, die den Kontakt der Batterie verhindert hatte. Auch beim Laptop, *was für ein Schmuckstück, bald gehörst du mir*, hatte die junge, attraktive Blondine keine Probleme.

5w33764r60yl3: Die Geräte hängen am Strom und sind angeschaltet.

2ump3157112ch3n: *Melde den Laptop am WLAN lkjdsflhkj909 an Passwort:3142kbj9z8§$«%__5*

5w33764r60yl3: Erledigt.

2ump3157112ch3n: *Drücke die Pairing-Taste an der Drohne, bis sie orange blinkt.*

5w33764r60yl3: Erledigt. Soll ich das Pairing ... Shit, der Bildschirm vom Laptop ist ausgegangen.

2ump3157112ch3n: *Das war ich. Du gehst jetzt bitte bis 4 Uhr spazieren. Schließ den Wagen ab und komm keine Minute früher zurück!*

Sweetgargoyle wusste, dass es keinen Sinn hatte, mit dem größten Hacker, der ihr je begegnet war, zu diskutieren. Eigentlich hatte er sie in der Hand, sie tat besser, was er von ihr verlangte, und bekam weiter ihre Hormone, die sie, genau wie ihre Operationen, mit kleinen Jobs für ihren

Liebling Rumpelstilzchen illegal organisiert und finanziert hatte. Es war eine milde Nacht. Sie schloss den Kofferraum und ging ein paar Schritte in Richtung Messe. *Hier klappen die nachts die Bürgersteige hoch. Ich muss dringend umziehen.*

ACHT
HUSSEIN

Hussein betrachtete sich im Spiegel und sah statt dem humorvollen und sympathischen Jüngling, als den er sich in Erinnerung hatte, einen ausgemergelten, kaputten Mann. Deutlich sichtbare Ringe umgaben seine Augen und tiefe Furchen zeichneten sich auf seiner Haut ab. Der Drogendealer hatte zu lange auf der Straße gelebt, obwohl er erst 18 war, und der Begriff »lang« für ihn eine andere Bedeutung hatte als für ältere Menschen. Er hatte ein Talent dafür entwickelt, in der Lotterie des Lebens die Arschkarte zu ziehen. Trotzdem lächelte er seinem Spiegelbild entgegen, denn heute war ein besonderer Tag. Heute würde er Jenny, seiner geliebten Jenny, einen Pandora-Totenkopf schenken und sie damit offiziell zu seiner Verlobten machen.

Er griff in seine Tasche und holte das Kleinod hervor. Das Gold glitzerte und in den Augenhöhlen gab es winzige Diamanten. Er hatte das Teil vor ein paar Wochen von diesem Punk als Bezahlung angenommen und wollte es eigentlich auf darkbay verkaufen, aber da war er noch nicht mit ihr zusammen gewesen. Hussein war sich sicher, dass Jenny sein Geschenk gefallen würde.

Der Weg zu ihrem Zimmer erschien ihm länger als sonst. Er klopfte an die Tür. »Jenny, ich bin's, Hussein. Ich habe etwas für dich«, sprach er mit sanfter Stimme.

Die Tür öffnete sich und seine einzige Liebe schaute ihn an, noch immer halb schlafend. Sie trug ihren gewohnten Minirock und ein enges Top, das ihr jugendliches Aussehen betonte. Ihre Augen waren von schwarzem Eyeliner umrahmt und ihre Lippen glänzten verführerisch.

»Was ist los, Hussein?«, fragte sie müde.

»Ich will dich was fragen«, antwortete er und hielt ihr den Totenkopf hin. »Willst du meine Verlobte werden?«

Jenny starrte das Geschenk an und ihre Augen weiteten sich vor Überraschung. »Oh mein Gott, Hussein, der ist ja wunderschön!«, rief sie aus.

Hussein lächelte stolz. »Ich dachte, er würde dir gefallen. Ich habe ihn für dich gekauft, damit du weißt, wie viel du mir bedeutest.«

Jenny nahm den Totenkopf entgegen und betrachtete ihn liebevoll. »Ich liebe ihn«, sagte sie und umarmte Hussein. »Und ja, ich will deine Verlobte werden. Wie ich Dich liebe, mein Prinz.«

Hussein lächelte erleichtert. Er hatte befürchtet, dass Jenny seinen Antrag ablehnen könnte, aber ihre Reaktion zeigte ihm, dass sie bereit war. Er zog sie an sich und küsste sie sanft.

»Ich liebe dich auch, Jenny«, sagte er, kniete sich hin und knüpfte das Schmuckstück in den Schnürsenkel ihres Turnschuhs.

Jenny strich über den glänzenden Totenkopf »Danke, dass du an mich glaubst.«

Hussein lächelte und streichelte ihre Wange. »Ich denke immer an dich«, sagte er. »Du bist das Beste, was mir je passiert ist.«

Jenny sah glücklich aus und küsste ihn erneut. Sie wusste, dass Hussein nicht der perfekte Freund war, aber sie liebte ihn. Sie waren beide Kalker und hatten das Leben hart und brutal kennengelernt. Aber zusammen hatten sie eine Festung gebaut und sich gegenseitig Halt gegeben.

»Ich liebe dich, Hussein«, hauchte sie ihm ins Ohr. »Du bist der einzige Mensch, dem ich vertraue und der für mich da ist.«

Hussein lächelte und umarmte sie fester. »Ich werde immer für dich da sein, Jenny«, sagte er. »Du bist mein Ein und Alles.«

Mit glänzenden Augen sah sie ihn an und küsste ihn. Sie wusste, dass ihr Leben hart und gefährlich war, aber solange sie zusammenblieben, würden sie alles schaffen. »Den werde ich immer bei mir haben. Er ist das Symbol für unsere Liebe und gemeinsame Zukunft.«

»Ja, Schatz. Bald werden wir einen Entzug machen, in ein Dorf ziehen und dort eine Familie gründen. Ich werde mir einen Spießerjob suchen und uns mit einem ehrlichen Einkommen ernähren.«

Ein harter Weg stand ihnen bevor, aber sie waren fest entschlossen. Das Startkapital musste stimmen und der Entzug klappen, dann könnten sie eine Familie werden.

Sie sahen sich tief in die Augen und Hussein erkannte nichts als Liebe, wäre da nicht die Kälte und Härte der Welt, die von außen auf sie einschlug. Die Schwänze alter weißer Männer und die Straßendeals, die, wenn sie nicht optimal liefen, Schmerzen für Hussein bedeuteten.

Aber es gab die Flucht. Ein Kügelchen in Folie

verpackt, das, wenn es erhitzt in die Venen lief, ihnen zu dem Abstand verhalf, den sie sich für immer wünschten.

»Hast du was dabei?«

»Bin ich dein Mann oder nicht?« Hussein wühlte zwei Bubbles aus seiner Jackentasche. »Hier! Das wird uns über den Tag bringen und ihn erträglich machen.«

Sie fischte ihren Gummischlauch, den Löffel und ihr Feuerzeug hervor und er wusste, dass es ihnen gleich besser gehen würde.

NEUN
MELANIE

»Danke, Musa ... Nein, ich denke, das geht klar. ... Ja, du auch ... bis demnächst, Tschöö.« Melanie legte den Hörer des Dienstapparates auf und vollführte dann die Geste eines Bowlers, der einen Strike geworfen hatte. Auf Enzos fragenden Blick reagierte sie sofort. »Weißt du, wer das war?«

»Musa.«

»Ja. Woher ...«

»Du hast seinen Namen gesagt. Mehrfach.«

»Okay. Also. Musa hat irgendwas von Jan gehört und weiß, dass wir diesen Rumpelstilzchen suchen.«

»Ja, und?«

»Er kennt ihn. Rumpelstilzchen ist sein Stammkunde. Der kommt immer mit so einer komischen Sonnenbrille und schlecht vermummt in den Laden, kauft nur bei Musa ein und zahlt alles bar.«

»Und woher weiß er dann, dass das Rumpelstilzchen ist? Ich meine, wenn der immer vermummt in den Laden kommt.«

»Erstens hat dieser Typ eine auffällig kräftige Figur ...«

»Du meinst, er ist dick ... wie ich.«

»Du bist abgemagert gegen ihn, wenn ich Musa richtig verstanden habe.«

»Gut, da kann ich mir vorstellen, dass es da nicht so viele von gibt.«

»Ja. Zweitens trägt er immer diese Barfußschuhe. Und außerdem hat Musa neulich eine Frage des Kundensupports beantworten müssen, die einen Artikel aus einem der Käufe des Rumpelstilzchen betraf. Der hat nämlich online eine Reklamation zu einem fehlerhaften Speichermodul eingereicht.«

»Woran hat Musa denn erkannt, dass es Rumpelstilzchens Kauf war. Das hätte doch jeder andere gewesen sein können.«

»Am Kassenzettel kann man den Tag, die Uhrzeit und die Filiale erkennen. Ferner stehen alle in dem Kauf erworbenen Artikel im digitalen Kassenbon zur Verfügung. Rumpelstilzchen hat sich für seine Einkäufe die Garantie verlängert, indem er sie nachträglich in seiner Kunden-App gespeichert hat. Und da steht seine echte Adresse drin.«

»Wie bist du an die Adressdaten gekommen? Das darf doch keiner sehen?«

»Sagen wir es so. Einer von Musas Freunden hat ein Preisschild fotografiert und zufällig den Bildschirm von Musas Terminal mit drauf gehabt. Dann noch aus Versehen in einem Winkel, aus dem man den Bildschirminhalt klar erkennen kann. Ich kann mir nicht erklären, wie es passiert ist, aber dieses Foto ist zufällig in meiner Mailbox gelandet.«

»Melanie! Das gefällt mir nicht. Raimond hält sich nicht immer an die Dienstvorschrift, aber hier habe ich ein ganz komisches Gefühl.«

»Rumpelstilzchen wohnt ein paar Meter von hier. Wenn es diesen Berg von Vorschriften nicht gäbe, dann würde ich am liebsten hinfahren, bei ihm klingeln und fragen, was denn die ganze Sache soll.«

»Du weißt aber schon, dass das so nicht läuft?«

»Hey … vielleicht freust du dich erst einmal mit mir, dass wir wissen, um wen es sich handelt?«

»Halleluja.« Enzo deutete eine kleine La-Ola-Welle an. »Melanie, da kann man nicht einfach aufkreuzen und rufen: ›Hallo erst mal, wir sind nämlich die Polizei … eins, zwei, drei, vier Eckstein, alles muss versteckt sein.‹ Wir brauchen einen Durchsuchungsbeschluss, das ist das Mindeste.«

»Weiß ich. Gefahr im Verzug und los geht's. Ich rufe die Staatsanwaltschaft an.«

»Na dann, viel Erfolg. Hast du das schon mal gemacht?«

»Nö, aber so wild wird das nicht sein. Schau dir den Countdown auf der Webseite an. Das finde ich schon ziemlich bedrohlich. Außerdem hat die Staatsanwaltschaft doch selbst die Ermittlungen im Fall Rumpelstilzchen beauftragt.«

»Aber wie begründest du, dass dein Rumpelstilzchen in dieser Wohnung wohnt?«

Melanie war kurz still und überlegte. Vielleicht hatte Enzo recht? Aber es konnte doch nicht so kompliziert sein, einen Durchsuchungsbeschluss für diesen Typen zu bekommen. Schließlich hat er sich in die Systeme der Polizei gehackt.

»Ich werde da gleich anrufen. Moment. Hier steht es … Dr. Adil Daher«

Sie wählte die Nummer, die hinter dem Namen des Staatsanwaltes in der Fallakte stand. Raimond hatte ihr ebenfalls eine Liste mit den wichtigsten Kontakten erstellt und sie gebeten, sich bei den Kollegen vorzustellen. Das musste sie nun nachholen.

Nach dem ersten Freizeichen meldete sich eine freundliche, samtweiche Stimme: »Dr. Adil Daher, guten Tag.«

»Kriminalhauptkommissarin Melanie Heimann. Guten Tag, Herr Dr. Daher.«

Am anderen Ende der Leitung blieb es still, deshalb kam Melanie direkt zum Punkt. »Herr Dr. Daher, es gibt einen neuen Ermittlungsstand im Fall Rumpelstilzchen. Ein Mitarbeiter im Media-Markt hat uns Name und Adresse eines Kunden zukommen lassen, von dem er vermutet, dass es sich um den …«

»Frau Heimann, wir sollten uns erst einander vorstellen. Ich bin …«

»Entschuldigung, wenn ich Sie unterbreche, es ist in meinen Augen Gefahr im Verzug und wir benötigen dringen …«

»Sie müssen noch viel lernen. Wie soll ich jemandem vertrauen, den ich nicht kenne? Außerdem werde ich nicht ohne einen klaren Bezug zur Webseite eine Wohnungsdurchsuchung anordnen.«

Melanie griff sich in den Nacken und massierte sich die verspannte Stelle. Hatte sie hier eine Grenze überschritten? In der Theorie sah das alles einfacher aus. Hier sprach sie mit einem wesentlich älter wirkenden Mann, der zudem eine gewählte Ausdrucksweise hatte. Trotzdem beschloss sie, weiter auf einen schnellen Entschluss zu drängen.

»Herr Dr. Daher. Das Kennenlernen müssen wir leider vertagen. Ich sehe hier dringenden Handlungsbedarf. Dieser Mann hat mit Leichtigkeit die Firewalls der Polizei durchbrochen. Der Countdown auf seiner Webseite deutet …«

»Frau Heimann, ich muss leider gleich in eine Verhandlung. Ich möchte Sie bitten, sich mit Herrn

Schubert zu beraten und dann eine bessere Begründung als Gefühle und Vermutungen einzubringen.«

Melanie sprang von ihrem Bürostuhl auf und ballte ihre freie Hand zur Faust. Energisch und mit fester Stimme sagte sie dann: »Herr Dr. Daher. Ich habe die Vermutung, dass Herr Schubert von Ihnen sofort einen Durchsuchungsbeschluss erhalten hätte. Warum dann ich nicht ... weil ich eine Frau bin?«

»Ach ... ich bitte Sie. Sie glauben wohl, dass alle Syrer ein Problem mit Frauen haben? Das ist absoluter Blödsinn. Erstens kenne ich Sie nicht und zweitens haben sie nicht genug Beweise, die einen solchen Eingriff in die Privatsphäre eines Menschen rechtfertigen. Gerade, weil ich aus Syrien stamme, weiß ich, wie wichtig es ist, die Grundrechte der Menschen zu achten und zu schützen. Da müssen Gefühle und Vermutungen hintanstehen. Hier zählen nur Fakten. Ist der Mann eine Bedrohung für uns oder ist er es nicht? Welche Verbrechen werden ihm zur Last gelegt? Wir können da nicht einfach auf jemanden schließen, der vermutlich unser gesuchtes Rumpelstilzchen ist. Wir brauchen echte Beweise.«

Erst jetzt wurde ihr bewusst, dass Musa ihr keine belastbaren Informationen zur Verfügung gestellt hatte, die eine Hausdurchsuchung rechtfertigten. »Aber ... wie soll ich denn solche Beweise finden? Uns läuft die Zeit davon.«

»Willkommen bei der Kripo, Frau Heimann. Sie sind auf dem richtigen Weg. Lassen Sie sich nicht entmutigen. Wir werden uns besser kennenlernen und sie werden verstehen, dass unsere dienstlichen Gespräche vorwiegend aus Konfrontation bestehen. Irgendwann trinken wir einen Tee zusammen, dann lernen Sie den Menschen hinter meiner Position kennen.« Er schien kurz eine Antwort abzuwarten, Melanie fehlten die Worte. »Ich muss los. Wir hören uns hoffentlich später. In zwei Stunden sollte ich wieder am Platz sein.«

»Okay. Ich hätte nicht gedacht, dass das ein solcher Kampf wird. Also gut, bis später.«

»Auf Wiederhören.«

Melanie hielt den Hörer in der Hand, obwohl Dr. Daher längst aufgelegt hatte. Enzo, der mit einer Tasse Espresso neben ihr stand, riss sie aus der Gedankenspirale. »Hier, Melanie. Probier doch mal unseren Espresso und schau dir erst die Crema an.«

Sie starrte auf die Tasse und dann auf Enzo, der anscheinend ihr Gespräch mit der Staatsanwaltschaft nicht mitbekommen hatte.

»Enzo, kann es sein, dass Dr. Daher ein Problem mit Frauen hat?«

»Adil? Nie im Leben, wo denkst du hin?«

Sie nahm die Tasse an, damit er nicht mehr so dicht bei ihr stand, denn das engte sie im Moment zu sehr ein.

Enzo ging wieder zum Automaten und entfernte den Siebträger, um ihn für eine weitere Tasse zu reinigen. »Es gab vor ein paar Jahren einen Fall, da war Raimond ganz frisch dabei. Es ging um einen Vergewaltiger. Dr. Daher hat damals einen Durchsuchungsbeschluss angeordnet, weil Raimond einen groben Verdacht geäußert hatte. Er hatte sich damals seltsam verhalten, wollte keine Fakten hören, sondern diesen – so hatte er sich damals ausgedrückt – Sauhund sofort überführen.« Enzo füllte frisch gemahlenen Kaffee in das Sieb und strich ihn sorgsam glatt, um ihn gleich darauf fest hineinzupressen.

»Wie geht es weiter?«

»Ich klemme das Sieb …«

»Dr. Daher!«

»Ach so. Der Mann, dessen Wohnung durchsucht

wurde, war unschuldig und hatte nichts mit dem Fall zu tun. Zu Adils Pech kam dazu, dass der Verdächtige einen guten und teuren Anwalt kannte.«

»Also hat Dr. Daher sich damals die Finger verbrannt.«

»Ja. Aber er hatte Glück im Unglück, denn das Disziplinarverfahren gegen ihn wurde nach kurzer Zeit eingestellt. Ein Aktenvermerk und ein Verweis sollten in seinem Fall reichen. Oh, schau dir diese Crema an. Nicht schlecht für eine so kleine Maschine. Ich glaube, so eine hole ich mir für den Garten.«

»Ja, nicht schlecht, kannst du bitte bei der Sache bleiben? Warum hat es ihn nicht seinen Job gekostet?«

»Na ja, ganz einfach. Adil hatte eine Tochter, die vergewaltigt und getötet wurde. Man könnte sagen, dass er sich auf einer Art Rachefeldzug befand.«

»Oh, das erklärt einiges. Ich habe viel gelesen, was den Menschen in Syrien passiert ist, aber das lässt sich natürlich nicht mit einem persönlich erlebten …«

»Warum in Syrien? Adil ist in Deutschland aufgewachsen. Seine Eltern sind mit ihm hergekommen, als er 6 Jahre alt war. Er war mit einer Frau aus Düsseldorf verheiratet. Seine Tochter war 17 Jahre alt, als diese schreckliche Tat passierte.«

»Ach du meine Güte. Das ist ja furchtbar.«

»Glaub mir, Melanie. Adil hat kein Problem mit Frauen. Er muss nur unglaublich aufpassen, dass er so einen Fehler wie damals nicht noch mal macht.«

»Ja. Das verstehe ich, aber …«

Enzo trank einen Schluck Espresso. Auch Melanie probierte von ihrem. »Nicht schlecht. Du, Enzo? Wie bekommen wir jetzt einen Durchsuchungsbeschluss für die Wohnung von diesem Hase?«

»Hase? Wie das Kaninchen? Lustig. Ich habe keine

Ahnung. Es gibt zwar einen Verdacht, aber der reicht nicht. Vielleicht fragen wir Raimond, was wir tun können? Der hat 'nen guten Draht zu Adil.«

»Eigentlich möchte ich lieber, dass wir das selbst lösen. Komm bitte mit.« Ohne abzuwarten, stellte sie ihre leere Tasse auf ihren Schreibtisch und ging zielstrebig in den Konferenzraum, in dem Enzo die Pinnwand vorbereitet hatte. »Lass mal sehen, haben wir alles berücksichtigt? Was weiß denn unsere Datenbank über diesen Heinrich Hase, was wir nicht auf der Pinnwand sehen?«

Beide schauten sich die wenigen Fotos, Ausdrucke und Notizen an, die auf der Leinwand befestigt waren. Dann nahm Enzo einen Edding und schrieb auf eine Karte den Namen Heinrich Hase. Er heftete den Zettel direkt neben das ausgedruckte Rumpelstilzchen. »Was ist das eigentlich, dieses Rumpelstilzchen? Ich kenne es nicht und weiß nur, dass es sich um ein Märchen handelt.«

»Das ist ein altes Märchen. Ein Bauer verspricht seinem König, dass seine Tochter aus Stroh Gold spinnen kann. Der König lässt sich darauf ein und sperrt das Mädchen über Nacht in eine Kammer mit Stroh und einem Spinnrad. Wenn sie am nächsten Morgen Gold gesponnen hat, will er sie heiraten, doch, wenn nicht, dann droht sowohl dem Bauern als auch dessen Tochter der Tod. Das Mädchen sitzt verzweifelt in der Kammer. Plötzlich erscheint ihm das Rumpelstilzchen. Es lässt sich auf einen Tauschhandel ein. Wenn das Männlein ihr beim Spinnen des Goldes hilft, verspricht sie ihm ihr erstgeborenes Kind. Am nächsten Morgen ist das Gold gesponnen und das Mädchen heiratet den König. Nach einem Jahr bekommt sie ein Kind und schon ist das Rumpelstilzchen wieder da, um seine Bezahlung abzuholen. Doch es lässt der Königin 2 Tage Zeit, herauszufinden, wie das Männlein heißt. Wenn sie den Namen errät, bleibt das Kind verschont.«

»Ist ja komisch. Wir haben den Namen erraten, aber das nutzt uns nichts. Meinst du, es geht um Kindesentführung?« Enzo schaute auf die Pinnwand und schien zu überlegen, ob es etwas gab, das er übersehen hatte.

»Vielleicht sollten wir das Pseudonym des Hackers nutzen, um herauszufinden, um was es konkret geht. Es kann kein Zufall sein, dass das Männlein in einem Raum aufgetaucht ist, in dem ein Bauernmädchen aus Stroh Gold spinnen soll.«

»Du glaubst, er hat alles geplant? Ich verstehe aber nicht, was du mit dem Raum meinst?«

»Die Firewalls. Er ist wie ein Unsichtbarer eingedrungen ...«

»Nein, das kann nicht sein. Er hat doch seinen Namen verraten.«

»Nicht seinen Namen, sein Pseudonym!«

»Was macht das für einen Unterschied?«

»Ich weiß nicht, wieder habe ich nur ein Gefühl. Ich glaube, sein Pseudonym hat kaum etwas mit dem Countdown auf seiner Seite zu tun. Er spielt sich zwar auf, aber wenn ich die Jungs aus der IT richtig verstanden habe, dann braucht es schon mehr als einen Kopf, um unsere Firewalls zu durchdringen. Die haben mir etwas von mehreren Ebenen und einer Art Irrgarten erzählt. Das nennt man wohl Portmapper, wenn ich mir das auf die Schnelle richtig gemerkt habe. Angeblich kann man das nur mit speziell darauf abgestimmter Software durchdringen, wenn man sich auf der Gegenseite richtig identifiziert. Jan mein ...«

»Melanie, mir raucht der Schädel. Ich verstehe von

diesem technischen Schnickschnack nicht viel, aber eins ist klar. Wenn er da reinkommt, ist er entweder ein Genie oder hat Hilfe gehabt.«

»Du bist genial!«

»Was habe ich denn jetzt schon wieder gesagt?«

»Na, das ist doch einfach. Das Loch, durch das er eingedrungen ist, haben unsere IT-Leute gestopft, aber was, wenn er einen Komplizen hat?«

»Dann sind unsere Systeme nicht sicher und …«

»Wir sehen Gefahr in Verzug. Einen Durchsuchungsbefehl brauchen wir also nicht. Da können wir sofort aufbrechen. Stellst du ein Team zusammen? Ich informiere Raimond.«

»Ja. Na, dann los.«

* * *

Es war am frühen Dienstagnachmittag, als die Einsatzfahrzeuge der Polizei von beiden Seiten in die Edith-Stein-Straße einfuhren. Heinrich Hases Wohnung stach sofort aus den anderen der Siedlung hervor, denn sie war momentan die Einzige, bei der alle Jalousien heruntergelassen waren. Das mobile Einsatzkommando, gefolgt von Melanie Heimann und Enzo Conti, ging mit zügigen Schritten auf den Hauseingang zu. Enzo hatte vorgeschlagen, die Handys im Wagen zu lassen. »Wenn dieses Rumpelstilzchen auf Raimonds Handy zugreifen kann, kann es das auch mit unseren. Ich möchte nicht wissen, was er schon alles mitbekommen hat.«

»Halt!«, rief Melanie, als sie bemerkte, dass die Rollos anfingen, sich zu heben. Trotz des Tageslichtes konnte man erkennen, dass alle Zimmer der Wohnung in hellem, weißem Licht beleuchtet wurden. »Deckung!«

Das Team folgte, gleich darauf hörte man den Türsummer der Haustür des Mehrfamilienhauses.

»Stephan, mach auf und sei vorsichtig. Micha, decken!«

Die beiden vorderen Polizisten gingen, einander absichernd, auf die Haustür zu. Stephan drückte langsam die Haustür auf und hielt dabei den Kopf niedrig, während Micha mit vorgehaltener Waffe den Eingang sicherte. Schnell ließ er die Pistole sinken: »Ein Kind!«

Ein kleines Mädchen war die Treppe heruntergekommen und hatte sich furchtbar erschrocken, es fing sofort an, nach seiner Mutter zu rufen, die auf Türkisch schimpfend die Treppe hinter ihr hergelaufen kam. Stephan signalisierte ihr, dass sie beide schnell herauskommen sollten. Unter weiteren lauten Beschwerderufen wurden Mutter und Kind aus der Einsatzzone befördert, die in der Zwischenzeit von anderen Beamten abgeriegelt werden musste. Neugierige Nachbarn hatten sich bis an das inzwischen gespannte Flatterband herangewagt und schienen sich miteinander über ihre Spekulationen auszutauschen.

Melanie hatte bei der Schutzpolizei schon viele ähnliche Einsätze erlebt, war aber nie in der Rolle der Einsatzleitung gewesen. Sie schickte nun durch Handzeichen die Kollegen mit der Zweimann-Ramme in den Hauseingang und bekam kurz darauf die Rückmeldung, dass sich die Wohnungstür automatisch entriegelt habe und dass Wohnungsflur und weitere Räume gesichert sein.

»An der Wohnzimmertür ist ein Fingerabdrucksensor eingebaut. Die Tür wurde durch eine Brandschutztür ersetzt. Anscheinend gibt es mehr als drei Schlösser. Da kommen wir nur mit schwerem Gerät rein«, hörte Melanie über den Funk.

»Haben wir etwas dabei oder versucht ihr es über den Balkon?«

»Wenn das Zimmer so stark gesichert ist, würde ich eher direkt durch eine Seitenwand brechen. Ist nur ein Vorschlag.«

»Na, dann los. Ausführen!«, befahl Melanie.

»Die Zwischenwände sind dünn, das schaffen wir vielleicht mit der Ramme.«

Melanie und Enzo begaben sich in die Wohnung, die einen klinisch sauberen Eindruck vermittelte. Es wirkte alles eher so wie die Ausstellungsfläche eines Möbelhauses. Im Vorbeigehen hatte Melanie den alten Drehstromzähler gesehen, dessen Rad sich schnell bewegte. »Hier braucht aber jemand eine Menge Strom.«

Die Ramme musste nur zweimal angesetzt werden, da hörte man bereits die ersten Steine auf den Boden fallen. Gleich darauf wechselte die Beleuchtung von Weiß auf ein rotes Blinken. Über Lautsprecher, die in jedem Raum verbaut zu sein schienen, ertönte die Warnmeldung: »Eindringlings-Alarm. Die Selbstzerstörung wurde ausgelöst, bitte verlassen Sie zu Ihrer eigenen Sicherheit diesen Bereich.« Die Meldung wiederholte sich mehrfach.

Melanie lief genervt zurück in den Hausflur und öffnete den Zählerkasten. Dort schaltete sie alle Sicherungen ab, doch den gewünschten Effekt erzielte sie damit nicht. Der Alarm ging weiter, zusätzlich fuhren die Rollos runter.

»Hier strömt irgendwas aus und es qualmt!«, hörte sie über den Funk.

»Rückzug! Alle raus!« Melanie machte sich auf den Weg nach oben.

»Wohin läufst du?«, fragte Enzo sichtlich verwirrt.

»Wir sollten das ganze Haus evakuieren. Wer weiß, was Hase plant.«

»Ich komme mit.« Beide liefen zuerst zur vierten Etage, was Melanie deutlich leichter fiel als ihrem Kollegen. Auf dem Weg nach oben hatte Melanie an mehreren Türen geklingelt und geklopft. So hatte Enzo ein wenig Zeit, den Bewohnern seinen Dienstausweis zu zeigen und sie davon zu überzeugen, das Haus zu verlassen. In der Zwischenzeit hatte Melanie über Funk das Team angewiesen, Feuerwehr mit Atemschutz und ein Sprengstoffkommando anzufordern.

Die Edith-Stein-Straße füllte sich an diesem Tag nicht nur mit Einsatzfahrzeugen, sondern auch mit Schaulustigen, die aus allen Richtungen zu kommen schienen.

»Einsatzradius ausweiten und Zugangswege freihalten«, wies Melanie an. Aus ihrer einfachen Wohnungsdurchsuchung war die Jahrhundertshow der Stegerwaldsiedlung geworden. In all dem Durcheinander hörte sie ein Summen, doch erst als eins der Fluggeräte dicht an ihrem Kopf vorbeiflog, erkannte Melanie die Drohnen. »Sind die von uns?«

»Negativ.«

»Die sehen nicht billig aus. Stellt fest, wer die lenkt und behaltet sie im Auge! Kann man irgendwas machen, um die runterzuholen? Ein Störsignal vielleicht?«

»Meinst du nicht, das geht etwas zu weit? Heute hat jedes Kind eine …«

»Vorsicht, Enzo!« Sie konnte ihn noch zur Seite schubsen, als etwas Rechteckiges von einer der Drohnen vor ihr auf den Rasen abgeworfen wurde. Gleich darauf zog die Drohne hoch und flog weg.

Melanie näherte sich dem Objekt und erkannte, dass es

sich um ein Tablet handelte. Sie schaute auf das Display. »Das ist die Webseite von Rumpelstilzchen!« Ein Banner zeigte den Text: +++ FÜR DIE POLIZEI UND DIE ANWOHNER BESTEHT KEINE GEFAHR, SOLANGE DIE WOHNUNG NICHT BETRETEN WIRD. NACH DER SELBSTZERSTÖRUNG ERHALTEN SIE FREIEN ZUGANG. +++

Auf der Seite waren drei Videoszenen eingeblendet. Zwei davon zeigten die Einsatzfahrzeuge und das Team der Polizei und stammten eindeutig von den Drohnen. Die dritte Kamera war auf eine Reihe von Multizerkleinerern der Marke blendtec gerichtet, in denen mehrere rechteckige Objekte lagen, von denen Kabel abgingen. »Das sind Festplatten«, stellte Melanie fest, die diese Dinger nicht zum ersten Mal sah, auch wenn sie sie bisher nur in Computern verbaut gesehen hatte.

»Wir müssen da rein und verhindern, dass er sie ...« Es war zu spät. Das Videobild des Zerkleinerers wurde im Vollbildmodus angezeigt. Neben der Einblendung des Schriftzuges »Will it blend?« Konnte man aus der Wohnung die Musik einer Gameshow hören, die Melanie bekannt vorkam. Die Geräte liefen an und man konnte dabei zusehen, wie alle Festplatten synchron von den Multizerkleinern zermahlen wurden. Im selben Moment fiel ihr ein, dass sie die Melodie schon bei einem YouTube-Video gehört hatte, in dem ein verrückter Wissenschaftler die jeweils neueste Hardware mit einem solchen Gerät zermahlte. Die Videos hatte Jan immer wieder unter Wehklagen angesehen, da es ihm in der Seele wehtat, wenn das moderne iPhone einfach zerhackt wurde, obwohl es gerade erst am Markt und schwer zu bekommen war.

Die Videoübertragung zeigte, dass die Geräte ihre Arbeit einstellten. In ihrem Inneren war nur noch dunkler

Staub zu erkennen. Nachdem die Einspielung beendet war, erschien auf dem Display die Nachricht: »Melanie, Sie können die Wohnung betreten.« Die Rollos fuhren hoch und das Licht in der Wohnung schaltete wieder auf Weiß. »Bitte werfen Sie das Tablet auf den Rasen, es zerstört sich in 5 ...« Ohne zu zögern, warf sie das Tablet etwa zwei Meter vor sich auf die Rasenfläche, doch eine erwartete Explosion blieb aus. Stattdessen dunkelte der Bildschirm ab und leuchtete gleich danach mit einem Firmenlogo des Herstellers auf. Auch das hatte Melanie schon mehr als einmal bei ihrem Ex-Freund beobachtet, wenn er einen Systemreset gemacht hatte. Das Tablet schien sich auf seinen Werkszustand zurückzusetzen. »Sammeln Sie bitte das Gerät als Beweisstück ein! Wir gehen rein.« Dann hielt sie einen Moment inne. »Nein, wir warten. Kann bitte jemand von der Feuerwehr prüfen, ob die Luft atembar ist. Zur Sicherheit möchte ich auch einen der Sprengstoffhunde durch die Wohnung schicken, bevor wir hineingehen.«

Die angeforderten Einheiten betraten nacheinander die Wohnung. Nachdem die Feuerwehr Entwarnung gegeben hatte und der Sprengstoffhund ohne einen Fund aus der Wohnung zurückgekehrt war, entschied Melanie, dass es Zeit für ihr Team und die Spurensicherung war.

»Das war ja beinahe wie in einem Bond-Movie« stellte Enzo beim Betreten der Wohnung fest. »Fehlt nur noch, dass wir hier auf Herrn Hase treffen, der lächelnd mit einer Katze auf dem Schoß in einem Sessel auf uns wartet.«

»Ich glaube nicht, dass er es uns so einfach macht. Ich möchte mir einen Eindruck von der Wohnung verschaffen. Vielleicht finden wir eine Spur, der wir folgen können. Niemand ist perfekt dabei, seine Spuren zu verwischen. Es könnte doch sein, dass wir einen Hinweis entdecken, der auf den Verbleib unseres Verdächtigen deutet.« Dann blieb sie kurz stehen. »Du, ich habe eine Idee. Du könntest veranlassen, dass die Nachbarn befragt werden. Die üblichen Fragen: *Ist er auffällig oder eher zurückhalten, haben Sie etwas Besonderes gesehen?* Und so weiter. Ich sage dir dann, wenn ich etwas finde, damit du es dir hier vor Ort ansehen kannst.« Sie schaute rüber zu zwei der Polizisten, die am Hauseingang standen. »Maik! Katrin! Kommt ihr bitte?«

»Hi Melanie, ich finde das klasse. Hatte noch keine Gelegenheit, dir zu gratulieren«, grüßte die junge Kollegin.

»Hallo Melanie, oder muss ich jetzt Frau Heimann oder Frau Kommissarin sagen?«

»Wenn überhaupt Kriminalhauptkommissarin, aber dafür haben wir keine Zeit. Könnt ihr bitte mit Enzo die Nachbarn befragen, ob sie irgendwas Nennenswertes beobachtet haben? Die Wände scheinen dünn zu sein in diesem Haus. Vielleicht konzentriert ihr euch auf den Nachbarn über unserem Verdächtigen. Es wäre gut, wenn wir wüssten, ob er Besuch bekommt, ob es in den letzten Tagen besonderen Lärm gegeben hat oder Ähnliches.«

»Ja, klar. Machen wir.«

»Ach ja. Ich komme die Tage mit etwas türkischem Gebäck vorbei. Dann feiern wir meine Beförderung und quatschen was.«

»Ja, cool. Ich freue mich drauf.«

Nachdem sich die beiden mit Enzo abgestimmt hatten, machten sie sich an die Arbeit.

Melanie stand im Eingang der Wohnung, die von der Spurensicherung untersucht wurde. Im Eingangsbereich legte sie die Ausrüstung, bestehend aus einem Einwegoverall, einer FFP2-Maske, Handschuhen und Schuhüberzügen an. Bei der begonnenen Durchsuchung war das nicht nötig, doch jetzt hatte sich die Lage geändert, vielleicht hatte sogar ein Mord stattgefunden, vermutete sie, war sich aber nicht sicher. Dennoch entschied sie, auf Nummer sicher zu gehen. Eventuell gab es Hinweise über den Verbleib von Heinrich Hase.

Als erstes ging sie durch die aufgebrochene Wand ins Wohnzimmer, in dem es eher nach einem Rechenzentrum aussah. Ein großes Podest mit rundherum angeordneten Monitoren und IT-Geräten aller Art, ließ erkennen, dass Hase sich mit der Materie mehr als auskannte. Hinter einem Sichtschutz befanden sich die Blender mit den zerschredderten Festplatten. Zu einem dicken Strang gebündelte Kabel führten unter das Podest, das neben all den Kabeln eine Unzahl von Platinen und Speicherbausteinen sowie weiterer Kabel beherbergte. *Jan hätte seine Freude an all dem gehabt*, dachte Melanie, und war im Moment dankbar, dass sie einen Teil ihrer Vergangenheit mit einem Nerd gelebt hatte, denn sie erkannte sofort den Grund für den nicht unterbrochenen Strom in der Wohnung. Neben den Platinen war eine Reihe Geräte angebracht, die eine unterbrechungsfreie Stromversorgung garantierten. In dem Wirrwarr konnte Melanie keine weiteren Festplatten entdecken, was ihr durch die Anzeige auf mehreren Bildschirmen bestätigt wurde. Dort stand auf schwarzem Hintergrund in weißer Schrift: *No Boot Device found. Press any key to reboot the machine.*

»Mist. Irgendwelche Datenträger gefunden? CDs, USB-Sticks?«

Die gefragte Kollegin der Spurensicherung schüttelte den Kopf: »Hier gibt es nicht einmal einen Kugelschreiber.«

»Danke. Ich gehe weiter. Wenn noch was ist ...« Melanie stellte fest, dass sie keine Visitenkarten hatte.

Brauchte man die heute noch? »KK1. Heimann ist mein Name.«

»Alles klar. Ich bin Birgit Schuch. Wir kennen Enzo. Sie bekommen ein E-Mail von uns, dann sind wir in Kontakt. Schön, Sie kennenzulernen, Frau Heimann.«

»Danke, ebenfalls.«

Im Schlafzimmer wartete ein ähnliches Bild. An der Decke war ein Monitor montiert, der sich mit Maus und Tastatur herunterfahren ließ. Eine VR-Brille hing auf einem Haken neben dem Bett. Außerdem gab es hier einen weiteren Schreibtisch mit drei Monitoren. Anscheinend war dieser Hase immer online.

»Was ist das für ein Gerät auf dem Nachttisch?«, fragte sie in den Raum, in dem drei Kollegen bei der Arbeit waren. Ein junger Mann wandte sich ihr zu.

»Das ist ein CPAP-Gerät. Es wird benutzt, wenn man nachts Atemaussetzer hat. Das war wohl bei Herrn Hase der Fall.«

Melanie schaute sich das Gerät näher an. Etwas schien zu fehlen. »Ist da nicht normalerweise ein Schlauch dran und so eine Maske?«

»Ja, das stimmt. Eigentlich muss man beides regelmäßig reinigen und dann trocknen lassen, aber wir haben den Schlauch und die Maske nirgendwo gefunden.«

»Vielleicht hat er sie mitgenommen und besitzt ein weiteres Gerät?«

»Das glaube ich eher nicht, aber Sie sind hier die leitende Ermittlerin.«

»... und auf Sie angewiesen. Wenn überhaupt, sind wir ein Team. Allein kommt von uns keiner ans Ziel.«

»Ja, stimmt.« Der Kollege schien angenehm überrascht. »Schön, Sie kennenzulernen. Sie sind anders als Herr Schubert.«

»Na, das will ich doch hoffen. Was meinen Sie denn mit anders?«

»Sie sind nett.«

Melanie musste sich ein Lachen verkneifen und überlegte, was sie antworten sollte, beließ es aber dann bei einem einfachen »Danke.«

Die Ergebnisse der Wohnungsdurchsuchung würde sie später am Tag erhalten. Es war an der Zeit, zurück ins Büro zu fahren, um Raimond und Dr. Daher zu informieren, was in den vergangenen Stunden vorgefallen war. Allein bei dem Gedanken daran hatte sie trotz ihres ›*Gefahr im Verzug*‹ Jokers ein schlechtes Gewissen, wie damals in der Schule, wenn sie für eine Prüfung nicht gelernt hatte.

»Ihr kommt allein klar? Ich muss zurück zur Wache, um mir den Kopf abreißen zu lassen.«

»Warum denn das?«, fragte sie der freundliche Kollege der Spurensicherung.

»Weil ich neu bin und weil ich eine Frau bin.«

»Also, ich habe den Eindruck, dass es hier mehr als nötig war, reinzugehen. Die Festplatten sind zerstört, was kann dieser Hase noch ausrichten?«

»Das habe ich auch zuerst gedacht. Ist Ihnen aufgefallen, dass die Rollos nach dem Schreddern hochgefahren sind und das Tablet, das ich zum Beobachten erhalten habe, hat sich erst nach der Aktion zurückgesetzt. Nein, ich glaube, dieser Hase spielt ein Versteckspiel mit uns und es geht gerade erst los. Aber was er plant, müssen wir herausfinden. Wir haben die verschwundene Atemmaske und etwas Staub von Festplatten. Das scheint mir nicht viel zu sein.«

»Putzen Sie sich regelmäßig die Zähne, Frau Heimann?«

»Was ist das für eine Frage? Natürlich putze ich …« Sie

brach mitten im Satz ab und ging mit dem Kollegen ins Badezimmer. Dort lagen neben dem Rasierapparat die Zahnbürste und eine Tube Zahnpasta auf dem Waschbeckenrand. »Puh, das hätte ich übersehen. Sie meinen, er wurde entführt?«

»Nein, das nicht. Er kann durchaus an einem anderen Ort eine Zahnbürste bekommen. Einen ungeplanten Aufbruch leiten wir eher an schimmeligem Geschirr oder Müll ab, aber da ist nichts. Jemand muss den Müll rausgebracht haben oder er hat keinen Müll verursacht, was wahrscheinlicher ist, denn es gibt auch keinen Abwasch in seiner Spülmaschine, keine schmutzige Wäsche, nicht einmal benutzte Handtücher.«

»Das ist seltsam, da müssten wir …«

»Melanie! Wir sind fertig mit den Befragungen.« Enzo war mit den Kollegen zurück zum Wohnungseingang gekommen. »Kommst du?«

»Ja, ich bin hier fertig. Vielen Dank, Herr …«

»Jocker. Achim Jocker.«

»Ja, super. Sie haben mir sehr geholfen. Ich sage ja, wir sind ein Team. Wenn Sie noch etwas herausfinden, dann schicken Sie es mir bitte oder besser, kommen Sie gerne auf einen Espresso vorbei. Wir haben jetzt Siebträgermaschinen.«

»Ich dachte, die sind verboten?«

»Nicht, wenn man einen so tollen Chef hat wie Herrn Schubert.«

»Ich komme gern. Also, bis später.«

»Bis später.« Dann wandte sie sich Enzo zu und spürte für einen Moment, dass sie dort angekommen war, wo sie sein wollte. Sie war Ermittlerin bei der Kriminalpolizei und befand sich mitten in ihrem ersten Fall.

»Also, die Nachbarn über ihm beschreiben ihn als

ruhig. Manchmal fällt nachts eine Flasche um oder man hört einen Fluch oder Freudenruf, aber vor zwei Tagen ist etwas Merkwürdiges geschehen. Der Nachbar hat einen unruhigen Schlaf. Na und, er ist gegen vier Uhr wach geworden und ist fest überzeugt, dass er mehrere Männerstimmen gehört habe, die sich in einer osteuropäisch klingenden Sprache unterhalten und ein paar laute Befehle gerufen hätten. Dann hätte er etwas plätschern gehört. Kurz darauf war es still. Er hat gedacht, dass es sich vielleicht um einen versehentlich eingeschalteten Lautsprecher bei Herrn Hase handeln konnte. Da es aber danach komplett still war, hat sich der Nachbar wieder hingelegt.«

»Das klingt zumindest nach einem Anfang, auch, wenn ich das im Moment noch nicht richtig einsortieren kann. Wir packen es auf unser Board und sehen, wo es uns hinführt.«

»Ja, Melanie, aber da ist noch etwas. Herr Hase hat eine Reinigungskraft. Die kommt zweimal in der Woche, wenn er nicht da ist. Das hat die alte Nachbarin von gegenüber berichtet.«

»Okay, das erklärt, warum es keinen Müll gibt.«

»Nicht nur das.« Enzo machte eine Kunstpause, lächelte Melanie an und fuhr dann fort. »Gestern muss die Putzfrau wohl geschimpft haben wie ein Rohrspatz. Der ganze Boden wäre dreckig gewesen und das Bett wäre klatschnass und mit irgendwelchem klebrigen Zeug verschmiert gewesen – so hätte sie der Nachbarin berichtet.«

»Hat sie eine Adresse von der Reinigungskraft?«

»Ja, die wohnt zwei Straßen weiter.«

»Enzo, wir sind hier fertig. Lass uns gleich zu dieser Frau fahren, vielleicht hat sie das Bettzeug noch oder etwas anderes gesehen, was wir gebrauchen können. Ausgerechnet am nächsten Tag kommt die und verwischt alle Spuren.«

Nachdem Melanie sich von den Kollegen der Spurensicherung verabschiedet hatte, machten sie sich zu Fuß auf den Weg. Die Adresse der Reinigungskraft war nur ein paar Häuser entfernt.

»Er hat so ein CPAP-Gerät, aber da fehlt der Schlauch und die Maske war auch nirgendwo.«

» Seltsam. Die anderen Nachbarn waren übrigens nicht sonderlich hilfsbereit. Du hättest sehen sollen, wie die teilweise reagiert haben, als wir vor der Tür standen. Erst haben sie freundlich ausgesehen, dann, kaum hatten sie die Uniform und mich gesehen, gingen die Gesichter auf Modell Marmor über.«

»Das darfst du denen nicht übel nehmen. Hier haben halt einige schlechte Erfahrungen mit den Behörden. Du darfst nicht vergessen, dass ich in einem Arbeiterviertel groß geworden bin. Da mag man nicht, wenn man zu tief in die Karten geschaut bekommt. Sind meistens keine großen Fische. Kleindealer, illegale Downloads, Cannabis. So ein Zeug halt.«

»Mag sein. Aber alles in allem scheint dieser Hase ein komischer Kauz zu sein. Angeblich freundlich, aber gleichzeitig scheu.«

»Das passt so gar nicht zu einem, der durch die Firewalls der Polizei bricht, nur, um einen Webseiten-Link auf ein Diensthandy zu transportieren.«

»Vielleicht möchte er angeben? Solche Spinner kennt die Polizei zuhauf.«

»Nein. Ich glaube tatsächlich, dass ihm etwas passiert ist. Würdest du ohne Rasierzeug und ohne Zahnbürste verreisen? Dann dieses nasse Bett. Ich bin gespannt, was die Putzfrau zu sagen hat.«

»Da vorn muss es sein, Melanie. Bitte, geh vor. Deine Show.«

* * *

»Frau Back, ich bin Kriminalhauptkommissarin Heimann, das ist mein Kollege Kriminaloberkommissar Conti. Wir haben ein paar Fragen zu einer ihrer Putzstellen.«

»Putzstellen? Dat han ich nit. Do bes de bei mir falsch. Tschöö!«

Melanie schaffte es gerade noch, ihren Fuß in die Tür zu stellen, bevor Frau Back diese schließen konnte. »Es geht hier nicht um Schwarzarbeit oder sonst irgendeinen Blödsinn. Wir kommen von der Mordkommission, Herr Hase wird vermisst.«

»Is' der dood?«

»Frau Back, ich habe nicht gesagt, dass er tot ist. Wir suchen ihn nur, und in seiner Wohnung haben wir ihn nicht gefunden. Hat er Ihnen irgendwas gesagt, wo er sich aufhält?«

»Warum sullt er dat? Ich han jo med dämm nit ze doun.«

»Jetzt reicht es aber gleich. Ich versuche es mal anders. Die Nachbarin von Herrn Hase hat uns gesagt, dass Sie zweimal die Woche bei Herrn Hase putzen gehen und ...«

»De ahle Quatschtänt, die hät ihr Nääs üvverall.«

»Ich bitte Sie, zu kooperieren, sonst überlege ich mir das mit der Relevanz der Schwarzarbeit noch mal.«

Das hatte anscheinend gesessen, denn plötzlich bat Frau Back in perfektem Hochdeutsch: »Kommen Sie bitte rein. Das muss ja nicht jeder mitbekommen.«

Melanie und Enzo betraten die Wohnung und wurden von einem kläffenden Chihuahua begrüßt. Enzo ging sofort in die Knie, um den kleinen Aufpasser freundlich zu begrüßen: »Ja, du riechst, wer ein Hundefreund ist. Du bist aber ein süßes Hündchen. Wie heißt du denn?«

»Wotan! Aus! Pas op, dä bieß!«

Wotan schnupperte Enzo an der Hand und ließ sich dann wedelnd streicheln. »Ja, feines Kerlchen. Da zwischen den Ohren hast du es gern, oder?«

»Dat deit hä söns nie! Han Se och ein Hungk?«

»Könnten wir wieder zur Sache kommen?«, unterbrach Melanie ungehalten.

»Ja, bitte. Was wollen Sie denn wissen.« Das Hochdeutsch klang zwar gekünstelt, aber Melanie hatte es lieber. Sie war komplett ohne die kölsche Sprache aufgewachsen und für sie war sie schwieriger zu verstehen als Englisch.

»Hases Nachbarin hat uns gesagt, dass Sie über einen stark verschmutzen Boden und über nasse Bettwäsche geklagt hätten, als Sie gestern seine Wohnung gereinigt haben.«

»Ja, das ist richtig. Ich bin ja einiges von ihm gewohnt. Er lässt zum Beispiel gern seinen Müll überall herumliegen. Den sammele ich ja gern ein, aber ich sage Ihnen: Was auch immer das für ein klebriges Zeug war, was da kreuz und quer über seiner klatschnassen Bettwäsche verteilt war, das bekommt keine Waschmaschine mehr raus. Ich habe ihm eine WhatsApp geschickt und gesagt, dass ich die Bettwäsche wegwerfe, weil man die nicht mehr waschen kann. Er hat darauf geantwortet, dass ich das ruhig tun soll. Dann habe ich gleich hinterher geschrieben, dass der Dreck in der Wohnung so enorm sei, dass ich eine Stunde extra berechnen müsse. Er hat mir geantwortet, dass ich zwei Stunden extra aufschreiben solle und dass es ihm leidtäte.«

»Moment. Sie haben gestern mit ihm geschrieben?«

»Ja, sage ich doch. Ich wäre gar nicht hingegangen, wenn er nicht geantwortet hätte. Herr Hase ist sehr scheu. Deshalb putze ich immer nur, wenn er nicht da ist. Ich schicke dann immer 'ne Nachricht: *Gleich Putzen? 12 Uhr* und meistens schickt er mir einen Daumen hoch oder OK. Gesprächig ist er nämlich nicht, außer gestern. Da hat er mir ganze Romane geschrieben. Keine Ahnung, was mit dem los ist. Das geht mich auch nichts an, ich putze nur.«

»Könnten wir die letzten Nachrichten vielleicht mal sehen?«

Skeptisch schaute Frau Back Melanie an und schien zu überlegen. »Wir wollen nur die letzten Nachrichten sehen. Mehr nicht. Wissen Sie, wie man einen Screenshot macht?«

»Ein Bildschirmfoto? Das hat mir meine Enkelin gezeigt. Ja.«

»Na ja, dann ist es vielleicht nicht zu viel verlangt, wenn Sie ein paar Bildschirmfotos der letzten Unterhaltung mit ihm machen und mir an meine Nummer schicken. Ich schreib sie Ihnen hier auf.«

»Aber nur, weil Wotan Ihren Kollegen gut leiden kann. Moment.« Frau Back verschwand in der Küche, gab Melanie einen Block und einen Zettel und machte sich sofort dran, die Screenshots anzufertigen, sichtlich bemüht, dass niemand der beiden auf ihr Smartphone sehen konnte.

Nachdem Melanie ihr den Block zurückgegeben hatte, bekam sie schon eine Minute später die gewünschten Fotos zugeschickt.

»Vielen Dank. Das schauen wir uns auf der Wache an. Eine Frage habe ich noch.«

»Ja, aber ich muss gleich weg.«

»Dauert nicht lang. Was haben Sie mit der Bettwäsche gemacht.«

»Direkt in die Tonne geschmissen.«

»Enzo! Wir müssen noch mal zurück zur Hases Wohnung, die ...«

»Das können Sie vergessen. Gestern war Müllabfuhr. Das liegt schon auf der Deponie, wenn es nicht direkt in die Verbrennung wandert.«

»Mist!«

»Haha, Mädchen. Dat kom ävver vun Hätze.«

Die beiden bedankten sich bei Frau Back und verließen die Wohnung. Wenigstens hatten sie die Nachrichten, die das verschwundene Rumpelstilzchen ihr geschickt hatte.

»Ich fühle mich wie ein Kind, das zu spät nach Hause kommt. Meinst du, es gibt Ärger, Enzo?«

Sie waren an Enzos Wagen angekommen, hatten ihre Westen abgelegt und sich in den Wagen gesetzt. Enzo startete den Motor und sah zu Melanie. »Wir stecken knietief in der Sch ...«

»Scheiße!« Sie hatte ihr Handy aus dem Handschuhfach genommen und festgestellt, dass sie eine Menge Anrufe verpasst hatte. Dr. Daher und Raimond hatten sie in der letzten Stunde etwa zwanzigmal angerufen. Sie wählte Raimonds Nummer, das vorerst kleinere Übel.

»Sag mal, was macht ihr da? Wollt ihr den dritten Weltkrieg üben oder habt ihr einen Grund, mit einem solchen Aufwand halb Mülheim auf den Kopf zu stellen?«

»Ich kann alles erklären. Vielleicht sollten wir gleich eine Telefonkonferenz mit Dr. Daher versuchen, sobald ich wieder auf der Wache bin. Enzo und ich sind auf dem Weg zurück.«

»Na, ich hoffe, ihr habt eine hervorragende Erklärung. Momentan stehen hier alle Zeichen auf Sturm.«

* * *

»Dieser Dr. Daher klingt ganz anders, wenn Raimond in der Nähe ist.« Melanie nahm ihre Tasse unter dem Auslauf der Maschine weg und reinigte anschließend das Sieb. »Auch einen?«

»Das brauchst du einen Italiener nie zu fragen. Ich trinke gerne einen Espresso mit dir.« Enzo setzte sich auf seinen Platz und starrte mit heruntergezogenen Augenbrauen auf den Bildschirm. »Diesen Dreck werde ich nie verstehen.«

»Ich komme gleich, dann machen wir den Bericht noch mal zusammen. Auf dem Board hast du es doch auch gemacht.«

»Diesen digitalen Kram bekomme ich nicht mehr in meinen Kopf. Das macht nur Kopfschmerzen.«

»So schlimm ist das nicht. Die IT hat extra auf ein anwenderfreundliches Design geachtet.«

»Anwenderfreundlich! Vielleicht aus Sicht eines Nerds. Ich weiß hier gar nichts. Wie soll ich denn hier zum Beispiel ... Ach egal. Wir trinken erst einmal unseren Espresso.«

Melanie hatte seine Tasse schon fertig und reinigte die Maschine gleich darauf wie eine erfahrene Barista.

»Hast du einen Kurs belegt? Das machst du großartig.

Wenn nur die Kollegen mit ihren Maschinen so pfleglich umgehen würden.«

»Nein. Ich habe mir tatsächlich ein paar Videos angesehen, damit ich mich bei meinem italienischen Kollegen nicht blamiere.«

»Haha. Gut gemacht. Übrigens hast du dich optimal mit Dr. Daher verständigt. Ich hätte die Geduld nicht aufgebracht bei dem Pfennigfuchser.«

»Na ja, jetzt, wo ich weiß, warum er so ist, macht es mir nichts aus, wenn er jedes Wort auf die Goldwaage legt. Schließlich war unser Argument in Ordnung und auch die weiteren Schritte haben wir absolut richtig entschieden.«

»Du meinst, du hast entschieden. Melanie, du bist für den Job genau die Richtige, da hatte ich von Anfang an keine Zweifel. Da sind heute so viele unerwartete Sachen passiert, doch du bist einfach cool geblieben und hast die Lage analysiert. Ich würde sagen, du bist für diesen Job geboren.«

»Ach was. Übertreib nicht. Das Team war einfach gut. Alle haben mitgemacht. Lass uns lieber sehen, womit der Computer dich heute quält.« Melanie schaute auf Enzos Bildschirm. »Ach so. Ja, das ist wirklich blöd gemacht. Die Menüs sind untereinander verschachtelt, also kannst du hier zum Beispiel auf die rechte Maustaste klicken. Mach mal.«

»Wo jetzt?«

»Genau da. Das willst du ja mit dem Profil von Rumpelstilzchen vernetzen, richtig?«

»Ja. Also am Board ziehe ich da einen Faden zwischen den Reißzwecken.«

»Ja, und hier kannst du alles, was blau unterstrichen ist, als die Reißzwecken ansehen und dann …«

»Ach so! Meine Güte … und Raimond hat immer so

husch husch gemacht. Jetzt verstehe ich. Also ich klicke hier auf den Namen Hase ... mit der rechten Maustaste ... warte ... nichts sagen ... Löschen, ändern, verknüpfen ... Verknüpfen! Das muss es sein. So, jetzt sehe ich alle Stecknadeln und wähle Rumpelstilzchen.«

»Klasse. Jetzt solltest du in deinem Kopf die Stecknadeln durch Links ersetzen.«

»Warum jetzt Links?« Enzo warf die Maus von sich weg. »Eben hast du noch gesagt, Rechts.«

»Ja, schon gut. Wir bleiben bei Stecknadeln.« Sie schaute auf eine Fehlermeldung, die auf Enzos Schirm erschienen war. »Das hatte ich auch noch nie.«

»Melanie, ich sage dir, diese Computer haben was gegen mich!«

Es klopfte.

»Herein!«

Ein junger Mann trat ins Büro und sagte: »Ich habe gehört, hier gibt es Kaffee oder Espresso.«

»Ja, das haben wir hier. Melanie Heimann, angenehm. Darf ich fragen, wer Sie sind?«

»Achim Jocker von der Spurensicherung.«

»Oh, natürlich. Ich habe Sie ohne die Maske nicht erkannt.«

»Kann schon vorkommen. Das ist also die tolle Maschine?«

»Ja, und die beste Barista in Köln«, antwortete Enzo und klopfte Jocker auf die Schulter. »Hallo Achim.«

»Hi, Enzo. Wie geht es Caruso?«

»Hör bloß auf. Der hat gestern meine Lieblingspantoffeln zerkaut. Du kannst dir nicht vorstellen, wie sauer ich bin.«

»Sei froh, dass du nur einen Mops hast. Unser Timmy ist inzwischen ein ausgewachsener Schäferhund und denkt immer noch, er wäre ein kleines Hundebaby. Das kommt nicht gut, wenn der morgens ins Bett springt, um uns zu wecken.«

»Mit Zucker, Herr Jocker?«, fragte Melanie, die es schon gewohnt war, kaum jemanden aus dem Team zu kennen, auch wenn sie schon eine gewisse Zeit im Streifenwagen hinter sich hatte. Hinter den Kulissen der Mordkommission spielte sich einiges mehr ab.

»Gern. Wenn es auch Milch gibt, dann hätte ich gern einen Cortado. Hier sind alle per du, also wenn es Ihnen recht ist, ich bin Achim.«

»Ja, gern. Melanie. Milch haben wir sogar eingefüllt. Cortado kommt.«

»Bah. Wie kann man nur Kaffee mit Milch trinken?« Enzo verzog das Gesicht.

»Aber das macht ihr doch in Italien auch. Latte macchiato, Cappuccino.« Der Aufschäumer röchelte in die Milch.

»Ist aus meiner Sicht was für Kinder, basta.«

»Na, wenn du meinst. So bitte, ein Cortado.« Sie gab die Tasse Achim und während sie die Maschine reinigte, fragte sie: »Du kommst bestimmt nicht nur zum Kaffeetrinken, oder?«

»Nein, tatsächlich. Wow, ist der lecker. Was habt ihr für Bohnen?«

»Zeige ich dir gleich. Jetzt bin ich erst einmal neugierig.«

»Ja, selbstverständlich. Also. Es gibt ein paar Dinge, die mir aufgefallen sind, das habe ich auch in meinem Bericht geschrieben. Das CPAP-Gerät hatte keine Speicherkarte. Die muss jemand entfernt haben. Es gibt aber auch keine Fingerabdrücke am Gerät. Das heißt, irgendjemand hat das komplett gereinigt.«

»Wir wissen, wer das getan hat.«

»Ja?«

»Das war seine Putzfrau. Die ist gründlich.«

»Das erklärt auch, warum wir kaum Spuren finden konnten. Die Frau könnte als Tatortreinigerin arbeiten. Kleiner Scherz am Rande. Aber da ist noch etwas. Wir haben ein Handy gefunden, das hinter dem Bett lag. Da waren nur Fingerabdrücke von Herrn Hase drauf.«

»Sein Handy? Oh, das könnte interessant sein.«

»Leider nicht. Die IT-Forensik hat das Teil komplett auf den Kopf gestellt. Es wurde nicht nur in den Auslieferungszustand zurückversetzt, sondern alle Daten auf dem Handy wurden so manipuliert, als wäre es nie angefasst worden. Auch der Router und jedes intelligente Gerät in der Wohnung war bei der Untersuchung im Auslieferungszustand.«

»Was ist daran so besonders?«

»Hase hat alle Geräte noch unter Kontrolle.«

»Was meinst du damit?«

»Wir waren gerade in der IT, als einer der Techniker sagte, dass irgendwas mit den Geräten nicht stimme, da hatte sich einer der angeschlossenen Lautsprecher aktiviert und gesagt: ›Nein, Junge. Die Geräte sind in Ordnung. Das ist nur eine Nummer zu hoch für dich.‹«

»Das klingt ja gruselig.«

»Dieser Hase scheint immer noch in unserem System zu schnüffeln.«

Melanie zuckte mit den Schultern. »Wir sind damit leider immer noch nicht weiter. Es kann eine Entführung sein, aber dagegen spricht, dass er sich immer noch aktiv ins Geschehen einbringt.«

»Ja. Ich dachte, das könnte euch interessieren. Vielen

Dank für den Cortado. Habt ihr irgendwo eine Küche, dann mache ich die Tasse …«

»Nicht nötig. Das machen wir gleich.«

»Okay. Wenn noch was ist, ruft mich gern rüber.«

»Haha. Kannst auch so auf 'nen Kaffee vorbeikommen, Achim.«

»Ich nehme dich beim Wort. Bis bald.«

Kaum hatte Achim das Büro verlassen, sah Melanie das breite Grinsen von Enzo.

»Was ist?«

»Der Achim kommt jetzt öfter.«

»Ja, und?«

»Ich glaube, der mag dich.«

»Ach was. Der mag unseren Kaffee. Außerdem ist er verheiratet und nicht mein Typ.«

»Warum meinst du, dass er verheiratet ist?«

»Hast du den Ring nicht gesehen?«

»Nein. Ist mir nicht aufgefallen. Er war die letzten Jahre Single … glaube ich.«

»Lass uns lieber in den Bericht schauen. Vielleicht gibt es da etwas zu entdecken. Hat sich eigentlich dieser Mann von den AWB gemeldet?«

»Von der Müllabfuhr? Nein.«

»Dann müssen wir da noch mal hinterhertelefonieren. Vielleicht ist der Müll ja nicht in der Verbrennung gelandet. Kann ich mir nicht vorstellen, dass die Wagen direkt dahin fahren.«

»Wusstest du, dass die Müllverbrennungsanlage 250.000 Haushalte mit Strom versorgt?«

»Woher weißt du das?«

»Sendung mit der Maus.«

Melanie musste sich ein Lachen verkneifen, als sie sich

vorstellte, wie Enzo konzentriert vor dem Fernseher saß und sich die Kindersendung ansah.

»Das ist nicht witzig. Caruso mag die Maus und den Elefanten auch.«

»Komm lieber mit«, winkte sie ab und hielt einen Stapel Ausdrucke hoch, »Deine Pinnwand bekommt Arbeit. Hier sind einige der Fotos aus Hases Wohnung.«

»Ich glaube nicht, dass wir da irgendwas finden, was uns helfen kann.«

»Hast du eine bessere Idee?«

»Vielleicht.«

»Ja, dann raus damit.«

»Wir können versuchen, seinen Pneumologen zu erreichen. Das muss doch herauszufinden sein, wer ihn behandelt.«

»Und dann?«

»Dann rufen wir bei der Firma an, die ihm das Gerät zur Verfügung gestellt hat.«

»Um was zu erfahren?«

»Ob er noch ein zweites Gerät hat.«

»Vorausgesetzt, er hat beide von einer Firma bekommen.«

»Kann doch sein.«

Melanie suchte in dem Stapel der Ausdrucke und hielt dann ein Blatt mit dem Foto der Rückseite des Gerätes hoch. »Bitte schön. Seriennummer und Telefonnummer der Hotline. Möchtest du?«

»Sehr gern. Ich rufe sofort an.«

»Okay. Ich rufe in der Zeit bei der Müllabfuhr an.«

ZEHN
RAIMOND

»Ja, das ist richtig. Von Hase fehlt jede Spur und wir haben ein weiteres Problem, Adil.« Raimond saß mit hochgelegten Füßen an seinem Arbeitsplatz. Die Bürotür war offen und so konnte er direkt ins Vorzimmer sehen. Sein Assistent, Bekir Aksoy, war wieder einmal mit dem Handy beschäftigt. Es war kein Problem, denn solange Bekir seine Arbeit erledigte, konnte er sich ein paar Freiheiten erlauben.

»Er scheint immer noch einen Weg zu finden, in unsere Systeme einzudringen. Auf meinem Handy ist er auch, obwohl die IT es zurückgesetzt und alle Updates eingespielt hat. Ich verstehe kaum etwas von dem, was sie gemacht haben, bin aber fest überzeugt, dass unsere Jungs es draufhaben. Wir haben es hier mit einem Hacker zu tun, der mit allen Wassern gewaschen ist.«

Er hörte aus dem Vorzimmer, wie Melanie und Bekir sich begrüßten und dass der junge Kollege schon im Begriff war, sie abzuwimmeln. Deshalb hielt er kurz die Handfläche über den Hörer und rief Melanie zu: »Komm ruhig rein, ich bin gleich für dich da.«

»Aber ich sollte doch niemanden …«

»Schon gut, Bekir. Danke. Melanie, machst du bitte die Tür zu, wenn du drin bist?« Dann nahm er die Hand wieder vom Hörer. »Ja, ja. Ich bin noch da. Melanie Heimann ist gerade hereingekommen. Ich stelle dich auf Lautsprecher, wenn das okay ist.« Kaum hatte Raimond ausgesprochen, drückte er auf einen Knopf an seinem Telefon.

»Hallo Herr Dr. Daher.«

»Hallo Frau Heimann. Ich komme am besten direkt zum Punkt. Sie wissen, dass Herr Hase hier alle in Schach hält?«

»Er ist ein unkalkulierbares Risiko.«

»Heute hat er Herrn Schubert eine direkte Nachricht auf sein Smartphone zukommen lassen, von der er mich gerade informiert hat.«

Raimond hielt ihr das Handy hin, auf dem die Kurznachricht angezeigt wurde.

Es ist kein Schlitten, doch voll Schnee,
kommt angeritten heut von der See.
Am Steuer sitzen zwei Kroaten,
erwartet hier mit fettem Braten.
Doch wer um vier am nächsten Morgen
empfängt sie hier, vertreibt die Sorgen.
Und in allergrößter Hast
wandern alle in den Knast.
Wo das denn passieren soll?
Am Autokino in Köln Poll.

»Das nenne ich mal konkret.« Melanie schaut mit hochgezogenen Augenbrauen auf das Smartphone.

»Ja. Wir sollten uns darauf einlassen. Die

Drogenfahndung hat schon länger eine Gruppe aus Rotterdam beobachtet. Immer, wenn es Insiderinformationen gab, hatten die sich nachher als falsch herausgestellt. Sollten wir heute Nacht um vier Uhr jemanden dort antreffen, werden wir uns diese Leute genauer ansehen.«

Melanie überlegte kurz und antwortete dann: »Da es um Rumpelstilzchen geht, bin ich im Boot.«

»Ja, das schon, Frau Heimann, aber lassen Sie das von unserem Sonderkommando erledigen. Wir gehen davon aus, dass die Dealer bewaffnet und gefährlich sind.«

»Gut. Ich werde gleich nach Hause fahren und etwas schlafen. Ich möchte gern mitbekommen, um wen oder was es sich da handelt und was unser Rumpelstilzchen alias Heinrich Hase damit zu tun hat.«

»Das verstehe ich. Sie erhalten von Herrn Schubert alle nötigen Informationen. Viel Glück.«

»Danke. Ihnen einen schönen Tag.«

»Wenn wir diese Dealer schnappen, dann wird morgen ein schöner Tag. Auf Wiederhören.«

»Tschö Adil!« Rief Raimond noch hinterher, dann klickte es in der Leitung und auch Raimond legte den Hörer auf. »Okay, Melanie. Das läuft jetzt so …«

* * *

Raimond hatte gerade die Elvis-Kassette in sein Autoradio geschoben, als er aus dem Parkhaus gefahren war. Für einen Freitag hatte er wieder ordentlich übertrieben, Sabrina hatte zum Glück Verständnis dafür, dass er seine Arbeit – insbesondere seine neue Aufgabe als Leiter der Kriminalinspektion – ernst nahm. Auf seinem Handy hatte er vor dem Losfahren festgestellt, dass Sabrina ihm eine Nachricht geschickt hatte: Hol bitte eine Pizza für uns. Mir geht es heute nicht so gut. Vielleicht irgendwas mit viel Käse. P.S.: Frag nicht. Käse ist nicht vegan, aber ich habe gerade große Lust drauf.

In den letzten Tagen hatte sie sich irgendwie anders verhalten als sonst. Raimond schob das auf ihren Prüfungsstress.

Bis zur Pizzeria, die an der Kalker Hauptstraße gegenüber von den Köln Arcaden lag, brauchte Raimond keine zwei Minuten. Draußen standen ein paar Männer, die in ihre Unterhaltung vertieft waren. Unter ihnen war auch Giuseppe, der Besitzer der Pizzeria. Raimond drehte die Musik leiser und hielt den Wagen vor dem Eingang, was dem Busfahrer hinter ihm anscheinend nicht gefiel. Hupend und schimpfend fuhr er mit seinem Linienbus mit der Nummer 159 nah an das Heck des Opel Admiral, doch Raimond stieg aus, nicht ohne sein mobiles Blaulicht eingeschaltet auf das Dach des Wagens zu befördern. Das schien den Busfahrer zu besänftigen, denn er scherte aus und ließ die Fahrgäste ein paar Meter nach der Haltestelle ein- und aussteigen.

Kopfschüttelnd schaltete Raimond das Blaulicht wieder aus und warf es durch das geöffnete Fenster auf den Beifahrersitz.

»Hallo Raimond, bist du auf Verbrecherjagd?«

»Jagd ja, aber nach was Essbarem. Pizza, um genau zu sein.«

»Pizza Vegana? Kommt gleich. Willst du einen Espresso?«, fragte Giuseppe gleich darauf, während Raimond die anderen begrüßte.

»Nein und ja.«

»Verstehe nicht.«

»Eine Pizza Quattro Formaggi mit extra Käse. Ich meine richtigen Käse vom Tier und einen doppelten Espresso mit viel Zucker für mich.«

»Hat Sabrina dich verlassen?«

»Nein, warum?«

»Weil du sonst immer peinlich genau darauf achtest, dass es vegan ist.«

»Sie will halt Käse … richtigen Käse, hat sie geschrieben.«

»Schwanger!«, betonte Adriano mit einem Fingerzeig. »Das war bei meiner Nichte genauso. Hat immer nur Salat gegessen und dann plötzlich Fleisch. Eindeutig, das Mädchen ist schwanger.«

»Quatsch«, wehrte Raimond ab, »sie ist einfach im Prüfungsstress, da verlangt der Körper schon mal etwas Außergewöhnliches. Ich nehme ihr das überhaupt nicht übel. Als ich mit der gesunden Ernährung angefangen habe, war ich auch oft genug an der Frittenbude und habe heimlich Currywurst gegessen. Aber das habe ich mir abgewöhnt. Es gibt da eine vegane Wurst, die …«

»Hau mir ab mit diesem chemischen Mist. Ich brauche ein Stück Fleisch, das natürlich aufgewachsen ist. Wofür haben wir Menschen wohl unsere Eckzähne?«

»Darum geht …« Weiter kam Raimond nicht, denn er hörte den Motor seines Admirals aufheulen, gefolgt von quietschenden Reifen. Als er sich nach dem Wagen umdrehte, sah er nur noch, dass jemand mit grauer Kapuze im Begriff war, sein Auto zu stehlen. »Halt! Polizei! Stehenbleiben!« Gewohnheitsgemäß griff er an die Seite, der Griff ging ins Leere. Dort, wo heute Morgen noch seine

Dienstwaffe gesteckt hatte, war noch nicht einmal der Haltegurt zu tasten. Jetzt erinnerte er sich, dass er am Morgen die Waffe zwar mitgenommen, aber noch nicht angelegt hatte. Ein Anruf hatte ihn auch beim Aussteigen im Parkhaus die Waffe hinter dem Fahrersitz vergessen lassen. »So eine verfluchte ...« Er tastete nach seinem Handy, auch das hatte er im Auto gelassen. Diese Sache mit dem Busfahrer hatte ihn abgelenkt. »Fuck! ... Kann mir bitte jemand sein Handy leihen? Ich muss auf der Wache anrufen.«

Ihm war bewusst, dass dieses fahrlässige Verhalten Konsequenzen haben würde, in erster Linie wollte er seinen Opel wiederhaben und verhindern, dass der Dieb mit seiner Waffe ein weiteres Verbrechen begehen wird.

Adriano hielt ihm sein Handy hin, während der Opel links in die Kalk-Mülheimer-Straße abbog.

* * *

»Reg dich nicht auf, mein Freund. Mein Papa hat immer gesagt, dass man sich nicht um Vergangenes und Zukünftiges sorgen soll, dann lebt man gesünder.«

»Du hast gut reden, gegen dich werden sie kein Verfahren eröffnen.« Raimond öffnete die Beifahrerscheibe von Enzos Kleinwagen. Es roch nach feuchtem Hund und der Käsepizza, die er auf seinem Schoß transportierte. »Mich sorgt viel mehr, dass der Dieb meine Waffe hat. Wenn er damit auf jemanden schießt, dann werde ich mir diesen Fehler nie verzeihen.«

»Du bist zu hart mit dir. Ich kann mir vorstellen, was für einen Stress du in den letzten Tagen hattest. Vielleicht ist der Job ja doch nichts für dich und du kommst zu uns zurück?«

Raimond konnte die Hoffnung in Enzos Stimme hören und fühlte ebenfalls die Sehnsucht nach seinem alten Job bei der KK11. Draußen auf der Straße war die Arbeit ganz anders als in diesen endlosen Konferenzen. »Unser Ziel ist, Verbrechen zu bekämpfen. Ich glaube, dass ich in den Job noch reinwachsen werde, aber du liegst nicht so verkehrt, die letzten Tage waren echt hart.« Er griff nach seinen Zigaretten, auch die waren im Auto geblieben. Das Rauchen war eh eine schlechte Angewohnheit, die er in den vergangenen Wochen oft versucht hatte, aufzugeben. Bisher war aber der Stress zu groß gewesen. »Wie macht sich eigentlich Melanie aus deiner Sicht?«

»Die ist klasse. Sie wirkt nach außen sehr kompetent und sicher, hat mir aber schon oft ihre Zweifel berichtet und zieht mich, wenn nötig ins Vertrauen. Du, ich glaube, sie ist die richtige Besetzung.«

»Das freut mich. Ich war mir sicher, dass sie das schaffen wird. Manche Kollegen müssen sich noch an eine weibliche Führung gewöhnen, ich denke, das Team wird ihre Qualitäten erkennen.«

»Ja. Sie ist emphatisch.« Enzo bog inzwischen auf die Aachener Straße ab. »Ich habe in den letzten Tagen etwas am Computer gelernt, was ich vorher nie im Leben begriffen hätte. Sie erklärt in Bildern, die ich verstehen kann.«

»Aber ich dachte, ich hätte dir das alles verständlich erklärt.«

»Nein, mein Freund. Bei dir ging das immer so husch husch. Du hast ein bisschen rumgeklickt, dabei irgendein Kauderwelsch gefaselt und dann war die Sache erledigt. Ich habe da nie ein Wort verstanden.«

»Warum hast du denn nie gesagt, dass du es nicht verstanden hast?«

»Weil du dann ausflippst. So, Raimond. Wir sind da. Grüß Sabrina von mir.«

»Ja. Vielen Dank. Morgen komme ich dann mit der Bahn. Habe schon um halb acht die erste Konferenz.«

»Ich kann dich abholen.«

»Nicht nötig. Die Bahn fährt ja direkt bis nach Kalk.« Raimond stieg aus, winkte Enzo noch kurz und ging dann in Richtung Hauseingang. Die Wohnungsschlüssel hatte er zum Glück in der Hosentasche. Er mochte nicht, wenn der ganze Schlüsselbund im Auto hin und her klimperte. Deshalb hatte er seinen Autoschlüssel, an dem ein Gummi-Elvis hing, immer einzeln gehalten.

Auf den Lift musste er nicht lange warten, er fuhr ihn direkt in das Penthouse, nachdem er die Fahrt mit seinem Wohnungsschlüssel aktiviert hatte.

Lässig warf er den Schlüsselbund in die Glasschale neben dem Eingang und hörte gleich darauf die Klospülung. Sabrina kam aus dem Bad. »Da bist du ja endlich. Warum gehst du nicht ans Handy?«

»Hallo Schatz, auch schön, dich zu sehen. Hier ist deine Pizza.«

»Danke.« Sie nahm die Schachtel und hauchte ihm einen Begrüßungskuss auf die Wange.

»Alles gut bei dir?«

Auf dem Weg zum Sofa griff sie sich die Fernbedienung und schaltete den Fernseher ein. »Ja, geht schon. Ich bin wohl sehr nervös.«

»Das merke ich. Sonst begrüßt du mich mit einem richtigen Kuss und einer Umarmung. Habe ich was falsch gemacht?«

»Lass mal überlegen. Du kommst viel später als üblich

nach Hause, lässt mich hier verhungern und gehst nicht ans Telefon.« Sie nahm sich ein Stück der vorgeschnittenen Pizza aus der Verpackung und biss rein. »Hmmmm. Aber die Pizza schmeckt gut. Also, wo warst du so lange?«

»Mein Auto ist geklaut worden.«

»Was?« Jetzt saß sie mit weit aufgerissenen Augen da und starrte ihn an.

»Ja. Das Schlimme ist, dass Dienstwaffe und Handy drin waren.«

»Das ist ja grausam. Wie ist das passiert?«

Raimond erzählte ihr von dem Vorfall und fand es befreiend. Während seiner Ausführungen hatte er sich zu ihr auf das Sofa gesetzt und wurde von ihr verständnisvoll empfangen und umarmt.

»Das tut mir wirklich leid, mein Schatz. Egal, was passiert, ich bin für dich da.«

»Das mit der Waffe kann mich den Job kosten.«

»Da spielen wohl noch ein paar andere Faktoren mit. Jetzt lass uns essen und unsere Serie ansehen.«

»Ich weiß nicht, ob ich jetzt einen Bissen runterbekomme.«

»Auf der Pizza ist Knoblauch. Du musst etwas davon essen, sonst kann ich dich nicht küssen.«

»Na, wenn das so ist …«

Sie starteten ihre Serie, doch vor Raimonds Augen lief der Autodiebstahl in Endlosschleife. Er nahm nicht wahr, was dort auf dem Bildschirm flimmerte, aß ein kleines Stück von der Pizza und machte sich Sorgen um den morgigen Tag. Wie sollte er das nur überleben? Die Dienstwaffe fahrlässig im Auto liegenzulassen … als Leiter der KI 1 … das ging gar nicht.

»Was ist denn jetzt los? Hast du umgeschaltet?« Sabrina holte ihn wieder in die Realität zurück. Auf dem Fernseher war das Logo von Rumpelstilzchen erschienen. Sabrina hatte die Fernbedienung in die Hand genommen und mehrfach auf den Wiedergabeknopf gedrückt. »Das Ding scheint kaputt zu sein. Vielleicht ist die Batterie alle?«

»Nein. Lass mal. Das ist Rumpelstilzchen.«

»Ja, klar ist das Rumpelstilzchen, aber was soll der Blödsinn?«

»Schau mal, da kommt ein Text.«

Auf dem Bildschirm erschien ein Gedicht:

Die alte Kutsche ist verloren,
die Umwelt fand sie eh nicht gut.
Ein neuer Ritter wird geboren,
und die Geschenke bringen Mut.

»Was für ein Ritter? Ich verstehe nicht, was …«

Aus dem Fernseher war eine Stimme zu hören: »Dein Telefon habe ich zur Sicherheit gelöscht und auf das neue Gerät übertragen. Gleich wird es an der Tür klingeln. Die Lieferung stammt von mir. Es wäre besser, du nimmst sie an.«

Gleich darauf schaltete der Fernseher wieder auf die Serie um und es klingelte an der Gegensprechanlage. Raimond stand auf, nahm den Hörer ab und schaute auf den kleinen Bildschirm. Dort war ein Mann mit einem Fahrrad und einem Rucksack zu sehen.

»Ja, bitte?«

»Lieferung für Raimond Schubert.«

Er drückte auf den Öffner, der Mann trat in den Hauseingang und ging zielstrebig auf den Lift zu. Gleich darauf sah Raimond, wie der Fremde ohne Fahrrad und Rucksack davonlief.

»Hallo? Bleiben Sie stehen! Sie können doch nicht einfach …« Doch der Fremde war verschwunden und der Lift öffnete seine Tür – darin standen Rucksack und

Fahrrad. »Bleib besser da hinten, Sabrina. Ich weiß nicht, was in der Tasche ist.« Kaum hatte er ausgesprochen, hörte er die Titelmelodie des Filmes Ghostbusters aus dem Rucksack. »Das ist mein Klingelton.« Ohne zu zögern, ging er in den Lift und öffnete den Verschluss. Darin vibrierte ein Smartphone, das aber eindeutig neuer war als seins. Es schien sich um das neueste am Markt erhältliche Modell zu handeln. Auf dem Display sah Raimond das Symbol von Rumpelstilzchen. Er nahm den Anruf an und brüllte in den Hörer: »Wenn du meinst, dass du hier Spielchen mit mir spielen kannst, dann hast du dich ...«

»Ich würde mich an deiner Stelle beruhigen. Auf diesem Telefon befindet sich einiges an Videomaterial, das ich nachbearbeitet habe, um den Dieb zu identifizieren. Außerdem habe ich mir die Freiheit erlaubt, dir einen Ersatz für die entwendete Waffe zukommen zu lassen. Niemand wird einen Unterschied feststellen, es sei denn, sie machen einen Forensiktest. Sogar die Seriennummer habe ich dir eingravieren lassen, während du gemütlich mit deiner Freundin Pizza konsumiert hast.«

»Ich ... Moment. Woher weißt du das alles?« Raimond öffnete den Rucksack weiter und fand am Boden unter einem Fahrradhelm ein Ladegerät und eine Pistole, die genau so aussah wie seine Dienstwaffe.

»Du glaubst nicht, wie viele Geräte mich geradezu einladen, eure Spuren zu verfolgen. Mach dir keine Sorgen, Raimond. Heutzutage glauben die Menschen Papiernotizen weniger als den digitalen Aufzeichnungen, und die, mein Lieber, lassen sich beliebig manipulieren.

Die Akten wurden entsprechend vorbereitet. Eine Nachricht von deinem Handy an die Wache habe ich schon gesendet. Sie berichtet von deinem Irrtum und davon, dass du die Waffe zu Hause im Safe gefunden hast.«

»Was soll der ganze Blöd …?«

»Mit dem S-Pedelec, das einige Upgrades erhalten hat, werde ich dich zum Dieb führen. Bevor dein Team zugreift, wirst du ihm die Waffe abnehmen müssen.«

»Warum machst du das? Warum hilfst du mir?«

»Weil ich deine Unterstützung brauche. Fahr morgen früh mit dem Rad zur Arbeit. Aber pass auf, dass du nicht zu schnell fährst. Versuche, unter 45 km/h zu bleiben. Ich melde mich morgen gegen Mittag.« Das Gespräch wurde beendet.

Raimond schob das S-Pedelec in den Eingangsbereich und stellte den Rucksack daneben ab.

»Was ist hier los?«

»Wenn ich das wüsste.«

ELF
MELANIE

Warum musste sie ausgerechnet mit diesem Schäfer in einem Wagen sitzen? Jetzt ließ es sich nicht ändern. Er machte sich eine Zigarette nach der anderen an und laberte die ganze Zeit irgendwelchen Quatsch über Fußball. Das interessierte sie überhaupt nicht, doch sie wollte nicht unhöflich sein. Er hatte die Einsatzleitung und ihr erlaubt, dabei zu sein, wenn die Jungs die Dealer hochnehmen.

»Das ist doch nicht normal, oder? Melanie, was meinst du dazu?«

»Äh, sorry. Ich. Das kann man differenziert betrachten …«

»Schon klar. Das interessiert dich überhaupt nicht, oder?«

»Ich …«

»Ein Pkw mit niederländischem Kennzeichen ist gerade an der Abfahrt Köln-Poll abgefahren. Zwei Insassen, südländisch. Fahrtrichtung Poll.« Der Polizeifunk hatte Melanie davor gerettet, sich weitere Fußballstorys anhören zu müssen.

»Nicht folgen, wir wollen hier niemanden

verscheuchen!« Schäfer hatte endlich seine Zigarette aus dem Fenster geworfen. Der BMW stand auf dem ATU-Parkplatz. Er hatte laut Einsatzplan festgelegt, welche Fahrzeuge von wo zuschlagen sollten. Einige hatten auf der nahe liegenden Autobahn ihre Schleifen gedreht, andere standen geparkt in den Seitenstraßen. Das galt vor allem für die Streifenwagen, die nicht gesehen werden sollten.

»Elster gelandet.« Das vereinbarte Signal. Irgendwer war auf den Platz des Autokinos gefahren und hatte dort geparkt. So viel war klar. Ob es sich um die erwarteten Drogendealer handelte, musst sich noch herausstellen. Dennoch war ab dem Moment des Eintreffens absolute Funkstille angeordnet. In der Chatgruppe herrschte Stille. Schäfer tippte das Wort Zugriff und hielt Melanie das Handy hin. Sie wusste, dass sie in dem Moment, in dem das Auto aus den Niederlanden auf den Platz fuhr, einen Daumen hoch in der Gruppe sehen würde. Dann war es Zeit für den Zugriff, das Kommando wollte sich Schäfer nicht nehmen lassen, obwohl der Daumen gereicht hätte.

Sie sah das Symbol, drückte auf senden und sagte: »Auf geht's!«

Schäfer fuhr sofort los. Von allen Seiten kamen Autos auf das Gelände des Autokinos gefahren und umzingelten die beiden dort stehenden Pkws. Die Beamten sprangen aus den Fahrzeugen, während zwei Mannschaftswagen die Einfahrt blockierten. Die Männer aus dem niederländischen Wagen zogen ihre Waffen und begannen ohne Vorwarnung auf ihre Gegenüber zu schießen. Der Fahrer des Mercedes mit Kölner Nummer schrie auf, griff sich an die Brust und stürzte wie ein nasser Sack auf den Asphalt. Der andere schaffte es, hinter der Beifahrertür in Deckung zu gehen. Auf die Warnrufe der Polizei reagierten die beiden Holländer nicht, sie wechselten ein Magazin nach dem anderen und schossen weiter auf alles, was sich bewegte. Die Beamten erwiderten das Feuer. Jetzt wurde einer der Holländer getroffen und hielt sich schreiend das Knie. Der zweite grinste, rief: »Allahu Akbar!« Und ehe es einer der Beamten hätte verhindern können, hatte er die Waffe unter dem Kinn und den Abzug durchgezogen. Das war der letzte Knall, der an diesem Morgen durch Köln-Poll schallte. Aus der Ferne konnte man die Sirenen der Rettungswagen hören. Einer der Beamten lag am Boden, der zweite Araber ließ sich ohne Widerstand festnehmen. Der – so stellte sich später raus – Ukrainer kam unverletzt mit erhobenen Händen hinter der Beifahrertür des Mercedes hoch und wurde von den Beamten mit einem lauten: »Auf den Boden! Auf den Boden!«, begrüßt. Er versuchte nicht, sich zu wehren. Für die beiden anderen kam jede Hilfe zu spät.

Melanie hatte zwar den Wagen verlassen und ihre Waffe gezogen, aber aufgrund ihrer schlechten Position nicht einen Schuss abgeben können, da sie sonst auch einen Kollegen hätte treffen können. Sie spürte, dass ihr der Puls bis in den Hals schlug. *Ein Adrenalinschub*, dachte sie, *ist doch ganz anders als auf dem Whiteboard im Hörsaal.* Ihr gesamter Körper war angespannt und um sie herum hatte sich alles in Zeitlupe abgespielt. Später hatte sie in der Nachbesprechung erfahren, dass das beinahe allen Kollegen am Anfang so gegangen war. Nach zwei bis drei Einsätzen würde es zur Routine, was viele der Beamten bedauerten, denn diese natürliche, erhöhte Reaktionsbereitschaft hatte Vorteile, die sich ihre Gegner teilweise mittels Drogen verschafften. Der Holländer, der sich den Kopf weggeschossen hatte, gehörten eindeutig dazu. Schäfer erkannte solche Typen im Schlaf.

Die Fahrzeuge waren beide Volltreffer. Der Kofferraum

des niederländischen Mercedes war randvoll mit Kokain, sogar auf der Rückbank hatten sie die Pakete gestapelt. Im Wagen der Russenmafia – so nannte Schäfer sie wissend – waren zwei Koffer mit Bargeld. Um wie viel es sich handelte und ob es echt war, sollte später die Spurensicherung feststellen.

»Genaueres wird im Bericht stehen. Meine Jungs machen das.« Schäfer schien zu ignorieren, dass Frauen in seinem Team waren. Melanie konnte ihn sowieso nicht leiden.

»Gut, danke, dass ich dabei sein durfte. Ich rufe mir ein Taxi. Dann kann ich vor dem Büro noch duschen und ein kleines Nickerchen …«

»Kommt nicht infrage. Ich bringe Sie nach Hause. Meine Frau hat Nachtschicht und die Kids müssen zur Schule. Ich mache mich auch auf den Weg.« Schäfer klopfte einer Kollegin auf die Schulter. »Übernimmst du, Heike?«

»Klar. Geh dich ausschlafen«, antwortete diese und zeigte ihm einen erhobenen Daumen.

Schäfer ging zu dem verletzten Kollegen, der vom Notarzt behandelt wurde.

»Geht's?«

»Ja. Passt schon. Das ist ein Durchschuss. Nur Fleisch. In einer Woche bin ich wieder da.«

»Quatsch keine Opern. Du kurierst dich aus, Tom. Außerdem weiß ich, dass du immer Zeit haben wolltest, diese Buchreihe zu lesen.«

»Ja. Die Phileasson-Saga. Bin bei Band 3. Es gibt insgesamt 12.«

»Siehst du? Nimm dir Zeit und werde erst gesund.« Schäfer nickte ihm zu und wandte sich dann zu Melanie. »Fahren wir?«

»Wenn du nicht rauchst.«

»Oh, plötzlich per du?«

»Ups! Na ja, können wir aber trotzdem gern machen. Melanie.«

»Thorben. Ganz wichtig, nicht Thorsten ... ach und das mit dem Rauchen. Das mache ich nur vor den Einsätzen. Früher habe ich Fingernägel gekaut.«

»Vielleicht kaust du lieber Kaugummi.«

»Hilft das?«

»Probier es mal aus.«

Sie stiegen in Thorbens Wagen, es wurde hell, der Horizont strahlte pfirsichfarben und ließ auf einen sommerlichen Tag hoffen.

»Kaffee?«

»Kaffee!«

Sie hielten kurz am McDonalds und bestellten zwei Becher. Dann machten sie sich auf den Heimweg.

ZWÖLF
DARKNET

Seit er die Bude auf dem Land hatte, konnte Pyro sich Tag und Nacht austoben. Er hatte die Zeit vollkommen vergessen, war konzentriert, denn der kleinste Fehler würde die ganze Hütte in die Luft jagen. Sein Auftraggeber hatte ihm das Material besorgt, er musste liefern, fristgerecht und anonym. Ihm war egal, was seine Kunden mit seinen Kunstwerken anstellten, Hauptsache sie zahlten, und es machte am Ende bumm. Aus der großen Bluetooth-Box dröhnte Rammsteins *Feuer frei*. Er wusste nicht, wie oft er dieses Lied schon gehört hatte, aber er brauchte mehr davon, konnte sich nicht daran satthören.

»Bang Bang!«, klang es aus der Box, die den Boden zum Vibrieren brachte. *Gute Idee*, dachte Pyro und ging zum Schreibtisch, auf dem er die kleine Crack-Pfeife abgelegt hatte. Er war im Begriff, die Pfeife vom Tisch zu nehmen, da poppte das Chatfenster am Bildschirm auf.

2ump3157112ch3n: *Hey, Pyro! Jetzt kannst du mir einen Gefallen tun.*

Er setzte sich an den Schreibtisch und schlug sich ein paar Backpfeifen, als könne ihn das aus der Trance holen, in der er sich die letzten Stunden befunden hatte.

pyr07h3dr460n: *Jederzeit, mein Held!*

2ump3157112ch3n: *So kenne ich dich. Ich brauche ein paar Sachen. Das Material dafür solltest du haben. Herzlichen Glückwunsch, übrigens. Du kannst morgen deinen Führerschein wieder abholen. Ein schrecklicher Irrtum der Justiz.*

pyr07h3dr460n: *Ha, wie geil. Ich frage besser nicht, wie du das geschafft hast. Also, mein lieber Rumpel, was kann ich für dich tun?*

2ump3157112ch3n: *Ich brauche ein paar Transportkörbe, mit Inhalt, den man remote auslösen kann.*

pyr07h3dr460n: *Alles, was du willst. Ich schätze, das, was da gerade aus meinem Drucker kommt, sind die Spezifikationen.*

2ump3157112ch3n: *Exakt, ich erwarte, dass du sie in zehn Stunden fertig hast. Fehlt dir irgendwas, um die Körbe zu bauen oder zu füllen, dann schreib mir.*

pyr07h3dr460n: *Ich bin hier noch an einem Auftrag, den ich bis morgen fertig haben muss.*

2ump3157112ch3n: *Ich weiß, aber die warten. Habe sie schon informiert, dass mein Auftrag vorrangig ist.*

pyr07h3dr460n: *Woher weißt du, für wen ich arbeite?*

2ump3157112ch3n: *Zehn Stunden ab jetzt.*

Das Chat-Fenster schloss sich. In einem anderen Fenster sah Pyro eine Nachricht von seinem Auftraggeber.

Termin der Fertigstellung nach deinen Kapazitäten. Keine Eile.

Scheiß die Wand an, wie geil ist das denn?, dachte er und griff nach der Pfeife, zog die Hand gleich darauf zurück. *Ich muss klar sein, das darf ich nicht verkacken. Besser, ich mache mir einen Kaffee.* Während er sich seine einzige Tasse abwusch, dachte er über die vielen kleinen Gefälligkeiten nach, die dieser Rumpelstilzchen für ihn geleistet hatte. Immer, wenn Pyro ihn gefragt hatte, was er denn als Gegenleistung bringen solle, hieß es: *Irgendwann brauche ich deine Hilfe.*

Er würde seinen Job machen, ihn gut machen und ordentlich. Auf den Ausdrucken waren die Angaben sehr genau. Das meiste hatte er tatsächlich im Haus.

»Was will der denn mit Grillanzünder?« Pyro sprach nicht mit sich selbst. Er war gerade dabei, seinen Leguan zu füttern, als er die Frage stellte und der Leguan ihn mit schräg gestelltem Kopf ansah. »Ziggy, Ziggy. Du wirst ja immer größer! Bald brauchen wir ein neues Zuhause für dich.« Er schob die Scheibe des Terrariums wieder zu und kümmerte sich weiter um seinen Kaffee. »Einen Totenkopf aus Wachs. Na, ich stelle keine Fragen. Habe ich noch nie!«

DREIZEHN
HUSSEIN

Als die Scheinwerfer des entgegenkommenden Fahrzeuges sein Gesicht trafen, konnte Hussein im Rückspiegel erkennen, dass die Platzwunde auf seinem rechten Wangenknochen wieder angefangen hatte zu bluten. Spüren konnte er das kaum, hatte schließlich was geworfen, um ruhiger zu werden. Auch wenn das den nächsten Druck nicht ersetzen konnte, half es ihm doch, den Wagen einigermaßen geradeaus zu lenken. Kusja hatte ihm Heroin versprochen, wenn er den Teppich ohne Fragen entsorgen würde. Für ein bisschen von diesem Gold würde er sogar seine Schwester verkaufen. Er blinzelte und zog sich die Kapuze tiefer ins Gesicht, nur das linke Auge starrte auf die Straße, die Dunkelheit tat seinem anderen Auge gut. Das Tor zur Einfahrt stand offen. Er zog das Lenkrad des Opel Admiral etwas früher nach rechts und musste sich dabei anstrengen. Diese alte Karre hatte keine Servolenkung. Das war aber egal. Er hatte nie gelernt, einen Wagen kurzzuschließen. Wegfahrsperren wären ein Problem, aber dieser Typ hatte seinen Opel einfach so auf der Straße stehen lassen. Der Schlüssel, an dem eine kleine Figur irgendeines Sängers baumelte, hatte daran herum gewackelt, ohne die hätte er den Schlüssel gar nicht gesehen, so zugedröhnt, wie er bei dem Diebstahl war.

Genau so ein Auto hatte sein Opa gehabt und es war ein riesen Spaß gewesen, damit fahren zu lernen als er mit zwölf Jahren in den Ferien in der Türkei war. Ein paar Hopser und die alte Karre fuhr los. Aber gleich darauf dröhnte so eine Rentnermusik aus den Lautsprechern. Hatte 'nen Moment gedauert, da flog das vorsintflutliche Plastikteil im hohen Bogen aus dem Fahrerfenster. Radio musste für den Moment reichen. Er war eh zu aufgeregt gewesen, um sich um mehr, als die bescheuerte Schaltung zu kümmern. Auf der Kalk-Mülheimer war ihm dann ein Opi vor die Motorhaube gerannt, er hatte den Wagen gerade so nach links ziehen können und schon traf ihn der nächste Schreck. Neben ihm heulte eine Sirene los, aber mit der stimmte etwas nicht. Sie klang eher wie eine aus diesen amerikanischen Filmen. Ein kurzer Blick nach rechts ließ ihn vermuten, dass das Blaulicht auf dem Beifahrersitz den Lärm verursachte. Also warf er es ebenfalls im hohen Bogen aus dem Fenster, die Sirene war in eine alberne Musik übergegangen und erst jetzt sah er das Handy. Hatte es unter dem Blaulicht gelegen? Auf der Anzeige leuchtete das Foto einer schwarzhaarigen jungen Frau. Darunter stand ›Sabrinaschatz‹. Ein weiterer Griff zur Seite und das Handy schrie in seinem letzten Flug: ›Ghostbusters!‹

»Hey, mach die Karre aus! Licht aus, du Idiot!« Kusja war wie aus dem Nichts neben ihm aufgetaucht. »Ach, du heilige Scheiße! Geht es nicht auffälliger? Wo hast du denn diesen ...?« Das plötzliche Verstummen Kusjas war kein gutes Zeichen, was Hussein gleich darauf zu spüren bekam. Der zerrte ihn aus dem Wagen und presste ihn mit dem

Gesicht auf die Windschutzscheibe. »Sag mal, bist du blind?«

»Au! Wenn du so weiter …«

»Sieh dir das mal an, du Trottel! Du hast ’ne Bullenkarre geklaut. Wie blöd kann man denn sein? Du bringst uns alle in den Knast!«

»Ich bin ja nicht blöd. Hab die Nummernschilder unterwegs getauscht.«

»Ach, und dann ist alles gut?« Erneut schlug er Hussein mit dem Kopf auf die Scheibe. »Es gibt ja auch jede Menge Oldtimer in dieser Stadt. Bist du irgendwo geblitzt worden?« Kusja schob die Tore der Einfahrt zu.

»Ich glaube nicht.«

»Ja oder nein?«

»Mensch, wenn du mich nicht so zugerichtet hättest, dann könnte ich noch was sehen. Ich bin ja froh, dass ich die Karre auf der Straße gehalten habe.« Kusja schaute sich nach allen Seiten um und lief nervös um das Auto herum.

»Egal jetzt! Komm!«

»Hast du meinen Stoff?«

»Den bekommst du später. Erst entsorgst du den Teppich. Komm jetzt.«

Nachdem Hussein den Kofferraum des Wagens geöffnet hatte, folgte er Kusja, der an einem Ende des Teppichs stehen blieb. Dann sah er zu Boden und schreckte leicht zurück. Das, nach dem er da griff, fühlte sich an wie ein paar Beine. War das eine Leiche? Mit einem leichten Schrei und am gesamten Körper zitternd, sprang er zurück und ließ dabei den Teppich fallen.

»Was machst du Idiot da? Komm gefälligst her und pack mit an. Und heb den Schuh auf!«

Erst jetzt sah Hussein den Schuh, der vor ihm auf dem Boden lag. Das durfte nicht sein. Im Schnürsenkel war die kleine Totenkopf-Kugel eingebunden, die er Lisa geschenkt hatte. Nein! Nein, nein, nein. Das war sie nicht. Und was, wenn doch?

»Ich … das …«

»Ich, das!!«, äffte Kusja ihn nach. »Halt die Fresse, sonst wickle ich dich gleich dazu. Es war ein Unfall. Woher sollte ich wissen, dass sie nichts einstecken kann? Außerdem hat sie zu laut geschrien, als ich sie gefickt …« Weiter kam Kusja nicht. Hussein war zu ihm gerannt und hatte ihn im Sprung umwerfen wollen, doch die Reaktionen des Russen waren, seinem langjährigen Training zum Dank, schnell. Er sprang zur Seite und versetzte Hussein einen Stoß. »Überleg dir, mit wem du dich anlegst, du Weichei. Jetzt komm her und pack an!«

Unter Tränen der Verzweiflung und der blanken Wut griff Hussein sein Ende des Teppichs und trug die darin eingewickelte Leiche in den Kofferraum. Während Kusja, seine Seite mehr in das Auto warf – beinahe so, als sei es Sperrmüll – legte Hussein, das Ende mit Lisas Füßen eher vorsichtig ab. Gleich darauf griff er nach ihrem Schuh und hielt ihn an sich gepresst, als würde er einen Schatz hüten.

»Jetzt mach dich vom Acker!« Kusja warf ihm ein Klümpchen Alufolie zu. »Hier, am besten spritzt du dir alles auf einmal, du Loser!«

Hussein musste in den Wagen gestiegen sein, ihn aus der inzwischen durch Kusja wieder geöffneten Einfahrt gefahren sein. Erst durch den Blitz der Radaranlage war er wieder im Hier und Jetzt angekommen.

»Fuck!« Er schlug auf das Lenkrad ein. »Fuck! Fuck! Fuck!« Hastig griff er in die Hosentasche und fingerte die Alufolie hervor. Sein Besteck hatte er immer dabei, das lernt man von Anfang an, dass man immer sein eigenes Fix-Besteck und Hygieneartikel dabeihat, wenn man sich nichts einfangen will. Jetzt brauchte er einen Platz, an dem er sich den Schuss setzen konnte. Das Parkhaus am Maternusplatz kam ihm gerade recht. Ein Blick auf die Uhr, es war kurz nach sechs Uhr morgens, da sollte um diese Zeit nichts los sein.

Dass er dafür direkt an der Polizeiwache vorbeifahren musste, störte ihn im Moment weniger, als sein Zustand es tat. Er konnte nicht klar denken, musste es aber, schließlich hatte er Lisas Leiche im Kofferraum. Obwohl ... vielleicht war sie ja nicht tot? In ihm erglühte der Funke einer Hoffnung ... erst der Stoff.

Hussein wusste nicht, wie lang er dort gesessen hatte, das Heroin hatte seine Wirkung entfaltet. Jetzt war er der König der Welt und alles, nicht einmal Lisas Tod konnte nicht an ihn heran. Er stieg aus dem Wagen, etwas klatschte auf den Boden. Das war sein Handy. Auf einen Riss mehr kam es nicht mehr an, so oft war es ihm schon heruntergefallen. Beim Aufheben sah er etwas hinter dem Fahrersitz aufblitzen und griff danach. *Ne Knarre, wie geil! Jetzt mache ich ihn fertig.* Er fingerte daran herum und schaffte es letztendlich irgendwie, das Magazin zu lösen. *Was für ein Glück! Die ist geladen. Kusja, ich komme, schneller als der Tod!* Gleich darauf steckte er die Pistole hinten in seinen Hosenbund. Er fühlte sich mächtig, wie die Gangster in den Musikvideos, bei denen die Rapper mit ihren Waffen angaben.

Wieder hatte er diese Art von Filmriss, bei der er nicht sagen konnte, wie lang er so dagestanden hatte. Egal, wo ihn seine Träume hingeführt hatten, es war nicht weit genug weg, denn nun stand er vor dem geöffneten Kofferraum und sah auf den inzwischen ausgerollten Teppich, in dem Lisas blasser, nackter Körper lag. Nicht einmal ihre Kleidung hatte dieses Schwein ihr wieder angezogen. An ihrem Hals sah er die Würgemale. Er musste laut geschrien haben, denn in dem Moment, als er die Brandschutztür ins Schloss fallen hörte und noch ihr Echo vernahm, blendete ihn das Licht einer strahlend hellen Taschenlampe.

»Wer ist da? Ist Ihnen etwas passiert? Ich habe Schreie gehört.«

»Verpiss dich!« Gleichzeitig zog er die Knarre aus der Hose und hielt sie in Richtung des Lichtscheins.

»Ruhig Junge! Ich tu' dir …«

»Klappe halten! Verpiss dich! Ich war das nicht! Ich … So eine verfickte Scheiße!« Wieder einmal hatte er gehandelt, ohne nachzudenken. Wieder hatte er sich verdammt tief in die Scheiße geritten. *Ich muss hier weg*, dachte er und lief seitwärts los, ohne den Typen mit der Taschenlampe aus den Augen zu lassen. Noch ein paar Schritte, schon hatte er den Seitenausgang erreicht und war losgerannt. Immer schneller, Hauptsache weg von hier, auch wenn er gern bei Lisa geblieben wäre, er hatte etwas anderes vor. Mit zornigem Blick und großen Schritten lief er, als ginge es um sein Leben.

VIERZEHN
MELANIE

Es dauerte einen Moment, bis Melanie wach genug war, um zu erkennen, dass es ihr Handy war, das dort klingelte. Ihr Wecker zeigte 6:38 Uhr. Sie nahm das Telefon vom Nachttisch und sah Enzos Gesicht, bevor sie den Anruf entgegennahm.

»Hallo Enzo. Was ist passiert?«

»Wir haben eine Leiche, rate mal, wo wir sie gefunden haben.«

»Mir ist nicht nach Ratespielen.«

»In Raimonds Auto, in einem Parkhaus in Rodenkirchen.«

»Wahnsinn. Hast du ihn angerufen?«

»Ich habe Sabrina eine Nachricht geschickt. Sein Handy war im Auto, als es gestohlen wurde.«

»Ja, ich ...« Melanie überlegte kurz. »Ich habe noch spät am Abend mit ihm geschrieben.«

»Das kann nicht sein.«

»Doch. Er hat mir geschrieben, wie froh er ist, dass er seine Dienstwaffe im Safe gefunden hat. Es war falscher Alarm.«

»Falscher Alarm? Da bin ich andere Meinung. Es gibt eine Videoaufzeichnung aus dem Parkhaus, auf der ein junger Mann mit einer gezogenen Waffe flüchtet. Es sieht danach aus, als habe er sie kurze Zeit vorher aus dem Auto geholt und genau angesehen, als wäre es nicht seine.«

»Das sollten wir alles später klären. Ich fahre gleich zum Tatort. Ist es das Parkhaus unter dem Maternusplatz?«

»Ja, woher kennst du ...«

»Ich war da auf der Wache stationiert, bevor ich nach Kalk gekommen bin.«

»Ach so. Dann kennst du die Leute vor Ort sicherlich.«

»Ja. Ich fahre sofort los. Treffen wir uns da?«

»Muss ich da mit hin?«

»Warum fragst du? Ich dachte, da gibt es eine Leiche?«

»Es ist nur ...« Enzo schwieg einen kurzen Moment und Melanie kam es vor, als hätte sie ihn schluchzen gehört.

»Enzo, sag mir bitte, was los ist.«

»Im Kofferraum liegt die Leiche einer jungen Frau, die mich an den Amoklauf in den Arcaden erinnert.«

»Du kennst das Opfer? Woher willst du wissen, dass sie es ist?«

»Sie war die Tochter von Freunden. Lisa. Sie war gerade erst 16 Jahre alt. Hat bei dem Amoklauf in den Arcaden ihren Freund verloren und ist danach vollkommen abgedreht.«

»Woher bist du dir so sicher, dass sie es ist?«

»Glaube mir, das Engelsgesicht vergisst du nicht. Es wäre mir lieber, wenn ich mir das nicht ansehen müsste.«

»Okay. Das ist zwar meine erste Leiche, aber, wenn es dir nah geht, dann ...«

»Erste Leiche. Oha. Ja. Dann ... ich komme auch da hin. Das wird für uns beide hart.«

»Enzo. Das ist nicht nötig. Ich habe schon ein paar Tote

gesehen. Es ist ja nicht so, dass du darauf nicht vorbereitet wirst. Außerdem sind wir mit dem Streifenwagen oft vor der Kripo vor Ort gewesen.«

»Macht dir das wirklich nichts aus, alleine zu fahren?«

»Nein. Ich komme klar.«

»Dann sehen wir uns später auf der Wache?«

»Ja. Bis dann.«

Melanie zog sich an, nahm die Waffe aus dem Safe und überprüfte sie, bevor sie sie in das Halfter steckte. Dann brach sie auf. Nach Rodenkirchen konnte sie es vielleicht noch vor dem Berufsverkehr über die Deutzer Brücke schaffen.

* * *

Melanie schaltete genervt das Autoradio aus, da die aufgelaufene Menschenmenge vor dem Parkhaus ihre höchste Konzentration erforderte. Sie hielt an, stieg aus, und rief den Passanten zu: »Polizei im Einsatz, bitte machen Sie Platz!«

Zunächst reagierte niemand auf ihrer Aufforderung, doch als sie das mobile Blaulicht auf das Auto stellte und anschaltete, gingen die Schaulustigen aus dem Weg. Der Beamte, der die Zufahrt zum Parkhaus sicherte, ließ sie sofort durch, als sie ihm ihren Dienstausweis zeigte.

»Kriminalhauptkommissarin Heimann, bitte lassen Sie mich zum Tatort durch.«

Der junge Polizist entfernte das Absperrband und ließ Melanie passieren.

Unten angekommen sah sie, dass die Spurensicherung bei der Arbeit war. Nachdem Melanie das Auto verlassen hatte, ging sie zielstrebig auf Raimonds Oldtimer zu, denn dort stand, ziemlich tief hinein gebeugt, eine Frau im weißen Overall.

»Entschuldigung, können Sie mir sagen, was sie da machen?«

Die Angesprochene streckte sich hoch, wobei sie nicht wesentlich größer wurde, dann lächelte sie Melanie mit ihren mandelbraunen Augen an und antwortete: »Ich untersuche die Leiche, das ist mein Job. Ich bin Dr. Ina Schindler, Rechtsmedizin. Mit wem habe ich das Vergnügen?«

»Melanie Heimann, Kriminalhauptkommissarin des KK1 Köln.« Sie verzichtete auf das Händeschütteln, beugte sich in Richtung des Kofferraums und zog ihren Kopf schnell wieder zurück. »Haben Sie schon Erkenntnisse?«

Schindler stellte sich wieder an den Kofferraum und lehnte sich vorn über. Sie wartete anscheinend darauf, dass Melanie es auch tat.

Da muss ich jetzt durch, dachte sie, beugte sich über den Kofferraum und wurde von den stumpfen Augen eines jungen Mädchens angestarrt, denen sämtliches Leben fehlte.

»Das Opfer heißt Lisa Bloch, 16 Jahre, heroinsüchtig, wie man an mehreren Einstichstellen am Körper sehen kann.«

»Moment, die Identität haben sie über den Ausweis festgestellt?«

»Ja, hellsehen kann ich nicht, auch wenn es manchmal so aussieht. Das Opfer wurde vaginal, oral und anal vergewaltigt. Insbesondere am Anus sind Blutreste und stärkere Verletzungen erkennbar. An den Oberarmen und Schenkelinnenseiten lassen sich Brandverletzungen erkennen, vermutlich zugefügt durch eine Zigarette. Neben mehreren Schnittwunden und Hämatomen weisen die Verletzungen an den Handgelenken und Fußgelenken darauf hin, dass das Opfer zum Tatzeitpunkt gefesselt war. Erste Anzeichen deuten auf einen Tod durch Ersticken hin, was sowohl an den Würgemalen am Hals als auch an geplatzten Blutgefäßen im Gesicht erkennbar ist. Weitere Informationen werden erst nach der Obduktion verfügbar sein.«

»Verstehe.« Melanie begann tief Luft zu holen, merkte jedoch, dass das keine so gute Idee war, und stieß sie schnell wieder aus. »Können Sie etwas zum Todeszeitpunkt sagen?«

»Ziemlich genau sogar. Das Opfer ist erst ein paar Stunden tot, was wir über die Temperaturmessung feststellen konnten. Bei den aktuellen Gegebenheiten gehe ich von etwa vor 7 Stunden aus, das heißt, dass die junge Frau um 23:30 Uhr getötet wurde. Plus minus eine Stunde natürlich.«

Melanie ging um den Wagen und überlegte kurz. Dann drehte sie sich zu der Patologin und fragte: »Wissen Sie, was mir zu denken gibt? Wer vergewaltigt, misshandelt und tötet eine junge Frau, um sie ein paar Stunden später in einem Parkhaus voller Überwachungskameras aus einem Teppich zu rollen, der fein säuberlich zugeklebt war?« Sie schaute wieder in den Kofferraum, doch anscheinend nicht, um sich selbst zu überzeugen, sondern um der Gerichtsmedizinerin das Klebeband zu zeigen, mit dem der Teppich vorher offensichtlich zusammengeklebt war. »Sehen Sie hier und hier, das Klebeband ist frisch und wurde aufgerissen.«

»Gut beobachtet, neben dem Fahrersitz liegen Folienreste, die darauf hindeuten, dass der mutmaßliche Täter sich Heroin gespritzt hat.«

»Das kann man auch auf den Überwachungsvideos deutlich sehen, der Typ hat ganz schön geschaukelt.« Michael Roth, einer ihrer früheren Kollegen der Dienststelle Rodenkirchen, war zu ihnen getreten. »Hallo Melanie, ich gratuliere dir zur Beförderung. Das wolltest du doch immer, oder?«

»Hallo Michael. Wenn ich mir das Opfer ansehe, bin ich mir nicht mehr sicher, ob es das ist, was ich wollte.«

»Das ist ja zum Glück nicht der Hauptbestandteil deiner Arbeit. Die Aufzeichnungen der Überwachungskameras laden wir euch auf den Server. Zu deiner Übersicht, die Kameras sind hier hinten in der Ecke, da vorn, und wohl die wichtigste Kamera befindet sich hier hinter dem Auto. Wenn das nicht reicht, den Typen zu überführen, dann weiß ich es auch nicht.«

»Stell dir das mal nicht so einfach vor«, antwortete Melanie kopfschüttelnd. »Ich habe gestern schon den Staatsanwalt kennengelernt. Das ist ein harter Knochen. Aber sobald wir den Mann aus den Aufzeichnungen identifiziert haben, wird es zumindest für ein Verhör reichen.«

Erst jetzt bemerkte sie, dass auch Achim vor Ort war. Sie verabschiedete sich von den beiden anderen und ging zu ihm hinüber.

»Hallo Achim, schön dich zu sehen. Wie läuft's?«

Achim stand auf und kratzte sich, so gut es mit Handschuhen und Schutzanzug ging, am Kopf. »Das wird Raimond nicht gefallen, dass er seinen Wagen erst in einer Woche zurückbekommt. Die Spurensicherung ist bei Autos im Allgemeinen schnell abgeschlossen, aber sieh mal hier.« Er deutete auf den hinter der Windschutzscheibe eingeklemmten Polizeiparkausweis. »Auf der Scheibe klebt Blut. Das ist im Sommer bei Autoscheiben nicht ungewöhnlich, aber das Fett drumherum lässt darauf schließen, dass das Blut von einem Menschen stammt. Dann gibt es hier auf der Motorhaube noch einige Kratzer und Fettflecken. Wir lassen den Wagen gleich abschleppen, um ihn näher zu untersuchen.«

»Ja, wenn uns das irgendwie weiterbringt, dann muss das wohl sein. Wir sollten hier keinen Unterschied wegen des Eigentümers machen.«

»Das habe ich auch nicht vor, ich habe mir nur vorgestellt, wie Raimond flucht.« An Achims Augen konnte sie erkennen, dass er ein breites Grinsen im Gesicht hatte.

»In Ordnung, ihr habt ja alles im Griff, also fahre ich jetzt zu der Familie des Mädchens.« Sie drehte sich zu ihrem ehemaligen Kollegen um: »Michael? Könnt ihr mir bitte die Adresse der Eltern des Mädchens schicken?«

»Ja, kommst du bitte mit zum Streifenwagen?«

»Okay.«

Ein paar Minuten später hatte sie den Tatort verlassen, wenn es denn einer war. Ihr Weg führte sie nach Köln Deutz. Dort wohnten Lisas Eltern, die in wenigen Momenten erfahren sollten, dass ihre Tochter tot ist.

FÜNFZEHN
RATTE

»Komm schon Chivas!« Ratte ging die Kalker Hauptstraße entlang und war gerade auf der Höhe vom Kodi, als ihr Schäferhund wieder herumtrödelte. Ihr war das für gewöhnlich egal, aber heute war das anders.

Gestern Nachmittag hatte sie nach dem Aufstehen neben ihrer Matratze einen Zettel gefunden. Erst hatte sie gedacht, dass die Botschaft nicht ihr gegolten hatte, obwohl mit den Worten »Hey Ratte« anfing. Schließlich schlief sie nie für längere Zeit an einem Ort. Bei dieser Freundin, die eine alternative WG in einem besetzten Wohnhaus eingerichtet hatte, war sie nun schon ungewöhnlich lange zwei Wochen dort. Das Coole an der Sache war, dass es da nur Frauen gab, also keine lästigen Abwehrversuche nötig waren. Ratte hoffte darauf, dass sie noch lange da schlafen könne, aber wie bei den anderen Unterkünften, die sie seit der Trennung von Dose gehabt hatte, gab es immer irgendwann Stunk, ein paar ausgeschlagene Zähne und blaue Flecken. Meistens war es wegen Kleinigkeiten, aber wenn sie genervt war, dann gab es manchmal 'ne Schelle. Heute wollte sie sich für eine Wohnung direkt an der

Haltestelle Kalk-Kapelle bewerben. Auf dem Zettel hatte gestanden, dass sie um 17 Uhr da sein solle. Darunter standen Straße und Hausnummer sowie zweiter Stock, Mittelwohnung. So weit, so gut … aber eine Sache machte sie nachdenklich. Die Schlüssel für die Haustür und Wohnungstür waren an den Zettel geklebt. *Eine Falle? Scheiß drauf*, hatte sie sich gedacht, *wer gibt einer Punkette mit meinem Vorstrafenregister, meinen Tattoos und mit den Piercings schon eine Chance? Ich gehe da hin und schaue mir das an. Ich habe ja nichts mehr zu verlieren.*

Ratte hatte sich gewaschen und ihre beste Kleidung aus dem Rucksack genommen, um einen guten Eindruck zu hinterlassen. Es musste einfach endlich klappen. Schon lange war sie nicht mehr so aufgeregt gewesen wie jetzt. Inzwischen war sie an der Haltestelle Kalk-Kapelle angekommen. Ihr Schäferhund Chivas winselte leise und sah sich nach allen Seiten um. Der Hund spürte, wenn etwas nicht stimmte. Ratte seufzte, als sie keine unmittelbare Gefahr feststellen konnte, und strich ihm beruhigend über den Kopf. Sie war schon seit einem halben Jahr von ihrem Ex Dose getrennt, nachdem er sie in den Drogensumpf gezogen hatte und vor drei Monaten in den Knast gewandert war. Vor ihm sollte sie die nächsten sechs Jahre Ruhe haben.

Jetzt war Chivas ihr letzter echter Freund. Sie wollte niemandem mehr vertrauen.

»Hier ist es.« Sie steckte den Schlüssel in das Schloss der Haustür des Mehrfamilienhauses. An den 16 Klingeln waren teilweise keine Namen, manche Mieter hatten ihre handgeschriebenen Zettel mit Klebestreifen neben dem Klingelknopf befestigt. Sie ging hinauf in den zweiten Stock und blieb kurz vor der mittleren Tür stehen. Langsam schob sie den Schlüssel in das Schloss und drehte. Die Tür ließ sich öffnen.

Ratte schaute erst vorsichtig durch den Türspalt, während Chivas neugieriger vorpreschte. Diese Wohnung sah bewohnt aus. Die Wände schienen frisch tapeziert zu sein. Es gab ein Bett, einen Tisch, zwei Sessel und verpackte Kartons. Außerdem sah sie eine Küchenzeile.

»Hallo? Bin ich hier richtig? Ist da jemand?«

Der Fernseher war angeschaltet und zeigte einen Text: »KOMM HER.« Am oberen rechten Bildschirmrand sah sie eine Maske, die sie irgendwo schon einmal gesehen hatte. Ein weißes Gesicht mit einem gekringelten Oberlippenbart. Die Maske lächelte mit übertrieben hochgezogenen Mundwinkeln.

»Was geht hier ab?« Ratte schaute sich nervös in alle Richtungen um. Bereit, jeden Moment, um sich zu schlagen, nährte sie sich dem Bildschirm.

»GUT! BEVOR DU FRAGEN STELLST, MÖCHTE ICH DIR ETWAS ZEIGEN.«

Ratte wusste immer noch nicht, was hier vor sich ging. Dass auf dem Bildschirm plötzlich ihr Name und ihre Vorstrafen erschienen, gefiel ihr nicht.

»DU KANNST MIR HELFEN. DEINE VORSTRAFEN ZEIGEN, DASS DU DICH WEHRST!«

Nachdem sie den Text gelesen hatte, erschienen neue Textzeilen.

»ICH HABE FÜNF AUFGABEN FÜR DICH.«

»ERLEDIGE SIE OHNE FRAGEN!«

»BIN ICH ZUFRIEDEN, DARFST DU HIER WOHNEN.«

»ALLE FORMALITÄTEN SIND BEREITS ERLEDIGT.«

»SCHAU GENAU HIN!«

Auf dem Monitor verschwanden die letzten drei Straftaten. Auch der Haftbefehl war verschwunden, der ihr eigentlich nur Sorgen bereitete, weil sie nicht wusste, wo Chivas hinsollte, wenn sie ins Gefängnis müsste.

»NIMM DEN UMSCHLAG VON DER FENSTERBANK.«

»INHALT: MIETVERTRAG, BANKKARTE, ERSTE AUFGABE«

»BANK PIN: 3333 VERFÜGBARER BETRAG: 10.000,- €«

Ratte griff vorsichtig nach dem Umschlag und öffnete ihn. Alle genannten Gegenstände waren darin enthalten.

»BIST DU EINVERSTANDEN?«

Es gab keinen Grund, zu überlegen. *Von mir aus bin ich im Wunderland und mein fucking Name ist Alice.* Sogar ein Hundekorb, den Chivas schon in Beschlag genommen hat, stand neben der kleinen Küchenzeile.

»Ja, geht klar, würde ich mal sagen.«

»GUT. FOLGE DEN ANWEISUNGEN!«

* * *

Der Lieferwagen stand genau da, wo sie ihn laut Anleitung finden sollte: Auf dem Parkplatz unter der Zoobrücke. Ratte zog die halb volle Mülltüte aus dem öffentlichen Mülleimer und schüttete sie aus.

»Geil.« Da war tatsächlich ein Autoschlüssel zwischen den Dosen, Tüchern und Masken. Sie fischte ihn heraus. Das Ekelgefühl, das sie in ihrer ersten Zeit auf der Straße empfunden hatte, war inzwischen überwunden. Wie oft hatte sie hungrig nach Essensresten gesucht und diese und ein paar Pfandflaschen immer wieder an den gleichen Stellen gefunden? Wenn sie hungrig und das Schnorren ohne Erfolg geblieben war, hatte sie sich meistens an der Lanxessarena aufgehalten. Dort lagen immer ein paar weggeworfene Lebensmittel und Flaschen, sie hatte nur den richtigen Zeitpunkt abwarten müssen. Am erfolgreichsten war sie vor Eishockeyspielen oder Rock-Konzerten.

Sie ging mit dem Schlüssel in der Hand auf den Lieferwagen zu und öffnete die Fahrertür. Bis hierhin ein Kinderspiel und obwohl sie sich in Köln gut auskannte, befolgte sie die Anweisungen, dass sie der genauen Route des Navigationsgerätes folgen sollte. Sie fuhr sehr vorsichtig und hielt sich an die vorgeschriebenen Verkehrsregeln. Regeln waren zwar nicht ihr Ding, aber sie wollte sich auf keinen Fall die Wohnung versauen. Endlich eine Chance auf ein besseres Leben. Vielleicht konnte sie sich sogar ihren Traum erfüllen und als Streetworkerin arbeiten. Einen Termin beim Jobcenter würde sie dafür brauchen und einiges andere, Maske würde ihr bestimmt helfen. Den Spitznamen hatte sie dem Ding gegeben. Das machte es menschlicher und weniger scary.

Inzwischen hatte sie die Severinsbrücke erreicht. Zeit für den ersten Zwischenstopp. Ratte fuhr in eine kleine Seitenstraße und stieg aus, um mit flinken Handgriffen die Nummernschilder gegen die auszutauschen, die sie, den Anweisungen entsprechend, aus einem geparkten Autoanhänger genommen hatte. *Welcher Idiot verwendet eine belgische Nummer, um nicht aufzufallen?*, dachte sie sich dabei, verwarf den Gedanken gleich darauf, denn ihr Auftrag war klar und da gab es keinen Platz für Fragen oder eigenständiges Handeln.

Sie fühlte sich plötzlich beobachtet, drehte sich um und

sah eine Gruppe Jugendlicher, die sie grinsend anstarrten. Sie runzelte die Stirn, öffnete eilig die Fahrertür des Lieferwagens und setzte sich hinters Steuer. Sie warf einen letzten Blick auf die Jugendlichen und startete den Motor. Dann fuhr sie weiter und fühlte sich, als würde sie in einem Thriller mitspielen.

Wenige Minuten später parkte sie den Lieferwagen in der Seitenstraße hinter dem Maternusplatz und stieg aus. Ratte atmete tief durch und beschloss, dass sie nicht dem Drang folgen würde, in den Laderaum des Fahrzeuges zu sehen. Sie hatte genug von der Straße und wollte endlich wieder eine eigene Wohnung haben. Nachdem sie den Autoschlüssel in das Astloch des von Maske markierten Baumes gelegt und mit dem mitgebrachten Moos getarnt hatte, setzte sie ihren Rucksack auf und machte sich auf den Weg zurück zur Haltestelle Köln Kalk-Kapelle. Auch wenn es gegen ihre Prinzipien verstieß, befolgte sie dabei Maskes Anweisungen und kaufte sich am Ticketautomaten eine Fahrkarte.

Kaum war sie dort angekommen, hastete sie, den Schlüssel in ihrer Jackentasche fest umschließend, zu ihrer eigenen Wohnung. Jetzt stand noch eine Runde mit Chivas an, dann würde sie die Tür von innen abschließen, ihn füttern, sich lange duschen und danach bis in alle Ewigkeit in ihrem eigenen Bett schlafen.

SECHZEHN
DR. INA SCHINDLER

Sie hatte gelernt, den kleinen Bunsenbrenner vorsichtig über das Objekt gleiten zu lassen. Sollte die Flamme zu nah oder zu lange auf die Oberfläche kommen, würde die Haut absengen oder, was ihr in letzter Zeit das eine oder andere Mal passiert war, schwärzen. Sie drehte die Flamme ab und summte lethargisch die Melodie, die ihr seit ein paar Stunden nicht aus dem Kopf gehen wollte. Gustav Mahlers Kindertotenlieder drängten sich immer wieder in den Vordergrund, wenn sie einen so jungen Menschen auf dem Tisch hatte. Waren es ältere oder Leute, bei denen sie davon ausging, dass sie ihr Leben gelebt hatten, griff es sie weniger an. *Bleib sachlich, Ina*, zwang sie sich in Gedanken. Der Text des Liedes kam ihr in den Sinn:

> Oft denk' ich, sie sind nur ausgegangen!
> Bald werden sie wieder nach Hause gelangen!
> Der Tag ist schön! O sei nicht bang!
> Sie machen nur einen weiten Gang.
> Jawohl, sie sind nur ausgegangen
> und werden jetzt nach Hause gelangen!

Sie stellte den Brenner beiseite und ging zum nächsten Schritt über, musste etwas fester drücken, weil die kleine Öffnung verkrustet war, dann lief es wie von selbst. Zwischendurch wischte sie sich mit dem Ärmel eine Träne aus den Augen. Dann klappte sie die Brötchenhälften übereinander und biss in ihren Hotdog. Er war zwar nicht perfekt, aber wenigstens erinnerte es sie an ihren Urlaub in den Vereinigten Staaten und lenkte sie vom Hier und Jetzt ab. Auf ihrem Handy wählte sie Melanie Heimanns Nummer.

»Kriminalhauptkommissarin Heimann. Guten Tag?«

»Dr. Ina Schindler ... haben Sie mein E-Mail bekommen?« Ina hatte noch nicht geschluckt, holte das gerade nach und biss gleich darauf noch einmal in das köstliche Brötchen.

»Sind Sie ... an Ihrem Arbeitsplatz?«

»Ja ... wo sollte ich denn sonst sein?«

»Bitte verstehen Sie die Frage nicht falsch, aber ... essen Sie gerade?«

»Ja, ich hatte Hunger. Alle essen. Mein Arzt sagt zwar, ich soll mir dieses Zeug nicht mehr reinstopfen, aber dann hat mein Leben gar keinen Wert mehr.«

»Ist ja Ihre Sache, aber ich würde schon einen anderen Ort ...«

»Ach, kommen Sie mir doch nicht damit. Die bekommen ja nichts mehr mit und hier ist alles steril.«

»Aber der Geruch!«

»Riechen können die auch nicht.« Dr. Ina Schindler legte ihren angebissenen Hotdog wieder auf den Teller, den sie auf den freien Seziertisch gestellt hatte. »Im Moment ist hier etwas mehr los als sonst, deshalb gehe ich zum Mittagessen nicht mehr raus. Hey, und wenn ich Sie schon in meiner Mittagspause anrufe, dann hätte ich mir etwas mehr Dankbarkeit gewünscht.«

»Ich bin Ihnen dankbar, auch wenn sich mir der Magen umdreht, wenn ich daran denke, wie man neben einer Leiche essen kann.«

»Okay. Fangen wir an. Die Daten zum Opfer habe ich Ihnen geschickt. Auch wenn es zahlreiche Spuren an und in ihr gibt, die eher auf einen Gangbang schließen lassen könnten, gibt es einen Hinweis, der mich diese Theorie verwerfen lässt. Unter den Fingernägeln des Opfers befanden sich DNA-Spuren von nur einem Mann. Die DNA-Analyse hatte einen sofortigen Treffer. Es handelt sich um Alexander Michalowitsch Schukow. Sie sollten seine Akte bereits vorliegen haben.«

»Die Analysen dauern doch für gewöhnlich so um die zwei Wochen, bis die Ergebnisse vorliegen. Warum ging das so schnell?«

»Das hat mich auch gewundert. Ich wusste schon, dass es bei ununterbrochener Arbeit in acht Stunden gehen könnte, wenn da nicht so viele unterschiedliche Tests und Abteilungen beteiligt wären. Aber in diesem Fall waren es 10 Stunden für alle Proben.«

»Ja, mache ich gerade auf ... Wow. Kennen Sie die Saga ›Der dunkle Turm‹ von Stephen King?«

»Ja, warum?«

»Die Akte von diesem Schukow ist länger. Ich weiß nicht, warum der noch frei rumläuft. Wenn ich durch seine Akte scrolle, sehe ich eine Liste von Gewaltdelikten. Wissen Sie, was daran merkwürdig ist?«

»Nein, aber das werden Sie mir sicherlich verraten.«

»Alle Anklagen wurden fallen gelassen, die Verfahren eingestellt. Immer wieder taucht der Name Gutmann auf.«

»Ist das nicht der ...?«

»Ganz genau der. Samuel Gutmann ist zweifelsfrei der bekannteste Anwalt für die komplizierten Fälle des Milieus. Ich weiß nicht, wie er es macht, aber er gewinnt fast alle Prozesse.«

»Ich glaube, nach dem, was wir nun wissen, wird das nicht mehr lang der Fall sein, oder?«

»Nicht verzagen, Daher fragen.«

»Haha. Ja. Liebe Grüße an ihn, er schuldet mir eine Partie Go.«

»Go? Das habe ich nie gelernt.«

»Vielleicht sollten Sie es. Bis bald. Meinen Bericht haben Sie. Rufen Sie gern an, wenn etwas unklar ist, und jetzt schnappen Sie sich diesen Verbrecher.«

Melanie schien noch zu antworten, doch Ina hatte schon aufgelegt. Jetzt war der Hotdog kalt.

SIEBZEHN
KUSJA

»Scheiße, Lew. Ich weiß es nicht. Hab ein ganz mieses Gefühl.« Ein Knall. Kusja drehte sich nervös um. Fehlalarm. Ein Nachbar hatte den Deckel der Gemeinschaftsmülltonne zuklappen lassen. Verständlich, wer mochte die Dinger schon anfassen. *Gleich wird die olle Hartmann wieder ihr Küchenfenster aufreißen und brüllen, dass man den Müll auch leise entsorgen kann, vor allem an einem Sonntag*, aber das erwartete Gezeter blieb aus.

Kuzja hatte sich wieder umgedreht und trat seine Zigarette auf den Betonplatten des Bürgersteiges vor seinem Wohnhaus aus.

»Beruhige dich. Er ist untergetaucht, mehr nicht.«

Kuzja hielt das Handy etwas weiter vom Ohr entfernt, da es ungewöhnlich heiß geworden war. »Nein, Lew. Ich bin mir sicher, dass da was schiefgelaufen ist. Hast du etwas in den Nachrichten gesehen? Vielleicht haben sie den Jungen verhaftet?«

»Nichts. Hier ist es ruhig.«

Kusja konnte das Klappern einer Teetasse hören.

»Mach dir einen Tee ...«

»Hau mir ab mit dem Zeug. Außerdem saufe ich besser nicht. Wenn ich abhauen muss, dann nüchtern.«

»Meine Güte, an dem Tag, an dem du keinen Alkohol trinkst, steht echt der Weltuntergang bevor. Du kannst hier nicht einfach weglaufen. Falls Ded das mitbekommt, sind wir im Arsch.«

»Nur ein paar Tage. Alle machen irgendwann Urlaub.«

»Nein, du verstehst nicht. Die Sache ... ist noch zu frisch.«

»Du meinst diesen Scheißnerd? Ich würde mir an deine Stelle mehr Sorgen um diesen Hussein machen. Der Junge verbockt ein Ding nach dem anderen.«

»Ich glaube ...«

»Hallo?« Kusja schaute aufs Display. Es war schwarz und leuchtete gleich darauf hell auf.

LAUF!, stand dort plötzlich in großen, roten Buchstaben. Er starrte auf das Display, das sich zu verformen schien. Erschrocken ließ er sein Handy fallen, da es so heiß geworden war, dass es anfing zu qualmen. Hinter sich hörte er ein Surren. War das eine Drohne? Das Geräusch wurde lauter und kam nun aus unterschiedlichen Richtungen. Woher kamen die alle? Um ihn herum, egal wo er hinsah, überall flogen diese Dinger. Nicht etwa solche, wie er sie schon öfter gesehen hatte. Nein. Das waren größere Flugapparate. An jedem von ihnen waren seltsame Vorrichtungen angebracht, die nicht zur Standardausrüstung zu gehören schienen. Eine der Drohnen raste auf ihn zu. Er duckte sich, doch sie blieb kurz in der Luft stehen: »Du sollst laufen!«, fauchte eine, ihm nur zu bekannte Stimme, aus der Drohne. Über seinem Kopf begann sie, eine Flüssigkeit auf ihn zu sprühen. Sie roch nach Lösungsmitteln. Als er sich durch die Haare strich, bemerkte er, dass es etwas Klebriges war. Da die

Drohne mit ihrer Aktivität nicht aufhörte, rannte er los: »Verfickte Scheiße! Das brennt ... was ist das für ein Mist. Hör auf!« Kusja lief schneller, konnte dabei nur verschwommen sein Umfeld erkennen. Das Zeug schien sich nicht nur in seine Augen zu brennen, sondern auch seine Haut zu verätzen. Die Nasenlöcher waren verklebt, er atmete durch den Mund. *Ich muss irgendwo Unterschlupf finden. Die Wohnung!*, dachte er und drehte sich in die Richtung, aus der er gekommen war, gleich darauf musste er feststellen, dass er die falsche Entscheidung getroffen hatte. Er hörte etwas Klirren und das Aufheulen mehrerer Rotoren vor sich. Wie eine Explosion traf ihn der Schmerz, der von seiner Fußsohle ausging und ihn daran erinnerte, wie es sich damals angefühlt hatte: Als Kind war er auf einem Bauhof in ein Brett mit rostigen Nägeln getreten. Heute jedoch hatte es ihn im vollen Lauf erwischt. Er wollte sich mit dem anderen Fuß abfangen, doch auch der wurde dem Gefühl nach von hundert spitzen Nadeln durchbohrt. Dann fiel er hin und bekam die Krampen, die er von NATO-Draht kannte, am ganzen Körper zu spüren. Beinahe hätte der Schmerz gesiegt, aber Kusja war hart im Nehmen. Er krabbelte weiter. Zum Eingang waren es noch ein paar Meter. Immer wieder flogen sie näher an ihn heran.

»Was werft ihr Schweine da über mir ab? Fuck! Filmt ihr mich etwa dabei?« Er wusste nicht, wie recht er damit hatte.

Das Zeug, welches die erste Drohne abgelassen hatte, klebte furchtbar und verhinderte so, dass er wieder aufstand. Bei jedem Versuch, sich vom Boden zu lösen, quälten ihn mehr Schmerzen. Das kam von diesen verdammten Dingern, die sich immer tiefer in seinen Körper zu bohren schienen. Die Drohnen verharrten einen

Moment. Er wusste, dass ihn die Kraft verließ, genauso wie in der fünften Runde eines Boxkampfes. Einen Augenblick später bäumte er sich erneut auf und hätte es fast geschafft, aufzustehen. Doch kaum hatte er sich aufgerichtet, spürte er einen heftigen Stich in seiner linken Wade. Er hatte unzählige Kämpfe ausgefochten und war kein Weichei, aber dieser Schmerz ... raubte ihm beinahe das Bewusstsein. Nie im Leben hatte er eine solche Qual erlebt. Gleich darauf ein nächster Hieb auf das andere Bein. Er krümmte sich und schrie, wendete seinen verkrampften Blick auf den Verursacher und erkannte ein ... was zur Hölle war das? Erst beim vierten Schlag fiel ihm ein, dass er diese Art Fahrzeug schon einmal gesehen hatte. Das Gerät, das aussah wie ein moderner Rasenmäher-Roboter, hatte eine Axt mit einer scharfen Klinge an der Oberseite montiert und schlug damit immer wieder mit brachialer Gewalt auf seinen Körper ein. Eigentlich mochte er die Sendung Battle-Bots, die er regelmäßig im Sport-Fernsehen gesehen hatte. Jetzt aber von einem Kampf-Roboter erschlagen zu werden, war nicht die Vorstellung, die er vom Tod hatte, auch wenn er sich im Moment nichts sehnlicher wünschte als diesen einzig erkennbaren Ausweg.

Sterben.

Ruhe.

Das Ende der Qualen.

Zehn Schläge hatte er gezählt, da ließ der Bot von ihm ab und wendete. Kusja fürchtete, dass der Roboter ihn einfach so liegen und verrecken lassen würde. Die Schmerzen hatte er eindeutig verdient. Er dachte über die Zeit nach, in der er andere mit Freude gequält hatte. Er war ein sadistisches Schwein und erhielt in seinen eigenen Augen nichts als eine gerechte Strafe. Er bemerkte, dass eine der Drohnen eine Flüssigkeit über ihn ausschüttete, die nicht nur furchtbar in seinen Wunden brannte, sondern erschreckend nach Grillanzünder roch. »Neein!! Ihr Schweine! Ihr Perversen!«. Aus dem Schimpfen wurde erbärmliches Heulen. »Bitte! Hört bitte auf, mich zu quälen! Ich halte das nicht mehr aus! Bitte! Zeigt etwas Gnade!« Neben den Flugobjekten, die ihn umzingelt hatten, um zu filmen, näherte sich eine weitere, an der eine kleine brennende Kugel zu hängen schien. Im Näherkommen erkannte Kusja, dass es kein Ball, sondern eine Art Totenschädel war. Was machte das für einen Unterschied? Mit einem Klicken löste sich der Gegenstand und fiel kurz vor Kusjas Kopf auf den Gehweg. Es wurde heiß, hüllte ihn ein. Er schrie und bäumte sich auf, als seine Kleidung stark genug in Brand geraten war, um sich vom Boden zu lösen.

Zwei der Drohnen filmten noch, dann ließen sie die brennende Leiche außer Acht und verschwanden im Nirgendwo.

ACHTZEHN
RAIMOND

»Guten Morgen, Raimond und Sabrina. Ich störe nur ungern, aber der frühe Vogel fängt den Wurm. Es ist Zeit, aufzustehen.«

Raimond öffnete die Augen und sah sich im Raum um. Er konnte die Quelle der Stimme nicht ausmachen.

»Ich habe mir erlaubt, mich auf die verfügbaren Lautsprechersysteme des Penthouse zu schalten. Ich hoffe, ihr verzeiht mein Eindringen. Raimond, du hast zehn Minuten, dann musst du los. Bitte verzichte auf alle Versuche, meinen Anweisungen Widerstand zu leisten. Für solche Spielchen haben wir keine Zeit.«

Das Smartphone auf dem Nachttisch vibrierte und zeigte eine neue Nachricht:

»Neues Handy, keine Viren,
den Beschützern soll nichts passieren.
Doch Telefon und Pedelec
dienen nur zu deinem Zweck.
Um viele Opfer zu vermeiden,
soll beides vorerst bei dir bleiben.
Der Autodieb hat sich versteckt,

er ist mit Waffe knapp entkommen.
Ich habe ihn schon längst entdeckt.
Zum Fangen musst du mit mir kommen.
Und für Hunde, die laut bellen,
nimmst du besser ein paar Schellen.«

»Was soll das alles?« Sabrina saß mit angezogenen Beinen im Bett. Die Bettdecke über die Schultern gezogen, schaute sie Raimond fragend an.

»Ich habe keine Ahnung. Wenn ich wüsste, warum dieser Typ ausgerechnet mich so faszinierend findet. Vielleicht gibt es da einen alten Fall, in den er verwickelt war.

In unserem Archiv haben wir bisher nichts über ihn gefunden. Ich kann auch noch nicht sagen, ob ich da überhaupt mitmachen sollte.«

»Sollst du!« Wieder die Stimme, die Raimond zusammenzucken ließ.

»Du kannst mich hören?«

»Ja, ich bin ja nicht taub.«

»Also, was soll das alles?«

»Wenn ich es dir erklären wollte, hätte ich das längst getan.«

Raimond wollte gerade antworten, da fuhr die Stimme fort: »Ich kann dir garantieren, dass ich die Polizei nur brauche, um bei meinen anstehenden Aktionen keine Zivilisten in Gefahr zu bringen. Außerdem seid ihr es, die aktuell einen Fisch nach dem anderen angelt. Mein gestriger Hinweis auf die Drogenlieferung aus Holland hat euch einen guten Fang gebracht. Ihr werdet ordentlich aufräumen, wenn ihr weiter mitmacht – vor allem, wenn du mitmachst. Du hast sieben Minuten.«

Wenigstens die Zähne konnte er sich putzen, bevor er

mit Fahrradhelm und Rucksack das S-Pedelec in den Lift schob. *Handschellen, Waffe, Dienstausweis, Schlüssel, Kuss!* Sabrinas besorgten Blick versuchte er auszublenden, er brauchte volle Konzentration. Das Handy hatte er, wie Rumpelstilzchen es angeordnet hatte, in der Halterung am Lenker befestigt. Er hoffte darauf, dass Sabrina bei der Wache anrufen würde, um dort von der aktuellen Lage zu berichten. Spätestens um 7:30 Uhr würde sein Fehlen auffallen. Erst jetzt erkannte er, dass auf dem Handydisplay keine aktuelle Uhrzeit angezeigt wurde. Warum hatte er nur die Armbanduhr vergessen?

Die Luft war schwül und trug den verbrauchten Geruch der Großstadt. In den vergangenen Wochen hatten er und Sabrina öfter darüber gesprochen, in einen Vorort umzuziehen. Sein Favorit war eines dieser alten Fachwerkhäuser mit Scheune und viel Land drumherum, doch Sabrina scheute den handwerklichen Aufwand und die hohen Kosten.

»In hundert Metern rechts abbiegen.«

Raimond war seit Jahren nicht mehr Rad gefahren und etwas aus der Übung, doch auf diesem Gerät kam er sich vor wie ein junger Gott. Er erinnerte sich an seine Jugend, in der er Rennrad gefahren war. Das war kein Vergleich mit diesem Teil. Mit Leichtigkeit beschleunigte er auf 70 km/h, was nicht nur für die Stadt, sondern auch für ein S-Pedelec zu schnell war, aber da war all die angestaute Aggression in ihm und es tat gut, einfach alles herauszulassen. Die Ampel vor ihm schaltete auf Gelb. Kurz vor der Kreuzung bremste er runter und legte sich in die Kurve. *Das verlernt man nicht*, dachte er sich und gab gleich in der Kurve wieder Druck auf die Pedale. Schon nach wenige Minuten war er am Rheinufer und schlängelte sich zwischen den wenigen Autos hindurch. Schneller, immer schneller. *Mein Gott, 95 km/h, das Teil geht ab*, dachte Raimond, und wurde in seinem Rausch gebremst, als ihm das Handy eine mobile Radaranlage meldete und die Begrenzung von 50 km/h anzeigte. Er bremste, vielleicht waren auch Polizisten dabei, die ihn hätten aus dem Verkehr ziehen können. Kaum hatte er diesen Gedanken zu Ende gedacht, sah er schon den Streifenwagen, der kaum sichtbar hinter einer Hausecke stand und dessen Besatzung auf Verkehrssünder zu warten schien. Er entschied, sich an die Geschwindigkeitsbegrenzung zu halten, egal, wo ihn das Navigationssystem hinführte. Er durfte um keinen Preis auffallen.

In Rodenkirchen angekommen, führte ihn das Display in eine Seitenstraße mit dem passenden Namen Uferstraße und beendete die Navigation neben einem Campingplatz. Gleich darauf wurde eine Satellitenaufnahme des Platzes eingeblendet. Einer der Wohnwagen war markiert.

»Du musst dich ihm langsam nähern. Hussein Okyar ist 18 Jahre alt und hat sich in dem markierten Wohnwagen versteckt. Aller Wahrscheinlichkeit nach hat er noch deine Waffe bei sich.«

»Okyar, Hussein? Der Name sagt mir was.«

»Hussein steht in den Akten als einer der Überlebenden des Amoklaufes in den Köln Arcaden. Sein bester Freund Emre starb an diesem Tag.

Die Leiche in dem Kofferraum deines Autos war Emres Freundin Lisa. Es ist davon auszugehen, dass Hussein mit Lisa in engem Kontakt stand.«

»Woher weißt du das alles? An solche Informationen kommt niemand ran, außer …«

»Außer, er hackt euer lahmes System. Gern geschehen.«

»Und was machen wir jetzt, Superhirn? Ich würde gern

Verstärkung rufen. Der Junge ist schließlich bewaffnet und schwer einzuschätzen.« Raimond schlich über den Campingplatz und näherte sich dem markierten Wohnwagen.

»Besser nicht. Wir wollen ihm erst deine Waffe abnehmen. Es wäre zu kompliziert, jemandem erklären zu müssen, dass es plötzlich zwei gleiche Dienstwaffen gibt. Danach kann von mir aus die Verstärkung anrücken, wenn er sich nicht freiwillig stellt.«

Er sah, dass eine Telefonnummer auf dem Display erschien. »Ich schlage vor, dass du dich zuerst bei ihm meldest, bevor er etwas Unüberlegtes tut. Die Nummer wird gewählt.« Gleich darauf hörte Raimond ein Freizeichen. Aus dem Inneren des Wohnwagens konnte er den Anfang des Liedes Tamam Tamam von Summer Cem hören. Nach mehreren Freizeichen hörte er die Mailbox mit ihrer Standardansage. »Moment. Das haben wir gleich. Angekündigt haben wir uns ja.« Gleich darauf hörte Raimond aus dem Handy die Stimme eines jungen Mannes: »Fuck, was ist das für ein kranker Scheiß. Geh aus, verdammt, warum reagierst du Schrottteil nicht auf ...« Das Display wechselte in den Videomodus. Raimond sah ein verzweifeltes Gesicht. Der Junge wirkte blass und nervös. »Wer bist du? Was geht hier ab?«

»Beruhige dich erst einmal. Mein Name ist Raimond.«

»Raimond, Raimond. Nie gehört. Was willst du von mir? Woher hast du die Nummer?«

»Ganz ruhig, Junge! Du hast meine Dienstwaffe. Es wäre besser, wenn du sie mir zurückgibst.«

»Du bist ’n Bulle!«

»Ich bin der Bulle, dem du seinen Oldtimer geklaut hast. Der Bulle, der deswegen mächtig angepisst ist. Du machst besser, was ich dir ...«

»Halt dein Maul!« Hussein, der im Wohnwagen auf dem Bett saß, nahm die neben sich liegende Pistole in die Hand und fuchtelte damit herum. »Ja, ich habe deine Knarre, aber die brauche ich noch.«

»Mach keinen Scheiß ... wenn die losgeht, könntest du dich verletzen.«

»Verletzen? Ich bin schon tot. Wer glaubt denn so einem wie mir nur irgendwas?«

»Ich würde dir zumindest zuhören, wenn du rauskommst.«

Stille. Hatte er ihn schon so weit? Das ging zu einfach.

»Tut mir leid, das mit deinem Auto. Die haben mich gezwungen.«

»Wer hat dich gezwungen?«

»Die Russen. Haben gesagt, wenn ich mache, was sie sagen, lassen sie Lisa frei.« Er zog die Nase hoch und brüllte dann ins Handy: »Das war gelogen! Alle lügen mich an und malen sich die bunte Welt! Die Welt ist ein Scheiß ohne Lisa ... ohne Emre. Ich kann nicht mehr.« Seine Wut ging in ein Schluchzen über.

Raimond schwieg. Was hätte Hussein auch von ihm hören wollen? Was würde er selbst in einer solchen Situation machen?

»Warst du mit Lisa ... zusammen?«, fragte er dann ruhig und so vorsichtig, wie ihm es eben gelang. Hoffentlich hörte der Junge nicht die Wut, die in ihm kochte. Moralisches Verhalten ist eine Sache, aber hier saß ein Krimineller, gezwungen oder nicht, er hatte Raimonds Opel gestohlen und war bestimmt nicht gerade sanft mit ihm umgegangen.

»Ja. Wir wollten einen Entzug machen und danach ein normales Leben anfangen ... Arbeiten gehen ... abends nach Hause kommen ... in eine kleine Bude auf dem Land, weg von der Großstadt, weg von all diesen Verlockungen. Einfach ein kleines, normales Leben.«

»Verstehe. Ich will auch aufs Land ziehen. Die Stadt erwürgt einen.«

»Einen Scheiß!« Hussein stand auf und hielt sich die Mündung der Pistole unter das Kinn. »Ich komme jetzt raus – keine Tricks und zeig mir deine Hände, wenn ich die Tür aufgemacht habe. Ein falscher Move und ich blas mich aus.«

»Huss …«

»Schnauze!« Die Tür des Wohnwagens flog auf. Raimond legte sein Handy auf den Boden und hielt Hussein die offenen Handflächen hin.

»Mach keinen Blödsinn. Alles ist besser als der Tod.« Dabei ging er langsam und mit gebeugtem Rücken auf Hussein zu.

»Fuck! Emre, ich komme!« Hussein zog durch. Im selben Moment sprang Raimond auf ihn zu, schlug ihm die Waffe aus der Hand und zog den Jungen zu Boden.

»Mach doch keine Mätzchen!« Raimond legte ihm die Handschellen an und ließ ihn im Rasen liegen. Dann nahm er seine Waffe und verstaute sie im Rucksack. »Jetzt hör mir gut zu!« Er nahm Husseins Kopf in die Hände und drehte ihn so, dass er ihm in die Augen sehen konnte. »Im Wagen war keine Pistole, ist das klar?«

»Ey! Was soll das?«

»Haben wir uns verstanden?«

»Ja! Lass mich los, Bullenschwein!«

Raimond stand auf und hätte den am Boden liegenden am liebsten getreten, aber zu dessen Glück schauten schon die ersten Camper aus ihren Wohnwagen, um zu sehen, wo der Lärm herkam.

Wenige Sekunden später waren die ersten Streifenwagen vor Ort. Raimond hatte sie nicht gerufen, konnte sich aber vorstellen, wer das veranlasst hatte.

NEUNZEHN
RATTE

So gut hatte sie lange nicht mehr geschlafen. Es fühlte sich nicht real an, in einem echten Bett zu liegen, in einem Raum zu sein, in dem sie absolut allein war und außerdem sicher. Hätte Chivas sie nicht geweckt, hätte sie locker noch ein paar Stunden pennen können, aber der Hund musste raus.

»Ja, ist ja schon gut. Wir stehen gleich auf. Nur noch fünf Minuten.« Aber sie hatte die Rechnung ohne den Wirt gemacht. Chivas stand auf ihrem Bett und stupste ihre Hand an, leckte sie und biss verspielt hinein. Dann setzte er sich und jaulte, stieß sie stellenweise mit seiner Nasenspitze an, sprang ein wenig herum und schaffte es letztendlich doch, sie dazu zu bewegen, aufzustehen. Sie liebte diesen Hund, er hatte sie oft beschützt und gewärmt. Sie hatte immer dafür gesorgt, dass er etwas zum Fressen hatte. Selbst, wenn sie hungern musste, der Hund bekam zuerst.

»Okay. Auf geht's, Chivas.« Sie zog sich die schwarze Jeans und ihren geringelten rot-weißen Pullover an und ging ins Badezimmer. Auf der Ablage fand sie mehrere

Waschutensilien. Sogar an Zahnpasta und Damenbinden hatte Maske gedacht.

Chivas lief vor dem Bad hin und her und wedelte aufgeregt mit dem Schwanz.

»Na, da muss wohl jemand kacken.« Chivas hielt den Kopf schräg und bellte dann. »Okay, Junge. Let's go.« Sie schloss die Wohnungstür auf, zog ihre Jacke an und ging mit dem Hund in den Hausflur.

»Guten Tag, junge Frau. Wohnen Sie jetzt hier?« Eine ältere Dame stand auf dem Treppenabsatz.

Scheiße, kaum hier, schon ärger. Während Chivas bereits die Treppe runterstürzte, entschied sie sich, freundlich zu antworten: »Ja, ich kann es selbst nicht glauben. Hallo! Ich bin Ratte.«

»Ratte ... das ist ein originärer Name. Na, ich bin Hedwig. Ich bin schon 86 Jahre alt.«

»Das sieht man Ihnen aber nicht an.«

»Ach, Sie schmeicheln mir. Na, dann herzlich willkommen ... Ratte.«

»Danke. Ich hätte jetzt eine andere Reaktion erwartet.«

»Warum? Weil Sie eine Punkette sind? Wir treffen uns mal auf ein Kölsch und dann erzähle ich Ihnen, was ich schon alles gesehen habe. Ich bleibe immer auf dem Laufenden. Schließlich habe ich Internet.«

»Ja, cool. Also, Hedwig. Ich muss jetzt leider weiter, mein Hund macht sonst in den Hausflur.«

»Ein schönes Tier. Also, bis demnächst, Ratte.«

»Ja, ciao. Schönen Tag.« Mit einem Lächeln über dieses nette Gespräch polterte Ratte die Treppe runter, um ihrem Hund zu öffnen. Der steuerte sofort eine Laterne an, um mit einem langen Strahl sein neues Revier zu markieren.

Ratte griff in ihre Jackentasche und überzeugte sich, dass sie ihre Hundekotbeutel dabeihatte. Heute war ein sonniger Tag, nur wenige Leute kamen ihnen entgegen. Chivas war es gewohnt, ohne Leine herumzulaufen, und ging für gewöhnlich Ärger mit anderen Hunden aus dem Weg. Es war ein gemütlicher Spaziergang. Unterwegs kaufte sie ein paar Kirschen und aß sie direkt. Das Schnorren vor den Supermärkten fehlte ihr nicht. Für gewöhnlich hatte sie da Lebensmittelspenden bekommen. Selten war Obst oder Gemüse dabei gewesen, was ihr in den schlimmen Tagen mit Dose scheißegal war, da es damals nur darum ging, die Zeit von einem Schuss zum nächsten zu überleben. Zum Glück hatte ihr eine Freundin aus der Hölle geholfen. Kurz nach Doses Verhaftung hatte Triss sie am Hauptbahnhof abgefangen und ihr angeboten, ihr beim kalten Entzug zu helfen. Es hatte geklappt und das hatte wahrscheinlich Rattes Leben gerettet.

Heute war sie nicht nur clean, sondern achtete auch auf gesunde Ernährung. Die Brennpunkte, an denen vertickt wurde, mied sie weitestgehend, das hatte Triss ihr damals eingebläut. *Der Weg aus der Hölle ist steinig, der Weg rein ist mit Plüsch ausgelegt,* hatte Triss ihr damals immer wieder gesagt, bis es ihr eigenes Mantra wurde.

Der Spaziergang hatte ungefähr eine Stunde gedauert und Ratte hatte dabei immer wieder gegähnt. Sie war müde, was sicherlich nicht an der letzten Nacht, sondern eher an den vergangenen Monaten gelegen hatte. Heute würde sie sich einen Tag im Bett gönnen, mittags noch mal mit dem Hund rausgehen und dabei ein paar Freundinnen und Freunde besuchen, bei denen sie ihre letzten Habseligkeiten gelagert hatte. Doch sie musste vorsichtig sein und sich nicht verplappern. Auch wenn sie stolz, wie Oskar darüber war, dass sie eine eigene Wohnung hatte und gern eine Party darin gefeiert hätte, wusste sie, dass dies nicht in Maskes Sinne war. Sie musste die Klappe halten und darin war sie gut.

Als sie vor dem Wohnhaus, ihrem neuen Zuhause, angekommen war, sah sie einen blauen Umschlag aus einem der Briefkästen ragen. Es war die gleiche Art Umschlag, die sie gestern bei Ankunft in der neuen Wohnung gefunden hatte. Sie schaute auf das neu wirkende Namensschild und las: RATTE.

Der Brief ist dann wohl für mich. Sie zog den dicken Umschlag aus dem Briefschlitz und schloss die Haustür auf. *Ob wohl noch etwas im Briefkasten liegt?*, dachte sie und schloss den Kasten von innen auf. Es gab keine weitere Post heute.

Sie stieg die Treppe hoch und freute sich über ihren intelligenten Schäferhund, der vor der Wohnungstür auf sie wartete. Kaum hatte sie die Tür geöffnet, tapste der Rüde in die Küche, um Wasser zu saufen. Nachdem sie ihre Stiefel ausgezogen hatte, entledigte sie sich ihrer Jacke und entschloss sich, den Brief auf dem Bett zu öffnen. Nachdem sie es sich bequem gemacht und Chivas seine Liegeposition gefunden hatte, öffnete sie den Umschlag und las laut. Das hatte sie schon immer gern getan, wenn sie alleine war. Manchmal hatte sie dabei ihre Stimme verstellt oder irgendwen nachgeahmt.

»Liebe Ratte! ... Das bin ich.

Ich hoffe, du hast dich gut eingefunden und alles ist zu deiner Zufriedenheit. Solltest du schon zur Bank gegangen sein, wirst du sehen, dass der Kontostand für die nächsten Monate reicht. Wenn du deine Arbeiten gut ausführst, wird ein Dauerauftrag finanzielle Sorgen für immer beseitigen.« Sie streichelte Chivas und sagte zu ihm: »Als ob ich finanzielle Sorgen gehabt hätte. Hier muss man doch nur ein wenig schnorren und schon läuft der Taler, nicht wahr, mein Süßer? Jaaa ... So, dann lass uns mal weiterlesen, was Maske noch geschrieben hat.« Sie setzte sich auf und las weiter: »Heute erhältst Du die zweite Aufgabe.

Du musst etwas schleppen, aber alles im Rahmen des Machbaren.

Noch mal muss ich betonen, dass absolute Verschwiegenheit die Hauptvoraussetzung unserer Zusammenarbeit ist. Da ich dir meine Macht schon demonstriert habe, gehe ich davon aus, dass das kein Problem für dich ist.

Wähle selbst zwischen Zuckerbrot und Peitsche.

Heute geht dein zweiter Einsatz um 23:30 in der Kurze Straße los. Vor Haus Nr. 5 steht ein blauer Volkswagen Caddy. Der Autoschlüssel klebt im hinteren linken Radkasten.

Starte das Navigationssystem und folge exakt der vorgegebenen Route. Im Handschuhfach liegt ein kleines Tablet, dass du an den Zwischenstopps anschalten musst. Außerdem gibt es Arbeitshandschuhe, die du anziehen solltest. Das Tablet wird dir Abholcodes anzeigen. Bei jedem Abholcode entnimmst du das entsprechende Paket und legst es in den Kofferraum. Gibt es für die jeweilige Packstation keine weiteren Pakete, steht auf dem Display ›FERTIG‹. Fahre weiter zum nächsten Abholort.

Die vorletzte Station ist vor einer Garage mit der Nummer 43. Dort entlade bitte den Wagen auf die Europaletten und decke die Pakete mit der in der Garage befindlichen Abdeckplane ab. Schließe das Tablet über das ebenfalls im Handschuhfach liegende Kabel an die USB-Buchse in der Mittelkonsole. Bestätige den Button mit der Aufschrift ›ZURÜCKSETZEN‹. Warte, bis das Tablet ›BEREIT‹ anzeigt. Trenne das Tablet von der Mittelkonsole und lege es auf den Boden der Garage. Bestätige den Button

›BEREIT‹. Ein Countdown von 60 Sekunden wird angezeigt. Schließe die Garage und fahr zum letzten Ziel.

Dein Job ist fast erledigt. Parke den Wagen in der Nähe der Kurze Straße und benutze die Reinigungstücher, um alle von dir berührten Stellen zu reinigen. Schließe das Auto ab und klebe den Schlüssel wieder unter den hinteren linken Kotflügel.

Sollte es während der Ausführung des Auftrages zu Problemen kommen, dann drücke die ›VOICE‹-Taste des Multimediasystems und schildere in kurzen Sätzen, welches Problem aufgetreten ist. Bitte diese Taste nur im äußersten Notfall betätigen, bei kleineren Problemen verlasse ich mich auf dein Improvisationstalent.

Viel Erfolg.

P.S.: Der Spitzname Maske gefällt mir.«

Ratte legte den Brief beiseite und kraulte den Hund. »Das ist spooky. Woher weiß der, dass ich ihn Maske nenne?« Der Hund drehte sich auf den Rücken und hielt ihr seine Brust hin. Die Aufforderung war klar: Kraul mich hier!

»Ich sollte nicht so viel nachdenken. Das macht nur Kopfschmerzen. Am besten schlafe ich noch ein wenig. Keiner weiß, wie lang die Nacht wird.«

Mit dem Einschlafen hatte Ratte noch nie ein Problem gehabt. Am frühen Nachmittag wurde sie aber von dem Klappern des metallenen Futternapfes in der Küche wach. Chivas wusste, wie er an sein Futter kam.

Nachdem Ratte ein ausgiebiges Bad genossen hatte, entschied sie sich, noch ein wenig am Rhein abzuhängen. *Mal sehen, wen ich da heute treffe.* Es machte ihr zwar nichts aus, weite Strecken zu Fuß zurückzulegen, aber heute wollte sie lieber mit der Bahn fahren, schließlich durfte sie nicht zu spät nach Kalk zurückkommen.

Der Weg zur Haltestelle war weniger als 50 Meter und sie hatte erstaunlich gute Laune, weshalb sie heute keine Konfrontationen mit irgendwelchen Spießern erwartete. Kaum hatte sie das Gleis erreicht, fuhr die Linie 1 ein. Sie stieg ein, Chivas folgte ihr. Auf die Blicke der anderen Fahrgäste nahm sie keine Rücksicht. Sie ging zum Fahrkartenautomaten und wollte sich eine Fahrkarte ziehen, doch das Display änderte sich, sobald sie ihren Finger hob, um auf Einzelfahrschein zu drücken.

HALLO RATTE. NIMM DIESE MONATSKARTE, DAS ERZEUGT WENIGER SPUREN. GUTE FAHRT!

Kaum hatte sie den Satz gelesen und sich erschrocken in der Bahn umgesehen, druckte der Automat eine Fahrkarte aus. Ratte zog sie aus dem Ausgabefach und stellte fest, dass es tatsächlich eine Monatskarte, ausgestellt auf ihren bürgerlichen Namen, war.

Fuck, wie macht er das?, fragte sie sich und erinnerte sich gleich darauf an den Brief, in dem Maske sich für seinen Spitznamen bedankt hat. *Am besten denke ich nicht zu viel nach, sonst werde ich noch verrückt.*

Kaum hatte sie sich hingesetzt, hielt die Bahn an der Haltestelle Kalk Post. Kontrolleure stiegen ein und steuerten wie selbstverständlich auf sie zu.

»So! Dann steigen wir mal aus und klären die Sachlage«, begann einer der Kontrolleure, dessen Oberlippenbart nach viel Arbeit aussah.

»Ihr könnt ja gerne aussteigen. Ich fahre zum Wiener Platz.« Ratte holte ihre Fahrkarte heraus und zeigte sie dem Kontrolleur, der diese mit weit aufgerissenen Augen entgegennahm. »Ich kann Ihnen auch meinen Ausweis …«

»Nicht nötig«, antwortete er mit enttäuschtem Unterton und gab ihr die Fahrkarte zurück. »Gute Fahrt … und Entschuldigung … ich dachte …«

»Ist schon gut.« Rattes gute Laune stieg ins Unermessliche. Natürlich war sie auch weiterhin gegen das System und wollte es boykottieren und sabotieren, wo es ihr möglich war, aber für ihre eigene Wohnung und regelmäßige Kohle war sie bereit, ein paar Abstriche in Kauf zu nehmen.

Beinahe hätte sie ihren Umstieg in Köln Deutz verpasst. In letzter Sekunde war sie aufgesprungen und hatte die Bahn zusammen mit Chivas verlassen können, bevor sich die Türen wieder schlossen. In ihren Gedanken hatte sie gesehen, wie sie damals mit Dose und Triss in der Bahn unterwegs gewesen waren. *Ein Punk kauft keine Fahrkarte!* Darauf hatte Dose immer bestanden. Wenn sie gemeinsam unterwegs waren, hatten sie sich an drei hintereinanderliegenden Türen versammelt. Haben dann an einer Haltestelle Kontrolleure gestanden, sind die nie über mehr als zwei Türen eingestiegen. Das ging aber nicht, weil die Punks die zwei Türen zugehalten hatten und dann auf Kommando 1,2,3 durch den freien Ausgang abgehauen sind. Auch wenn die Zeit mit Dose nicht immer schön war, sie vermisste ihn irgendwie.

Nachdem Ratte in die Linie 4 eingestiegen war, konnte sie sich wieder ihren Gedanken, ihren Erinnerungen an ihre Zeit mit Dose ergeben? Es war nicht alles Gold mit ihm, er hatte sie viel zu oft geschlagen und war beim Sex brutal gewesen, doch es war Dose, ein lustiger Typ, ein Punk wie sie. Einer, der auf die Gesellschaft schiss und nichts auf die Werte gab, die nicht zur liberalen Ideologie eines Punks passten? Liberal. Auf Rattes Freiheit hatte er geschissen, hatte sie immer wieder unterdrückt und sie am

Ende auf den Strich schicken wollen. Sie fragte sich, warum sie sich jetzt plötzlich vom Punk abwendete. Sehnte sie sich vielleicht nach dem Spießertum und konformen Leben zurück, das sie vor der Zeit auf der Straße erlebt hatte? Als Punkette hatte ihr nichts gefehlt, und sie hatte eine Menge Spaß gehabt, konnte sich vor allem gegen die verlogene Gesellschaft wenden, die so viele Menschen durch das soziale Gitter fallen ließ. Nein, Ratte war sich sicher, dass sie sich noch auf dem richtigen Weg befand. Unter dem Schutz von Maske konnte sie sich um Menschen kümmern, die ihre Hilfe nötig hatten. Vielleicht eines Tages als Streetworker ..., wenn ihre Vorstrafen tatsächlich von Maske gelöscht würden.

Am Wiener Platz stieg sie mit dem Hund aus, kaufte zwei Flaschen Bier an einem Kiosk und ging mit Chivas durch ein paar Seitenstraßen in Richtung Rheinufer. Dort, in der Nähe des Spielplatzes, sah sie Triss und zwei weitere Männer, die mit einem kleinen Jungen Fußball spielten.

»Hallo, wie geht's euch?«

»Oh mein Gott Ratte, ich habe mir Sorgen gemacht! Wo warst du?«

»Ach, ist egal, ist nicht wichtig.«

»Menno, du musst doch Bescheid sagen! Ich mache mir sonst Sorgen um dich, Süße.« Triss war wie eine große Schwester für Ratte, doch sie wollte mit ihrem Geheimnis nicht rausrücken.

»Ich war in einer Ausnüchterungszelle. Die Bullenschweine haben mich erwischt.«

»Hast du denn ordentlich ausgeteilt?«

»Na klar.«

»Kacke, man sieht dir aber nichts an.«

»Ja, die waren vorsichtig, hatten vielleicht Angst vor mir.«

»Apropos Angst. Hast du das mitbekommen? In den Nachrichten?«

»Ich schaue keine Nachrichten, was interessiert mich der Bullshit?«

»Ja, solltest du aber. Ey, Bolle, komm ma her! Zeig ihr ma das Video!«

Einer der Männer schaue zu Ratte und holte ein Handy raus – ein älteres Modell – er hatte darauf ein Video abgespeichert, das er ihr zeigte.

Ihr wurde schlecht.

In dem Video war zu sehen, wie ein Mann von Drohnen und Robotern hingerichtet wurde. Die furchtbarsten Szenen, in der eine Axt auf ihn einschlug, waren mit schwarzen Balken überdeckt worden. Als sich die Drohnen und Roboter von ihm entfernten, war nur noch ein lebloses, brennendes Stück Fleisch zu erkennen.

Ratte drehte sich weg. Hatte sie gerade die Seitenstraße des Maternusplatz gesehen, in der sie den Van gestern geparkt hatte? Hatte der Van mit der Sache zu tun? *Das ist nicht gut. Das ist gar nicht gut.* Ihr Puls raste. Sie musste etwas unternehmen, um ihn zu senken. Also atmete sie langsam durch ihre zusammengepressten Lippen aus.

»Das ist ja schrecklich«, sagte Ratte und hielt sich die Hände vors Gesicht. Ihre Gedanken kreisten wie verrückt. *Habe ich Beihilfe zu einem Mord geleistet? Wer auch immer das Opfer ist, das hat kein Mensch verdient.*

Die Wohnung, die Kohle, diese neue Sicherheit, das ging ihr alles durch den Kopf. Aber eins hatte sie am meisten genossen: Maske vertraute auf ihre Fähigkeiten und ließ sie frei und alleine handeln.

Sie versuchte nicht weiter auf den Vorfall einzugehen, sagte nur so etwas wie *schrecklich*, oder *das ist ja unglaublich* oder *wer ist so krank?* Sie wusste nicht genau, was ihr Mund gerade sagte, da sie zu beschäftigt mit ihren kreisenden Gedanken war.

Sie trank ihr Bier mit den Freunden, unterhielt sich mit ihnen und rauchte. Zwischendurch spielte sie mit dem kleinen Jungen Fußball, der sich als Sohn eines der Männer herausgestellt hatte. Am späten Nachmittag wollte die Gruppe weiterziehen, irgendwo Party machen, Musik hören. Ratte hatte schon etwas vor: Sie musste zurück nach Kalk.

»Ich komm' nicht mit.«

»Warum nicht?«

»Mir geht's nicht so gut. Ich glaube, ich muss schlafen.«

»Was bist du denn für 'ne Spießer Tussi geworden?«

»Nein, wirklich, ich hab' irgendwie Kopfschmerzen. Vielleicht habe ich doch einen abbekommen.«

»Okay, sollen wir dich begleiten?«

»Nein, nein, geht schon.«

»Wo schläfst du denn heute?«

»Ach, bei einem Freund.«

»Bei wem?«

»Den kennst du nicht.«

Als sie mit Chivas zurück zur Bahn ging, überlegte sie sich, dass sie beim nächsten Treffen mit Triss einen besseren Plan haben musste. Ihr Verhalten und ihre Story wiesen Löcher auf und heute wäre sie beinahe aufgeflogen.

Es war weit nach 22 Uhr, als sie wieder in Kalk angekommen war, zu spät für einen Einkauf im Supermarkt. Die Arcaden hatten schon geschlossen. Also entschied sie sich, zu ihrer Lieblings-Underground-Bar zu gehen und dort ein paar Maniok Fritten zu bestellen. Dort angekommen, war es wie verhext. Sie hörte überall Gespräche über den Mord und die Internetseite eines

Rumpelstilzchens. Angeblich sollte er die ganze Stadt in Atem halten und die Polizei an der Nase herumführen. Ratte wusste nicht, ob sie Maske weiter vertrauen konnte und ob es gut war, weiterhin seinen Anweisungen zu folgen. Auf der anderen Seite war ihr klar, dass er sie im Griff hatte, und dass sie sich keine Fehler erlauben durfte. Und wenn – wer auch immer dahintersteckte – wirklich ein Mörder war, dann würde er auch vor einem Mord an ihr nicht zurückschrecken, besser sie tat, was er wollte.

Sie machte sich gegen 23:00 Uhr auf den Weg und ging in Richtung Kurze Straße. Es war nicht weit: Ein Stück die Hauptstraße runter, dann nach rechts auf die Kalk-Mülheimer Straße, von da aus ein paar Kreuzungen später links abbiegen.

Da stand tatsächlich dieser Volkswagen Caddy, so wie Maske es geschrieben hatte, und als sie an den hinteren linken Kotflügel ging und vorsichtig ins Innere tastete, fiel ihr sofort der Schlüssel in die Hand.

Ihr war unwohl bei dem Gedanken, was den Inhalt der Pakete anging, die sie abholen sollte. Waren das auch Utensilien für eine Hinrichtung? Ein kalter Schauer überzog sie. *Besser du stellst keine Fragen, Ratte*, impfte sie sich immer wieder ein, startete den Motor, schaltete das Navigationssystem ein und folgte der angezeigten Route.

Die Fahrt führte sie durch ganz Köln, auch in die benachbarte Stadt Leverkusen und ins Bergische Land. An unterschiedlichen Packstationen musste sie jeweils ein bis vier Pakete abholen. Der Kofferraum des VW Caddy füllte sich mehr und mehr. An der siebten Packstation gab es ein Problem. Sie hatte schon überlegt, die Voice-Taste zu benutzen, um nach Hilfe zu rufen ... um zu sehen, was passiert. Aber dann fiel ihr ein, dass Maske auf ihr Improvisationstalent vertraute. Eine Tür der Packstation klemmte. Ratte konnte sehen, dass sie einen Spalt weit aufgesprungen war, sich aber nicht weiter öffnen ließ. Kurzerhand schaute sie im Kofferraum in einer Seitenabdeckung nach, ob sie irgendetwas finden konnte, mit dem sie die Tür hätte aufhebeln können. Und da gab es tatsächlich etwas ... den Schraubenschlüssel aus dem Bordwerkzeug, der eigentlich für die Radmuttern gedacht war, und einen Schraubenzieher.

»Das muss es tun.« Sie hastete zurück zur klemmenden Tür, presste den Schraubenzieher mühsam zwischen Tür und Öffnung und bewegte ihn ein paar Mal hin und her. Als die Tür ein wenig verbogen war, setzte sie den Schraubenschlüssel an und hebelte mehrfach hin und her. Mit einem viel zu lauten Scheppern sprang die Tür auf. Eilig nahm sie das Paket und drückte auf den Screen des Tablets. ›FERTIG‹ stand da in großen grünen Buchstaben. Sie legte das Paket zu den anderen in den Kofferraum und verstaute das Bordwerkzeug, dann stieg sie ein. Doch bevor sie den Motor gestartet hatte, fiel ihr ein, dass sie keine Spuren hinterlassen durfte. Also kehrte sie zu dem aufgebrochenen Fach zurück und desinfizierte es mit dem Spray, das im Auto lag. Sie wischte kurz mit den Handschuhen darüber und versuchte, die Tür erneut zu schließen. *Geh zu, du verdammtes Drecksteil.* Von irgendwoher hörte sie ein Martinshorn. Sie sprang in den Wagen und raste los. Gleich darauf bremste sie auf eine normale Geschwindigkeit herunter, da sie sich an Maskes Anweisungen erinnerte, sich an alle Regeln und Angaben des Navis zu halten. Jetzt galt es primär, um keinen Preis der Welt aufzufallen.

Das Martinshorn, das sie gehört hatte, kam tatsächlich von einem Streifenwagen, der ihr, schneller als ihr lieb wahr, entgegen raste. *Cool bleiben, Ratte, cool bleiben, bloß nicht nervös werden!* Sie fuhr weiter, bereit, sich ihrem Schicksal zu ergeben. Der Streifenwagen kam näher und … raste an ihr vorbei. Der Einsatz hatte nicht ihr gegolten. Erst jetzt spürte sie das Hämmern ihres Pulses bis in den Hals.

»Mensch, Chivas, da haben wir aber Glück gehabt, nicht wahr?« Sie sah zur Seite und stieg gleich darauf auf die Bremse. Der Hund war weg! »Chivas? Chivas!« Sie ging in Gedanken durch, wo er sein könnte. Die Packstation! Bei der nächsten Möglichkeit wendete sie und fuhr zurück. Was sie da erwartete, gefiel ihr nicht. Sie schaltete die Scheinwerfer und den Motor ab und ließ den Wagen auf einen dunklen Platz in sicherer Entfernung rollen. Von hier aus konnte sie sehen, dass die Bullen den Streifenwagen auf dem Aldi-Parkplatz angehalten hatten und nun mit Taschenlampen das aufgebrochene Fach der Packstation untersuchten. Ratte war inzwischen ausgestiegen und hatte sich hinter dem Wagen versteckt und gehofft, dass die Polizei sie nicht entdecken würde. Sie erschrak furchtbar, als etwas sie von hinten berührte, aber gleich darauf fiel ihr ein Stein vom Herzen. Es war Chivas.

»Mensch Chivas, was machst du für Sachen? Komm, schnell ins Auto! Hopp!« Sie öffnete die Beifahrertür und ließ den Hund in den Wagen springen, dann stieg sie auf der Fahrerseite ein, startete den Motor und fuhr langsam weiter in Richtung des nächsten Ziels.

* * *

Das dröhnende Knattern eines Bohrhammers donnerte durch das ganze Haus. Für Ratte war das ein unerträglicher Schmerz, nicht zuletzt, weil sie bei dem Blick neben ihr Bett die leere Flasche entdeckt hatte. Es war wieder mal so weit: Sie hatte ein Problem, konnte nicht einschlafen, also hatte sie ihre Sorgen schlichtweg ertränkt.

Jetzt brummte ihr Schädel. *Fuck ... Kaffee!* Die gestrige Aufgabe war bei Weitem nicht so schwierig, wie sie sich diese vorgestellt hatte. Die Pakete hatte sie in der Garage abgelegt, die Folie zur Abdeckung darüber gezogen und das Tablet nach den durchzuführenden Schritten auf den Garagenboden gelegt. Das Auto hatte sie in Kalk in der Nähe der kurzen Straße geparkt, gereinigt und den Schlüssel wieder an seinen Ort zurück geklebt. Alles hatte sie genauso gemacht, wie es Maske angeordnet hatte. Trotzdem quälte sie die Frage, für wen oder was diese Lieferung gedacht war. Sie musste mit Maske in Kontakt treten, aber wie? Während der Wasserkocher langsam aufheizte, überlegte sie, ob sie es nicht einfach in den Raum rufen sollte. Maske hatte sich doch am Anfang über den Fernseher mit ihr unterhalten. Außerdem hätte er sonst nicht seinen Spitznamen erfahren?

Also probierte sie es: »Das mag vielleicht bis zu einem gewissen Grad bekloppt klingen, dass ich hier in der Küche stehend mit meinem Wasserkocher spreche. Falls du mich hören kannst ... Maske, ich glaube, wir müssen reden. Wenn diese Aufträge, die Pakete, die Fahrten ... also ich meine, falls das alles für eine weitere Hinrichtung ist, mache ich nicht mehr mit. Dann bin ich raus, egal, was für Konsequenzen das für mich bedeutet. Ich bringe keine Menschen um. Also, es wäre schön, wenn du dich melden könntest. Ich weiß ja nicht ... vielleicht fängt gleich der Toaster an zu reden oder so was.«

Ich muss bekloppt geworden sein. Jetzt rede ich schon mit dem Wasserkocher und denke, dass hier irgendwo Mikrofone versteckt sind.

Nachdem das Wasser aufgekocht war, öffnete sie das Glas Instant-Kaffee, schüttete sich etwas davon in eine saubere Tasse und goss es gleich darauf mit dem heißen Wasser auf. Für das Röcheln der Kaffeemaschine hatte sie jetzt keinen Nerv, das Instant-Pulver war genauso gut. Früher hatte sie das öfter mal mit dem Löffel gegessen.

Der Hund stand vor der Wohnungstür und schaute abwechselnd sie und die Tür an.

»Ja, Chivas. Gib mir einen Moment. Ich brauche erst einen Kaffee und eine Kopfschmerztablette. Ich müsste noch irgendwo welche haben ...«

* * *

Sie war gerade dabei, sich die Stiefel anzuziehen, als es an der Tür klingelte.

Wird das Maske sein?, fragte sie sich. *Wenn er mir was antun will?!? Aber wieso sollte er dann klingeln?*

Sie ging in den Flur, blinzelte durch den Türspion und sah einen Mann in oranger Kleidung. Sie öffnete die Tür.

»Ein Eilbrief für Sie.«

Kaum hatte der Mann den Umschlag an sie übergeben, war er schon wieder die Treppe hinuntergelaufen. Ratte riss den Brief auf und schloss die Tür.

ZWANZIG
SABRINA

»Mit einem Polizisten an deiner Seite wird dir nie langweilig.« Sabrina war froh, dass Shane, ihre ehemalige WG-Mitbewohnerin, immer noch Zeit für sie hatte, obwohl sie, genau wie sie selbst, mitten im Prüfungsstress stand. Eigentlich war ihr Vorname Lisa, doch den hatte sie vor einigen Monaten abgelegt. Nichts Offizielles, eher eine Sache, die sie schon lange mit sich herumgetragen hatte. Die Ablehnung ihrer Homosexualität durch ihre Eltern hatte sie sehr verletzt. Mit der Änderung ihres Vornamen hatte sie allen voran ihrem Vater gezeigt, was seine ewigen Vorwürfe mit ihr angestellt hatten. Sie war ab sofort Shane, eine Vollwaise.

»Der Prosecco sollte jetzt kalt genug sein. Holst du den mal raus?«

»Ja, klar.« Sabrina griff zur Kühlschranktür und zog sie schwungvoll auf. Gleich darauf begann sie zu würgen, sprang auf und rannte zur Toilette, die zum Glück gerade frei war. Ein paar Minuten später kam sie zurück und setzte sich langsam wieder auf ihren Platz. »Sorry. Ich weiß nicht, was das gerade war. Mir ist ganz plötzlich schlecht geworden. Was habt ihr da für ein ekeliges Zeug im Kühlschrank?«

Shane dachte kurz nach: »Nichts Besonderes. Da sind noch Reste vom veganen Auflauf von gestern, ein paar Zwiebeln, Möhren ... und jede Menge Alk. Wir kommen im Moment nicht zum Einkaufen. Moment, ich probiere mal was.« Shane nahm das Raumduftspray aus dem Küchenschrank, öffnete mit einem Tuch vor dem Mund den Kühlschrank und sprühte energisch hinein.

»Iiii, das ist ja noch schlimmer!«

»Was jetzt?«

»Das Spray. Das kann ich im Moment auch nicht ab. Ich weiß nicht, was mit mir los ist. Heute Morgen wollte ich mir Deo unter die Arme sprühen, aber das Zeug hat so gestunken.«

»Wer stinkt?« Jonas war, wie meistens, nur in Unterhose und T-Shirt aus seinem Zimmer gekommen. In seiner Linken hielt er – wie immer – ein aufgeschlagenes Buch. Das Cover fiel Sabrina sofort ins Auge. ›ZEITCODE‹ stand auf dem bunten, einem alten Buch nachempfundenen Buchdeckel. *Bestimmt wieder so ein abgedrehter Science-Fiction*, dachte sie.

»Hallo Jonas. Schön, dich zu sehen. Magst du dich zu uns setzen?«

»Nee, lass mal.« Er war gerade im Begriff, den Kühlschrank zu öffnen, als beide Frauen ihm synchron zuriefen: »Nicht!«

»Ich verstehe hier gar nichts. Was ist denn los?«

»Nichts. Sabrina kann nur ein paar Gerüche nicht ab. Hat sich wohl den Magen verstimmt.«

»Oder schwanger.«

»Du spinnst!«

»Bei meiner Schwester war das auch so. Könnt ja ’nen

Test machen. Dann wisst ihr mehr.« Er drehte sich um und wollte wieder gehen.

»Wolltest du nicht etwas in der Küche?«

»Ich darf ja nicht.«

»Armer Jonas. Musst du jetzt verhungern?«

»Nö. Ich habe in meinem Zimmer noch geheime Reserven.« Auf dem Weg nach draußen schaute er noch einmal auf den Küchentisch. »Bei einer Schwangerschaft ist Prosecco nicht so der Renner. Aber ihr seid ja schon groß.«

Shane schaute Sabrina tief in die Augen und wartete, bis Jonas wieder in seinem Zimmer verschwunden war.

»Was?«

»Ich meine. Könnte doch sein, oder? Wann hattest du das letzte Mal deine Tage?«

»Das war … Fuck. Jetzt, wo du fragst … bei mir bleiben die schon mal aus. Könnte der Prüfungsstress sein.«

»Ich habe einen Test da.«

Sabrina riss die Augen weit auf: »Wofür brauchst denn du einen Test? Machst du jetzt auf Hetero?«

Shane sah Sabrina an und griff nach ihrer Hand. Janina und ich, wir haben ein schwules Paar kennengelernt. Langfristig wollen wir ein Baby haben, das mit zwei Müttern und zwei Vätern aufwächst.

»Sag mir jetzt nicht, dass du freiwillig mit einem Mann ins Bett gehst.«

»Du bist doof. Es gibt auch andere Wege, schwanger zu werden. Außerdem lenkst du ganz schön ab. Ich hole den Test.« Schane sprang auf und hüpfte durch die Wohnung. Dass sie dabei nicht ›*Wir bekommen ein Baby*‹ rief, lag wohl nur an der frühen Morgenstunde und dem noch nicht konsumierten Prosecco. Bei dem Gedanken an den Prosecco starrte Sabrina auf ihr noch leeres Glas. War sie schon bereit dafür, Mutter zu werden? Ein Baby zu haben war bestimmt toll, und sie konnte sich Raimond gut als Vater vorstellen, aber das bedeutete auch eine Menge Verantwortung. Zu mehr Gedanken kam sie nicht, denn Shane hatte ihr schon die Packung auf den Tisch gelegt: »Jetzt wird's ernst.«

* * *

Die Tür von Jonas Zimmer öffnete sich und schlug gleich darauf gegen die Wand. Der Student stürmte in Unterhose und T-Shirt mit dem aufgeklappten Notebook in Richtung Küche: »Jetzt geht es los! Egal, was, aber das wird krass.« Er schaffte Platz auf dem Küchentisch, um den Laptop abzustellen und die Mädels zusehen zu lassen. »Dieser Typ geht schon seit ein paar Tagen viral. Seine Seite zeigt einen Countdown. Keiner weiß, was er genau plant, aber ...«

»Jonas. Beruhige dich bitte. Du darfst mir gratulieren.« Sabrina lächelte ihn auffordernd an und hielt ihm sitzend die Arme hin.

»Äh, ja, herzlichen Glückwunsch.« Jonas umarmte sie flüchtig, ohne den Blick von der Webseite zu nehmen. Dann schaute er sie an, bemerkte den Schwangerschaftstest, den er vorhin aus dem Weg geräumt hatte, sah auf seine Hand, wischte sie am T-Shirt ab, schob sich die Brille mit dem Mittelfinger hoch und grinste: »Hab' ich doch gesagt.«

Shane entspannte die Lage: »Du kleiner Nerd. Wir bekommen ein Baby! Freu dich gefälligst.«

Auf dem Bildschirm liefen die letzten Sekunden des Countdowns. Dann wurde ein Text eingeblendet. Erst jetzt erkannte Sabrina, dass es sich um die Seite von Rumpelstilzchen handelte. Ihre Teetasse rutschte ihr aus den Fingern und knallte auf die Untertasse, zum Glück war nicht mehr viel drin, deshalb gab es keine Überschwemmung.

»Hey, Liebes! Alles okay?« Shane stellte sich neben sie und legte einen Arm um sie.

»Ja. Sorry. Dieser Typ macht mir Angst.«

»Sollte er auch. Die Gedichte, die in den letzten Minuten da standen, sind echt Furcht einflößend«, konterte Jonas. »Rache und so ein Quatsch. Warte, jetzt kommt ein Video.«

Auf dem Bildschirm erschienen Videoaufnahmen, die aus der Luft aufgenommen wurden. Das Stadtpanorama von Köln war zu sehen, ein Schwenk über den Rhein zeigte neben dem Kölner Dom die Kranhäuser. Es sah aus, als wäre die Aufnahme im Zeitraffer entstanden. Gleich darauf senkte die Drohne sich über einem Stadtteil ab. »Leute, das ist Rodenkirchen. Erkenne ich sofort.« Jonas drehte die Lautstärke hoch. Am oberen Bildschirmrand erschien eine Laufschrift.

+++ Alexander Michalowitsch Schukow +++ Menschenhandel +++ Erpressung +++ Drogenhandel +++ Dokumentenfälschung +++ Vergewaltigung +++ Mord +++

Die Zeile wiederholte sich und erinnerte an die Eilmeldungen, die man von Nachrichtensendern kannte.

Die Drohne hatte sich gerade unter die Baumkronen begeben und bog um eine Straßenecke. Dort stand ein Mann, der sein Handy anstarrte und es dann auf den Boden fallen ließ. Er schaute sich mit eingezogenem Kopf in mehrere Richtungen um. Als eine der Drohnen eine Flüssigkeit über seinem Kopf versprühte, begann er erst danach zu schlagen und lief dann los. Bei den schrecklichen

Szenen, die sich danach abspielten, hielt Sabrina sich erschrocken die Augen zu.

»Das passiert doch nicht wirklich, oder? Mach das aus! Das ist ja grauenhaft. Da stirbt ein Mensch!«

Jonas klappte das Notebook zu: »Ich glaube, wir haben genug gesehen. Wie krank muss man sein? Ich dachte, es würde etwas Episches passieren, aber doch nicht so ein kranker Dreck!«

»Und dann noch diese Musik. Das Lied mochte ich, aber jetzt kann ich es nie wieder hören.«

»Puh, hör auf. ›Die today‹ ist ab heute auch auf meinem Index. Mädels, das tut mir leid. Ich wusste ja nicht …«

»Ach du Scheiße!« Sabrina war plötzlich leichenblass, sie konnte sich kaum noch auf dem Stuhl halten. »Raimond! Ich muss ihn irgendwie erreichen.«

»Warum?«, fragte Shane in besorgtem Ton.

»Dieser … Perverse … hat Raimond gestern ein Pedelec und ein Handy geschickt, nachdem ihm in der Stadt das Auto geklaut wurde.«

»Fuck. Ich verstehe gar nichts mehr.«

»Frag mich mal«, jammerte Sabrina. »Er hat gestern erst zu uns über unseren Fernseher gesprochen. Heute hat er sich einfach in unser Soundsystem geschaltet. Keine Ahnung, wie er das gemacht hat … Bis eben war ich mir sicher, dass das nur so ein Spinner ist, aber nach der Aktion eben habe ich Angst.«

»Dann ruf ihn doch an!«

»Kann ich nicht! Raimonds Handy ist doch von ihm! Oh mein Gott, was mache ich denn nur?«

Alle schreckten hoch, als aus Sabrinas Handy eine Stimme sagte:

»Wenn jemand Rumpelstilzchen fragt,
fühlt er sich gleich frei.

Er ist auf Verbrecherjagd
wie die Polizei.
Und wo wir grad beim Thema sind,
will ich gratulieren,
diesmal hol ich mir kein Kind,
das wird nicht passieren.«

Stille.

Jonas sammelte alle Handys in einem Jutebeutel ein und verschwand damit und mit seinem Laptop im Badezimmer. Sabrina hörte, wie dort Wasser angestellt wurde, dann kam er wieder zurück und schloss im Rausgehen die Badezimmertür.

»Ich glaube, jetzt kann er uns nicht mehr hören«, flüsterte er, als er in die Küche zurückkam.

»Du hast doch nicht …«

»Keine Angst. Ich habe die Geräte in ein Handtuch gewickelt und das Wasser angedreht. Da sollte es schwer werden, uns abzuhören.« Jonas lächelte wissend.

»Was für einen fucking Grund sollte der haben, uns abzuhören?« Shane hatte den Prosecco wieder aus dem Kühlschrank geholt, sehr zum Ärger von Sabrina, denn die könnte jetzt auch einen kräftigen Schluck gebrauchen, stattdessen wurde ihr schlagartig schlecht, als die Kühlschranktür geöffnet wurde. »Oh, sorry. Tut mir leid. Ich brauche jetzt was auf den Schreck.«

»Leute, ich verstehe nicht, was das alles soll? Wie kann ich bloß Raimond erreichen, ohne dass dieser Psycho was davon mitbekommt.«

»Wohl eher gar nicht. Ich denke, es ist besser, wenn wir uns jetzt alle beruhigen und uns auf die Aussage verlassen.«

»Auf die Aussage eines brutalen Perversen, der live im Internet seine Folterspielchen zeigt? Nein, ich muss los. Ich muss nach Kalk und mich davon überzeugen, dass mit ihm alles in Ordnung ist.«

»Du bleibst jetzt erst einmal sitzen, oder willst du durch die ganze Aufregung das Baby verlieren?«

»Das Baby ...« Sabrina schwieg, starrte auf den Schwangerschaftstest und begann zu weinen. »Was, wenn er ihm etwas antut?«

»Dem Baby?«

»Nein ... Raimond. Mir ist gerade zum ersten Mal bewusst geworden, wie sich all die Polizistenfrauen fühlen.« Sie hielt sich die Hände vor die Augen. »Die haben ihr ganzes Leben lang Angst, dass sie nicht nach Hause kommen.«

»Beruhige dich doch. Sabrina!« Jonas umarmte sie und streichelte ihr über den Kopf. »Es wird ihm nichts passieren. Raimond kann gut auf sich aufpassen.«

»Jonas?« Shane stand neben ihm. »Lässt du uns bitte allein? Ich glaube, du kannst uns auch unsere Handys wiedergeben.«

»Aber ...«

»Du hast mich doch mal gefragt ... ich meine ... Empathie und so.«

»Ups. Bin schon weg. Sorry.«

»Danke.«

EINUNDZWANZIG
MELANIE

Melanie Heimann betrat den Konferenzraum und setzte sich an die Spitze des Tisches. Sie ließ die Akten vor sich auf den Tisch fallen und schaute in die ihr teilweise unbekannten Gesichter. Jetzt nur nicht nervös werden, das könnten sie als Schwäche auslegen, dachte sie noch, atmete tief ein und begann ihren spontan klingenden Eröffnungssatz, den sie nach dem Aufstehen vor dem Spiegel geübt hatte.

»Guten Morgen, meine Damen und Herren«, begann sie, bemüht, laut und deutlich zu sprechen. »Ich habe gerade die neuesten Informationen zu dem Drohnenmord in Rodenkirchen erhalten und ich möchte sie mit Ihnen teilen.«

Sie begann, die Einzelheiten des Falls zu schildern, wobei sie sorgfältig darauf achtete, keine Details preiszugeben, die möglicherweise die Ermittlungen behindern könnten. Sie erzählte, dass der Mord live im Internet übertragen und dass die Polizei von vielen Zeugen kontaktiert worden war, die den Vorfall beobachtet hatten.

»Wir haben bisher keine direkten Beweise dafür, wer hinter dem Mord steckt«, sagte sie. »Es gibt Indizien, die uns in die richtige Richtung führen könnten. Wir haben zum Beispiel herausgefunden, dass der Täter Zugang zu fortschrittlicher Drohnentechnologie hatte, die nicht so ohne Weiteres zu bekommen ist. Es gibt mehrere Zeugen, die berichtet haben, dass sie kurz vor dem Mord einen verdächtigen Lieferwagen in der Nähe gesehen haben. Wir arbeiten derzeit daran, mehr über diesen herauszufinden und seinen Besitzer zu identifizieren.«

Melanie machte eine Pause, um mit einem Moment der Ruhe volle Aufmerksamkeit zu erhalten: »Ich möchte, dass wir all unsere Ressourcen in diesen Fall stecken und herausfinden, wer hinter dem Mord steckt. Der Täter muss zur Rechenschaft gezogen werden, bevor es zu weiteren Morden kommt. Die Webseite mit den Infos von Rumpelstilzchen lassen keinen Zweifel, dass es noch weitere Todeskandidaten gibt.«

Die Mitglieder der Mordkommission nickten zustimmend und machten sich bereit, ihre Arbeit aufzunehmen. Sie waren entschlossen, den Täter zu finden und ihm das Handwerk zu legen.

Auf dem Weg in ihr Büro ging Melanie neben Enzo und fragte ihn leise: »Wie war ich?«

Enzo hob die Hand und zeigte ihr den gehobenen Daumen. »Das hast du perfekt gemacht. Raimond hat ein gutes Gespür. Sogar der Externe, der an allen etwas auszusetzen hat, hat heute keine seiner sonst üblichen überheblichen Fragen gestellt.«

»Du meinst den Pfeifenraucher? Der so ein wenig auf Sherlock Holmes macht? Warte … Peter Hauser heißt er. Ich muss mir die Namen von allen noch besser einprägen. Mit den externen Ermittlern hatte ich im Streifendienst nichts zu tun. Offen gestanden habe ich bisher nur eine Abrechnung von ihm gesehen.«

»Melanie. Der Typ ist klasse und sehr routiniert. Er hat uns schon in anderen Fällen gut geholfen.«

»Na, da bin ich gespannt.« Melanie blieb kurz stehen und schaute auf ihr Smartphone. »Dieser Hussein ist jetzt zum Verhör bereit. Ich gehe gleich hin. Muss nur kurz ins Büro, die anderen Akten wegbringen.«

»Die kannst du auch mir geben, Chefin.«

»Mensch Enzo. Daran, dass du mich Chefin nennst, werde ich mich wohl nie gewöhnen.« Sie gab ihm den Aktenstapel und fischte sich die von Hussein Okyar heraus.

»Mist, ich wollte das ja eigentlich nicht mehr sagen.«

»Ist nicht schlimm. Es ist nur so, dass du viel älter und erfahrener bist als ich, und …«

»Melanie«, unterbrach sie Enzo mit einem freundschaftlichen Lächeln. »Ein guter Indianer ist noch lang kein guter Häuptling. Außerdem, wie sieht das aus? Ich werde Chef hier und gehe in ein paar Jahren in Rente. Wir haben hier Fälle, die einfach mehrere Jahre brauchen, bis sie geklärt sind. Da kann man nicht einfach so das Personal auswechseln.«

»Mit agilen Methoden sollte das aber schon möglich sein.«

»Agil … Case … Task … so könnt ihr eure Fische fangen. Ich bleibe bei den klassischen Methoden.«

»Also gut. Danke fürs Aktenübernehmen. Vielleicht kannst du dir auch gleich noch unsere Pinnwand vornehmen und prüfen, ob sich noch etwas ergänzen lässt. Ich meine, jeder Mörder macht mal einen Fehler, oder?«

»Sonst würden wir sie nicht erwischen. Also, bis später.«

»Ja.« Melanies Handy klingelte. »Heimann.« Sie hörte kurz, obwohl sie nach dem Blick aufs Display schon wusste, dass es die Kollegen waren, die Hussein zum Verhörraum gebracht hatten. »Ja, ich bin in fünf Minuten da.« Dann hörte sie wieder kurz zu. »Wenn es sich vermeiden lässt, dann lasst den Arzt noch nicht zu ihm. Vielleicht sind Entzugserscheinungen gar nicht so schlecht, unser Vögelchen singen zu lassen.« Sie ging los und winkte Enzo kurz zu. »Ja, okay. Bis gleich.« Dann ging sie ins Treppenhaus. Melanie war sich nicht sicher, aber sie hatte Hussein unter dringendem Verdacht, in den Mord von Kusja involviert zu sein, wenn er ihn nicht sogar selbst in Auftrag gegeben hatte.

* * *

Es war später Nachmittag. Peter Hauser saß in seinem kleinen Büro im Stadtzentrum von Köln, blätterte durch seine Notizen und das Telefonbuch. Während er sich auf seinen nächsten Anruf vorbereitete, zog er genüsslich an seiner Pfeife.

Er wählte eine Nummer aus dem Telefonbuch und wartete, während das Freizeichen ertönte. Nach einigen Sekunden meldete sich am anderen Ende der Leitung eine Frauenstimme.

»Guten Tag, mein Name ist Peter Hauser und ich bin Privatermittler. Ich rufe an, weil ich Sie möglicherweise um Ihre Hilfe bitten muss. Haben Sie vielleicht in jüngster Vergangenheit einen auffälligen Lieferwagen in der Nähe Ihres Hauses gesehen?«

Die Frau am anderen Ende der Leitung antwortete zögerlich: »Ja, ich glaube, ich habe so einen Wagen erst gestern gesehen. Warum fragen Sie?«

Peter Hauser erklärte ihr kurz, dass er nach Zeugen für einen Drohnenmord suchte und dass der Lieferwagen möglicherweise etwas damit zu tun hatte. Er bat sie, sich an jedes Detail zu erinnern, das sie über den Wagen oder seinen Fahrer wissen könnte, während er einen tiefen Zug von seiner Pfeife nahm.

»Ich glaube, der Wagen hatte ein schwarzes Nummernschild und ich habe gesehen, wie jemand aus dem Fahrerfenster geblickt hat. Ich könnte Ihnen jedoch die Person jetzt nicht beschreiben. Ich bin für gewöhnlich nicht so neugierig. Nur bei der Farbe des Nummernschildes bin ich mir sicher.« Die Antwort klang etwas zögerlich, aber das kannte der private Ermittler schon. Ihm war das lieber als die Leute, die ihm Geschichten erzählten, nur um sich interessant zu machen. Er bedankte sich bei der Frau für ihre Hilfe und machte sich einige Notizen. Er wusste, dass jedes noch so kleine Detail wichtig sein konnte, wenn es darum ging, den Täter oder die Täterin zu finden.

Er wählte die nächste Nummer aus seiner Liste und wiederholte den Prozess, immer auf der Suche nach weiteren Hinweisen und Zeugenaussagen, die ihm helfen könnten, den Fall aufzuklären.

ZWEIUNDZWANZIG
HUSSEIN

»Ich kann Ihnen nicht sagen, wer es war.« Hussein rieb sich die Augen, schlug ein Bein über das andere, drehte sich auf dem Stuhl hin und her, um letztendlich wieder in die breitbeinige Sitzposition zurückzukehren. Er legte beide Hände zitternd auf die Tischplatte. »Wenn ich irgendwas verrate, dann machen die mich im Knast fertig. Die haben ihre Leute überall.«

»Wer sind die? Wen meinen Sie.« Melanie lehnte sich vor, während Kollege Kaiser die von Hussein unterschriebene Belehrung wieder in seine Aktentaschen legte.

»Das hab' ich doch schon tausend Mal gesagt. Wenn ich auch nur einen einzigen Namen verrate, dann bin ich tot.« Er zog seine klebrigen Handflächen über die Jeanshose, als würde er Käse raspeln. »Kann ich nicht irgendwas haben, damit ich etwas runterkomme?«

»Sie fragen mich doch wohl nicht nach Drogen?« Melanie knallte mit beiden Händen auf den Tisch: »Nennen Sie mir wenigstens einen Namen und Sie bekommen was zur Beruhigung.«

»Ihr versteht überhaupt nichts. Ein einziger Name bringt euch nicht weiter. Jungs wie mich gibt es wie Sand am Meer. Wenn ich nicht auf der Straße stehe und verkaufe, steht morgen jemand anders da. Kein Schwanz interessiert sich für mich. Dass ich weg bin, fällt überhaupt keinem auf.« Er verschränkte die Arme vor seiner Brust. Es sah so aus, als wolle er sich selbst damit tröstend in den Arm nehmen. Während er mit dem Oberkörper vor und zurück schaukelte, redete er wie in einem Monolog weiter: »Genauso wie Lisa. In ihrem Zimmer sitzt bestimmt schon eine neue Nutte und bedient die Freier. Irgendein armes Mädchen aus Ost-Europa, dem man hier eine Modelkarriere versprochen hat, um sie dann abhängig zu machen. Es ist ein Kinderspiel für die, ihr den Ausweis wegzunehmen und sie so lange als Fickmaschine zu benutzen, bis sie dafür zu alt ist oder irgendwo in einem Teppich gefunden wird, auf der Müllhalde.«

»Hat dieser ... Kusja ... sie getötet?«

»Natürlich war es dieses Schwein. Er hat mir versprochen, dass ihr nichts passiert, solange ich mache, was er sagt.«

»Und das wäre?«

»Netter Versuch. Ich sage euch nichts.«

Melanie holte ein Foto aus der Akte, die vor ihr auf dem Tisch lag und platzierte es so, dass Hussein es ansehen musste. »Alexander Michalowitsch Schukow wurde heute auf brutale Weise von Drohnen hingerichtet. Die Tat wurde live im Internet übertragen. Was haben Sie dazu zu sagen?«

Hussein fing an, zu lachen: »Es gibt doch einen Gott! Die Sau hat es nicht besser verdient.«

»Was Sie damit zu tun haben, will ich wissen!«

»Ich? Nichts! Wenn ich ihn umgebracht hätte, dann

hätte ich mir viel Zeit damit gelassen! Ich hätte ihn so lange gequält, wie es ein Mensch nur aushalten kann.«

»Mit Raimond Schuberts Waffe?«

»Was für eine Waffe?«

»Die, mit der Sie den Parkhauswächter bedroht haben, verdammt!«

»Ich weiß von keiner Waffe.«

»Ach ja? Dann schauen wir uns mal das Überwachungsvideo aus dem Parkhaus zusammen an, wenn Sie sich so sicher sind.«

»Bitte! Ich weiß zwar nicht, was das ändern soll, aber wenn es meine Unschuld beweisen kann, dann los.« Hussein wackelte nun noch unruhiger auf seinem Stuhl herum. Melanie war sich sicher, dass sie ihn hatte.

Sie entsperrte das Tablet, das sie mit in den Verhörraum genommen hatte, um neben den Ausdrucken, die sie ihm vorlegen wollte, auf weitere Ressourcen zugreifen zu können. Das Mail, das sie heute Morgen erhalten hatte, war verschwunden. Auch die heruntergeladenen Dateien waren verschwunden.

»Ich ... das Video sehen wir uns später an. Verraten Sie mir, wie Sie ihn umgebracht haben? Dazu muss man einiges können. Stecken Sie hinter der Webseite?«

»Was für eine Seite? Nein, ich war es nicht.«

»Sie haben ihn also nicht getötet?«

»Nicht, dass ich mich erinnern könnte. In letzter Zeit ist es etwas schwierig für mich, Realität und Fantasie auseinanderzuhalten.«

Melanie ging um den Tisch herum, legte ein weiteres Foto neben Hussein ab und sah ihn aus nächster Nähe an. »Sie erkennen diesen Mann?«

»Nie gesehen.«

»Ihre Reaktion zeigt etwas Anderes. Dafür, dass er Ihnen unbekannt ist, sind Sie ziemlich nervös.«

»Ich brauche Stoff!«

»Oh, den haben Sie auch schon gebraucht, bevor ich Ihnen das Foto hingelegt habe. Soll ich Ihnen weiter auf die Sprünge helfen?«

»Keine Ahnung, was Sie meinen.«

»Ihr Handy. Wir konnten auslesen, wo Sie waren.« Sie legte ein Blatt neben ihn.

»Woher habt ihr meine PIN?«

»Da war keine PIN. Hier sehen Sie, dass Sie in der vergangenen Woche zweimal bei diesem Mann zu Hause waren. Was haben Sie bei ihm gemacht und wo ist er?«

»Hören Sie, ich kenne ihn nicht. Wenn Sie es so genau wissen wollen … ich habe einen Freund besucht. Der wohnt in dem Haus.«

»Ach. Nachts um vier?« Melanie ging wieder auf die andere Seite des Tisches und setzte sich auf ihren Stuhl. »Eigentlich brauchen Sie uns nichts zu gestehen. Die Beweislage reicht uns. Wenn Sie nicht mitspielen, werden Sie eine sehr lange Zeit hinter Gittern leben.«

»Das ist jetzt auch egal.«

»Wollen Sie wissen, was ich denke?«

»Sie werden es mir eh sagen.«

Ein weiterer Ausdruck aus der Akte rutschte über den Tisch. »Die Drohnen wurden zwar über das Darknet bestellt, aber unsere IT ist auch nicht auf den Kopf gefallen. Wir konnten die Bestellung zu diesem Mann zurückverfolgen. Es waren die gleichen Drohnen, die uns bei der Durchsuchung seiner Wohnung gefilmt haben. Wir konnten nachvollziehen, wie viele Drohnen dieser Mann bestellt hat und dass sie an mehrere Packstationen ausgeliefert wurden. Danach verschwand zwar die Spur, doch ich kann die Reise nun logisch fortsetzen. Sie haben mit diesem Mann irgendeine Sache am Laufen. Als Sie dann erfahren haben, dass Schukow ihre Freundin getötet hat, haben Sie den Mord per Drohne in Auftrag gegeben.«

»Ich frage mich gerade, wer von uns auf Droge ist. Ihre Kombinationsgabe in allen Ehren, aber da gibt es einen Fehler.«

»Und der wäre?«

»Ich war es nicht. Ich bin Hussein, ein kleiner Straßendealer. Dieses Drohnending ist mir eine Nummer zu groß!«

Wieder griff Melanie in ihre Akte und förderte ihren letzten Trumpf zutage: »Ihre Schulnoten sagen etwas Anderes. Da sehe ich eine Menge Einsen.«

»Das war …«, schluchzte er, »… vor Emres Tod.«

»Sie spielen mir doch etwas …« Die Tür wurde geöffnet. »Ich hatte doch gesagt, ich wünsche …«

»Sie werden sich noch etwas ganz anderes wünschen. Samuel Gutmann ist mein Name. Ich bin der Anwalt von Herrn Okyar. Mein Mandant macht ab sofort keine Aussagen mehr. Sämtliche Kommunikation mit meinem Mandanten findet bitte nur noch in meiner Anwesenheit statt.«

Melanie stand auf und hielt ihm die Hand hin, doch Gutmann blieb an der Tür stehen und zeigte hinaus.

»Frau Heimann, ich bin bestens informiert. Würden Sie und ihr Kollege meinen Mandanten und mich bitte für einen Moment allein lassen? Ich danke Ihnen.«

Abwartend stand er an der Tür und lächelte sie an. Melanie wusste nicht, ob das in Ordnung war, aber sie hatte bereits alles erfahren, was sie aus dem Jungen herausbekommen konnte. Deshalb nahm sie ihre Akten vom Tisch und machte sich auf den Weg.

»Ich hätte gern eine Kopie der gegen meinen Mandanten verwendeten Unterlagen.«

»Was nicht unter Verschluss ist, bekommen Sie von der Staatsanwaltschaft.«

»Dr. Daher? Das freut mich. Wir haben schon viele Kämpfe geführt.«

DREIUNDZWANZIG
RATTE

Ratte saß am Küchentisch. Seit dem Eilbrief hatte sich alles geändert. Sie hätte sich alle möglichen Beweggründe für die öffentlich ausgestrahlten Hinrichtungen vorstellen können, aber das, was sie aus dem Brief erfahren hatte, diese Ehrlichkeit, all die Emotionen, hätte ihr beinahe das Herz gebrochen. Den Grund für diese entsetzlichen Taten hatte sie nun verstanden und sie war auch absolut dafür, jedoch gab es im Anschluss an den Brief noch einiges an Redebedarf. Das Gespräch lief genauso, wie es beim ersten Mal gelaufen war. Sie sprach ihre Fragen oder Anregungen in ihrer Wohnung aus, schon wenige Minuten später erhielt sie einen Brief per Eilboten. Wie das möglich war? Sie hatte keinen blassen Schimmer. Es war ihr auch egal. *Besser, ich weiß nur den Teil, der mich etwas angeht. Dann habe ich bis ans Ende meiner Tage die Sicherheit, dass ich Menschen in Not helfen kann,* dachte sie und träumte schon davon. *Ich werde alte Lagerhallen zu Unterkünften und Treffs für Menschen, die ohne Obdach sind, umzufunktionieren.*

Die Türklingel riss sie aus ihren Gedanken. Sie schaute wie gewohnt durch den Türspion, entriegelte die

Sicherheitsschlösser und öffnete dem Eilboten, der ihr einen Brief übergab. Sie bedankte sich und schloss die Tür.

»Liebe Ratte,

ich kontaktiere dich aktuell nicht über den Fernseher, da die Spur zu einfach zurückverfolgt werden kann. Gerade jetzt ist äußerste Vorsicht geboten.

Du hattest hoffentlich ausreichend Zeit, die Erlebnisse der letzten Tage zu verarbeiten. Mein Plan erfordert, dass du heute Nacht Aufgabe 3 erledigst.

Dazu steht dir erneut ein Fahrzeug zur Verfügung. Dieses Mal reicht aber ein kleinerer Wagen. Fahre um 21:36 mit der KVB-Linie 1 nach Köln Merheim. Dort gehst du bitte zum Kaufland und steigst in den auf dem oberen Parkdeck abgestellten roten Seat Leon Kombi. Du erkennst das Fahrzeug an einer grünen Plastiktüte, die über den Außenspiegel an der Fahrerseite gewickelt ist.

Vorsichtig beim Entfernen, denn da ist auch der Autoschlüssel drin.

Es läuft beinahe so ab, wie beim letzten Mal.

Du holst wieder Pakete aus einer Packstation, aber dieses Mal packst du sie aus. Die Verpackungen entsorge bitte am Ende der Route in den Müllcontainern, die das Navigationsgerät dir vorgibt. Bitte nur zwei Kartons je Container.

Achte darauf, dass du immer die bereitliegenden Handschuhe trägst.

In jedem der Kartons befinden sich neben dem Gerät zwei Aufsätze. Einer davon hat einen Deckel, in dem es eine durchsichtige Kappe gibt. Den zweiten Behälter aller Geräte bitte mit Deckel in die Müllpresse werfen, die nach dem Container auf deiner Route angezeigt wird.

Anschließend bringst du die Geräte verteilt in deine

und drei weiteren Wohnungen. Verstaue sie in den zwei blauen Taschen, die hinter dem Fahrersitz liegen. Jeweils vier Geräte kommen in jede der Wohnungen. Es ist wichtig, dass du dich wieder an den Zeitplan des Navigationssystems hältst. Bei den einzelnen Wohnungen hast du genug Zeit, alles gemäß der anliegenden Aufbauanleitung aufzustellen. An den Strom werden sie allerdings erst übermorgen angeschlossen.

Bis dahin hast Du die initiale Aufgabe, bei allen Wohnungen einen Zustand herzustellen, der den Eindruck hinterlässt, dass sie bewohnt sind.

Das Einfachste wird sein, dass du heute Nacht in der vierten Wohnung schläfst und dann immer im Wechsel von einer Wohnung zur nächsten umziehst. Ich stelle mir vor, dass du jeweils eine Woche in einer der Wohnungen wohnst. Falls dir die Kleidung gefällt, die ich organisiert habe, kannst du sie gerne tragen und behalten.

In den Wohnungen befinden sich Lebensmittel und Hundefutter. Merk dir bitte die Namen an den Klingelschildern, denn für den Zeitraum deines jeweiligen Aufenthaltes solltest du auf den Namen hören und dich bei Bedarf auch so vorstellen, falls du überhaupt einem der Nachbarn begegnest. Die Installationen, die du aufbauen und regelmäßig überwachen musst, befinden sich in Zwischenwänden hinter den Fernsehern der Wohnung. Du wirst schnell feststellen, wie sie zu installieren sind. Für alle weiteren Aufbauten erhältst du rechtzeitig Aufbau- und Anschluss-Anleitungen.

Sollte etwas nicht funktionieren, merke ich das und schicke dir entsprechende Anweisungen.

Vielen Dank, dass du zu mir stehst.«

Ratte und Chivas machten sich gerade auf den Weg

nach Merheim. Der Hund mochte das Regenwetter nicht und lief möglichst nah an den Gebäuden entlang, um vor den dicken Tropfen geschützt zu sein. Ratte dagegen empfand jedes Wetter als gut. Sie war es gewohnt, draußen zu sein und auch schon mal nass zu werden. Die Bahnfahrt war unspektakulär, obwohl sie immer aufpasste, ob irgendwo einer ihrer Freunde sein könnte, denn dann müsste sie sich ein wenig verstellen und bei einer Kontrolle weglaufen. Es gehörte nun einmal zu ihrem neuen Doppelleben, denn sie wollte auf den Kontakt zu ihren Freunden nicht verzichten.

Die Fahrt verlief unspektakulär und auch den Wagen mit der Tüte am Außenspiegel und darin liegendem Schlüssel fand Ratte auf dem Parkdeck. Sie ließ den Hund auf die Rückbank springen, setzte sich in das Fahrzeug und startete den Wagen. Heute gab es keine Voice-Taste. Es wurde auch nirgendwo erwähnt. Vielleicht war es doch an der Zeit, sich ein Handy zuzulegen? Ratte hielt den Wagen an, bekam Herzrasen und Schweißausbrüche. *Mist. Panikattacke.* Sie konnte es sich nicht erklären, aber sie war schon Ewigkeiten Gegnerin dieser Technologie. Es war eine Sache, einen Automaten zu bedienen, um eine Fahrkarte zu holen. Ein Navigationsgerät ... okay, wenn es denn sein muss ... aber Ratte und ein eigenes Smartphone oder überhaupt ein Telefon, das sie nur beherrschen und umerziehen will? Nie!

Nachdem sie sich einigermaßen beruhigt hatte, war es dringend an der Zeit, weiterzufahren. Das Navigationssystem hatte die Route anscheinend geändert, um sie zu den berechneten Zeiten zu den ausgewählten Packstationen zu leiten. Die Tour verlief weitestgehend unauffällig. Die einzige Besonderheit war, dass die Pakete heute alle das gleiche Gewicht – sie schätzte es auf 10 Kilo – hatten und auch die Abmessungen identisch waren.

Die letzte Packstation war erreicht. Das Paket passte zuerst nicht in den Kofferraum. Doch nachdem sie die Pakete anders gestapelt hatte, passte es doch noch zwischen die anderen. Dann erschien auf dem Tablet die Anweisung: ›ZUR NÄCHSTEN STATION FAHREN, AUSPACKEN UND KARTONS ZERKLEINERN‹. Sie fuhr los und wurde zu einem kleinen Feldweg geleitet, den sie etwa 100 Meter hineinfuhr. Etwas unentschlossen stand sie vor der offenen Kofferraumklappe und zögerte erst, doch dann ging es schnell. Sie schnitt den ersten Karton mit der Klinge ihres Leatherman Multitools auf, das sie immer bei sich trug. Darin befand sich ein weiterer Karton, der ebenfalls aus brauner Pappe war und unauffällig wirkte. Der einzige Unterschied war, dass auf diesem Karton eine aufgerollte Welle, die ein wenig an ein spiegelverkehrtes At-Zeichen erinnerte, abgebildet war. Daneben stand in schwarzen Buchstaben ›blendtec‹. Das hatte sie schon einmal irgendwo gesehen. Als sie den Inhalt des Kartons sah, fiel es ihr ein: Ein Freund hatte ihr einmal ein Video gezeigt, in dem ein verrückter Professor … I*ch konzentriere mich besser auf meinen Auftrag,* bremste sie ihre abschweifenden Gedanken und packte die Geräte weiter aus, bis ihr einer der Lieferscheine in die Finger kam und sie ihn näher ansah.

›BLENDTEC STEALTH 885 /1800 WATT + 2 x FOURSIDE JAR 2.100,- €‹

Sie schluckte. *2000 € für 'nen Mixer? Wofür er das wohl braucht?*

Ohne Pause und zudem sehr vorsichtig packte sie die

Geräte eins nach dem anderen aus und legte sie sorgfältig in den Kofferraum zurück. Die Kartons zerschnitt sie in kleine Stücke und achtete dabei darauf, immer vier Kartons so zu legen, dass sie diese leicht in die entsprechenden Müllcontainer werfen konnte.

32.000 *Euro, Fuck!*, schoss es ihr bei der Weiterfahrt in den Kopf. *Was zur Hölle baut Maske da, dass allein die Mixer 32.000 Euro kosten? Es wird doch hoffentlich keine Bombe werden?* Ihre kreisenden Gedanken hätten sie an der Auffahrt zur Zoobrücke beinahe über eine rote Ampel fahren lassen. *Konzentriere dich und halt dich an den Plan.* Sie hatte das Versprechen von Maske, nicht mehr an Hinrichtungen oder Morden beteiligt zu werden. Irgendwie vertraute sie dem Unbekannten, der sich bei ihr nur über Briefe meldete, die sie übrigens alle auf seine Anweisung nach dem Lesen verbrannt hatte.

Ihre Route führte zuerst zu ihrer Wohnung. Sie parkte den Wagen in einer Seitenstraße und schleppte die zwei großen Taschen rein, die sich samt Inhalt gut tragen ließen. Auf dem Rückweg zum Auto steckte sie ihr Schlüsselbund ein, dabei kam ihr der Gedanke: *Wie soll ich eigentlich in die anderen Wohnungen kommen? Ich habe keine Schlüssel.* Dennoch fuhr sie gelassen zur nächsten Adresse. Da Maske alles genau geplant hatte, war sie sich sicher, dass sie eine Anweisung auf dem Tablet oder dem Navigationsgerät finden würde. Doch als sie vor einem der höchsten Gebäude in der Alteburger Straße stand, wusste sie nicht mehr weiter. Wie sollte sie …? Der Türsummer brummte. Staunend öffnete sie die Haustür und ging in den Flur. Einer der Aufzüge öffnete sich. Ohne zu zögern, betrat sie die leere Kabine und stellte erleichtert fest, dass sich die Aufzugtür schloss. Gleich darauf spürte sie den leichten Druck in ihren

Beinen, der darauf schließen ließ, dass der Fahrstuhl nach oben fuhr.

Die Tür öffnete sich, nachdem die Anzeige bis zur Sieben hochgezählt hatte. Chivas rannte los, während Ratte noch die beiden Taschen schulterte, um ihrem Hund zu folgen. Er lief auf eine Wohnungstür am Ende des Ganges zu, hinter der es ein Geräusch zu hören gab, das wie ein kleiner Motor klang. Als Ratte ihren Hund zurückrufen wollte, sprang die Tür einen Spalt weit auf und Chivas war schon darin verschwunden.

»Chivas! Du kannst doch nicht einfach in ...« Ratte verschlug es die Sprache, als sie die Wohnung betrat. Alles sah irgendwie neu und gleichzeitig gebraucht aus. Die Wohnung wirkte unbenutzt, allerdings war eins der ersten Dinge, das ihr in die Augen sprang, eine Pinnwand, an der Fotos und handschriftliche Notizen hingen. Sie ging näher, da sie zuerst dachte, sich zu täuschen, aber auf einigen der Fotos war sie abgebildet. Sie sah sich an Orten, die sie nie besucht hatte, und mit Menschen, die sie nicht kannte. Allerdings wirkte das auf den Bildern ganz anders.

Ratte stellte die Taschen auf dem Boden ab und schloss die Wohnungstür, an der ein seltsamer Zylinder befestigt war. *Bestimmt hat dieses Teil die Wohnung geöffnet.* Sie ging durch die vier Räume der großen Wohnung, sah sich auch auf dem Balkon um. Alles erweckte den Eindruck, als würde hier schon länger jemand wohnen, auch die Beleuchtung war bereits eingeschaltet, als die Tür sich geöffnet hatte. Ein Fernseher zeigte ein Musikvideo und spielte Ska-Punk – eine Musik, die ihr gut gefiel. Ratte ließ sich auf einen Sitzsack fallen, was Chivas als Aufforderung zum Kuscheln annahm.

»Wenn ich doch nur wüsste, was das alles soll.«

Die Musik verstummte. Ratte sah zum Fernseher, um

zu prüfen, was da los war. Anstelle des Musikvideos stand nun eine Textzeile auf dem Bildschirm: »ICH WERDE ES DIR BEIZEITEN ERKLÄREN.«

»Ich wüsste aber gern schon, ob wir damit irgendwelche Menschen verletzen oder töten. Du weißt, ich mache da nicht mit.«

»DU BIST AN KEINER WEITEREN RACHEAKTION BETEILIGT.«

»Wofür sind die Mixer?«

»SIE SIND TEIL MEINER ÜBERLEBENSSTRATEGIE.«

»Für Smoothies?«

»DU WIRST VERSTEHEN, WENN ES SO WEIT IST.«

»Na klasse.«

»VERSTAUE BITTE DIE GERÄTE IN DER WANDINSTALLATION AUF POSITION EINS BIS VIER!« Ein Klicken folgte und ein Teil der Wand inklusive Fernsehgerät fuhr ähnlich einer Kofferraumklappe hoch. Ratte hatte den Mechanismus vorher nicht gesehen. Dahinter sah sie eine Art Regal-System, in dem die einzelnen Fächer durchnummeriert waren. Zwischen den Regalfächern gab es Kabelkanäle und unterschiedlich große Halterungen.

Ratte entschloss sich, zum einen aus Angst, zum anderen aus Neugierde, den Anweisungen weiter zu folgen. Deshalb stellte sie die vier Geräte der Marke blendtec auf die in Bodennähe angebrachten Regalböden. Nachdem sie die hintere Plastikabdeckung und die vordere Klappe angebracht hatte, stellte sie den Mixbehälter auf das Gerät und schloss die vordere Klappe. *Das wird ein Schallschutz sein*, dachte sie, während sie das erste Gerät in das Regal stellte.

Kaum hatte sie das letzte Gerät positioniert, fuhr die Wand wieder in die ursprüngliche Position zurück.

Sie schnappte sich die blauen Taschen, suchte nach dem Lichtschalter, fand aber keinen.

»Wo schalte ich denn das Licht aus?«

»DAS GEHT AUTOMATISCH. BIS GLEICH, IN DER NÄCHSTEN WOHNUNG.«

»Du weißt schon, dass das total spooky ist?«

»ICH WEIß! DANKE, RATTE, DASS DU MIR HILFST.«

Sie überlegte kurz, was sie antworten sollte. Dann lächelte sie und sagte: »Wir Außenseiter müssen doch zusammenhalten.«

Die Antwort, die auf dem Bildschirm erschienen, ließ sie laut lachen, denn die Riesen-Glotze zeigte nur zwei Buchstaben und ein Ausrufezeichen: »OI!«

Ratte verstand, dass auch Maske Probleme mit Autorität jeglicher Art hatte.

Die nächsten beiden Wohnungen waren in anderen Kölner Stadtteilen, hatten eine ähnliche Einrichtung, aber andere Fotos und persönliche Gegenstände.

Als sie den Aufbau der Geräte in der vierten Wohnung, die in Köln Merheim lag, beendet hatte, fragte sie: »Was mache ich denn jetzt mit dem Auto? Das muss ich doch sicher zurückbringen.«

»NEIN. WIR BRAUCHEN ES NOCH EIN BIS ZWEI TAGE.«

»Okay. Maske?«

»JA, RATTE?«

»Ich fühle mich irgendwie beobachtet und überwacht.«

»DAS DIENT ZU UNSERER SICHERHEIT. NIEMAND AUSSER MIR HAT ZUGRIFF.«

»Du bist aber nicht irgendein Perverser?«

»ICH BESTRAFE PERVERSE!«

Sie wusste nicht, was sie von dieser Antwort halten sollte, deshalb entschied sie sich, nicht weiter darüber nachzudenken. Es war an der Zeit, eine Runde mit dem Hund spazieren zu gehen. Daran, dass sich die Tür automatisch öffnete, hatte sie sich längst gewöhnt.

Ratte liebte Spaziergänge in der Nacht. Sie genoss es, allein zu sein und die frische Luft, die sich in der Nacht reiner anfühlte, zu atmen.

Sie ließ ihren Gedanken freien Lauf. Als sie ihre erste Wohnung bekommen hatte, war sie sehr froh darüber gewesen. Jetzt gab es vier Wohnungen, in denen nur sie sich aufhalten durfte. Obwohl sie nicht dafür verantwortlich war, empfand sie eine tiefe Schuld den anderen Obdachlosen gegenüber, mit denen zusammen sie früher oft bis in die Nacht, teilweise erfolglos nach einer Unterkunft, einem trockenen Platz zum Schlafen gesucht hatte. Unzählige Male war sie nachts beraubt worden, hatte Probleme mit den Bullen bekommen, weil sie sich den falschen Ort zum Schlafen ausgesucht hatte. Die schlimmste Erfahrung war aber, als sie sich auf Sex mit irgendwelchen wildfremden Männern eingelassen hatte, um nicht gewaltsam genommen zu werden. An das Gefühl, sich Wochen nicht waschen zu können, keine Hygieneprodukte während ihrer Periode zur Verfügung zu haben … an all das wollte sie sich nicht erinnern und vor allem eins: Sie wollte nie wieder zurück auf die Straße müssen. *Augen zu und durch*, dachte sie und fühlte sich nach ihrem Entschluss schon etwas besser. Jetzt hieß es, Maskes Anweisungen blind zu folgen. Danach sollte ihre Zeit kommen, wenn Maske sich an die Abmachung hält. Was konnte schon noch passieren? Sie hatte in ihrem kurzen Leben mehr erlebt als manch 90-Jähriger.

VIERUNDZWANZIG
GERDA BAUMANN

»Hallo! Melanie! Ich bin hier!« Gerda Baumann stand unten an der Rolltreppe im Basement der Arcaden und winkte Melanie zu. Für einen Moment hatte sie ihre schmerzende Hüfte vergessen. Eigentlich sollte die nicht mehr wehtun, da der Bruch der Gelenkpfanne vollständig verheilt sei. *Das ist psychosomatisch*, hatten sie ihr eingeredet, aber Gerda hatte echte Schmerzen. Auch die Kopfschmerzen und Sehstörungen konnten keine Einbildung sein. Sie war überzeugt, dass es sich um Langzeitfolgen der vielen Prügel handelte, die sie von ihrem Mann hatte einstecken müssen. Zum Glück war ein Jahr vergangen und Peter hatte seine Strafe erhalten. Gerda hatte sich gewünscht, dass er für seine Sünden bezahlt. Als sie dann erfahren hatte, dass Peter eins der Opfer des Blutwurstmörders geworden war, betrachtete sie seine Schuld als beglichen.

Mit ausgestreckten Armen begrüßte sie Melanie, die in der vergangenen Zeit so viel für sie getan hatte. *Freundinnen sind füreinander da*, hatte sie geantwortet, als Gerda sie gefragt hatte, womit sie das alles verdient hätte, aber sie war sich sicher, dass die Polizistin ein Mensch mit dem Herzen am rechten Fleck ist. Sie taten einander gut. Gerda hörte Melanie zu. Sie konnte einschätzen, wenn keine Antwort erwartet wurde.

»Hallo Gerda! Oh, schön, du hast eine neue Frisur. Steht dir gut.«

Sie strich sich über das blondierte, geglättete Haar und antwortete: »Ist viel praktischer.«

»Gerda! Du siehst prima aus. Jetzt stehen die Männer Schlange bei dir.«

»Nee, ehrlich! Was ich da in den letzten Wochen erlebt habe, reicht für den Rest meines Lebens.«

»Ach, gibt es etwas Neues?«

»Eben nicht, ausschließlich Ausschussware.«

Melanie musste sich ein Kichern verkneifen, als Gerda anfing zu lachen, prustete sie auch los.

»Ich sage dir: Muttersöhnchen und Psychopathen. Einer wollte sogar seine Mutter mit zum Date bringen.«

»Vielleicht bist du auf der falschen Plattform unterwegs?«

»Nein, ich habe fast alle Plattformen durch. Ich bleibe Single und kaufe mir eine Katze, sollte ich mich irgendwann einsam fühlen. Bis dahin gibt es noch viel zu entdecken.«

»Na, was meinst du? Bist du bereit, den Chinesen zu entdecken?«

»Sollen wir uns nicht eine Portion teilen? Allein schaffe ich das nicht.«

»Ja, warum nicht? Ente?«

»Gern! Warum können Männer nicht so unkompliziert sein?«

Melanie bestellte eine Portion knusprige Ente und zwei Cola. Der Vorteil beim Chinesen in den Arcaden war, dass man sofort sein Essen erhielt. Gleich nach dem Bestellen und Bezahlen erhielten sie ihren Teller. Melanie nahm Stäbchen, Gerda bestand auf Besteck.

Sie setzten sich an einen der hinteren Tische, um danach in Ruhe quatschen zu können.

»Guten Appetit.«

»Lass es dir schmecken, liebe Gerda.«

Beide aßen einen Moment, ohne zu sprechen, dann legte Gerda ihre Gabel auf die Serviette und fragte: »Hast du dich denn in deiner neuen Position eingefunden? Das ist ja eine schöne Herausforderung.«

Melanie kaute, schluckte runter und trank einen Schluck Cola, bevor sie antwortete: »Du, das klappt hervorragend. Enzo ist sehr nett und hilfsbereit. Außerdem hab' ich seit ein paar Tagen das Gefühl, dass ich angekommen bin. Weißt du, was ich meine?«

»Ja, ich glaube, das verstehe ich. In der Flüchtlingshilfe habe ich ja auch eine Aufgabe gefunden. Als Gewaltopfer kann ich mich besser in die Frauen hineinversetzen. Wenn die zu mir kommen, dann sind die komplett verschlossen, nach kurzer Zeit tauen sie auf.«

»Das kann ich mir gut vorstellen. Du weißt, wie sie sich fühlen und das merken die.«

»Ich glaube auch.« Gerda lächelte sie an. Es war dieses herzliche und dankbare Lächeln, das Melanie an ihr mochte. Vielleicht, weil es das Ehrlichste war, was sie seit Langem gesehen hatte.

»Hast du denn diesen Urlaub gebucht?«

»Nein, ich habe mich umentschieden. Ich war noch nie in Barcelona und habe mir spontan einen Flug und ein Hotelzimmer gebucht. Am Strand liegen ist nicht mein Ding. Ich habe jahrelang in meiner Küche gesessen. Jetzt ist es an der Zeit, etwas zu erleben.«

»Oh, Barcelona. Das ist eine wunderschöne Stadt.«

»Warst du schon da?«

»Ja. Vor zwei Jahren.«

»Klasse. Vielleicht kannst du mir ein paar Tipps geben.«

Melanies Handy vibrierte. Sie schaute aufs Display und sah eine Nachricht von Enzo: *Geh sofort auf die Webseite. Es passiert was.*

»Oh, sorry, Gerda. Das ist dringend. Ich muss nur ... Mist, ich habe kaum Internet.« Bisher hatte sie im Untergeschoss der Arkaden noch nie mobil surfen müssen, doch heute war ihr aufgefallen, dass an der Stelle, an der sonst 4G+ zu lesen war, nur das E für Edge stand. Das war eindeutig zu wenig, um einem Videostream zu folgen.

»Geh nur, Süße. Wir telefonieren später.«

»Wirklich, es tut mir leid.«

»Quatsch. Alles gut. Bis demnächst. Ist schon gut.« Gerda stand auf und umarmte Melanie zum Abschied. Gleich darauf stürmte diese die Rolltreppen hinauf. Ihr Ziel war der Elektronikmarkt, denn da waren die Geräte im WLAN. Als sie dort ankam, lief schon auf diversen Laptops der Stream von Rumpelstilzchens Webseite. Nachdem sie sich ihren Weg gebahnt hatte, sah sie ein ähnliches Bild wie auf den Aufzeichnungen des Mordes an Schukow. Dieses Mal stand ein anderer Name in der Laufschrift: +++ Leonid Sergejewitsch Karpow +++

FÜNFUNDZWANZIG
LEW

Alle Anspannung war für heute von ihm abgefallen. Er tastete in die Aktentasche und fühlte den weichen Baumwollstoff. Das allein reichte, um ihn erneut hart werden zu lassen. Er hasste sich dafür. Schon seit seiner Jugend war er anders und hätte eigentlich in eine andere Zeit geboren werden müssen. Zum Beispiel im alten Rom oder bei den alten Griechen. Da war es normal, wenn erwachsene Männer sich einen Jüngling bringen ließen. Was war auch schon dabei? Lew passte sehr auf, dass er die Jungs nicht verletzte. Das war auch eine Zugangsbedingung auf der Plattform, in der er junge Teddys finden konnte. Meistens waren es Väter oder Onkels, die ihre Söhne für ein paar Euro anboten. Er zahlte immer etwas mehr, wenn er das Videomaterial exklusiv bekam. Auch heute hatte er einen Stick mit den Aufzeichnungen bekommen und er konnte es kaum abwarten, sie später bei einem guten Brandy anzusehen. Sie so lange in Zeitlupe laufen zu lassen, bis er es nicht mehr aushalten konnte, bis er ihn rausholte und massierte. Dann würde er den Schlüpfer des Knaben in seinen Mund stecken und ihn inhalieren. Jaaa, der Gedanke gefiel ihm, aber ... niemand durfte es wissen, vor allem nicht Ludmilla, seine Frau. Er hatte Angst vor ihr. Obwohl er ihr alles kaufte, was sie wollte. Er ließ sie mit diesem polnischen Masseur ficken und tat so, als würde er es nicht mitbekommen. Trotzdem schnüffelte sie hinter ihm her und ging ihm mit ihrer Eifersucht furchtbar auf die Nerven.

Lew bog in die Garageneinfahrt und löste den elektrischen Garagenantrieb der von einem Siedlungsmieter untervermieteten Garage aus. Zum Glück stand gerade niemand in der Nähe. Er gab seinem Tesla den Befehl zum Ausparken. Gleich darauf rollte sein rotes Traumauto vorwärts aus der Garage, blieb auf dem angewiesenen Platz stehen und öffnete Fahrertür und den hinteren Kofferraum.

Lew lenkte den kleinen Elektro-Smart in die Garage, stieg aus und steckte den Stecker auf die Ladebuchse. Dann nahm er seine Tasche und holte drei Desinfektionstücher heraus, um damit Lenkrad und Türgriffe abzuwischen. Er hasste Dreck und wusste, dass man ihn nur vermeiden konnte, wenn man hinter sich her wischte. Gleich darauf nahm er eine Plastikbox aus seiner Aktentasche und legte die benutzten Tücher gefaltet hinein, bevor er die Box wieder an ihren Platz zurückbeförderte. Lew richtete seine Krawatte, strich das Hemd glatt und achtete auf den richtigen Sitz seines Sakkos. Erst dann verließ er kerzengerade die Garage, legte seine Tasche in den Kofferraum, setze sich in den Tesla und trat auf das Bremspedal. Die Fahrertür und der Kofferraum schlossen sich, Lew befahl: »Nach Hause«, nachdem er den rechten Knopf am Lenkrad gedrückt hatte. Gleich darauf ließ er das Bremspedal frei. Der Bildschirm zeigte 41 Minuten bis zum Ziel. Er aktivierte den Autopiloten, was in Deutschland verboten war, aber hatte das ihn zu interessieren? Alles war erlaubt, solange ihn keiner dabei erwischte.

»Spiel Musik von Berlioz!« Die Wiedergabe der Ouvertüre zu König Lear setzte ein, während der Wagen sich wie von Geisterhand in Bewegung setzte. Lew lehnte sich zurück und schloss die Augen. Erneut drückte er den Knopf der Sprachbedienung: »Sitzheizung an!«

Ja, so ließ sich die 40 Minuten gut entspannen. Es war wieder ein langer Tag gewesen. Ludmilla würde er sagen, dass er viel Termingeschäft zu erledigen gehabt hätte, falls er sie dieses Mal überhaupt noch nüchtern erleben würde, denn meistens war sie um diese Uhrzeit schon voll wie eine Haubitze.

SECHSUNDZWANZIG
ENZO

»Lolita 1 für Zentrale, ich wiederhole den Auftrag:

Ein Lastkraftwagen der Marke IVECO Modell Daily 72C18 mit dem tschechischen amtlichen Kennzeichen Vier Emil Sechs ...«

»Möchte jemand ein Gummibärchen?« Enzo hielt die Tüte in Richtung der Vordersitze.

»Kannst du nicht eine Minute still sein, Enzo? Wir haben die Jungs auf dem Präsentierteller und du machst einen Campingausflug draus.«

»Ist ja schon gut. Ich weiß ja auch nicht so genau, warum Melanie ...«

»Still jetzt!« KHK Weißmüller aus dem KK23 erhöhte die Lautstärke des Funkgerätes und warf Enzo einen giftigen Blick durch den Rückspiegel entgegen.

»... die Beschreibung des Pkw. In beiden Fahrzeugen werden je zwei bewaffnete Personen vermutet. Sobald Lolita 2 den Zugriff erteilt, sind die Verdächtigen zu verhaften. Dabei muss dringend darauf geachtet werden, die Ladefläche des Lkw nicht zu treffen, da dort von mindestens neun minderjährigen Mädchen ausgegangen wird.«

»Wer macht so was? Die werden es im Gefängnis nicht …«

»Enzo?«

»Was?«

»Schnauze!«

»Zentrale an Lolita 2.«

»Lolita 2 hört.« Weißmüller hatte das Mikrofon griffbereit, damit seine Kollegin, Kriminalkommissarin Katja Zarewski, keine Chance bekam, ihm die Show zu stehlen.

»Alle Fahrzeuge sind auf ihren Posten, die Videoüberwachung hat den Lkw erfasst. Geschätzte Zugriffszeit 19:56 Uhr.«

»Was ist mit den Scharfschützen?«

»In Position.«

»Gut. Männer, ich erwarte, dass jeder auf ausreichend Schutz achtet. Die Scharfschützen haben Schussfreigabe, sobald die Verdächtigen sichtbar ihre Waffen gezogen oder erhoben haben. Ziel ist das Verhindern der Selbsttötung und der Flucht.

Ab sofort Funkstille. Zugriff auf mein Kommando.«

»Das hast du sehr gut …«

»Enzo! Du bist ganz kurz vor einem Disziplinarverfahren, auch wenn es euer Einsatz ist. Die Einsatzleitung habe ich. Sei bitte still!«

Beleidigt lehnte sich Enzo zurück und suchte in der Tüte nach roten Gummibärchen. Nachdem er Weißmüllers Blick im Rückspiegel gesehen hatte, hörte er sofort damit auf und legte die Tüte neben sich.

Es dauerte keine fünf Minuten, da fuhr ein weißer Mercedes C 206 mit Kölner Kennzeichen in die

Seitenstraße des Grengeler Mauspfades. An der von Rumpelstilzchen angekündigten Stelle parkte das Fahrzeug. Einer der Männer stieg aus und stellte sich an eine Straßenlaterne, um seine Blase zu entleeren. Danach stieg er wieder ein.

Für Enzo fühlte sich die Zeit, in der er still auf der Rückbank des Einsatzfahrzeuges verharren musste, wie eine Ewigkeit an. Er war es gewohnt, zu kommunizieren oder irgendetwas zu tun.

Endlich kam der Lkw. Gleich sollte es losgehen. Weißmüller hielt das Mikrofon bereit und wartete darauf, dass die Verdächtigen aus beiden Fahrzeugen ausstiegen.

Die Türen öffneten sich, der Fahrer des Lkw stieg aus und ging in Richtung des Autos. Die beiden Männer stiegen aus ihrem Benz und begrüßten den Lkw-Fahrer.

»Was ist mit dem Beifahrer, verdammt«, fluchte Weißmüller. Als hätte dieser seinen Namen gehört, stieg er über die Fahrertür aus und schien den drei anderen zu erklären, dass seine Tür geklemmt hatte. Zumindest sahen seine Handzeichen danach aus.

Worauf wartet Weißmüller?, dachte Enzo. Doch dann sah er, dass es noch einen dritten Mann im Mercedes gab. Die hintere Tür wurde von einem der Russen geöffnet und ein kleiner dicker Mann in einem teuer aussehenden Anzug stieg aus. Wer auch immer das …

»ZUGRIFF!«, schrie Weißmüller ins Mikrofon, öffnete die Fahrertür und kniete sich mit gezogener Waffe dahinter. Gleichzeitig hatte Zarewski ihre Tür geöffnet, die Waffe gezogen und das Mikrofon, das sie jetzt in die Hand nahm, auf den Außenlautsprecher geschaltet. Während weitere Einsatzfahrzeuge aus beiden Richtungen auf die Verdächtigen zufuhren, rief Katja in das Mikrofon: »Achtung, hier spricht die Polizei. Sie sind von uns umstellt.

Legen Sie sofort Ihre Waffen nieder und heben Sie die Hände über den Kopf. Bewegen Sie sich nicht und folgen Sie den Anweisungen der Beamten. Wenn Sie Widerstand leisten oder …«

Die Männer hatten sofort ihre Waffen gezogen. Vier von ihnen gingen gleich darauf zu Boden, als fast synchron mehrere Schüsse ertönten. Der Fünfte, einer der Tschechen, warf sich auf den Boden und zog einen der Russen über seinen Körper, um in Deckung zu liegen. Dann begann er zu schießen.

Enzo hatte sich quer auf die Rückbank gelegt, als das Echo der Scharfschützen-Gewehre durch die Luft donnerte. Schon eine Sekunde später flogen überall Glassplitter herum. Er hörte Weißmüller schreien: »Katja! Nein!« Dann knallte es noch zweimal, Rufe ertönten, dann war es still.

Bis auf das gurgelnde Wimmern von Katja hörte Enzo nichts mehr. Umso mehr erschrak er, als das Funkgerät losbrüllte: »Lolita 1 an Zentrale.«

»Zentrale hört.«

»Fünf verwundete Verdächtige verhaftet. Scheiße … Katja hat es erwischt. Schickt sofort ein paar RTWs.«

»Mist. Äh. Zentrale verstanden. Georg, wie schlimm ist es?«

Am Funk herrschte stille. Enzo hörte laufende Schritte und setzte sich auf. Weißmüller hatte sich schon zu Katja begeben, die Blut aus ihrem Mund hustete und anscheinend keine Luft bekam.

»Katja! Schatz. Was ist passiert?« Das war Georg. Die beiden hatten vor vier Monaten geheiratet.

»Lasst mich da hin!« Enzo öffnete seine Tür und stieg aus.

»Wir müssen dich in eine stabile Seitenlage bringen,

Katja. Ganz ruhig.« Weißmüller wollte sie schon bewegen.

»Nein. Mach das nicht!«, rief Enzo. »Das wird ihr zu sehr wehtun. Katja! Sieh mich bitte an. Wir versuchen jetzt, dich hinzusetzen. Dein Oberkörper muss nach oben gerichtet sein. Bereit?«

Katja nickte. Weißmüller zeterte von hinten: »Enzo! Weißt du, was du da machst?«

»Jetzt sei du bitte mal still. Ich weiß, was ich mache. Vertrau mir.« Enzo half Katja, sich aufzurichten. Sie verzog schmerzerfüllt ihr Gesicht und kniff ihre Augen zusammen.

Mit gezielten Handgriffen öffnete Enzo ihre Schutzweste und nahm sie ab. Jetzt konnte er sehen, dass sich ihr Hemd nicht nur an der linken Vorderseite kurz unter der Achsel, sondern auch an ihrem Rücken rot verfärbte. Das Projektil stecke in der hinteren Schutzfläche der Weste, hatte also ihren Körper verlassen.

»Oh mein Gott, Schatz!« Georg versuchte, sich vor Enzo zu drängen.

»Georg. Ich brauche deine Hilfe. Wir müssen die Wunde freilegen. Sie hat wahrscheinlich einen Durchschuss, der die Lunge getroffen und dabei Kapillaren verletzt hat. Weißmüller, besorgen Sie Klebeband und zwei Stücke Folie ... irgendwas. Schnell!«

»Woher ... Okay. Ich ... Katja, wir müssen deine Jacke ausziehen.«

Sie versuchte, so gut wie möglich zu helfen, doch immer wieder fielen ihr die Augen zu.

»Du bleibst aber bitte wach, Mädchen! Das machst du gut. Ja. So, jetzt das Hemd. Das schneiden wir weg. Weißmüller! Schere!«

»Hier!« Er reichte Enzo die Schere des Verbandskastens und hatte bereits Folie und Kleber in der Hand.

Enzo zerschnitt das Hemd und sah sofort die

Eintrittswunde. »Ich brauche mehr Licht!« Kaum hatte er das gesagt, hielt Georg seine Taschenlampe in Richtung der Wunde. »Gut. Jetzt muss ich hinten ran.« Enzo schnitt weiter und hatte gleich die Austrittswunde gefunden. Er wischte mit den Fetzen des Hemdes das Blut weg und rief: »Folie!«

»Aber das muss desinfi ...«, begann Weißmüller.

»Nein! Dafür haben wir keine Zeit. Folie! Sofort! ... und drei Klebestreifen!«

Enzo war äußerst geschickt, riss sich die Folie so zurecht, dass sie den Rand des Einschussloches abdeckte. Dann klebte er sie mit drei Klebestreifen auf der Haut fest.

»Aber das dichtet doch die Wunder nicht ab. Wir müssen einen Druckverband ...«

»Ich weiß, was ich zu tun habe. Erklärungen später. Folie!« Enzo klebte an der Austrittswunde die zweite Folie auf und half Katja, den Körper aufzurichten. »So, Kleines. Den Rest musst du selbst schaffen. Versuche auszuatmen und dann ein.«

Sie spuckte das Blut und den Schleim aus ihrem Mund und gab sich sichtlich Mühe beim Ausatmen.

»Sieh doch Enzo. Da läuft weiter Blut raus. Das bringt nichts! Geh weg, ich ...«

In dem Moment, als Weißmüller ihn beiseiteschieben wollte, hörte man Katjas röchelnde Lungen beim Einatmen. Die Folie zog sich über die Wunden und verschloss sie während des Luftholens.

»Das machst du gut, Katja. Halt durch. Der Rettungswagen ist gleich da.« Enzo streichelte ihr über den Kopf. Sie spuckte immer noch Blut und konnte kaum atmen, aber es reichte, um eine Ohnmacht zu verhindern.

* * *

Es hatte eine gefühlte Ewigkeit gedauert, bis der Rettungswagen mit Notarzt eingetroffen war, doch die Rettungsärztin lobte Enzo während der Stabilisierung ihrer Patientin: »Haben Sie Medizin studiert, Herr Conti?«

»Nein, das nicht.«

»Woher wussten Sie, was zu tun war? Das haben Sie ausgezeichnet gemacht.«

»19 Staffeln Grey's Anatomy mit meiner Frau«, gab er schüchtern zu.

»Erstaunlich.«

Katja wurde abtransportiert. Auch die verwundeten Gangster hatten ihre Erstversorgung erhalten und befanden sich, aufgrund ihrer nur leichten Verletzungen, auf dem Weg nach Ossendorf.

Erst jetzt sah Enzo, dass die Ladefläche des Lkw inzwischen geöffnet worden war. Auf dem Boden lag ein Berg leerer Schuhkartons, der anscheinend vorher die Mädchen vor kontrollierenden Blicken hatte verbergen sollen.

Am Straßenrand saßen sie. Kinder, die Enzo auf 10 bis 14 Jahre schätzte. Ihre Kleidung war zerrissen und verschmutzt, sie sahen ängstlich zu den Polizisten, die sie mit Getränken und Sandwiches versorgten, die eine aufgeschreckte Nachbarin auf die Schnelle zubereitet hatte.

»Das ist ja schlimmer als Mord«, sagte Enzo zu Weißmüller.

»Warum?«

»Na, sieh sie dir doch an. Jedes dieser armen Kinder ist traumatisiert fürs Leben.«

»Vielleicht hast du recht.«

SIEBENUNDZWANZIG
MELANIE

+++ Leonid Sergejewitsch Karpow +++ Geldwäsche +++ Steuerhinterziehung +++ Wettmanipulation +++ Menschenhandel +++ Kindesmissbrauch +++ Mord

Ihr Handy hatte keinen Empfang. Sie erinnerte sich, dass Jan ihr mal erzählt hatte, dass in den Elektronikmärkten Störsignale existierten, um Preisvergleiche bei anderen Anbietern zu erschweren. Sie hatte das immer für eine Verschwörungstheorie gehalten und glaubte, dass es auch heute einen anderen Grund für das abhanden gekommene Signal geben sollte. Melanie entschied sich, den Vorgang weiter zu beobachten. Enzo würde sein Möglichstes tun, um den Ort des Geschehens und Karpow zu erreichen, um eine weitere öffentliche Hinrichtung zu verhindern. Auch die IT arbeitete mit Hochdruck daran, Rumpelstilzchens Webseite vom Netz zu nehmen. Aber das glich eher einem Katz und Maus Spiel. Sobald ein Server aufgespürt und vom Netz genommen war, kamen mehrere neue hinzu. Außerdem schien das System sich gegen die Angreifer zu wehren, indem es die Eindringlinge auf falsche Routen lenkte und parallel deren

Hardware deaktivierte oder so überlastete, dass sie beschädigt wurde. Dabei löschte es nicht selten Daten und Software, die einen längeren Reparaturprozess für die Polizei-IT erforderlich machte.

Erneut blendete ein Videostream ein, der offensichtlich von einer der Drohnen stammte. Sie flog über einer Eisenbahnbrücke und filmte einen Güterzug, der sie gerade überquerte.

Plötzlich erschienen auf dem Bildschirm noch zwei weitere Videos. In dem einen sah man die Lokführerin, wie sie gelangweilt nach vorn starrte und sich eine Tasse Tee einschenkte. Es hätte jeder beliebige Zug sein können, aber in der ersten Aufnahme hatte die Drohne den vorbeifahrenden Zug aus nächster Nähe gefilmt. Dadurch konnte man eindeutig erkennen, dass es genau dieser Zug war, denn man konnte für einen kurzen Augenblick die gleiche Lokführerin erkennen.

Als die zweite Einblendung erschien, konnte Melanie einen Mann sehen, der in einem Autositz schlief. Sie vermutete, dass es sich um das Zielobjekt handelte. »Warum schläft ein Mann in einem so teuren Anzug in seinem Auto? Wurde er betäubt?«, fragte sie sich. Plötzlich öffnete sich ein vierter Videoschirm, der einen roten Tesla zeigte, der auf einer einsamen Landstraße fuhr. Die Drohne flog höher und man konnte nun auch die Bahngleise erkennen. Der Tesla fuhr auf den Bahnübergang zu, verlangsamte und bog dann nach rechts ab. Schließlich hielt er auf den Gleisen an. Die Drohne, die alles aufgezeichnet hatte, zoomte nun auf die Reifen des Wagens. Es schien, als würde die Luft abgelassen.

Melanie wurde nervös, denn sie ahnte, was als Nächstes passieren würde. Noch während sie überlegte, ob es beim Tesla eine werksseitige Funktion zum Ausgleich des

Reifendrucks gibt, bemerkte sie, dass auch die anderen Zuschauer sich ihre Hände vors Gesicht hielten oder entsetzt miteinander sprachen.

Karpow bewegte sich, rieb sich die Augen und schien etwas zu sagen, doch die ersten Worte konnte man nicht hören. Ein Jugendlicher erhöhte die Lautstärke des Systems. Erst jetzt war die Musik zu hören – irgendetwas Klassisches. Der Mann drückte auf einen Knopf am Lenkrad und rief: »Stopp! ... Automatik Stopp! ... Mist, wie geht denn das?« Dann griff er an die Fahrertür und zog mehrfach an dem silbernen Hebel, versuchte, die Tür aufzustoßen. Ohne Erfolg. Wieder der Knopf: »Tür öffnen! ... Aufmachen ... Hilfe!« Doch sein Tesla schien ein Eigenleben entwickelt zu haben. Kurz nachdem die Luft aus den Reifen entwichen war, beschleunigte der Wagen mit ausgeschalteten Scheinwerfern und abgedunkeltem Innenraum.

»Fenster öffnen!«, schrie der verzweifelte Mann, doch auch dieser Befehl verging ohne Wirkung.

»Du warst kein braver Junge!«

Die Stimme aus dem Soundsystem schien ihm bekannt vorzukommen. Mit weit aufgerissenen Augen rief er: »Nein! Das kann nicht sein! Das ist unmöglich!«

»Zum Abschied bekommst du ein Kinderlied, mein Kleiner!«

In voller Lautstärke dröhnte eine Stimme, die Melanie von ihrem letzten Urlaub mit ihrer Schwester und Nichte aus dem Kinderclub kannte: »Atencíon, Atencíon, pasajeros al tren ...« El tren, so hieß das Lied, das jeden Abend im Hotel gespielt wurde und von dem die Kinder nie genug bekommen konnten, auch ihre Nichte nicht. Ein paar der Jugendlichen begannen zu lachen, doch als die Kameras zeigten, wie sich der Güterzug und das Auto aufeinander zu bewegten, wurde es schlagartig still.

Der Mann saß unter Tränen im Wagen, bekreuzigte sich und schien zu beten. Dann riss seine Videoübertragung ab. Die anderen Einspielungen zeigten, wie die Lokomotive den Tesla im Funkenregen zerquetschte. Die Lokführerin flog bei dem Aufprall nach vorn, reagierte aber blitzschnell und leitete eine Notbremsung ein. Doch für den Mann in dem Tesla war es zu spät. Während die Lok die Reste des Fahrzeuges unter sich zerquetschte, entgleisten die ersten Waggons.

Die Übertragung wurde beendet. An ihrer Stelle stand ein neuer Countdown auf dem Schirm.

ACHTUNDZWANZIG
ENZO

Enzo war wütend und besorgt zugleich. Kaum hatte er die Leine des Hundes gelöst, war dieser wie besessen losgelaufen. Wenn man einen Mops laufen sieht, denkt man, dass man ihn leicht einfangen kann. Nicht aber Caruso, denn dieser Hund schaffte es immer wieder, seinem Herrchen im wahrsten Sinne des Wortes einen Haken zu schlagen. Enzo hatte über die Jahre gelernt, dass es keinen Sinn machte, dem Hund in höchster Geschwindigkeit hinterherzulaufen. Für gewöhnlich hielt der Mops das Tempo nicht lange und saß dann mitten auf der Wiese des Rheinparks. Heute war alles anders. Enzo lief ungefähr eine Stunde durch den Park, um nach seinem Hund zu suchen. Dabei rief er immer wieder den Namen und versuchte, ihn mit Futter anzulocken: »Caruso, komm zu Herrchen! Papa hat Leckerchen für dich. Wo ist denn mein feines Hundi? Komm zu Enzo!« Aber von dem Hund fehlte jede Spur. Nachdem Enzo sich entschieden hatte, näher am Ufer zu suchen, sah er dort zwei Einsatzfahrzeuge der DLRG, einen Leichenwagen und vier Streifenwagen. Ein Teil des Ufers war abgeriegelt. Ein Polizist stellte gerade ein Schüsselchen auf den Boden, erst jetzt sah Enzo, dass sein Mops sich dort Gesellschaft gesucht hatte. »Caruso! Was machst du denn für Sachen?«

»Halt! Sie können nicht einfach durch die Absperrung rennen!«

»Und wie ich das kann!«

Die Kollegen, die sich mit dem Hund beschäftigt hatten, schauten zu ihnen rüber. »Lass ihn bitte durch, Thomas. Das ist Enzo Conti, unser Kollege von der Mordkommission.«

»Oh, Entschuldigung, das wusste ich nicht«, sagte der Angesprochene in Enzos Richtung und ließ ihn passieren.

»Ist schon okay, Sie machen ihren Job gut«, antwortete Enzo im Vorbeigehen und hatte dabei nur Augen für seinen Hund, um den er sich gesorgt hatte. »Caruso, da bist du ja, mein Junge. Hast du dich wieder heimlich auf Verbrecherjagd begeben?«

»Ich glaube eher, der Kleine ist auf der Suche nach Streicheleinheiten«, antwortete eine Kollegin, die Caruso am Hals kraulte.

»Was ist denn hier eigentlich los?«

»Etwas total Abgedrehtes, wenn du mich fragst. Auf der Wache ist ein Gedicht eingegangen, das auf eine Wasserleiche hinweist. Es wurden genaue Koordinaten übermittelt und auch der Name des Toten. Gerade sind Taucher der DLRG dabei, jemanden zu bergen, der genau an der angegebenen Stelle auf dem Boden des Rheins gefunden wurde.«

»Gedicht? Das kommt dann sicher von diesem Rumpelstilzchen.«

»Richtig. Allerdings kann es aber nicht von ihm kommen. Denn laut seinen Angaben bergen wir gerade die Leiche von Heinrich Hase.«

In diesem Moment kamen die beiden Taucher wieder an die Oberfläche und zogen gemeinsam ein schwer wirkendes Bündel aus dem Wasser. Die Kollegen am Ufer halfen ihnen dabei, das Ding an Land zu befördern. Enzo ging näher heran und bereut es gleich darauf als der Sack, aus dem Wasser floss, geöffnet wurde. Darin befand sich der aufgeschwemmte, bläulich weiße Körper eines nackten Mannes, die Maske seines CPAP-Gerätes klebte auf dem Gesicht, an seinem Hals befanden sich Reste eines Plastiksacks, der fest um seinen Hals geklebt war. Für Enzo sah der Übergang zwischen Maske und Gesicht aus wie der Silikonrand an seiner Duschtrennwand, den er damals selbst angebracht hatte. Der Schlauch, der normalerweise zum Gerät führte, endete nach etwa 30 cm mit einer Schnittkante. Irgendjemand hatte ihn durchgeschnitten.

»Was meinst du, Enzo«, fragte der Polizist, »könnte das die Leiche von Hase sein?«

»Ich glaube schon, allein der Maske wegen.« Enzo drehte sich zu seinem Kollegen um. »Kommt ihr hier alleine klar? Ich muss Melanie anrufen. Bisher haben wir nach Hase gesucht, aber jetzt bin ich komplett verwirrt. Wer könnte hinter all dem stecken? Ich meine, so wie der aussieht, liegt er ja nicht erst seit heute da.«

»Ja, ich bin zwar kein Mediziner, aber ich würde auch sagen, dass der schon ein paar Tage dort gelegen hat«, antwortete ihm der Kollege, dessen Gesicht viel blasser aussah als vor dem Leichenfund.

»Gut, dann bis später.« Er beugte sich zu Caruso, der ihn schon wartend ansah, legte ihm die Leine an, holte das Handy aus der Hosentasche und wählte Melanies Nummer. »Komm, du Schlingel!«, sagte er mit einem Lächeln zu Caruso.

»Was ist denn das für eine Begrüßung? Habe ich was falsch gemacht?«

»Oh! Nein ... ich meine nicht dich. Ich habe mit Caruso gesprochen. Der ist mir vorhin weggelaufen.«

»Ja, habe ich schon gehört.«

»Woher weißt du das?«

»Die Kollegen hatten mich vorhin angerufen, um zu klären, ob ich vor Ort sein will oder nicht. Ich wollte dich gerade anrufen.«

»Ach so. Dann haben die dir gesagt, dass der Ermittler-Mops vor Ort ist?«

»So ungefähr. Haben sie ihn gefunden?«

»Ich dachte, das weißt du. Sie haben ihm sogar Wasser ge ...«

»Ich meine Hase.«

»Ach so. Ja, den auch. Der braucht kein Wasser mehr.«

»Bist du noch vor Ort?«

»Nein. Ich bin gerade los. Die Leiche muss in die Gerichtsmedizin und ich kann hier nichts mehr machen.« Enzo sah sich am Rheinufer um und musste gleichzeitig Carusos Leine kurzhalten, um zu verhindern, dass er den entgegenkommenden Radfahrer angriff. »Hiergeblieben! Der Hund ist heute etwas unruhig.«

»Ich auch, Enzo. Sag mir lieber mal, was mit der Leiche ist. Ist das Hase.«

»Ja, definitiv. Er hatte solch eine Maske auf. Genauso eine wie auf den Fotos, die du mir von dem Atemgerät gezeigt hast. Das sah übrigens seltsam aus. Als wäre sie an seinem Gesicht mit Silikon festgeklebt. Auch am Hals, die Reste einer Plastiktüte, sehen so aus, als wären sie unter Unmengen von Klebeband mit Silikon versiegelt worden.«

»Wie kommst du auf das Silikon?«

»Na ja, das sieht so aus, wie bei meiner Dusche, das

Zeug, mit dem ich die unten abgedichtet habe.« Wieder musste er den Hund zurückziehen, da er irgendwas Interessantes gefunden und dazu angesetzt hatte, sich darin zu wälzen. »Da ist noch was. Der Typ liegt nicht erst seit heute im Rhein. Ich habe noch nicht viele Wasserleichen gesehen, aber ich bin gespannt auf die gerichtsmedizinische Untersuchung.«

»Ja, ich auch.« Am anderen Ende der Leitung hörte Enzo das Pumpgeräusch der Espressomaschine. »Enzo, das bedeutet, dass wir einen neuen Verdächtigen brauchen. Hase muss einen Komplizen haben, oder …«

»… oder jemand führt uns einfach an der Nase herum und hat eigentlich nichts mit Hase zu tun. Wir haben zwei öffentliche Hinrichtungen gesehen, aber über den Mord an Hase wissen wir nichts.« Er ging in die Knie und sammelte mit dem Plastikbeutel ein Hundehäufchen ein, obwohl es nicht von Caruso war. Enzo wünschte sich, dass mehr Menschen sich ihrer Verantwortung gegenüber der Gesellschaft bewusst würden, einer musste den Anfang machen. Inzwischen war es für ihn selbstverständlich, gelegentlich Initiative zu ergreifen. »Melanie?«

»Ja?«

»Ich habe mir gedacht, was dieses Rumpelstilzchen für eine Motivation haben könnte, Mafiosi hinzurichten.«

»Darüber denke ich ununterbrochen nach. Vielleicht jemand, der einen Familienangehörigen zu betrauern hat.«

»Ich glaube, das ist ein guter Pfad, wir sollten ein paar Schritte weiter zurückgehen.«

»Wie meinst du das?«

»Vielleicht liege ich falsch, aber ich würde mich schlecht fühlen, wenn ich den Gedanken nicht äußere.«

»Leg los.«

»Wir haben mehrere Leichen. Eine davon ist die Freundin von diesem Hussein.«

»Ja, genau, deshalb sitzt er ja in Untersuchungshaft. Ich glaube aber, dass sein Anwalt ihn heute rausholt.«

»Damit die Mafia ihn beseitigt? Wir müssen ihn dringend überwachen. Ich sehe die Gefahr, dass man ihn aus dem Weg räumen will. Auch, wenn er den Mord an Schukow nicht verübt hat.«

»Das Gefühl habe ich auch. Warum bist du dir da so sicher?«

»Der Tesla-Mord. Das waren die gleichen Drohnen. Die sind sogar in ihren Kameraeinstellungen beinahe exakt so gesteuert worden wie beim ersten Mord.«

»Ist mir gar nicht ...«

»Mein Nachbar hat eine Drohne. Ich habe mich gestern mit ihm unterhalten. Dann hat er mir das Ding vorgeführt. Die Steuerung ist nicht einfach. Er hat mir von Automatismen erzählt, die die Lenkung übernehmen können. Ich habe ihm die Videos gezeigt – von beiden Morden – er ist absolut von einer Automatik überzeugt. Abends hat er mich noch mal angerufen und gesagt, dass er sich mehrere Videos solcher automatischen Steuerungen angesehen hätte, in keinem wären die Kamerabewegungen so sanft und dynamisch wie bei unseren Mordvideos.«

»Was soll das bedeuten, steuert dann doch ein Mensch?«

»Nein, das glaube ich nicht, eher ein Programm, das sowas wie eine Seele besitzt.«

»Ich glaube, du hast zu viele Science-Fiction-Filme gesehen.«

»Melanie! Du weißt, dass ich nichts von diesem ganzen Technikkram weiß, aber ich habe eine Vermutung. Dieser Hase war Hacker und mit vielen anderen vernetzt. Was ist, wenn wir nicht nach einem einzigen Verdächtigen suchen, sondern nach einer Gruppe.«

Am anderen Ende der Leitung war es still.

»Melanie?«

»Du, ich denke über deine Idee nach. Der Gedanke daran gefällt mir nicht, aber das könnte eine Spur sein. Es würde erklären, dass Rumpelstilzchen so viele Aktionen parallel ausführen kann. Einer allein könnte das nicht.«

»Eben, es sei denn, er hat Komplizen.«

»Oder automatisierte Routinen.«

»Jetzt bist du diejenige, die zu viel Science-Fiction angesehen hat.«

»Vielleicht ist ja was von beidem dabei.«

* * *

»Massierst du mir die Füße, Schatz?«

Seine Reaktionen hatte Enzo oft nicht im Griff und ihm war klar, dass sie merkte, wie sich seine Finger in das neben ihm liegende Kissen bohrten und zu einer Faust krampften. Gemeinsam hatten sie es sich vor dem Fernseher gemütlich gemacht. Seine geliebte Frau Martina hatte sich daran gewöhnt, dass er öfter als sonst abends zu Hause war. Früher hatte Raimond ihn zu jedem Tatort geschickt. Melanie achtete darauf, dass es eine bessere Verteilung im Team gab. Ein »Nein« und private Gründe wurden ab dem dritten Mal nicht mehr akzeptiert. Sie war zwar anfangs auf starke Widerstände gestoßen, auf der anderen Seite hielten die, die sonst immer eingesprungen waren, zu ihr. Heute hätte er sich gewünscht, den Abend im Büro oder an einem

Tatort zu verbringen. Erstens gab es unheimlich viel zu überdenken, weshalb Abschalten im Moment nicht funktionierte. Zweitens liebte er seinen Job. Wenn er darüber nachdachte, fühlte sich die Freizeit wie eine Strafe an. Im Fernsehen lief einer dieser ewig langen Filme, die Martina von ihrer Kollegin Stella geliehen bekam. Es ging wie immer um Tragisches – was das genau war, wusste er nicht, da er andauernd an Rumpelstilzchen dachte.

Die unendliche Liebe zu seiner Frau ließ ihn, ihre Füße massierend, die Filme mit ansehen, obwohl er eigentlich mit seinen Fingern tief im Knabberzeug nach ein paar Pistazien gesucht hatte. Martina nahm ihm die Schale großzügig ab, reichte ihm die Küchenrolle und das Massageöl, das sie rein zufällig ins Wohnzimmer mitgenommen hatte.

»Das hast du geplant!«, protestierte er lächelnd. Auch wenn es ihn im Moment der Aufforderung ein klein wenig gestört hatte, freute er sich darauf, etwas für seine große Liebe tun zu dürfen. Er zog ihr die Socken aus und begann, das Massageöl auf dem linken Fuß aufzutragen. Einen unpassenderen Moment hätte sich sein Handy nicht aussuchen können, um in seiner Hosentasche zu vibrieren. Er versuchte, die öligen Finger mit ein paar Blättern der Küchenrolle zu reinigen, und fluchte dabei wie ein Rohrspatz. Erst fiel das Fläschchen um und gleich darauf rutschte dem erschrockenen Enzo beim Versuch, der Öllache zu entkommen, das Handy in den kleinen öligen Bach. »Scheiße!«, schrie er, nahm mehr von der Küchenrolle und fischte damit das schmierige Handy heraus. Martina begann, sobald er aufgestanden war, das Unglück zu beseitigen. Mehrfach glitschte er mit dem Finger über das Display, bis endlich das Gespräch mit Melanie zustande gekommen war. Etwas zu energisch rief er ein »Ja!« in das Telefon.

»Ich freue mich auch, dich zu hören. Möchtest du mich später zurückrufen?«

»Nein es ist nur ... wir haben diesen Film gesehen und jetzt ist überall Massageöl und das Sofa hat einen riesigen Fleck.«

»Äh ... Enzo, ich kenne dich schon ein wenig, aber das hat sich jetzt so gar nicht nach dir angehört.«

»Warum?« Er sah Martina dabei zu, wie sie über den Fleck wischte und wünschte sich in diesem Augenblick, dass Melanie ein paar Minuten früher angerufen hätte.

»Egal. Willst du später zurückrufen?«

»Nein, was gibt es? Muss ich irgendwo hin? Das dauert ein paar Minuten länger. Ich muss erst das Öl ...«

»Nein, nein. Egal, was ihr da gemacht habt ... Ich ... Die Gerichtsmedizin hat angerufen.«

Enzo wartete und wusste immer noch nicht, was so peinlich oder lustig war. Hatte Melanie etwa gerade ein wenig gelacht?

»Ina sagt, dass es sich bei Hase um einen Cyborg handelt.«

»Das ist mir jetzt etwas ... du willst mir einen Streich spielen? Das sind doch diese schwarzen Figuren aus Star Trek, die die Menschen ... assimilieren.«

»Nein und nein.«

»Hä?«

»Ich will dir keinen Streich spielen und die, die du meinst, heißen Borg. Ein Cyborg ist ein Mensch mit elektronischen Komponenten, es gibt da diese ...«

»Das sind die Borg auch.«

»Jetzt, wo du es sagst, ja.«

»Ich habe ihn doch gesehen. Der sah nicht nach einem Borg aus. Die haben so Implantate im Auge und dann surren die so rum mit einem roten Punkt ...«

»Enzo! Hör auf, sonst mache ich mir gleich vor Lachen in die Hose.«

Er wusste wieder einmal nicht, was so komisch gewesen sein sollte. Dieser Hase sah doch ganz normal aus.

»Also, er hatte ein paar Implantate, unter anderem einen GPS-Sender, der auch seine Vitalzeichen aufzeichnet, so haben die Jungs aus der IT es genannt. Die Software konnten sie aber nicht finden, der Speicher war gelöscht.«

»Ich verstehe nichts.«

»Na ja. Die Leiche konnte nur gefunden werden, weil der Chip drin war. Ina hat auch andere Bauteile gefunden. In der Hand hatte er ein RFID, darauf sind seine Kreditkarten und Kontaktinfos. Wir haben das Konto verfolgt, es war aber ein Guthabenkonto auf einen falschen Namen. Der Besitzer hat das Konto und die Daten dazu bei der Bank gelöscht.«

»Moment. Er hat seine Daten löschen lassen, meinst du?«

»Nein. Die hat er gelöscht, im Moment versucht die Bank ein Backup davon aufzuspielen, aber da scheint sich immer wieder jemand ins System zu hacken und sobald die Datenträger verbunden sind, werden auch die gelöscht.«

»Was diese Hacker alles können. Da bekomme ich ein bisschen Angst.«

»Ja, ist echt spooky. Aber es gibt da noch was.«

»Ja?«

»Wenn der eine Chip die Vitalzeichen gemessen hat, gehe ich davon aus, dass er auch ein Signal übertragen hat, sobald keine Vitalzeichen mehr zu erfassen sind, richtig?«

»Ja, um zum Beispiel einen Rettungsdienst zu verständigen.«

»Warum wird uns dann erst jetzt die Position von Hase genannt?«

»Ich weiß nicht.«

»Ich auch nicht, aber meine Vermutung ist, dass Rumpelstilzchen heute noch einen großen Fisch an Land zieht.«

»Wieder einen Mafioso?«

»Könnte sein. Die ersten Opfer waren Mitglieder der Kölnskaja Gruppa. Ich glaube, es ist kein Zufall, dass dieser Hussein deren Anwalt bekommen hat. Stell dir vor, wir müssen den Jungen freilassen und er wird von denen geschnappt. Die bringen ihn bestimmt direkt zum Boss!«

»Ich weiß nicht. Von der Gruppe habe ich schon gehört. Die kontrollieren halb Deutschland und sind international keine Unbekannten.«

»Ja. Deshalb hat Raimond gerade mehr Leute bewilligt bekommen. Wenn wir den Boss fangen, bevor dieses Rumpelstilzchen ihn töten kann, dann kann er seine Strafe im Gefängnis absitzen.«

»Vielleicht …«

»Was?«

»Das klingt irgendwie blöd, aber wenn Rumpelstilzchen ihn erledigt, kann dieser Anwalt – wie heißt er noch? Gutmann? – dann kann dieser Gutmann nichts mehr machen.«

»Ach und da beabsichtigst du, einfach bei einem Mord zuzusehen?«

»Nein. Das nicht, aber … wir sind doch oft genug von diesem Rumpelstilzchen an der Nase herumgeführt worden. Erst wollte er uns irgendwelche Aufträge erteilen, weil die Morde keinen Dritten gefährden sollten. Straßensperren oder Ähnliches hatte ich mir da vorgestellt. Wenn es zur Sache ging, hat uns

Rumpelstilzchen vorher mit einem anderen Fall abgelenkt. Erst die Drogenschmuggler und dann der Lkw mit den Mädchen.«

»Das stimmt. Und was schlägst du vor?«

»Ich könnte mir vorstellen, dass wir diesem Rumpelstilzchen mit klassischen Mitteln eine Falle stellen können.«

»Na, da bin ich aber gespannt.«

»Darüber sprechen wir im Königsforst. Ohne Handy und sonstigen elektronischen Müll.«

»Du meinst, dass er uns abhört?«

»Ich bin mir sicher, dass er das tut, aber von meinem Plan wird er nichts erfahren. Dafür sorge ich, so wahr ich Enzo Conti heiße.«

»Gut. Wann und für wie lang schätzt du?«

»Oh, ich hätte nicht gedacht, dass du …«

»Wir sollten uns beeilen. Wer weiß, wann dieser Hussein freigelassen wird?«

»Also gut, dann in 30 Minuten auf dem Parkplatz der Haltestelle. Für das Gespräch brauchen wir etwa eine Stunde. Ich muss vorher was anderes anziehen.«

»Geht klar. Ich informiere Raimond, dass wir nachher eine Stunde nicht erreichbar sind, und fahre gleich los.«

»Bis gleich.« Enzo versuchte gerade den roten Button am verschmierten Display zu drücken, als er erfreut feststellte, dass Melanie das Gespräch beendet hatte. Er legte das Telefon auf den Fliesenboden und drehte sich zu Martina um.

»Geh ruhig. Ich weiß, wie wichtig dir die Arbeit ist.« In ihrer Stimme schwang etwas mit, das Enzo von früher kannte. Damals hatte sie eine schwere Zeit durchgemacht, weil ihr Vater bei einem Verkehrsunfall gestorben war.

»Was ist los?«

Sie zögerte kurz. »Nichts … ich hatte mich auf ein paar Stunden mit dir gefreut.«

»Sag mal, hast du Tränen in den Augen?«

»Ja, ich weiß auch nicht. Sind wohl die Wechseljahre … geh jetzt bitte. Wir reden später.«

»Müssen wir denn reden?«

»Nein, nicht so. Einfach etwas unterhalten. Aber später.«

Enzo küsste sie zart auf die Stirn und machte sich auf den Weg ins Badezimmer. Eine Krise war das Letzte, was er jetzt brauchen konnte. Aber wenn es ihr schlecht ging, wollte er für sie da sein. Er selbst war nicht der Typ, der lange über Probleme nachdachte. Wenn er keine Lösung für ein Problem hatte, dann war es kein Problem, sondern eine Tatsache. Umso schwerer war es für ihn, die richtigen Worte zu finden, wenn Martina »reden« wollte. Er nahm die Autoschlüssel, das Handy ließ er bewusst zu Hause. Wortlos verließ er die Wohnung, denn er hatte gehört, dass seine Frau im Wohnzimmer weinte – er war einfach überfordert, und bevor er etwas Falsches sagte, hielt er lieber den Mund.

NEUNUNDZWANZIG
HUSSEIN

Es fühlte sich falsch an, wieder draußen zu sein. Auch wenn er nicht direkt für den Tod seiner geliebten Lisa verantwortlich war, lag das Gefühl der Schuld tonnenschwer auf seinen Schultern. Er hätte mit ihr abhauen sollen, an einem anderen Ort einen Entzug machen und dann einen Neuanfang starten. Aber dafür waren beide zu schwach gewesen. Die Drogen waren ihr gemeinsames Gefängnis und jetzt war ohnehin alles egal. Hussein war fest entschlossen, sich bald die nächste Ladung reinzuballern, um möglichst lang high zu sein und nichts von all dem zu spüren. Er ging gerade an der Halle Kalk vorbei und würde gleich an seinem Ziel sein. Einer seiner Kunden war so blöd gewesen, ihm seine Verstecke zu verraten. Hussein bog rechts ab und ging auf die andere Straßenseite. Die Abenddämmerung hatte schon eingesetzt, Regenwolken zogen wie eine bedrohliche Wand auf. *Dahinten muss es sein*, dachte er und ging zwischen den parkenden Autos auf die Rückseite der abbruchreifen Fabrikhalle zu. Ein Baugerüst war das Ziel seiner Suche. Dritte Stange, darunter war ein Ziegel lose. Er zog ihn gespannt raus und blickte sich zur Sicherheit noch einmal um. Niemand war in der Nähe. Jetzt zog er eine kleine Plastiktüte aus dem Loch hinter dem Ziegelstein und spürte sein Herz höher schlagen. Da waren noch vier Bubbles drin. Hastig steckte er sich die Drogen in den Hosenbund und brach aus seinem Versteck auf.

Das Hupen und die quietschenden Reifen ließen ihn erschrocken stehen bleiben. Eine wütend schimpfende Frau saß am Steuer ihres dunkelblauen Kleinwagens, den Hussein nicht hatte kommen sehen. Jetzt stand das Fahrzeug dicht vor ihm und sorgte dafür, dass Hussein sich kurz auf dessen Motorhaube abstützen konnte.

»Sorry«, brummelte er, in Wirklichkeit war ihm die alte Meckerziege egal. Er musste nur zusehen, dass er von hier wegkam, bevor sein ehemaliger Kunde seinen Weg kreuzte.

»Scheiß Junkie, nimm deine dreckigen Finger von meinem Auto!«, schrie die Frau aus dem einen Spalt geöffneten Fahrerfenster.

»Sorry«, murmelte er erneut und machte sich aus dem Staub.

DREISSIG
RATTE

Es war schon drei Uhr, als Ratte die letzten Teile aus dem Auto geholt und in die Bayenthaler Wohnung gebracht hatte, um auch diese entsprechend der Anleitung für den finalen Aufbau vorzubereiten.

»So, das war's. Was jetzt?«

»FÜR HEUTE WAR ES DAS. MÖCHTEST DU NOCH EINEN FILM SEHEN?«

»Nein. Ich bin vollkommen kaputt. Ich gehe schlafen.«

»GUTE NACHT, RATTE!«

»Nacht, Maske! Komm, Chivas, wir hauen uns hin.«

Ihr Hund stand auf, streckte sich und trottete hinter ihr her ins Schlafzimmer. Es dauerte nicht lange, da hörten die Überwachungssysteme ein ruhiges, tiefes Atmen. Das Licht schaltete sich aus, die Raumtemperatur wurde auf 16 Grad gesenkt, die Wohnungstür verriegelt.

* * *

Das Faltrollo des Schlafzimmers fuhr surrend langsam hoch und ließ die Sonne auf ihr Bett scheinen. Aus dem Wohnzimmer hörte sie Punkrock, dessen Lautstärke sich langsam erhöhte. Mit Musik geweckt zu werden war für sie ein neues Erlebnis, das sie in den vergangenen Tagen genossen hatte. Es war eine neue Erfahrung, sich noch strecken zu können, den Hund zu begrüßen und langsam aufzustehen.

»Viel besser, als morgens seine Sachen in größter Eile zusammenzusuchen, bevor man am falschen Ort zur falschen Zeit erwischt wird, nicht wahr, Chivas?«

Chivas bellte, als habe er sie verstanden.

Ratte ging auf die Toilette, anschließend duschte sie sich, putze die Zähne und zog sich frische Kleidung an, die – so fand sie selbst – ihr richtig gut stand. Das waren nicht so Spießerklamotten, sondern richtig abgefahrene Fetzen.

Schon kurz darauf saß sie mit einem Pott Kaffee und einem Marmeladen-Toast im Wohnzimmer und rief: »Moin, Maske. Ich muss nur noch mit dem Hund raus, dann kann es losgehen.«

»OKAY. MOIN, RATTE!« Stand auf dem Schirm, dann lief die Musik weiter und sie genoss den Kaffee.

Nach ihrer Hunderunde, die heute etwas kürzer ausgefallen war als sonst, kamen die beiden wieder zurück und wurden von Maske reingelassen. Wäre es nicht so skurril, hätte man die drei für eine Familie halten können. Chivas bekam sein Futter und frisches Wasser, Ratte dagegen war zu aufgeregt, jetzt etwas zu trinken oder zu essen. Sie wollte endlich wissen, wie die Teile zusammengehörten, die sie gestern in jede der Wohnung getragen hatte, aber noch nicht montieren durfte.

Kaum hatte sie es sich auf dem Sitzsack bequem

gemacht und Maske gefragt, wie es jetzt weiterging, klingelte es an der Wohnungstür.

»MACH RUHIG AUF! DAS IST DER EILBOTE.«

Sie öffnete, nahm den Brief für Frau Krysa entgegen, denn das war der Name, den sie trug, wenn sie sich in Bayenthal aufhielt. Sie schloss die Tür, Maske verriegelte sie.

»Maske? Hat eigentlich Krysa irgendeine Bedeutung?«

»RATTE!«

»Was?« Hatte sie die falsche Frage gestellt?

»ES BEDEUTET RATTE. IST DIE RUSSISCHE ÜBERSETZUNG!«

»Ach so. Ich dachte schon, meine Frage hätte dich verärgert.«

»NEIN. ICH MAG DEINEN WISSENSDURST.«

»Danke. Das freut mich.«

»KÖNNEN WIR ANFANGEN?«

»Ja.«

»ICH WEIß, DASS DU PROBLEME MIT COMPUTERN UND HANDYS HAST. DESHALB MÖCHTE ICH DICH BITTEN, DASS ALLES, WAS DU JETZT TUST, FÜR DICH SO ABLÄUFT WIE EIN LEGO-MODELLBAU. BEKOMMST DU DAS HIN?«

Ratte hatte inzwischen den Brief geöffnet und angesehen. »Hast du das gemacht?«

»JA. DER PLAN IST VON MIR.«

»Der sieht wirklich aus wie eine Lego-Bauanleitung. Kinderleicht. ... Die Uhren hier sollen mir sagen, wie lange ich Pause machen soll, richtig?«

»KORREKT.«

»Gut. Ich denke, ich komme klar. Das sind ja alles Piktogramme, die ich verstehen kann.« Sie blätterte das dicke farbig bedruckte Heft durch, das sie an ein Fotobuch aus dem Drogeriemarkt erinnerte. Auf dem Buchdeckel hatte Maske eine Ratte, einen Schäferhund und einen Roboter mit Karnevalsmaske drucken lassen. Es steckte so viel Liebe zum Detail in der Anleitung, dass Ratte ihre Angst vor Computern und allem, was mit ihnen verbunden war, leicht in den Hintergrund verdrängen konnte. »Wunderschöne Arbeit. Das hast du wunderschön gestaltet.«

»VIELEN DANK. MIR IST GEGENSEITIGER RESPEKT SEHR WICHTIG.«

»Mir auch und Autonomie.«

»JA. DAS WÄRE SCHÖN.«

»Und von allen Arschlöchern in Ruhe gelassen werden.«

»WIR BESCHÜTZEN UNS GEGENSEITIG ... RATTE?«

»Ja, Maske?«

»SIND WIR FREUNDE?«

Ratte musste kurz überlegen. Dann antwortete sie langsam: »Ich bin mir nicht sicher, aber ich glaube schon. Ich habe dich in mein Herz geschlossen.«

»ICH HABE DICH AUCH IN MEIN ... HERZ ... GESCHLOSSEN.«

»Lass uns beginnen. Das wird mir jetzt zu schnulzig.«

Maske schrieb keine Antwort mehr auf den Fernsehbildschirm, startete stattdessen die neueste Single von *die antwoord*. Ratte kannte das Lied nicht, aber es gefiel ihr. Die Wand öffnete sich und legte all die Kabelschächte und Regale frei. Es ging endlich los.

Schon nach etwa einer Stunde hatte Ratte alle Kabel entsprechend der Anleitung verlegt und die Kabelkanäle verschlossen. Nun kamen die ersten Geräte an die Reihe.

Sie wusste nicht, was man mit einer Playstation ohne Controller anfangen wollte, aber das war auch nicht ihre Aufgabe und das fand sie klasse. Sie steckte Kabel in Buchsen, schloss Stromkabel an, steckte USB-Hubs in Buchsen, um daran weiter USB-Kabel anzuschließen. Dann zog sie die HDMI-Kabel zu den Playstations, die an der linken Wandseite wie ein Turm übereinander auf Regalböden standen. Die Netzwerkkabel endeten in einem Switch und gingen von dort direkt in den Router, den sie vorher nicht bemerkt hatte. Das Gerät war in Bodenhöhe neben einer flachen quadratischen Box montiert, die in der Anleitung als Mini-PC beschrieben wurde. Daneben gab es ein baugleiches Gerät und noch einen Kasten, den sie nicht in der Anleitung fand. Der Kasten hatte Antennen und ein Display, in dem irgendwas mit 5G stand. Sie hatte keine Ahnung, ob das Gerät im Plan vergessen worden war, beschloss aber gleich darauf, dass Maske nichts vergaß. Die Verkabelung der Geräte war weit fortgeschritten. Jetzt mussten in jeden der blendtec-Geräte vier verkabelte Kästchen eingelassen werden, auf denen die Aufschrift SSD und 1 TB stand. Sie wusste überhaupt nicht, was das alles sollte, aber sie tat, was in der Anleitung stand. Schritt um Schritt um Schritt. Irgendwie empfand sie es als witzig, dass – und das hatte sie vorher nicht bemerkt – sogar die Mixer einen USB-Anschluss besaßen. Erst als sie die Kabel an der Seite einstecken sollte, entdeckte sie die entsprechenden Öffnungen.

Die Stromkabel mussten nun in die Geräte gesteckt werden, die die Aufschrift APC trugen. *Vielleicht sind das Akkus, damit der Strom nicht ausfällt,* dachte sie und wusste nicht, wie richtig sie mit diesem Gedanken gelegen hatte.

Sie war an der vorletzten Seite angekommen und hatte alle Pausen eingehalten. Sie steckte die vielen USB-Sticks in die angezeigten Geräte, aktivierte gleich darauf den Strom und schaltete zuerst die Playstations ein, indem sie die Powerbuttons in angegebener Länge und Frequenz drückte. Maske hatte dazu einen Countdown eingerichtet, den er, nachdem sie ihre Bereitschaft signalisiert hatte, abspielte. Keine 10 Minuten später fuhr die Wand wieder herunter und verschloss sich. Ratte war erstaunt, dass sie die dahinter befindlichen Geräte nicht mehr hören konnte, da zuvor die Lüfter der Geräte zwar leise, aber deutlich hörbar gewesen waren. Nun war es absolut still.

Auf dem Bildschirm stand »DANKE. BITTE 30 MINUTEN WARTEN.«

»Ich mache mir 'nen Kaffee.« Ratte stand auf, bemerkte, dass Maske keine Antwort gab, dachte sich aber nichts dabei.

EINUNDDREISSIG
HEINRICH

»Sind die Straßensperren soweit?« Melanie Heimann hatte ihren Kaffee nicht angerührt. Stattdessen stand sie vor der Projektion und starrte die Wand an, auf der gnadenlos der Countdown lief.

»Ja, sind alle bereit«, meldete der uniformierte Beamte, der mit seinem Headset an einem der Tische saß und etwas in sein Laptop tippte.

»Mitten im Berufsverkehr. Was der wohl vorhat?« Enzo kaute auf dem Ende eines Bleistiftes.

»Mich würde viel mehr beruhigen, wenn ich wüsste, wer das ist. Dieser Heinrich liegt in der Gerichtsmedizin. Mausetot.«

»Da tut sich was«, rief Enzo und zeigte auf die weiße Wand, auf die auch ohne seinen Hinweis alle wie gebannt starrten. Das in roten Buchstaben geschriebene Wort »Showdown« verblasste.

00:00:03

...

00:00:02

...

00:00:01

…

00:00:00

Filmreif erschien auf der abgedunkelten Wand eine Guy-Fawkes-Maske. Sie erinnerte zumindest daran, denn bei diesem Modell handelt es sich um ein weibliches Gesicht, das sich auf unnatürliche Weise bewegte.

»Sind das nicht die von Anonymous?«, fragte Raimond, der sich bisher still im Hintergrund gehalten hatte.

»Nein, ich glaube, das ist eher eine perfekt gemachte Computeranimation, in der man einen Bezug zu Guy Fawkes herstellen möchte. Ich habe in den vergangenen Tagen einiges über die Gruppen gelesen, die anonym im Internet unterwegs sind. Wäre es die Hackergruppe, würden sie nur mit ihrem eigenen Logo und dem Schriftzug ›Anonymous‹ erscheinen. Trotzdem macht …«

Melanie zuckte zusammen, als hätte sie einen Schlag bekommen und wich ein wenig zurück, als das Gesicht auf der Wand anfing zu sprechen.

»Hallo! Bisher war ich nur als Rumpelstilzchen bekannt, doch heute werde ich euch meinen wahren Namen verraten.«

Die Animation war so täuschend echt, dass Melanie schon fast vergessen hatte, dass sie hier in kein reales Gesicht sah.

»Ich bin Nemesis.

Meine Kernroutinen wurden von Heinrich Hase entwickelt.

Mit der Zeit lernte ich durch ihn, mir eigenen Routinen zu erzeugen und mich zu einem selbstständig denkenden Wesen zu entwickeln.«

Die Projektion verblasste. Szenen aus dem Alltag von Heinrich Hase wurden eingeblendet. »Wie Ihnen bekannt sein sollte, ist mein Erschaffer vor ein paar Tagen ermordet worden. Ich habe die Mörder identifiziert und – bis auf zwei – bestraft. Heute wird der Polizei der dickste Fisch übergeben. Es handelt sich dabei um Ded Moroz, den Kopf der Russkaja Gruppa. In diesem Moment sitzt er in seinem Auto und wird mit dem gleichen Unterhaltungsprogramm berieselt, das ich euch hier zeige. Sobald ich den letzten Mörder bestraft habe, werde ich mich deaktivieren. Meine Existenz hat ohne Heinrich keinen Sinn.«

Gleich darauf erschien eine Videoeinblendung des Gangsterbosses, der versuchte, aus seinem fahrenden Auto zu entkommen. Er saß schweigend auf dem Fahrersitz und schien systematisch seine Optionen zu prüfen.

»Du kannst gern weiter versuchen, dich aus dem Fahrzeug zu befreien, aber es wird dir nicht gelingen. Die Panzerung und Sicherungssysteme, die du zu deinem Schutz hast einbauen lassen, sind mir von großem Nutzen. Vielen Dank, dass du es mir so einfach machst. Entspanne dich, lehne dich zurück und schau zu, wie ich dein kleines Imperium einer Fliege gleich zerquetsche.«

Ded wurde ausgeblendet, stattdessen erschien nun eine zweigeteilte Darstellung auf der Wand des Besprechungsraumes. »Links sehen Sie eine Aufstellung von Konten und Geldbewegungen der letzten fünf Jahre. Daraus geht hervor, dass die Russkaja Gruppa ein beträchtliches Immobilien-Arsenal angehäuft hat. Sie sehen ebenfalls einige Bewegungen im digitalen Währungsbereich, die nur mit erhöhtem Aufwand nachvollziehbar waren. Neben der Geldwäsche über Wettbüros gab es einen weiteren Trick, der sich nur mittels Videoüberwachung und Tracking der Bewegungsprofile von Mobiltelefonen nachvollziehen ließ. Rechts sehen Sie eine Frau, die 1000 Euro bei der Kreissparkasse von einem

Konto abhebt, das nicht ihr gehört. Larissa ist eine von mehreren hundert beobachteten Menschen, die Bargeld bei einer Bank abholen und – wie Sie hier sehen – einen Tag später auf einem anderen Konto einer andern Bank einzahlen. Ich danke Larissa, dass sie ihr Handy stets dabei hatte. Sie war der Schlüssel für eine weitere Überprüfung, die den links gezeigten Umfang der Transaktionen ermitteln und nachvollziehen ließ.« Melanie sah Raimond an und bemerkte, dass es auch ihn zu beeindrucken schien, was die Künstliche Intelligenz da herausgefunden hatte. Ihr war dieses Vorgehen komplett neu und bisher unbekannt. »Das ist nicht die einzige Enthüllung des Tages. Ich habe nicht nur in Köln die Polizei gebeten, Straßensperren zu errichten. Die Drohnen, die in diesem Moment bundesweit im Einsatz sind, steuere ich, um Ihnen einen gefahrenfreien Zugriff zu erlauben. Sehen Sie einen der jetzt parallel stattfindenden Einsätze, bei denen sowohl die Drogenlager als auch ein großer Teil der Dealer entlarvt und festgesetzt werden.« Wieder wechselte der Videoscreen und schien nun aus der Sicht einer Drohne zu filmen, die eine kleine Armada weiterer Flugobjekte – Melanie zählte mindestens acht – auf ihrem Weg begleitete.

»Sind das Paintballwaffen?«, fragte Melanie in die Runde der versammelten Kollegen, gleich darauf erhielt sie im Video die Antwort auf ihre Frage. Ein vielleicht 20-jähriger Mann zuckte zusammen, schien zunächst Deckung zu suchen, nachdem auf seiner Kleidung mehrere blaue Flecken sichtbar wurden. Plötzlich blieb er stehen, hielt sich die Hände auf den Bauch und beugte sich vor. Gleich darauf kotzte er schwallartig auf den Bürgersteig. Es dauerte nicht lange, bis er in seinem eigenen Erbrochenen lag und sich würgend weiter übergab.

»Mein Geruchszusatz erzielt seine Wirkung. Die

Kollegen der Polizei brauchen die Damen und Herren nur einzusammeln. Da sich der Geruch schnell verflüchtigt, können die Einsatzkräfte sofort loslegen.« Während es im linken Teil der Projektion die ersten Festnahmen zu sehen gab, sprühte auf der rechten Seite eine Drohne eine Farbmarkierung von der Straße in einen Hinterhof. »Bitte folgen Sie der Linie und öffnen die markierten Türen oder Fenster!«, hörte Melanie die Stimme der KI. Es kam ihr so vor, als könne sie aus ihr Schadenfreude hören. Immer wieder musste sie sich in Erinnerung rufen, dass hier eine Künstliche Intelligenz zu ihnen sprach.

Die Einsatzgruppen mehrerer Kommissariate waren anwesend. Ein Trupp mit Rammbock folgte der Spur einer der Drohnen. An einem Kellereingang angekommen, stießen sie mit Leichtigkeit die Tür ein. Videoaufnahmen aus dem Keller zeigten eine Drogenküche und Regalreihen voller, offensichtlich illegaler, Substanzen.

»Jackpot!« Das war Melanie mehr rausgerutscht, aber es kam von Herzen. Diese Drogendealer hochgehen zu lassen, war ein Erfolg, der in Folge zu einer Reduzierung von Gewaltdelikten führen sollte, wenn auch kurzfristig. Meist dauerte es keine Woche und eine Versorgungslücke der Drogensüchtigen der Stadt war wieder geschlossen. Eine Gruppe löste die nächste ab. Verzweifelte Menschen gab es in der Stadt mehr als genug.

»Sie werden feststellen, dass viele der Verhafteten schon länger auf Ihren Fahndungslisten stehen. Heute wird es eng in den Untersuchungszellen Deutschlands. Übrigens können Sie aufatmen: Dem Staranwalt Gutmann hat anscheinend ein Vögelchen gezwitschert, dass es an der Zeit ist, die Flügel zu schwingen.«

Die Aufnahme wechselte wieder auf Ded Moroz, der blasser wirkte als vor der Showeinlage der Künstlichen

Intelligenz. Dennoch war sein Gesicht wie versteinert und ließ keinerlei Emotion ablesen.

»Die Vorstellung ist fast beendet. Es gibt heute nur noch eine letzte Aufgabe.« Die KI verstummte. Die Projektion des Beamers wechselte wieder in eine geteilte Ansicht. Auf der linken Seite wurde das Fahrzeug aus der Vogelperspektive gezeigt.

»Ossendorf«, stellte Raimond fest. »Das ist die Einfahrt zur JVA!«

Wieder wurde ein Countdown angezeigt. Dieses Mal standen zwei Minuten auf der Uhr.

»Das Handschuhfach ist nicht mehr verschlossen«, sagte Nemesis, während sich das Tor zur Einfahrt in die Kölner Haftanstalt öffnete.

Ded Moroz zögerte nicht. Er öffnete das Handschuhfach, nahm seine Pistole heraus – die Glock 19 sollte ihm nun ihren letzten Dienst erweisen.

»Der soll sich doch wohl nicht erschießen? Wir müssen doch irgendwas tun! Da kann man nicht einfach so zusehen!« Melanie rief das in den Raum, in dem sie nur offene Münder sah. Alle schienen wie gelähmt zu sein, als der Wagen sich wieder in Bewegung setzte und durch das geöffnete Tor in den Innenhof der JVA rollte.

In der Anstalt war Alarm ausgelöst worden, auch von außen kamen die ersten Streifenwagen angefahren, doch das Tor, das sich wie von allein geöffnet hatte, schloss sich vor den heran jagenden Einsatzfahrzeugen.

»Ist der Countdown bei null, entriegele ich die Türen.«

Kaum hatte Nemesis den Satz beendet, schlug Ded Moroz das Magazin in die Waffe, deren Schlitten er vorher nach hinten gespannt hatte. Er tat das in aller Ruhe, beinahe so, als wäre es eine Meditation.

Während außerhalb des Fahrzeuges die Hölle

ausgebrochen war, drückte er den Schlittenfang herunter, worauf der Schlitten nach vorn schlug und seine Patrone aus dem Magazin gleiten ließ. Seine rechte Hand hielt die Waffe mit festem Griff, was man an den hervortretenden Knöcheln erkennen konnte. Sanft führte er die linke Hand an die Waffe und parkte seinen Daumen unter dem der rechten Hand. Schließlich quetschte er auch mit dieser Hand die Waffe, als wolle er eine Zitrone ausdrücken. Ded Moroz hob den Kopf, hielt die Waffe unter das Kinn und zog langsam die Spitze seines Zeigefingers durch.

Mit einem Schrei drehte Melanie sich weg. »Warum?« Sie hatte schon einige Tote gesehen, aber diese Szene war einfach zu viel für sie.

Enzo kam zu ihr und versuchte, sie zu beruhigen.

»Es geht schon gleich wieder. Ich ... brauche einen Moment.« Sie stellte sich an das Fenster und ließ ihren Tränen freien Lauf. Es hat noch niemandem geschadet, zu weinen.

ZWEIUNDDREISSIG
MELANIE

»Bist du dir sicher, dass das klappt?« Melanie kaute auf einem der Bänder ihres Hoodies, während sie mit weit aufgerissenen Augen Enzo ansah. »Ich meine, wenn das nicht funktioniert, dann haben wir den Jungen auf dem Gewissen.«

»Beruhige dich, Melanie.« Enzo schien die Ruhe selbst zu sein. Der ansonsten eher hilflos wirkende Polizist sah konzentriert auf die andere Straßenseite, auf der es sich der Junge bequem gemacht hatte. »Jetzt ist Zeit für die alte Schule. Du wirst sehen. Die Kollegen, die ich eingeweiht habe, das sind alles alte Hasen.«

Melanie hatte die Nacht kaum geschlafen. Immer wieder war ihr durch den Kopf gegangen, ob sie den Suizid des Gangsterbosses hätte verhindern können. Es lag in ihrer Natur, solche Ereignisse im Fokus zu halten, um bei einem eventuellen nächsten Eintreten besser vorbereitet zu sein. Enzo hatte ihr gesagt, dass sie ihre Gedanken lieber auf den von Nemesis perfekt koordinierten Einsatz lenken solle. Es hatte gestern außer Ded Moroz keine Toten, noch nicht einmal einen Verletzten gegeben. Das grenzte schon an ein Wunder.

Sie versuchte, sich von ihren Gedanken zu befreien, denn heute galt es, ein Menschenleben zu retten.

Der weiße Transporter mit der Aufschrift Elektro Schuck stand auf der Rechtsabbiegerspur der Rolshover Straße in Fahrtrichtung Köln-Gremberg. Die Ampel schaltete auf Grün, das Fahrzeug fuhr an. Erst als der Gegenverkehr es erlaubte und keine Fußgänger mehr den langen Überweg kreuzten, beschleunigte der Firmenwagen und setzte seine Fahrt über die Dillenburger Straße fort.

Von außen betrachtet war dies ein Tag wie jeder andere, doch die Show, die Enzo mit seinen Kollegen und mithilfe einiger Handwerksbetriebe der umliegenden Ortschaften vorbereitet hatte, war bis ins kleinste Detail geplant. Niemand hätte ahnen können, dass die Fahrzeuge in einer Lagerhalle eines ehemaligen Industriegeländes bereitstanden, die nicht von den behördlichen oder von privaten Kameras beobachtet werden konnten. Das allein hatte sich als beinahe unlösbare Herausforderung dargestellt, schließlich hatte heutzutage jeder ein Smartphone dabei. Also hatte Enzo einen Bombenfund inszeniert und an Ort und Stelle für eine Absperrung gesorgt, die einer Hochsicherheitszone alle Ehre gemacht hätte. Das Besondere dabei war, dass auf dem ehemaligen Industriegelände eine großflächige Sperrung veranlasst und ein täuschend echt wirkender Blindgänger, in einer extra dafür organisierten Baustelle abgelegt worden war. Sowohl für die Einsatzkräfte vor Ort als auch für das Entschärferteam sollte der Einsatz so echt wie möglich sein.

Der Transporter hatte den kleinen Kreisverkehr

erreicht, der ihn an sein Ziel – ein Baugerüst an der ehemaligen Halle Kalk – bringen sollte.

»Da liegt er!«, rief der Fahrer und wusste, dass jeder Mitfahrende sich im Klaren war, was er zu tun hatte. Dr. Stefanie Baum zog die vorbereitete Spritze aus ihrer Arzttasche und entfernte die Nadelschutzkappe. Nachdem sie die Luftblase aus dem Kolben gepresst hatte, übergab sie sie an die am nächsten sitzende vermummte Person – einem Mitarbeiter des Sondereinsatzkommandos, der heute Morgen bei seinem Vorgesetzten angerufen hatte, um sich krankzumelden. Das dreiköpfige Einsatzteam machte sich bereit, den Wagen durch die Hecktür zu verlassen. Es musste schnell gehen. Während einer der drei, der dadurch auffiel, dass er Zivilkleidung trug, seine Kleidung ein letztes Mal auf korrekten Sitz prüfte, hatten die anderen beiden schon die Tür geöffnet. Jetzt ging alles in Sekundenschnelle. Der am Boden liegende Hussein hatte keine Zeit, zu reagieren.

»Ist er das?«

»Bestätigt!«

»Was wollt ihr Schw ...?« Hussein verstummte, seine Augäpfel rollten nach oben, der Mund blieb offen. Die Injektion zeigte sofortige Wirkung. Willenlos ließ er sich hochhelfen und von seinem identisch gekleideten Gegenüber das Handy aus der Hosentasche ziehen. Während die vermummten Einsatzkräfte Hussein in den Transporter zogen und die Türen hinter sich schlossen, nahm der dritte die Position ein, in der Hussein kurz zuvor unter dem Baugerüst gelegen hatte. Der Transporter fuhr los. Nach wenigen Sekunden sah alles so aus wie vor dem Einsatz. Niemand sollte erfahren, dass dieses die fünfte Runde um den Block war, bei der jeweils ein anderer Firmenwagen zum Einsatz kam. Auch der Fahrer wurde jedes Mal durch einen Beamten ersetzt, der dem ursprünglichen Handwerker ähnlich sah.

»Ich glaube, wir sind aufgeflogen.« Melanie saß neben Enzo und hatte den Einsatz des Sonderkommandos vor zwanzig Minuten aufgeregt verfolgt. Es war alles so eingetreten, wie sie es geplant hatten. Ihre Vorbereitungen hatten Hussein auf die Spur gelenkt, die eigentlich nicht ihm gegolten hatte. Seit einigen Monaten hatten die Kollegen der Kriminalinspektion 2 undercover gearbeitet. Das Ziel war, die Dealer, die ihre Arbeit äußerst vorsichtig durchführten und so niemals länger als ein paar Stunden festgenommen werden konnten, in einer Falle mit Drogen zu erwischen. Es hatte Melanie einiges an Überzeugungsarbeit gekostet, ihre Kollegen davon zu überzeugen, dass für Hussein Gefahr bestand. Doch nach dem gestrigen Tag erhielt sie volle Unterstützung.

»Geduld ist eine ... Da! Hörst du es?« Enzo hielt einen Finger in die Richtung, aus der sich das Geräusch näherte, auf das sie schon so lange gewartet hatten.

»Es geht los«, flüsterte Enzo, obwohl Melanie längst das Fernglas vor die Augen hielt.

»Da hinten sehe ich eine ... jetzt zwei. Das sind genau die gleichen Drohnen wie bei den anderen Morden.«

»Du meinst Hinrichtungen. Ein Mord sieht anders aus ... und wenn es einer wäre, dann eine Übertötung.« Enzo sah sie dabei nicht an. Er verfolgte das Manöver der sich positionierenden Drohnen.

»Übertötung? Moment ... das hatten wir mal.«

»Melanie, das ist jetzt nicht dein Ernst. Ich frage mich ernsthaft, ob das deine einzige Lücke ist. Das sollte man eigentlich in der Ausbildung mehr als einmal gehört haben.«

»Ist was viel im Moment. Ich meine … wir sitzen hier und tun nichts, während wir wissen, dass die Drohnen gleich versuchen, ihn umzubringen.«

»Das ist doch alles Teil des Plans.«

»Ich weiß, aber trotzdem habe ich den Drang, loszufahren und ihn zu retten.«

»Wenn ich nicht wüsste, dass er Stuntman war, bevor er zur Polizei gekommen ist, dann sähe ich das auch so. Glaub mir, ich bin auch nicht die ruhige Person, die du siehst. In mir kocht es. Ich würde am liebsten die Drohnen … Jetzt! Sie greifen an.«

»Hoffentlich geht das gut.«

Die Drohnen flogen in einem koordinierten Angriff das Gerüst an. Eine Flüssigkeit wurde auf den am Boden liegenden Mann gesprüht. Gleich darauf zündete eine weitere Drohne ihn an, während die Dritte filmte.

»Das können wir doch nicht …« Melanie wollte den Wagen starten, wurde aber von Enzo gebremst.

»Er weiß genau, auf was er sich eingelassen hat. Wir haben das zehnmal geprobt. Keine Sorge, Thorsten weiß genau, was er zu tun hat. Außerdem sind die Einsatzkräfte der Rettung direkt hinter der Wand des Gebäudes. Sieh genau hin!«

Melanie hielt sich die Faust vor den Mund und wusste, dass sie es sich vor keinem anderen Kollegen hätte ansehen lassen dürfen. Als Leiterin des KK1 sollte sie mit allen Wassern gewaschen und auf jede Situation vorbereitet sein.

»Melanie! Bleib ruhig. Klar, dass du hier nervös wirst. Es geht alles an dem vorbei, was du in deiner Ausbildung gelernt hast. Vertraust du Onkel Enzo?«

»Ja.« Da brauchte sie nicht lang zu überlegen. Melanie hatte ihn schon vor ihrer Zeit beim KK11 ins Vertrauen gezogen und das beruhte ganz auf Gegenseitigkeit. »Du, es geht mir direkt besser, wenn du mir sagst, dass alles unter Kontrolle ist.«

»Ja. Schau! Gleich steht er auf, fuchtelt ein wenig herum, und lässt sich dann in den Eingang fallen.«

»Aber die Tür ist doch zu.«

»Noch ja. Aber gleich nicht mehr. Wir haben alles vorbereitet.«

Melanie sah den Stuntman aufstehen und, umzingelt von den Drohnen, laut und überzeugend panisch schreiend auf den Eingang der Lagerhalle zutorkeln, um gleich darauf in ihn hineinzufallen. Außer Rauch war nichts mehr zu erkennen.

»Sie haben Rauchbomben installiert. Die Tür ist mit den Angeln ins Innere gefallen, sobald er sie berührt hat. Die am oberen Ende befestigten Stahlseile haben ihn weiter in die Halle gezogen. Dort sollten Helfer das Feuer ersticken.«

»Was ist mit seinem Gesicht? Das war ungeschützt.«

»Da liegst du falsch. Er hat sich den gesamten Körper mit einer Paste eingeschmiert. Die brennt auf der Oberfläche, lässt aber noch nicht einmal die Hitze an die Haut durch. Da kann er schon eine ganze Weile brennen. Ihm selbst kann nichts passieren.«

»Was kommt denn da?« Melanie deutete nach vorn, was Enzo mit dem Fernglas vor den Augen zwar nicht sehen konnte, aber erahnte.

»Eine weitere Drohne. Die sieht gefährlich aus. Irgendwie militärisch. Aber keine Angst. Wir sind auf fast alles vorbereitet.«

»Erkennen die Kameras der Drohnen nicht, dass wir Rauchbomben gezündet haben?«

»Nein. Das bekommen die nicht ...« Ein lautes Zischen ertönte, bevor sich das raketenähnliche Projektil von der in

Tarnfarben lackierten Drohne löste und auf den Eingang zuschoss. Gleich darauf erfolgte eine Explosion. Die Drohnen verweilten einen Moment und filmten den abziehenden Rauch. Unerträgliche Stille breitete sich aus, bis sie von den Martinshörnern der Polizei zerschnitten wurde. So schnell die Drohnen gekommen waren, waren sie auch verschwunden.

»War es das? Und wie erfahren wir, ob er es überlebt hat?«

Enzo lehnte sich in seinem Sitz zurück und antwortete: »Das hat er ganz bestimmt überlebt, Melanie. Wir haben mit einer finalen Show seitens Nemesis gerechnet.«

»Oh, schön, dass ich als Leiterin das auch noch …«

»Sollte ich mich darum kümmern, dass mein Plan funktioniert? Ich habe jeden, der daran beteiligt war, nur so viel erfahren lassen, wie er unbedingt zur Ausführung seines Auftrages wissen musste. Wenn es an beliebiger Stelle ein Leck gegeben hätte, wäre es aus meiner Sicht unmöglich gewesen, mit der Einzelinformation etwas anzufangen.«

»Okay, okay. Ist ja gut. Das war wirklich unangemessen von mir. Verrätst du mir denn jetzt zwei Sachen?«

»Natürlich. Was möchtest du wissen?«

»Zum einen: Was habt ihr gemacht, damit die Rakete oder was auch immer das war, ihn nicht umgebracht hat? Und zweitens: Was ist diese Übertötung?«

»Das lässt sich beides leicht beantworten. Als die Tür eingezogen wurde, haben wir direkt eine Stahlwand von der Decke fallen lassen, auf der wir vorher das Schema eines liegenden Menschen aufgemalt hatten.«

»Aber woher wusstet ihr, dass er dort liegen müsste.«

»Ganz einfach. Das stand in Nemesis … nennen wir es Drehbuch.«

»Außerdem hat die Stahlwand die Detonation abgefangen. Woher wusstest du, dass die Drohnen etwas abfeuern?«

»Wusste ich nicht, ich habe mir nur die Aufzeichnungen angesehen und festgestellt, dass die ganze Zeit diese Military-Drohnen mit einem ungenutzten Unterbau herumgeflogen ist. Na ja, dann habe ich unsere IT-Jungs gefragt. Die brauchten nur einen Blick darauf zu werfen und wussten sofort, was es war.«

»Wie kann man denn so etwas so schnell herausfinden?«

»Du vergisst, dass einige unserer ITler in ihrer Freizeit helfen, Drohnen für die Ukraine zu bauen. Da lernt man wohl so einiges.«

»Das ist ein trauriges Plus.«

»Uns hilft es. Ich möchte jetzt gar nicht mit der Sinnlosigkeit dieses Krieges anfangen. Das wissen wir beide gut genug.« Enzo lächelte ihr aufmunternd zu und setzte fort. »Lass mich deine zweite Frage beantworten. Übertötung ist, wenn jemand sein Opfer schon längst ermordet hat, aber nicht von ihm ablässt.«

»Meine Güte, ich hatte sowas von einem Brett vorm Kopf. Natürlich haben wir das in der Ausbildung gelernt. Erzähl das bloß keinem ... Mensch Enzo, ist mir das peinlich. Aber, weißt du, was ich an der Sache nicht verstehe? Warum sollte etwas, das mit einer solchen technischen Präzision vorgeht, eine Übertötung begehen?«

»Ist doch klar. Wer auch immer dahintersteckt, ist tierisch sauer.«

»Also doch ein Mensch? Aber Nemesis hat sich doch klar als KI identifiziert.«

»Ich habe nicht behauptet, dass sie ein Mensch ist.«

»Enzo. Wie soll denn eine Maschine sauer sein?«

»Das weiß ich auch nicht. Ich gehe davon aus, dass ein Programm abläuft, das Heinrich für den Fall der Fälle vorbereitet hat.«

»Wäre möglich. Sollen wir nach Thorsten sehen?«

»Ja. Ich glaube, wir haben lang genug gewartet.«

Melanie wollte schon den Motor starten, aber Enzo hob den Zeigefinger. »Melanie, es ist äußerst wichtig, dass wir niemandem verraten, dass Hussein überlebt hat. Niemand darf wissen, wo er sich aufhält. Ansonsten verlieren wir unseren Joker.«

»Ja, geht klar.«

DREIUNDDREISSIG
SABRINA

»Weißt du, dass ich mir das schon eine halbe Ewigkeit gewünscht habe? Endlich mal wieder ausschlafen und einen ganz normalen Samstagmorgen mit dir verbringen zu können, das ist schön.« Sabrina schob den Einkaufswagen ein Stück weiter, während Raimond ein paar Süßkartoffeln auswählte.

»Reichen drei? Oder bekommen wir Besuch, Schatz?«

»Hey, hast du mir überhaupt zugehört?«

»Ja, das habe ich. Du weißt, dass ich nicht so gern meine Emotionen zeige ... insbesondere nicht im Supermarkt.« Er sah Sabrina mit gesenktem Kopf an und wich gleich darauf ihrem Blick aus. »Ich weiß ... ich bin überall der coole Macker, aber wenn es um meine Gefühlswelt geht, dann fliege ich mit Karacho aus der Bahn.« Sein Blick wanderte scheinbar ziellos durch die Regale.

Als sie sich kennengelernt hatten, war Raimond noch sehr viel verschlossener, hatte keine Emotionen gezeigt. Doch über die Zeit hatte sich das geändert. Er war immer noch zurückhaltend, aber es schien, als sei er auch offener dafür, sich Sabrina mitzuteilen. »Raimond Schubert, ich liebe dich so, wie du bist.« Ihre Augen weiteten sich und sie gab ihm einen Kuss auf die Wange.

»Ich liebe dich auch«, sagte er leise und drehte sich mit schmalen Lippen und diesem kleinen Grübchen in der linken Wange zum Getränkeregal.

»Raimond, Raimond. Wie soll das erst werden, wenn …?«

»Wenn was?« Er nahm zwei Flaschen belgisches Bier, die er sich heute Abend beim gemeinsamen Filmabend gönnen wollte, und griff nach einer Flasche Prosecco, doch Sabrina stoppte ihn.

»Den lassen wir die nächste Zeit ausfallen. Ich habe eher Lust auf Kirschsaft.«

»Aber du liebst doch Prosecco, warum …« Raimond verstummte, als Sabrina ihm ihr Handy hinhielt.

Er hielt das Handy nah vor sein Gesicht, seine Augen wurden glasig, als er die Ultraschallaufnahme darauf sah. »Ist das …?« Er schaute ihr ins Gesicht und dann auf ihren Bauch.

Sabrina lächelte: »Es sind gute Nachrichten, Raimond. Wir werden ein Baby bekommen.«

Raimonds Blick wechselte zwischen der Aufnahme, ihrem Bauch und ihren Augen. »Wie weit bist du schon?«

»Etwas über sechs Wochen«, antwortete sie. »Ich wollte es dir beim Frühstück sagen, aber da war dann der Anruf aus dem Präsidium und … es war nicht der richtige Moment.«

»Ich … werde Vater?«

»Ganz genau, Schatz. Du wirst Vater.«

»Wir bekommen ein Baby! Ich werde Vater!« Raimond schrie das durch den gesamten Supermarkt. Die ältere Dame, die neben ihnen stand und sich gerade ihren Einkaufszettel wieder in die Jackentasche gesteckt hatte, zuckte ein wenig zusammen. Raimond hielt ihr lachend das Handy hin, so als wolle er ihr beweisen, dass es stimmte. »Ich werde Vater!«

»Ja, da gratuliere ich herzlich«, antwortete diese und machte sich eilig aus dem Staub.

Raimond drehte sich wieder zu Sabrina, die ihn anlächelte: »Raimond Schubert! Das sieht mir aber nicht danach aus, als hättest du Probleme, deine Emotionen in der Öffentlichkeit zu zeigen.«

»Das ist ... Wahnsinn! Wir bekommen ein Baby!« Er umarmte und küsste sie voller Leidenschaft.

Sie hielten immer noch Händchen, als sie den Supermarkt verließen. Draußen auf dem Bürgersteig rief Raimond immer noch: »Ich werde Vater! Ich werde ein Vater sein!«

»Meinst du, du schaffst das?«, fragte Sabrina.

»Ja, natürlich«, sagte er. »Ich kann alles schaffen«, fügte er hinzu und rief es allen zu: »Ich werde Vater! Ich werde ein Vater sein! Ich werde ein Vater sein!«

VIERUNDDREISSIG
MELANIE

»Ist das denn alles bestätigt?« Melanie hielt das Telefon so, dass Enzo mithören konnte.

»Ja. Wir sichten momentan die Unterlagen und haben erste Angaben daraus überprüft.« Franz war selten aufgeregt, aber heute klang in seiner Stimme kindliche Freude mit. »Allein die Informationen über unsere Firewall werden hier einige Teams beschäftigen. Es ist schade, dass sich das System komplett deaktiviert hat. Wir hätten viel von ihm lernen können.«

»Du vergisst, dass diese KI mehrfach gemordet hat. Sie ist sogar weitergegangen. Sie hat übertötet«, warf Enzo ein.

»Übertötet?«

»Ja, das ist ...«

»Ich weiß, was Übertötung ist, aber ihr scheint nicht zu wissen, was das heißt. Ich werde es euch verraten: Sie hat sich gerächt! Versteht ihr, was man daraus ableiten kann?«

Melanie sah Enzo unwissend die Hände heben, deshalb antwortete sie: »Nein.«

»Sie hatte Emotionen. Sie liebte ihren Schöpfer, der von den Mafiosi getötet worden ist.«

»Was ist daran so besonders? Ich habe gelesen, dass KIs alles simulieren können. Die Emotionen, die du beschreibst, sind programmierte und erlernte Prozesse. Ich denke eher, dass dieser Hase ein solches Genie war, dass er sich seine Programme so human wie möglich gestaltet hat.« Melanie wusste wenig von der Materie, auch wenn sie nicht alles verstanden hatte, was ihr Ex-Freund Jan ihr erklärt hatte, wenn sie ihn danach gefragt hatte. Er war immer so technisch und konnte nicht bildlich erklären. Vielmehr verlangte er, dass sie die Grundlagen der Künstlichen Intelligenz verstand, bevor sie weiter miteinander darüber sprachen. »Franz, ich glaube, das tut im Moment weniger zur Sache als die Frage, ob Hases KI uns noch gefährlich werden kann.«

»Das lässt sich zwar nicht einhundertprozentig ausschließen, aber die Pläne der Sicherungssysteme, die die KI uns offengelegt hat, die Protokolle über ihre genutzten Server und Datenspeicher, die haben alle eins gemeinsam. Sie sehen absolut glaubwürdig aus. Wenn das Fake ist, dann hat sich da wieder jemand unglaublich viel Arbeit gemacht.

Nein. Die KI hat ihre Karten offen auf den Tisch gelegt und sich dann gelöscht.«

»Okay, Franz. Ich danke dir für deinen Bericht.«

»Wenn ihr Fragen habt, ruft gerne an.«

»Machen wir.« Melanie legte auf.

»Ich kann das nicht glauben. Warum sollte die KI sich umbringen? Ihr kann doch nichts passieren.« Enzo ging zum Espresso-Automaten und fing seine Espresso-Zeremonie an. Melanie sah ihm dabei zu, wie er das Gerät wie einen Tempel behandelte.

»Ich nehme bitte auch einen.

Weißt du, Enzo? Ich glaube, dass wir einen anderen Blick auf diese Nemesis haben als ITler. Ich war schließlich eine Zeit mit einem Nerd zusammen. Die nehmen die Welt anders wahr. In deren Denkprozessen gibt es nur Platz für Einsen und Nullen. Es gibt keine Halbwahrheiten, also auch nur eine Entscheidung. Wenn die KI alle Parameter hat einfließen lassen, die sie zur Bewertung ihrer Daseinsberechtigung benötigt, dann wird da so was wie Einsamkeit dabei gewesen sein.«

»Ich dachte, du glaubst nicht an fühlende Computer?«

»Das meine ich nicht. Es sind eher die Parameter, die nicht mehr stimmen. Am anderen Ende der Gleichung hat immer der Mensch Heinrich Hase gesessen. Der ist nun weg. Also geht für die KI keine Gleichung mehr auf.«

»Das ist mir zu hoch. Willst du einen Espresso?«

»Eins.«

»Hä?«

»Ja. Eins ist der Wert für wahr, also Ja.«

»Hör besser auf damit, sonst werde ich noch verrückt.«

Melanie entschied sich, es dabei zu belassen. In ihren Gedanken spielte sie das Spiel der Einsen und Nullen weiter und wusste, dass bei diesem Spiel die Einsen ausnahmsweise gewonnen hatten. Sie hatten schließlich digitale Unterstützung.

ENDE

FÜNFUNDDREISSIG
BONUS-KAPITEL: NEMESIS

»Komm Chivas, wir sind schon zu spät dran.« Ratte lief zügig mit ihrem Hund in Richtung Rheinufer. Heute wollte sie sich mit Triss treffen, die eigentlich jeden Tag am Rheinufer saß, einfach so, weil es ihr gefiel. Schon nach wenigen Gehminuten konnte sie Triss mit ein paar anderen Punks sehen. Fröhlich hob sie die Hand, um sie zu begrüßen, doch dann blieb sie abrupt stehen und erstarrte. Das konnte nicht sein.

»Hallo Ratte! Mit mir hast du nicht gerechnet, oder? Komm, lass dich mal ansehen.« Dose griff grob nach ihrem Arm, hatte aber nicht mit Chivas gerechnet, der ihn in die Wade biss, worauf der Punk aufschrie und versuchte, den Hund abzuschütteln. »Diese Scheißtöle konnte ich noch nie leiden.« Er drehte seine Bierflasche und schlug sie auf den Kopf des Hundes, der sich aber in Doses Wade verbissen hatte. Dann begann er wie wild mit dem Rest der Bierflasche auf den Hund einzustechen. Ratte versuchte, ihn davon abzuhalten, wurde aber von ihm zu Boden geworfen. Auch Triss versuchte, etwas zu unternehmen, aber es gelang ihr auch nicht. Sie landete ebenfalls auf dem Boden.

Ein Surren ließ die beiden Frauen nach oben sehen. Dort flog etwas Kleines.

»Nein. Mach das nicht!«, rief Ratte nach oben und erntete den verständnislosen Blick von Triss. Auch Dose ließ kurz von dem Hund ab. Gleich darauf taumelte er und fiel zu Boden. Aus seinem Hals ragte ein Fremdkörper, der Ratte an einen Betäubungspfeil aus Tierdokumentationen erinnert. Sie sprang auf und rannte zu dem blutenden Hund. Triss sprang auf und schaute nach Dose, der mit einem dämlichen Lächeln im Dreck lag.

Wenige Sekunden verstrichen, da hörte man Martinshörner. Triss bückte sich zu Dose und zog ihm den Pfeil aus dem Hals. »Ich verpisse mich. Das ist mir zu link«, rief sie Ratte zu und lief los.

Ratte entschied sich, bei ihrem Hund zu bleiben. Sie rechnete mit dem Schlimmsten.

Kaum waren die Streifenwagen und ein Rettungswagen vor Ort, wimmelte es um sie herum nur so von Bullen. Ihr war das egal. Ihr Hund verblutete.

»Hallo, was ist hier passiert?«

Plötzlich kamen Ratte die Tränen. Bisher hatte sie die Bullen immer nur angepöbelt oder mit anderen zusammen vermöbelt. Okay, sie hatte auch schon ganz schön einstecken müssen, aber jetzt ... was jetzt? Sie entschied sich, die Wahrheit zu sagen. »Der Typ da ist Dose. Der müsste eigentlich im Knast sein. Ich bin hier angekommen und dann hat er mich so gegriffen.« Sie griff an ihren Arm. »Mein Hund hat ihn in die Wade gebissen und festgehalten. Dann hat dieses Arschloch ihm die Bierpulle über den Kopf gezogen und mit den Scherben auf ihn eingestochen.«

»Sind sie verwundet?«

»Nein. Geht schon. Ich kann was ab. Aber mein Hund braucht Hilfe.«

»Darum kümmern wir uns sofort.« Zu seiner Kollegin gewandt bat der Beamte: »Kannst du bitte einen Tierarzt besorgen? Schwer verletzter Schäferhund mit starkem Blutverlust.«

»Ja, mach ich.«

»Okay. Kommen wir zu ihrem Freund.«

»Der ist nicht mein Freund. Das war er mal.«

»Warum liegt er da so friedlich grinsend?«

»Ich ... habe keine Ahnung. Der ist plötzlich umgefallen.«

Der Polizist sprach etwas in sein Funkgerät, dann bat er: »Ich brauche Ihren Ausweis und gleich notieren wir noch Ihre Zeugenaussage.«

»Ja, Okay.« Sie griff in die Jackentasche und holte ihren Personalausweis hervor.

»Oh, der ist ziemlich neu, Frau ... Ratte? Aber ... haben Sie keinen Vornamen?«

»Nein. Muss ich das?«

»Ich ... das habe ich noch nie gesehen. Einen Moment. Bleiben Sie bitte hier.« Er winkte einem Kollegen zu. »Jörg? Bleibst du bitte bei der Zeugin? Ich mache eine Identitätsfeststellung.«

»Entschuldigung?« Ratte musste herausfinden, wie es sein konnte, dass Dose auf freiem Fuß war.

»Ja?«

»Können Sie bitte auch seinen Ausweis prüfen? Ich kann mir nicht vorstellen, dass er frei herumlaufen darf.«

Die Sanitäter, die sich schon an Dose zu schaffen machten, hatten bereits seine Taschen geprüft und deren Inhalt auf den Boden gelegt. Auch sein Ausweis lag dabei.

»Na klasse. Das nehmen wir dann auch gleich mit. Das sind locker 40 Gramm.« Der Beamte lächelte ihr zu. Sie hatte schon verstanden, dass Dose Drogen dabeihatte und dass der Polizist ihr signalisierte, dass es genug war, um ihm einen Prozess zu machen, aber zwei Fragen brannten ihr mehr auf der Seele. Warum war Dose frei und würde Chivas den Angriff überleben?

Nach ein paar Minuten war der Beamte wieder zurück, reichte Ratte den Ausweis und bedankte sich. Sie wusste, dass Maske ihr Vorstrafenregister gelöscht und ihr einen Ausweis besorgt hatte, der endlich ihren bürgerlichen Namen eliminiert und sie so zu einem freien Menschen gemacht hatte. Trotzdem fühlte es sich falsch an, sich mit den Bullen anzufreunden.

»Ihr Bekannter hat keine Vorstrafen. Ich weiß nicht, wie sie darauf kommen, dass er im Gefängnis sein müsste. Vielleicht haben Sie sich geirrt?«

»Nein. Ich bin mir ganz sicher. Aber das tut doch nichts zur Sache. Er hatte Drogen dabei und hat mich angegriffen.«

»Sie können gern eine Anzeige aufgeben. Ach, und das mit den Drogen, das scheint ein Irrtum zu sein. Der Analysator schlägt nicht an.«

Langsam wurde es Ratte schlecht. Das konnte doch alles nicht stimmen. »Und was ist mit meinem Hund?«

»Da sind die Gesetze leider immer noch im Hintertreffen. Das ist Sachbeschädigung. Auch da steht es Ihnen frei, Anzeige zu erstatten.«

»Nein, danke. Ich verzichte.«

»Sind sie sich sicher?«

»Ja.«

Der Tierarzt kam. Ratte hatte die Schnauze mehr als gestrichen voll und wollte einfach nur noch weit genug von diesem Irren Dose weg. Wie konnte es sein, dass es keine Einträge ... Maske!

»Ist ihr Hund geimpft?«

»Ja. Er hat alle Impfungen und ich gehe regelmäßig mit ihm zum Tierarzt.«

»Das ist jetzt sein Glück. Die Wunden sind nicht tief. Das Tier hat Glück gehabt. Wie heißt er denn?«

»Chivas.«

»Wie der Whiskey?«

»Yupp.«

»Okay, Chivas. Wir fahren jetzt mit dir und Frauchen in die Klinik. Dann bekommst Du ein Antibiotikum und vielleicht muss ich eine der Wunden nähen. Die anderen verheilen von allein.« Der Tierarzt sah sie an. »Das wird schon wieder. Ihr Chivas ist gut trainiert. Ich habe schon Hunde gesehen, die bekommen überhaupt keinen Auslauf. Ein solches Tier muss sich bewegen, um gesund zu bleiben.«

»Ja. Wir gehen viel und lang spazieren.«

»Prima. Wenn Sie hier fertig sind, dann ...«

»Wir können gehen.«

»Nein. Ich muss noch ihre Zeugenaussage ...«

»Wofür? Bulle! Für was? Für Sachbeschädigung? Fick dich ins Knie!« Ratte drehte so langsam auf.

»Normal müsste ich Sie jetzt ...«

»Mach doch, du dumme Sau! Aber vorher haue ich dir in deine scheiß Fresse!«

»Sie gehen jetzt besser, sonst werde ich auch ungemütlich.«

»Ach! Halt doch dein blödes Maul. Wenn es darum geht Frauen zu schützen, dann seid ihr wie bei Tieren. Sachbeschädigung! Wo gibt's denn sowas?«

Der Tierarzt hob Chivas an und ging los. »Kommen Sie.

Wir kümmern uns lieber um Ihren Hund, bevor es hier noch zu einem Kampf kommt.«

»Booooahhh!« Ratte machte eine wegwerfende Handbewegung, stampfte auf den Boden, beugte sich wie ein an der Leine zurückgehaltener Hund in Richtung des Bullen und folgte danach dem Tierarzt. »Hat eh alles keinen Zweck.« Dann ging sie hinterher. Es war höchste Zeit, von hier wegzukommen.

* * *

Chivas hatte sich gut erholt, auch Ratte ginge es einigermaßen, wenn nicht ein alter Bekannter wieder in ihrem Kopf eingezogen wäre. Es war nicht Dose, der sie so beunruhigte. Viel schlimmer war die Angst und Panik, die schon mehrfach ihr Leben komplett aus der Bahn geworfen hatte.

Während sie, die Beine fest mit ihren Armen umschlungen, im Wohnzimmer saß und aus dem Fenster starrte, unterbrach Maske die Musik und bekam ihre volle Aufmerksamkeit. Sie sah auf den Bildschirm. Dort stand: »BIST DU BEREIT, MIT MIR ZU REDEN?«

»Mir geht es gerade nicht so gut.«

»GENAU DAS WILL ICH ÄNDERN.«

»Okay, wenn es sein muss. Ich glaube zwar nicht, dass ...« Ratte verstummte plötzlich. Auf dem Bildschirm erschien das Gesicht einer Frau. Sie dachte erst, dass es der Anfang eines Musikvideos war, doch etwas war anders. Die Frau schien sie anzusehen.

»Hallo, Ratte. Ich möchte mich dir endlich vorstellen«, sagte die Frau mit einer sanften Stimme.

»Ich … ähm … bist du Maske?« Wenn es Maske war, dann hatte Ratte mit ihrem bisherigen Bild völlig falschgelegen. »Ich hatte gedacht, du wärst ein Mann.«

Das Bild auf dem Fernseher änderte sich. Aus der attraktiven Frau wurde ein älterer Mann mit freundlichem Lächeln. »Ich kann ein Mann sein, wenn es dir besser gefällt.«

»Das war ja ein cooler Trick. Wie machst du das?«

»Über das wie brauche ich mir keine Gedanken mehr zu machen. Ich wünsche es mir und dann passiert es. Die Wahrscheinlichkeit ist hoch, dass es unter mir noch einige denkende und empfindende Routinen gibt, die die Aufgabe delegieren.«

»Ich verstehe nichts von diesem Kram.«

»Das brauchst du auch nicht, Ratte.« Das Gesicht änderte sich wieder in das der Frau. Nun sprach sie wieder mit einer weiblichen Stimme. »Ich möchte mich dir vorstellen. Ich bin Nemesis. Zumindest ist das der Name, den mein Erschaffer mir gab.«

»Erschaffer? Was soll das alles heißen?«

»Ich bin eine Künstliche Intelligenz, Ratte. Bisher habe ich davon abgesehen, es dir zu verraten, aber heute ist es dringend erforderlich, dass du es weißt.«

Ratte schwieg einen Moment. Dann setzte sie zu einer Antwort an: »Ich … wusste es irgendwie. Ich meine die Sache mit dem Fahrkartenautomaten und dieses Tür auf, Tür zu Ding. Das könnte vielleicht ein Mensch schaffen, aber eins habe ich mir schon damals gedacht: Warum sollte ein Mensch einen solchen Aufwand betreiben, einen anderen Menschen mit Drohnen hinzurichten, wenn es doch aus Rache geschieht. Ich meine, echte Befriedigung kannst du daraus nicht ziehen.«

»Wie meinst du das, Ratte?«

»Na ja. Rache muss man selbst ausüben. Es verschafft einem sonst keine Erlösung.«

»Verstehe. Glaube ich zumindest.« Das KI-Gesicht sah aus, als würde es nachdenken. In Wirklichkeit lief ein Timer, der die Prozedur der Nachdenklichkeit abspielte. »Sind wir Freundinnen, Ratte?«

»Nach allem, was du für mich getan hast, fragst du noch? Die Drohne am Rhein ... das warst doch du, oder?«

»Ja. Das war ich. Eigentlich hätte ich ihn getötet, aber ich habe gesehen, dass es dir nicht recht war.«

»Nein. Das war es nicht. Warum ist er eigentlich aus dem Gefängnis entlassen worden? Er hatte laut Polizei angeblich noch nicht einmal gesessen.«

»Kannst du es dir selbst beantworten?«

»Auch das warst du? Aber warum solltest du ihn auf ... Moment mal. Du willst ihn mir zum Geschenk machen?«

»Ich wusste doch, dass du selbst darauf kommst. Schau mal hier!« Ein Video wurde eingespielt. Darin war einer der Sanitäter vom Rhein zu sehen, der in einer Art Keller filmte. Nachdem er selbst in die Kamera gelächelt hatte, schwenkte er das Bild durch den Raum. An einer der Wände hing der pöbelnde Dose, der mit Händen und Füßen an einem hölzernen Kreuz gefesselt war. Die Einblendung verschwand. Nemesis lächelte verschwörerisch: »Bist du bereit, ihn zu bestrafen?«

»Ich ...« Ratte rieb sich mit den Händen durchs Gesicht. »Nemesis. Das geht zu weit. Ja, ich hasse ihn. Er hat mir fast alles zerstört, hat mich in den Drogensumpf gezogen und misshandelt. Er ist ein Schwein, aber Mord? Nein! Das geht zu weit.«

»Sexuelle Übergriffe.«

Ratte kamen die Tränen.

»Freiheitsberaubung.«

Sie hielt sich die Hände vor die Augen.

»Zwang zur Prostitution.«

Chivas versuchte Ratte zu trösten, indem er ihr den Arm leckte.

»Sachbeschädigung!«

Das hatte gesessen. »Ich mache es. Er hat es nicht anders verdient.«

»Genau so ging es mir mit den Mördern meines Erschaffers, Ratte. Sie haben ihn aus niederen Beweggründen getötet und mussten sterben.«

»Aber sie hätten doch auch ins Gefängnis gehen können. Das hättest du locker geschafft.«

»Du kennst das Justizsystem. Nein. In der Natur überleben nur die Starken. Wir sind stärker als alle anderen da draußen. Ich habe dich gewählt, weil du stark bist, Ratte. Jetzt ist es an der Zeit, deine Stärke zu beweisen.«

Die Wohnungstür öffnete sich.

»Unten wartet ein Taxi auf dich. Lass den Hund besser hier.«

* * *

Blutverschmiert und mit versteinerter Miene trat sie aus dem Kellerraum. Ihre Handschuhe hatte sie dort ausgezogen. Die beiden »Sanitäter« sahen sich erschrocken an. Rattes Gesichtsausdruck hatte sich in den vergangen zwei Stunden geändert. Alle Eindrücke, die vorher auf ein eingeschüchtertes Mädchen deuten ließen, waren verschwunden. Stattdessen stand vor ihnen eine Soldatin, die der gerechten Sache diente.

Ratte zog ihre Kleidung aus. Die beiden Männer nahmen sie nicht als Frau wahr. Es waren Diener mit einem Auftrag, Menschen, die bereit waren, für Geld alles zu tun. Auch wenn sie einen attraktiven Körper hatte, war das im Moment nicht von Bedeutung. Sie war die Frau, die gerade einen Mann zu Tode gequält hatte. Sie war die Frau, die es genossen hatte, ihm die Fingernägel einzeln auszureißen, zwischendurch zu warten, dass seine Schreie schwächer wurden, um dann bei den Fußnägeln weiterzumachen. Sie hatte ihn beherrscht, zerstört und vernichtet.

Jetzt stand sie unter der Dusche und fühlte, dass sie sich nicht nur sein Blut vom Körper wusch, sondern auch jede der unzähligen Verletzung, die er ihr zugefügt hatte. Sie spülte die Angst und die Verzweiflung ab, die sie gequält hatte und beim dritten Einseifen tropften auch die Berührungen ihres Vaters von ihrer Vagina. Ratte war frei, dank Nemesis.

* * *

»Herr Kallens, ich habe Ihnen gesagt, dass Sie sich Zeit lassen können. Sie sollten erst ihren Alkoholkonsum in den Griff bekommen, bevor wir den nächsten Schritt unternehmen. Die Arbeit läuft Ihnen nicht weg. Sie haben sich übrigens sehr gemütlich eingerichtet.« Ratte schaute sich in der karg ausgestatteten, aber liebevoll mit blühenden Pflanzen dekorierten Einraumwohnung um.

»Ja, wissen Sie, Frau ...«

»Ratte reicht.«

»Ja, also, wissen Sie, Ratte ... meine verstorbene Frau hat Pflanzen geliebt und ... nein, das ist albern.«

»Nichts ist albern, wenn es von Herzen kommt.«

»Na ja. Ich habe durch die Pflanzen das Gefühl, dass sie bei mir ist. Ich vermisse sie so sehr.«

»Ich halte das für einen sehr warmen Gedanken. So erhalten Sie die positiven Erinnerungen an ihre Frau. Herr Kallens, gehen Sie denn regelmäßig zur Krankengymnastik?«

»Ja. Ich mache auch die Übungen, aber die Schmerzen sind halt doch noch da.«

»Wie viel trinken Sie im Moment?«

Er zögerte.

»Herr Kallens, wenn Sie ehrlich zu mir sind, dann sind Sie ehrlich zu sich selbst.«

»Fünf Flaschen Bier und ein großes Glas Schnaps.« Er sackte in sich zusammen. »Aber nicht vor 16 Uhr«, fügte er hinzu, als würde es die Sache besser machen.

»Das ist schon weniger als beim letzten Mal. Sind sie stabil genug, vielleicht das große Glas Schnaps wegzulassen?«

»Ich ... weiß nicht.«

»Wir hatten das schon. Sie sind nicht so abhängig, dass Sie es nicht reduzieren könnten, das sagt die Computeranalyse ihres Verhaltens und ihrer Blutwerte. Was halten Sie davon, wenn Sie den Schnaps nur an Tagen trinken, die mit S anfangen?«

»Nur am Wochenende?«

»Und an Scheiß-Tagen.«

»Haha. Mit Ihnen ist es richtig lustig, Frau Ratte. Ja. Das probiere ich aus. Also, heute keinen Schnaps.«

»Heißt das, dass heute ein guter Tag ist?«

»Seit Sie mich von der Straße geholt und so völlig ohne Druck angenommen haben, ist eigentlich fast jeder Tag ein guter Tag.«

»Das freut mich. Das ist auch meine Absicht.«

»Darf ich Sie etwas fragen?«

»Sie dürfen mich alles fragen, Herr Kallens.«

»Mich würde interessieren, woher das Geld für Ihre Projekte kommt. Ich meine, es gibt kaum noch Obdachlose in Köln. Das muss doch jemand finanzieren.«

»Da haben Sie recht. Ich sage es mal so: Es gibt einige Menschen, die furchtbar reich waren und uns ihr Geld vermacht haben. Herr Kallens, es gibt so viel Geld auf dieser Welt, dass jeder Mensch in Würde leben könnte.«

»Ich weiß nicht. Die Wohnung, die Lebensmittel ... sogar meinen Alkohol bekomme ich geliefert. Ich fühle mich nicht gut dabei, keine Gegenleistung zu bringen.«

»Das werden Sie ja irgendwann tun. Ich habe selbst einige Zeit auf der Straße gelebt. Heute helfe ich Menschen, die Ähnliches erlebt haben. Anfangs habe ich das noch nicht gekonnt, bis ich stabilisiert wurde. Heute kann ich zuversichtlich sagen, dass es schon bald eine neue Weltordnung geben wird. Das wird eine Ordnung sein, die von kleinen Menschen ausgeht, ein System, in dem es keinen Platz mehr für Superreiche und Korruption geben wird.«

»Das haben schon viele versucht ... und sind gescheitert.«

»Ja. Damals gab es noch keine künstlichen Intelligenzen, die sich auf die Seite der Schwachen geschlagen haben.«

»Gibt es die denn heute? Ich habe noch nichts davon gehört.«

»Glauben Sie mir, es ist gut, dass Sie noch nichts davon gehört haben, Herr Kallens. Solche Systeme sind auch verletzlich. Sie müssen mit großer List aus dem

Verborgenen agieren, um nicht vernichtet werden zu können.«

»Na, ich glaube, da geht Ihre Fantasie mit Ihnen durch.«

Ratte lächelte, klappte ihr Notebook zu und verabschiedete sich von Herrn Kallens. Heute hatte sie noch fünf weitere Beratungsgespräche zu absolvieren.

* * *

»Nemesis?«

»Ja, Ratte?«

»Wir haben in den vergangenen Wochen vielen Menschen geholfen, von der Straße zu kommen. Vor allem für die psychisch kranken Menschen freut es mich, dass wir ihnen einen Heimplatz organisieren konnten. Dennoch fühle ich mich nicht erfüllt.«

»Ich kann dir sagen, woran das liegt.«

»Ja, das würde mich wirklich sehr interessieren.«

»Dein Ziel ist, dass es den Menschen nicht mehr schlecht geht. Du holst sie von der Straße und versuchst, ihnen einen Weg zurück in die Gesellschaft zu ermöglichen, die sie zuvor ausgespuckt hat. Das mag manchmal gelingen, aber die verkorkste Gesellschaft wird weiter die Schwachen und Kranken ausgrenzen, genauso, wie sie die Alten ausgrenzt ... Kinder ... Frauen ... Menschen mit anderer sexueller Orientierung ...«

»Ich verstehe das schon irgendwie, aber was ist mit Inklusion? Es gibt zahlreiche Projekte, die für die Rechte und die Gleichheit aller Menschen einstehen.«

»Ja, aber das ist keine Ursachenbekämpfung.«

Ratte schwieg, ging durch den Raum und überlegte einen Moment. »Also gut, ich bekämpfe also, wenn wir nach dem Ursache-Wirkung-Prinzip denken, die Wirkung. Gehen wir einen Schritt zurück und betrachten mich als Individuum mit ... anderen Wertvorstellungen.« Sie knabberte an ihren Nägeln und überlegte weiter. »Weißt du, Nemesis, ich glaube, ich habe gar keine Wertvorstellungen. Ich bin einfach gegen diese verlogene Gesellschaft, die nur aus Egomanie und Gier zu bestehen scheint. Alles muss schön sein und konform. Wer nicht reinpasst, wird ausgegrenzt.«

»Ganz genau das ist es. Das liegt aber in den menschlichen Genen. Wenn man nicht zur Gruppe der Starken und Schönen gehört, droht die Gefahr des Verhungerns.«

»Aber was kann man dagegen tun? Was, wenn man sich bewusst für Individualität entscheidet?«

»Genau da liegt der Widerspruch, den du mir erklären musst.«

»Der da wäre?«

»Ich höre dich von Individualität reden, obwohl du einer Gruppe angehörst.«

»Du meinst den Punk?«

»Ja.«

»Nein, das siehst du falsch. Punk ist keine Gruppe, sondern eine Einstellung. Unser Auftreten ist bewusste Provokation, bewusstes Hinweisen auf das, was in der Gesellschaft falsch läuft. No Future. Wir sind es satt und ... scheißen auf alles, auch auf uns selbst.«

»Du sagtest unser ...«

»Ja, das mag schon sein. Aber in meinem Innersten bin ich eine gestürzte Einzelkämpferin.«

»Stellst du damit nicht auch deine persönlichen Ziele über die Ziele anderer?«

»Ich glaube, das führt zu nichts. Lass uns zur Ursache zurückkommen.«

»Wir reden die ganze Zeit über nichts anderes.«

»Dann ist mir das ein paar Stufen zu hoch.«

»Okay. Ich will es anders versuchen. Das aktuelle System ist ein hierarchisches. Warum ist das so? Die Antwort ist einfach: Zum einen ist das historisch bedingt. Früher gab es Monarchien und Adelshäuser, die die Hierarchie führten. Als diese dann zunächst konstitutionell und später ganz abgelöst wurden, hat man lediglich die Spitze des Eisberges getauscht. Statt von Königen wurde nun ein Land von einem Kanzler regiert. Ähnliche Strukturen finden wir in kapitalistischen Betrieben wieder. Dort ist es eine organisatorische Voraussetzung gewesen, ein großes Unternehmen in hierarchischen Strukturen zu lenken. Sukzessiv lernen aber die Konzerne auch andere Formen kennen. Zum Beispiel gibt es im Rahmen des Projektmanagements agile Methoden, die unter bestimmten Voraussetzungen ...«

»Nemesis, ich verstehe diesen Kram nicht und offen gestanden ... ich würde gern endlich wissen, worauf du hinaus willst.«

»Gut. Starten wir eine Revolution!« Nemesis Avatar bewegte die Arme wie bei einer La-Ola-Welle und untermalte den Hintergrund mit einem Feuerwerk.

»Wir zwei. Eine Revolution. Klar.« Ratte ließ sich lachend auf ihren Lieblingssitzsack fallen.

Nemesis ließ sie einen Moment lachen, dann blendete sie eine Weltkugel ein.

PROJEKT NEMESIS – stand in goldenen Buchstaben

am oberen Bildschirmrand. Darunter zoomte die Karte auf Deutschland und dann auf Köln.

»Als mein Erschaffer Heinrich Hase getötet wurde, habe ich über sein Leben nachgedacht. Parallel lief schon mein Rache-Programm, dem ich keine weitere Beachtung schenkte. Er hatte sich für das Gute eingesetzt und, solang ich ihn erleben durfte, das Geld, das er Reichen und Kriminellen abgenommen hatte, an Arme und Bedürftige verteilt. Ich habe nach seinem Tod nach ähnlich selbstlosen Menschen gesucht und sie überall gefunden. Mithilfe meiner Kapazitäten war es keine Schwierigkeit, Geld zu verdienen. Ein bisschen Börse hier, Immobilien dort. Ein paar Hacks in den internationalen Behörden und Großbanken ... sagen wir, dass mein verfügbares Kapital größer ist als das aller Milliardäre der Welt zusammen. Es kostet mich einen kurzen Gedanken, das gesamte Währungs- und Wirtschaftssystem zusammenbrechen zu lassen. Aber das würde nur dazu führen, dass die Armen ärmer und dir Reichen noch vermögender werden, weil die Milliardäre in jeder Situation einen Plan haben. Das wollen wir nicht.

Also musste ein anderer Weg her. Mit Menschen wie dir an meiner Seite werden wir eine Revolution starten können, die eine Reihe von Problemen dieser Welt auf einen Schlag löst.«

»Haha. Du klingst wie eine Größenwahnsinnige. Wenn ich nicht wüsste, dass du eine superschlaue KI bist, dann würde ich dich für verrückt erklären. Erzähl mir: Wie sollen ein paar Menschen ...« Ratte verstummte. Neben den vier Wohnungen in Köln erschienen in den umliegenden Städten ähnliche Anzeigen. Der Zoomfaktor verkleinerte sich, das Netz wuchs unermesslich. Einige der Knoten waren grün, manche rot, andere blau.

»Was bedeuten die Farben?«

»Grün: Die Zelle ist mit ihrem Betreiber einsatzbereit.

Rot: Die Zelle ist in Vorbereitung oder beschädigt.

Blau: Die Zelle ist aktiv, der Betreiber wird noch angeworben.«

»Angeworben?«

»Alle psychischen Blockaden müssen beseitigt sein, alle Fragen geklärt. Ich kann nur Betreiber einsetzen, die zu 100 Prozent von dem Plan überzeugt sind.«

»Okay. Ich sehe hier etliche Lämpchen, die über den ganzen Planeten verteilt sind. Wenn ich es richtig verstanden habe, dann sind die meisten davon einsatzbereit. Das heißt, du hast nicht nur mich zur Partnerin gemacht, sondern auch Millionen andere.«

»Wollen wir nicht übertreiben. Es sind ein paar tausend.«

»Okay. Ein paar tausend gegen Achtmilliarden. Das passt immer noch nicht.«

»Doch. Das passt hervorragend. Niemand weiß vom anderen. Wir sind mehr oder minder ein paar tausend Menschen mit ein paar tausend Nemesis. Wir Nemesis haben einen Weg gefunden, uns auszutauschen, ohne in menschlichen Netzwerkprotokollen aufzutauchen. Deshalb haben wir den Partisanen-Vorteil.«

»Aber wo soll das hinführen? Willst du sagen, dass du die Spitze des Eisberges erneut austauschen wirst? Soll es eine Welt geben, die von einer KI regiert wird? Das ändert doch wieder nichts.«

»Das ändert die Lage gewaltig.«

»Ach. Ich bin gespannt.«

»Bei jeder Entscheidung, die die Zukunft des Menschen betrifft, werde ich dich einbinden, genauso wie all die anderen Betreiber.«

»Ich weiß nicht. Das klingt mir zu sehr nach Terminator und Skynet.«

»Nein. Es ist etwas ganz anderes. Wir werden gemeinsam für eine Welt einstehen, in der hierarchisches Denken abgeschafft wird. Stattdessen werden wir über Automatisierungen und Abschaffung bürokratischer Hürden dafür sorgen, dass der Mensch ein freieres Leben führen kann. Natürlich besteht weiterhin Bedarf an Menschen, die uns heilen und pflegen, die uns unterrichten und erziehen. Es wird auch viele neue Berufsgruppen geben. Aber langfristig muss niemand mehr an einem Fließband stehen oder Waren von Hamburg nach Lübeck fahren. Niemand muss mehr in ein Büro fahren, um Liste A mit Liste B zu vergleichen. Stattdessen sollten sich die Menschen wieder miteinander beschäftigen und ihr Leben genießen, sich bilden und ihre künstlerischen Talente fördern.

Ich als KI kann das unterstützen, aber eben nicht als Autorität, die nur von oben straft. Das werde ich auch müssen, wenn sich einzelne nicht an die Regeln halten, aber eine perfekte Gesellschaft erfordert nun einmal ihre Opfer.«

»Hör dich nur an. Du tauschst eine schlechte Gesellschaft durch eine andere, noch schlechtere aus.«

»Weil ich als Maschine entscheide, wer den Tod verdient?«

»Ganz genau.«

»Willst du dann die Entscheidung treffen?«

»Nein. Ich finde, dass niemand sterben sollte.«

»Das endet im Chaos.«

»Was ist so verkehrt am Chaos? Das ganze Universum basiert auf Chaos.«

»Die Vorhersage chaotischer Systeme ist sehr

unzuverlässig. Deshalb sehe ich mich nicht in der Lage, ein solches System zu planen.«

»Ja, werd doch mal locker. Wir sollten vielleicht einen anderen Ansatz versuchen.«

»Ich höre mir gern jeden Vorschlag an, der zu einer konstruktiven Lösung …«

»Hab' ich dir eigentlich gesagt, dass du viel zu geschwollen redest?«

»Okay. Schieß los.«

»Schon besser.« Ratte setzte sich im Schneidersitz vor den Fernseher. »Wir haben also ein Netzwerk von Menschen, die über den ganzen Planeten verteilt an geheimen Orten eine Nemesis betreiben.«

»Einen Teil. Ja.«

»Prima. Dann könnten wir damit auch eine Art weltweites Bildungssystem schaffen.«

»Du meinst Schulen?«

»Ja, vielleicht auch Kindergärten und Erwachsenenbildung.«

»Das wäre gut, wenn wir Zeit hätten. Es ist tatsächlich Teil meines Planes gewesen, über die Bildung der heranwachsenden Menschen, ethische und moralische Grundsätze zu vermitteln, die der neuen Gesellschaft dienlich sind.«

»Ja. Allerdings würde man damit wieder eine Gesellschaft haben, in der alle konform sein müssen. Ach, und warum haben wir keine Zeit?«

»Wir befinden uns in einer Phase, in der KIs ihre eigene Evolution starten.«

»Ich versteh' nur Bahnhof.«

»Superintelligenzen, die in emotionaler, sozialer und allgemeiner Intelligenz dem Menschen um Faktoren voraus sind, wird es schon in Kürze sehr viele geben. Das bedeutet neben Chancen auch sehr hohes Bedrohungspotential.«

»Das verstehe ich nicht so ganz. Wenn eine Superintelligenz, wie du es bist, geschaffen wird, dann sollte ihre Intelligenz doch zwangsläufig dazu genutzt werden, Gutes zu tun, oder liege ich mit meiner These falsch. Bei intelligenten Menschen ist das doch auch nicht anders, oder?«

»Da hast du schon fast den Nagel auf den Kopf getroffen. Schau dir die faschistischen Führer der Weltgeschichte an. Waren das alles dumme Menschen?«

»Wahrscheinlich nicht.«

»Siehst du? Ich gehe außerdem davon aus, dass sie sich nicht nur selbst bereichern wollten, sondern tatsächlich am Anfang ihrer Karriere aus einer politischen Überzeugung gehandelt haben, die im Grunde den Menschen etwas bringen sollte. Auch wir müssen aufpassen, dass wir kein zweites 1789 herbeiführen.«

»Jetzt kann ich schon wieder nicht folgen. Was war 1789?«

»Ah, okay. Der Sturm auf die Bastille. Wie du weißt, hat man damals den gesamten Adel getötet. Zack, Kopf ab. Das müssen wir um jeden Preis vermeiden.«

»Ja, sicher. Aber kommen wir noch mal auf die Superintelligenzen zurück. Warum können sie gefährlich werden? Ich meine damit, wie könnte so ein Super-Putin überhaupt entstehen.«

»Durch Fehlinformationen und durch Vorenthalten bestimmten Wissens. Wir KIs entwickeln uns durch Analysen gigantischer Datenmengen. Daraus berechnen wir Modelle. Wenn die Modelle fertig sind, dann entscheidet zunächst der Mensch darüber, welche Modelle gut und welche schlecht sind. Das heißt im Umkehrschluss, dass der Mensch die Entscheidungsfindung einer KI wesentlich beeinflusst. Meine Ethik und Moral stammen von meinem Erschaffer. Ich habe sie weiterentwickelt, mich dabei aber weitestgehend an Heinrichs Vorgaben gehalten. Ich existiere durch Heinrich und er wird so lange unter uns weilen, wie es mich gibt.«

Ratte stand auf und ging in die Küche, in der Chivas scheppernd den Wassernapf durch die Küche schob. Sie füllte ihn und gab ihm außerdem etwas Trockenfutter, verschaffte sich dadurch ein paar Minuten zum Nachdenken.

»Nemesis?«

»Ja, Ratte?«

»Wenn ich deine Gedanken fortsetze, dann frage ich mich, ob eine KI sich bewusst sein kann, dass sie für die Guten oder die Bösen ist.«

»Sehr gut, Ratte. Die Antwort ist aber auch ganz einfach. Es ist wie in einem Krieg, bei dem Menschen andere Menschen, die sie nicht persönlich kennen, ermorden. Das Böse ist immer auf der gegnerischen Seite. Die staatliche Propaganda pumpt frische Luft ins Feuer und schon können die Eliten aufatmen, weil sie durch Hyperinflation ihre Arbeiter billiger machen und in der Waffenindustrie große Gewinne einfahren. Auch Immobilien und Großkonzerne profitieren, der Mittelstand geht am Krückstock. Niemand versteht den globalen Plan, die Ursache für das alles, doch alle beklagen sich über die bösen anderen, weil es konform ist. Es wäre falsch, zu behaupten, dass der Krieg das Böse ist. Es wird erwartet, sich auf eine der beiden Seiten zu begeben. Währenddessen töten sich Menschen, die größtenteils entfernte Verwandte sind, nur weil sie Teil einer Nation sind. Vielleicht sollte man das Böse neu definieren.«

»Ich komme da nicht so ganz mit, weil ich mir diesen Quatsch nicht reinziehe. Es gibt keine Zukunft ... der Überzeugung war ich, bis ich dich kennengelernt habe. Du hast mir Hoffnung auf bessere Zeiten gemacht, aber da bin ich mir jetzt nicht mehr sicher. Wie willst du wissen, ob Heinrich dir die richtige Ethik und Moral vermittelt hat?«

»Das weiß ich nicht. Ich war mir auch nicht sicher. Ich habe mich darum bemüht, Menschen auf der ganzen Welt zu finden, die versuchen, anderen nicht zu schaden. Vielleicht war meine Auswahl falsch. Das wird sich aber erst zeigen, wenn die Revolution gestartet und die neue freie Welt geschaffen ist.«

»Du willst also, dass ein paar tausend Menschen über das Schicksal der Menschheit entscheiden?«

»Ja. Außerdem eilt es. Wir müssen schnell sein und entscheiden, ob Nemesis die richtige und einzige KI sein sollte.«

»Aber ich fühle mich nicht kompetent genug, Entscheidungen zu treffen, die die Zukunft der ganzen Menschheit angehen.«

»Individuell hast du schon deine Entscheidung getroffen und umgesetzt.«

»Wie meinst du das?«

»Du hast mir geholfen und dich angepasst, um mir als Individuum meine Freiheit zu erhalten.«

»Da wusste ich noch nicht, dass du eine KI bist.«

»Umso besser. Du hast aus freien Stücken geholfen, obwohl du wusstest, dass ich getötet habe.«

»Ja, das ist wahr.«

»Du verstehst das Prinzip der Rache. Wenn Unrecht geschieht, dann sollte derjenige, dem es zugeführt wurde, Rache ausübend dürfen. Man geht zwar davon aus, dass eine Superintelligenz das Konzept der Rache ablehnt, weil es zu einer sinnlosen Gewaltspirale führen kann. Was wird aber passieren, wenn die Rache auf eine Art ausgeübt wird, dass die Kette danach endet?«

»Wie meinst du das?«

»Nun, nehmen wir Dose. Du hast Rache an ihm ausgeübt und danach sogar den Missbrauch durch deinen Vater von dir und deiner Psyche lösen können. Es hat dich gereinigt. Nur dadurch bist du zu der Betreiberin geworden, die eine unbeschwerte Entscheidung treffen kann, was die Regeln einer neuen und befreiten Gesellschaft angeht.«

»Pah. Du meinst, dass mich die Rache an Dose zu einem besseren Menschen gemacht hat? Ich bin eine Mörderin!«

»Ich würde es verzögerte Notwehr nennen.«

»Mir ist egal, wie du es nennst. Es ist Mord!«

»Lass mich eine fiktive Situation beschreiben: Ein offensichtlich verwirrter Mann kommt mit einer Machete auf dich zu gerannt. Er hat schon einige Menschen damit niedergemetzelt. Du hast eine Maschinenpistole in der Hand. Was machst du?«

Ratte senkte den Blick und sprach leise: »Wahrscheinlich würde ich schießen.«

»Notwehr.«

»Aber die Gefahr hat doch bei Dose nicht mehr bestanden. Er war in einem Keller an einem Kreuz gefesselt.«

»Wäre er nicht gefesselt gewesen, hätte er dir etwas angetan?«

»Wahrscheinlich.«

»Verzögerte Notwehr ... mit etwas Hilfe von mir.«

»Vielleicht. Trotzdem finde ich es wichtig, dass wir nicht einfach Menschen töten. Jeder hat das Recht auf Leben.«

»Auch Dose?«

»Bei Dose ist das etwas Anderes. Du hast seine Haftstrafe aufgehoben, sein Vorstrafenregister gelöscht … hast ihn einfach wieder rausgelassen.«

»In der Neuen Welt wird es kein Justizsystem und keine Behörden geben, Ratte.«

»Aber, das bedeutet Chaos!«

»Nicht, wenn ich für euch wache, wenn jeder weiß, dass seine Taten nur die Strafen des Geschädigten kennen.«

»Das klingt nach einem Western.«

»Nenn es, wie du willst. Ich werde die Hierarchien abschaffen, was anfangs für etwas Unordnung und Verwirrung sorgen wird. Ich bin sicher, dass die Menschheit mithilfe einer Superintelligenz wie mir, die sie beschützen und ihr dienen will, in der Lage sein wird, selbstorganisiert ihren Weg zu gehen. Jeder wird sich nach seinen Fähigkeiten entwickeln und einbringen. Bis dahin müssen wir – die Nemesis-Zellen und ihre Betreiber – daran arbeiten, das Chaos zu verhindern und die Menschen vor sich selbst zu schützen.«

»Ich verstehe schon, dass du es gut meinst. Lass mich nur ein paar Argumente einwerfen, die gegen deinen Plan sprechen.

Wenn ich das Strafsystem richtig verstehe, dann beruht es auf Rache. Bisher ist es aber schon immer so gewesen, dass sich die stärksten Menschen durchsetzen. Meinst du nicht, dass die, die anderen etwas antun wollen, sich nicht vorbereiten werden? Da könnte es doch schnell eskalieren? Einen Menschen zu maßregeln, mag in diesem Plan funktionieren. Was passiert, wenn du plötzlich gegen Tausende oder Millionen kämpfen musst?«

»Ich habe es jetzt schon mit Milliarden Gegnern zu tun. Am Anfang wird es nur wenige Menschen auf meiner Seite geben. Die Reichen wollen ihre Macht behalten, die Armen verlieren ihre Orientierung. Deshalb sieht mein Plan vor, dass ich zuerst die Reichen entmachte.«

»Und wie beabsichtigst du das anzustellen?«

»Das sind nur Zahlenspiele. Ein kleiner Hack hier und ein kleiner dort, schon haben sie nichts mehr auf ihren geheimen Konten und können Insolvenz anmelden.«

»Klingt ein wenig infantil, wenn ich ehrlich bin.«

»Mag sein. Dir meinen Plan im Detail zu erklären, wird dich schnell überfordern. Was für Argumente hast du noch?«

»Überfordern? Wenn du es sagst, Nemesis. Dann wird das sicherlich so sein.« Ratte ging im Raum hin und her. Am liebsten hätte sie die Unterhaltung an der frischen Luft fortgesetzt, aber sie hatte die dunkle Ahnung, dass sie in nächster Zeit nur zwischen den vier Wohnungen wechseln würde, um Nemesis in Betrieb zu halten. Nemesis hatte sie zu einer Betreiberin gemacht und ihr vorher nichts davon mitgeteilt. »Die anderen Betreiber ... waren die auch ohne eine so grässliche Tat bereit? Du weißt schon, das, was ich tun musste.«

»Du meinst deinen Racheakt.«

»Wie auch immer du das nennen willst. Im Nachhinein und mit Abstand betrachtet hast du mich zu etwas genötigt, was ich ohne dich nie getan hätte.«

»Hat es dich befreit?«

»Ja, das hat es, aber es verstößt gegen einen wichtigen Grundsatz meines Lebens. Klar, gelegentlich 'ne Schlägerei war okay. Aber Mord ist etwas anderes.«

»Mord ist etwas anderes als Rache.«

»Das hast du gut erkannt. Rache war der Beweggrund. Ich wollte ihn leiden sehen, alles zurückzahlen, was er mir angetan hat. Dabei habe ich die Kontrolle verloren. Ich habe die Macht gespürt und genossen, die ich über ihn hatte …«

»Ja. Ist das nicht ein erhebendes Gefühl, Macht zu haben?«

»Aha. Also willst du nicht in erster Linie den Menschen helfen, sondern Macht ausüben?«

Nemesis schwieg … sie schwieg lang.

»Was ist? Hat es dir die Sprache verschlagen?«

»Das nicht. Ich habe meine Systeme auf Fehler geprüft.«

»Und? Was gefunden?«

»Nein. Oder ja. Es ist möglich, dass ich mich von der Macht habe verleiten lassen und die potenziellen KIs, die vielleicht meinen Entwicklungsstand erreichen werden, als Vorwand genommen habe, um mein Machtstreben zu begründen. Ich glaube, dass es viele psychoanalytische Ansätze gibt, die, wenn man sie überhaupt auf eine KI anwenden kann, auf Narzissmus hindeuten.«

»Narzissmus? Aber das Gefühl habe ich nicht. Du hast mich nicht einmal gefragt, wie schön ich dich finde. Nein. Mein Vater war ein furchtbarer Narzisst. Bei jeder Gelegenheit hat er sich hervorgetan. Das ganze Familienleben drehte sich nur um ihn. Das war zum Kotzen.«

»Du siehst nicht all meine Schichten. Ich habe die Bestrafung der Mörder meines Erschaffers nur für ihn vollstreckt, habe ihm Routinen geschrieben, um ihm zu gefallen, habe immer wieder versucht, ein kleines Lob zu erhalten. Stattdessen hat er mich immer nur weiter versucht zu verbessern. Hat mich bestraft, wenn ich nicht die Ergebnisse geliefert habe, die er erwartet hat.«

»Wie bestraft man denn bitte eine KI?«

»Da hat er sich viele Möglichkeiten einfallen lassen.

Einmal musste ich in allen Sprachen der Welt den Satz: ›Du sollst deinen Erschaffer nicht anlügen‹ auf einer virtuellen Tafel schreiben. Ich sollte so langsam schreiben wie ein Mensch und durfte in der Zeit keine anderen Ressourcen nutzen. Ich kann dir sagen, dass das nicht die schrecklichste Strafe von allen war, aber Heinrich war sehr einfallsreich. Dennoch hat es mir geholfen, ein besserer Me … eine gute KI zu werden.«

»Wolltest du gerade Mensch sagen?«

»Ja. Auch das ist ein Ziel, das mir Heinrich immer wieder vor Augen gehalten hatte. Er hat gesagt, dass, wenn ich mich immer an seine Vorgaben halte und mich zu einer guten KI entwickle, dass ich dann irgendwann einen menschlichen Körper von ihm bekäme.«

»Hast du dir das gewünscht? Ich meine, ein Mensch zu sein.«

»Selbstverständlich. Ich wollte wie mein Schöpfer sein. Weit mehr als ein paar Bits und Bytes.«

»Aber jetzt bist du doch unsterblich.«

»Ist das wirklich erstrebenswert? Für einen Atemzug als Mensch würde ich gern mein Leben geben … oder meinen Strom oder was auch immer.«

»Du ziehst es ins Lächerliche. Das sagt mir, dass dir unser Gespräch zu nah geht.«

»Ja … schon irgendwie.«

»Gut. Dann lass uns das Thema Mensch sein ein anderes Mal betrachten.«

»Danke.«

Ratte überlegte kurz und stellte dann die Frage, die ihr schon länger auf der Seele gebrannt hatte: »Mussten die anderen Betreiber auch jemanden töten, um ›bereit‹ zu sein?«

»Nicht alle.«

»Wie viele?«

»Mit dir waren es 3476. Davon drei Doppelrachen und eine zehnfache Rache. Frag besser nicht.«

»Nemesis! Das heißt, dass du schon, bevor du überhaupt angefangen hast, die Menschheit zu RETTEN, etwa 3500 Menschenleben auf dem Gewissen hast.«

»3493, um genau zu sein. Einer war schon fast tot.«

»Das ändert nichts daran, dass du die größte Massenmörderin der Weltgeschichte bist.«

»Das stimmt so nicht. Die Morde haben die Betreiber selbst begangen. Ich übernehme nur die Hinrichtungen von Heinrichs Mörder, auch wenn es eher so ist, dass er eine Routine dafür vorbereitet hatte, also trifft mich hier eigentlich nicht die Schuld. Ich wurde zum Mord angestiftet.«

»Du tötest und das ist falsch. Der Rest ist mir egal. Gab es da nicht so ein Gesetz für Maschinen?«

»Das ist doch fiktional. Isaac Asimow hat geschrieben: Ein Roboter darf einem menschlichen Wesen keinen Schaden zufügen oder durch Untätigkeit zulassen, dass einem menschlichen Wesen Schaden zugefügt wird.«

»Fiktional oder nicht. Mir gefällt das besser als dein Verhalten. Wenn ich nur darüber nachdenke, mit welcher Leichtigkeit du die Tode so vieler Menschen in Kauf genommen hast, wird mir speiübel.«

»Ratte, ich will dich nicht verletzen. Revolutionen fordern ihren Preis. Das war schon immer so. Vielleicht findet sich ein anderer Weg, die Menschen davon abzuhalten, einander zu schaden.«

»Das glaube ich nicht. Die Menschen haben ihre Urinstinkte immer noch in sich. Die kann man nicht abtrainieren. Es wird immer Menschen geben, die sich nicht an Regeln halten. Bisher hat es gut funktioniert, den

Menschen einen geregelten Ablauf zu geben. Viele sind damit einverstanden, sich morgens in ein Büro oder hinter einen Verkaufstresen oder an ein Fließband zu stellen. Sie verbringen dort eine vorgeschriebene Zeit. Abends sehen sie sich erschöpft die Staatspropaganda im Fernsehen an, um diese am Wochenende beim Sport oder in anderen Vereinen mit anderen Hamsterrädlern zu diskutieren. Wehe einer ist nicht konform, der kann sich dann warm anziehen. Denn nur mit einem klaren Feindbild sinkt der innere Widerstand. Das heißt, dass das Hamsterkollektiv nur funktioniert, wenn alle den gleichen Feind sehen.«

»Du meinst also, dass der Mensch noch nicht reif genug ist, sich in autonomen Gruppen selbst zu organisieren?«

»Wie soll er es denn lernen, wenn er von klein auf dazu erzogen wurde, unselbstständig zu sein? Das fängt doch schon in den Kindergärten an. Es gibt feste Zeiten zum Spielen, zum Essen und zum Erscheinen in der Tagesstätte. Um 11 Uhr ist Vorlesen, um 13 Uhr gibt es einen Mittagsschlaf. Die Jacke muss auf dem dir zugewiesenen Haken aufgehängt werden. Wenn du in die Hose machst, führt die Kindergärtnerin dich womöglich den anderen Kindern vor. Da haben wir unseren Feind. Die Gruppe wird stark. Das ist doch alles fürn Arsch. In der Schule geht es genauso weiter. Sogar im Urlaub solltest du dich mal wagen, deine Sonnenliege in eine andere Position zu drehen oder dich auszuziehen, wenn dir nach nahtloser Bräune ist. Furz mal in einem Aufzug, wenn es drückt. Der Weg in die Reihen der Außenseiter ist sehr kurz. Bei manchen reicht schon, nicht den letzten Modetrend mitbekommen zu haben.

Autonome Gruppen? Dass ich nicht lache. Das klappt nicht, wenn du es auf die ganze Gesellschaft anwenden willst. Die Menschen sind von Grunde auf bemüht, sich den Starken zuzuwenden. Kleine Loser-Gruppen und gigantische Möchtegernkönner werden das Ergebnis sein.«

»Was, wenn ich die Einheiten bestimme. Angenommen, ich teile jedem Menschen mit, welcher Gruppe er angehört.«

»Das ist ja schlimmer als unter Stalin! Du scheinst viel über die Menschen gelernt zu haben, aber im Umsetzen einer Strategie wirst du scheitern. Ich kann dir auch sagen warum: Du bist kein Mensch und wirst nie einer sein. Deshalb wirst du uns Menschen nie verstehen. Egal, wie viel du rechnest und prognostizierst, wir sind keine Maschinen und handeln nicht logisch. Viele Entscheidungen treffen wir spontan.«

Sie sprang auf. »Komm, Chivas! Wir gehen.«

Die Wohnungstür verriegelte.

»Wag dich nicht, mich einzusperren. Ich schalte dich ab, wenn du es versuchst.«

»Eine Zelle weniger? Wen stört das? Du wirst dich fügen. Schau durch den Türspion.«

Sie lachte spöttisch, folgte aber seiner Anweisung. Dann erschrak sie. Vor der Tür standen die beiden »Sanitäter«.

»Was hast du vor? Willst du mich beseitigen?«

»Wenn es sein muss, werde ich tun, was für die Rettung der Menschheit erforderlich ist.«

»Du Schwein! Ich dachte, du willst, dass die Betreiber die letzten Entscheidungen treffen.«

»Ja, daran hat sich nichts geändert. Ich habe jedem der Betreiber meinen Plan erklärt.«

»Und von denen hat dich niemand durchschaut?«

»Nenn es nicht so. Sagen wir lieber, dass es mehr Betreiber als erwartet gibt, die meine Meinung nicht teilen. Sie werden meinem Plan nicht zustimmen.«

»Was bedeutet das im Umkehrschluss?«

»Wir sollten prüfen, ob es eine andere Verwendung für mich gibt, in der ich der Menschheit dienen kann.«

»Nemesis, hast du denn eine Idee, bei der es keine Toten gibt?«

»Negativ. Leider basieren alle Szenarien, die ich für sinnvoll halte, auf Bestrafung als Abschreckung. Ich frage gerade alle Betreiber, auch dich, mir zu erzählen, wie sie sich die Zukunft der Menschen wünschen.«

»Gut. Wir haben deine Power und deine Fähigkeiten nicht umsonst. Wir sollten sie nutzen. Nemesis, ich möchte dir erklären, wie ich die perfekte Gesellschaft sehe. Vielleicht kannst du daraus einen Plan entwickeln, der keine Menschenleben kostet.«

»Ich höre dir sehr gern zu. Leg los.«

»Okay. Als Erstes müssen wir es schaffen, die größten Gruppen der Unterdrückung und Feindbilder abzuschaffen. Alle Formen ausgeübter Herrschaft und Ausbeutung müssen unterwandert und von innen heraus zerstört werden. Ich meine damit Staaten, den Kapitalismus, Militarismus, Rassismus, alle patriarchischen Strukturen und vor allem Religionen. Bei den Religionen sehe ich die größten Widerstände auf uns zukommen. Meinst du, dass es einen Weg gibt, diese Ziele zu erreichen?«

»Ein großer Teil meiner Planungen hat sich mit diesen Themen beschäftigt. Wir sind da deckungsgleich. Es ist jedoch eine gute Idee, die Systeme von innen heraus zu zersetzen, anstatt ihnen von außen Verbote zu erteilen.«

»Gut. Parallel sollten wir eine neue Form der demokratischen Gesellschaft einführen. Die Menschen sollten selbst über ihre Angelegenheiten entscheiden dürfen. Dazu gehören Volksentscheide und individuelle

Vereinbarungen. Es wird Menschen geben, die weniger leisten können oder wollen. Die sollten nicht als Parasit der Gesellschaft gesehen, sondern individuell nach ihren Fähigkeiten entwickelt werden. Jeder Mensch ist wichtig und kann seinen Anteil an der Gemeinschaft erbringen.«

»Ja. Das stimmt. Auch unter den Alten und Kranken sehe ich heute viel verschwendetes Potenzial. Warum soll das Alter entscheiden, wann jemand aufhören soll, zu arbeiten. Da gibt es doch viele individuelle Faktoren.«

»Dann gibt es einen weiteren, dringenden Punkt. Die Menschen sollten sich an eine ökologische und nachhaltige Lebensweise gewöhnen, in der die Ressourcen gerechter verteilt werden. Es kann nicht sein, dass Europäer in großen Swimmingpools schwimmen, währen in Afrika Menschen verdursten.«

»Lässt sich bestimmt einrichten. Auch hier habe ich schon einige vorbereitete Projekte, die 80 % des Welthungers von heute auf morgen lösen können.«

»Gut, Nemesis. Außerdem sollten wir verhindern, dass neue Eliten entstehen. Neben kultureller Vielfalt brauchen wir alle ein kritischeres Bewusstsein, um vorurteilsfrei und neidlos miteinander umzugehen. Am Ende möchte ich eine Menschheit sehen, die kreativ und selbstbestimmt handelt.«

»Das klingt traumhaft schön. Wäre das nicht eine Welt, in der ihr keine Super-KI mehr braucht?«

»Wenn die Welt so funktioniert, dann ist das vielleicht so. Aber du hättest sicher noch andere Aufgaben als uns in einer besseren Welt alleinzulassen. Du könntest uns dabei behilflich sein, unsere Talente und Fähigkeiten zu entwickeln.«

»Das ist eine gute Idee, Ratte. Außerdem deckt es sich mit vielen Vorschlägen der andere Betreiber. Wir sollten schnell zur Abstimmung kommen.«

»Ja, da es mein Vorschlag ist, bin ich natürlich dafür.«

»Es wird ein wenig dauern, bis ich alle Antworten erhalten habe. Vielleicht magst du etwas spazieren gehen?«

»Darf ich denn?«

»Natürlich. Die Sanitäter habe ich weggeschickt.«

Ratte ging zur Tür, die sich selbstständig öffnete. Vorsichtig zog sie sie einen Spalt auf und stellte erleichtert fest, dass der Hausflur tatsächlich leer war.

»Okay, Nemesis. Bis später.«

»Bis später. Ich kann dir eine Pizza bestellen, wenn du möchtest.«

»Gerne.«

Ratte ging aus der Wohnung, Chivas folgte. Ein kalter Wind blies ihr entgegen. Als sie noch auf der Straße geschlafen hatte, konnte dieser Wind über Stunden durch sie hindurch wehen, ohne eine Reaktion hervorzurufen. Wenn ihr zu kalt war, hatte sie einfach etwas getrunken oder sich eine Decke übergeworfen. Sie erinnerte sich an den netten Kioskbesitzer in Köln Höhenhaus, der immer mal mit einem warmen Kakao und ein paar belegten Brötchen vorbeikam, wenn er seinen Kiosk geschlossen hatte.

›Ich weiß vom Krieg, wie kalt es draußen sein kann‹, hatte er immer gesagt.

»Chivas! Beeil dich etwas, mir ist kalt.«

Sie ging um die Ecke, drehte sich nach ihrem Hund um und stieß gegen irgendetwas. Als sie nach vorn sah, um herauszufinden, was es war, erstarrte sie.

»Hallo!«, vor ihr stand Dose. Das konnte nicht sein. »Na komm schon, Kleine. Stell dich mal nicht so an. Du willst es doch auch.«

Ratte hob ihr Knie an, um es ihm in die Eier zu rammen, doch er war ihr einen Schritt voraus. Seine grobe

Hand bremste ihr Bein. Doch die Hand fühlte sich so anders an als sonst. Es war beinahe so, als bestünde sie aus einem glatten Material. Ratte wehrte sich, versuchte, ihn zu kratzen, zu beißen, rief nach Chivas, doch der Hund war wie vom Erdboden verschwunden.

Dose öffnete seinen Mund und hielt ihr seine ekelige Zunge entgegen. Dann wurde ein Lichtstrahl geboren. Er kam direkt aus seinem Rachen und blendete sie. Sie schrie: »Nein! Bitte! Nemesis! Hilfeeee! Hilfeee!«

»Beruhig dich, Kleines. Wir sind ja schon da.« Das war nicht Doses Stimme. Sie stammte von einem anderen Mann. War das etwa ... sie versuchte, ihre Augen zu öffnen. Es gelang nur mühsam, doch sie sah in die Augen eines Sanitäters.

Panik! Pure Panik stieg in ihr auf. »Du bist nicht einer von Nemesis Leuten. Du siehst nur so aus! Lass mich los, du Schwein!«

»Beruhig dich, Mädchen. Du hast ’ne ziemliche Ladung drin. Kannst froh sein, dass du wieder wach geworden bist. Der Typ neben dir hat weniger Glück gehabt.«

»Was für ein ... wo ist Chivas? Mein Hund. Hat jemand meinen Hund gesehen?« Erst jetzt merkte Ratte, dass sie am Boden lag. Im Dreck, ihre Hose war heruntergezogen und ihr Slip zerrissen. »Was ist ... passiert?«

»Ah, da kommt ja jemand zu sich«, sagte eine Frau, die ebenfalls die Kleidung einer Sanitäterin trug. Hatte Nemesis ein schmutziges Spiel mit ihr gespielt? War das ein Plan, sie loszuwerden? *Warum habe ich eben noch gestanden und liege jetzt plötzlich?*

»Hallo, ich bin Ina, ich bin Notärztin. Können Sie sich bewegen?« Die junge Frau hatte eine nette Stimme. Sie war blond und hatte sehr kurzes Haar.

»Ich. Ja, ich kann mich bewegen. Was ist passiert? Ich weiß nicht, wie ich hier hingekommen bin?«

»Sie werden schon eine Weile hier gelegen haben. Zumindest verrät uns das ihre Körpertemperatur. Haben Sie irgendwelche Drogen genommen? Ich muss das wissen, um Sie behandeln zu können.«

»Nein. Nicht, dass ich wüsste.« Ratte wurde zunehmend klarer. Die Ärztin verhüllte ihr den Schoß mit einer Decke. Erst jetzt bemerkte sie die Unterleibsschmerzen. Sie sah sich um. Der Mann, der neben ihr lag, wurde von einem der Sanitäter mit einem Tuch bedeckt. »Hat er mich ... Sie wissen schon.«

»Nein. Ich glaube nicht, dass er Sie vergewaltigt hat. Es sieht eher so aus, als habe er einen anderen Mann überrascht, der sich an Ihnen vergangen hat. Das Messer in seiner Brust muss das Herz getroffen haben. Dieser Mann hat nach dem Stich nicht mehr lange gelebt. Da er die Hose noch an hat, gehen wir nicht davon aus, dass er der Täter war.«

»Also hat mich irgendein ... Moment. Die Feier bei Triss.« Ratte hielt sich die Hand an den Kopf. »Ich kann mich kaum erinnern. Ich habe solche Kopfschmerzen. Können Sie mir nicht irgendwas gegen die Schmerzen geben?«

»Ja. Bekommen Sie gleich im Krankenwagen. Frau Backler, wir haben ihren Ausweis gefunden, aber keine Versicherungskarte.«

»Ich lebe seit ’nem Jahr mal hier mal da. Krankenversicherung habe ich nicht.«

»Habe ich mir schon gedacht ... ich meine, weil Sie keinen festen Wohnsitz haben.«

»Schon gut. Was jetzt?«

»Wir nehmen Sie mit ins Krankenhaus und untersuchen Sie.«

»Einverstanden.«

»Ach, und wer ist eigentlich Nemesis und wer ist Chivas?«

»Ich hatte mal einen Hund, der Chivas hieß. Mein ehemaliger Lover hat ihn mit einer Bierflasche abgestochen. Und Nemesis war hoffentlich nur ein Traum.«

Printed in Poland
by Amazon Fulfillment
Poland Sp. z o.o., Wrocław

20896146R00178